女性と人間開発

JN147952

女性と人間開発

潜在能力アプローチ

マーサ C. ヌスバウム
池本幸生・田口さつき・坪井ひろみ 訳

岩波書店

WOMEN AND HUMAN DEVELOPMENT
The Capabilities Approach

by Martha C. Nussbaum

Copyright © 2000 by Martha C. Nussbaum

First published 2000 by Cambridge University Press, Cambridge.

This Japanese edition published 2005
by Iwanami Shoten, Publishers, Tokyo
by arrangement with Cambridge University Press, Cambridge.

日本語版への序文

私の『女性と人間開発』の日本語訳が出版されることは私にとって大きな喜びである。二〇〇一年に日本を訪れる以前から、日本の社会学者や哲学者が人間開発や女性の平等の分野ですばらしい研究を行っていることを私は知っていた。そのときの日本訪問で、京都の立命館大学や東京での鈴村興太郎教授の哲学・経済学セミナーで受けた温かい歓迎によって、それらの研究についてもっとよく知ることができ、また、特に傑出した若い女性研究者の研究には大きな感銘を受けた。従って、私の本が日本語に翻訳されることは私にとって特に光栄なことである。私の本の中でこの本が日本語に翻訳される最初のものであることを私はうれしく思う。なぜなら、この本は、特に緊急で重要な課題を取り扱っているからである。本書の出版が、日本の研究者や大学との間でさらなる協力につながることを期待する。

長い間、国際開発や政策立案の分野で貧困へのアプローチの仕方は人間の観点からは曖昧なものだった。それらは、発展の主たる目標として経済成長に焦点を合わせて、人々の暮らしぶりの良さを一人当たりGNPによって捉えようとしていた。そのような雑な指標は、当然のことながら、分配問題は考慮に入れていないので、貧困や不平等の問題に立ち向かうには全く役に立たないものである。役に立たないどころか、事態を悪くするものである。なぜなら、そのような指標は、大きな不平等を抱えていても高い評価を与えることがあり、それによって人々はそれらの国々(例えば、アパルトヘイト時代の南アフリカなど)が正しいことをやっているように考えてしまうからである。さらに、そのような例が示すように、GNPに基づくアプローチでは、たとえ分配面を考慮したとしても、経済的優位とはあまり相関しない人々の暮らしの他の側面、例えば、健康や教育やジェンダーや人種差別の問題を正しく認識することはできない。そして、GNPが成長している国々ではものごとが順調に進んでいると示唆することによって、これらの要因から注意をそらすことを積極的に進める結果になってしまっている。

今日、新しいアプローチが優勢になってきている。それがケイパビリティ・アプローチで、国連開発計画(UNDP)の『人間開発報告』でも用いられているものである。一九九〇年の第一号で故マバブウル・ハク博士は次のように書いている。「国家の真の富はその国民である。そして、開発の目的は、国民が長く健康で創造的な生活を送ることが可能な環境を整えることである。この単純ではあるが強力な真実は、物的金融的富の追求のためにあまりにしばしば忘れられてきた」。経済学者アマルティア・センはこのアプローチを生み出した人だ。彼の創造的なアプローチは、人々の福祉や発展に関する論争を新たな次元で行うことに成功した。世界銀行ですら、発展を単に経済成長の促進だけで考えるのではなく、人々は実際に何ができるのか、どんな状態になれるのかを問う「人間開発」のパラダイムで考えるようになっている。彼が女性の平等に注目したことは、この問題が特別な緊急性を持った課題であることを世界が認識する上で決定的に重要であった。このアプローチを研究し、さらに発展させるために「人間開発とケイパビリティ」学会という新しい学会が二〇〇四年に設立された。この学会は毎年開催され、そのウェブサイト(www.hd-ca.org)ではこのアプローチに関する研究の情報が提供されている。二〇〇四年にイタリアのパヴィアで開かれた会議では、八六か国から二〇〇人を越える研究者や活動家が参加した。

私は哲学者なので、私自身のケイパビリティ・アプローチに関する研究はその哲学的基礎に焦点を合わせてきた。センはこのアプローチを主に比較のために用いようとしてきた。彼は、ケイパビリティを人々の福祉や生活の質の比較を行うための最善の領域であると主張するが、最低限公正な社会が保障すべき福祉水準とはどのようなものかを私たちに示してくれる社会正義の理論を構築することはしない。本書で私はそのような哲学的課題に取り組もうとした。いかなる社会においても正義の必要条件とは、私がリストの形で提示した一〇の中心的ケイパビリティの最低水準をすべての市民に保障することであると私は論じた。この理論自体は全く一般的なものだが、本書では女性の平等に対してどのような含意を持っているかに焦点を合わせた。そこで私は、第1章をしばしば議論になる文化的相対主義に関する課題に当てた。そこで私は、特定のケイパビリティのリストを世界のすべての人々に対して基本的なエンタイトルメントとして擁護することに正当な反対論はないと論じた。そして、私のアプローチは、歴史的文化的差異に対しても敏感に取り入れるものであることを示した。本書ではインドに焦点を合わせた。その理由は、その国の歴史や文化についてある程度勉強したことのある国について詳しく論じることが重要であり、またインドにおける女性の発展は特に複雑で、かつ放置できないものだからである。

国際開発の分野においてケイパビリティ・アプローチは、選好の満足度によって福祉を計測しようとするアプローチとも競争しなければならないため、第2章では私のアプローチと選好に基礎を置くアプローチとの詳細な比較に当てた。第3章と第4章は女性の平等にとって特に重要な二つの課題、すなわち、社会における宗教の役割と、国家と家族の関係について取り上げた。

本書を通じて私は、人間の中心的エンタイトルメントとなるべき一〇のケイパビリティのリストを擁護し、用いた。私のリストの内容は、世界人権宣言やその他の人権に関する国際的な文書で認められた人権との間に非常に強い関係がある。実際、私はケイパビリティ・アプローチを人権アプローチの一種だと考えている。私のアプローチは、国家には市民に対して最低限のケイパビリティを保障する責任があるとする点で、ある種のタイプの人権アプローチとも異なっている。私のアプローチでは「消極的自由」、すなわち、国家は何もしなければすべてうまくいくというような考え方を取らない。「消極的自由」の考え方は、混乱しているだけでなく、全く役に立たないものだ(国家は、たとえ健康や教育のような分野に支出することを選択しないときでも、それは選択をしている。市民の財産権や自由を守るために国家の慎重な行動が求められているのだ)。私のアプローチでは、よく使われる第一世代の権利と第二世代の権利という区別も用いない。この区別も、混乱したものであり、また混乱させるものである。人間のケイパビリティのすべてを適切な形で実現するためには、物的な支援を必要としている。例えば、もし読み書きのための教育を受けていなければ、人々は演説の自由を本当に持っていると言うことはできない。あるいは、栄養不良の状態にあり、医療サービスを受けられなければ、本当に実際に政治に参加しているとは言えないだろう。私のアプローチは、この両者の相互関係を強調し、「経済的社会的権利」に言及することなく「政治的権利や公民権」について論じることは不可能であると主張する。それらは相互に独立した二つの権利の集合ではない。政治的権利や公民権は、それぞれに経済的社会的要素を持っているのだ。(1)

私と違って、センはケイパビリティの多くの例を示唆するが、明確なリストの形で提示することをしない。センの業績に関して『フェミニスト・エコノミクス』という雑誌で行われた最近のシンポジウムで私は、もしセンがケイパビリティ・アプローチを正義の理論として用いたいのなら、その明確な内容を提示すべきであると論じた。内容の問題は決定的に重要だ。なぜなら、ケイパビリティのあるものは非常に重要であるのに対し、他のものはそうではないし、あるもの（例えば、産業が環境を汚染するケイパビリティ、仕事場で男性労働者が女性に対してセクシャルハラスメントを行うケイパビリティ）は実際に悪いものであり、法によって禁止されるべきだからである。しかし私としては、センと私との間に基本的な不一致はないと信じている。それはただ、私たちは異なった課題に取り組んでいるということである。

私の目的は、ケイパビリティ・アプローチを適切な社会正義の理論の基礎とすることにあり、最近の研究では、二〇世紀の最善の社会正義の理論、すなわちジョン・ロールズの正義論を詳しく検討した(2)。ロールズが彼の理論では扱ってこなかった三つの課題に焦点を合わせ、私のアプローチではそれらをより良く取り扱うことができると論じた。その過程で私は、ロールズの理論に歴史的基礎を与えている社会契約論という古典的な西洋の考え方を批判した。その三つの課題とは、障害を持った人たちの正義、国境を越えた正義、そして、人間以外の動物の正義である。私はこれらの課題を詳細に検討し、そのいずれもが正義の緊急の課題であり、社会契約論に基づくアプローチではそのいずれをも適切に扱うことはできないと論じた。ケイパビリティ・アプローチは適切に応用されるなら、もっと適切に行うことができる。この過程で、私は多くの一般的な明確化を行い、私のアプローチをさらに発展させている(3)。

マーサ・C・ヌスバウム

現代の最も革新的であり、最も影響力の大きい哲学者である著者は、本書において、真に国際的な新しいフェミニズムを提案し、開発計画や公共政策のすべての思想の倫理的基礎を論じ、経済学者や哲学者の抽象概念を越えて、具体的な貧しい女性たちの苦闘の現実に正義の思想をしっかりと据えようとする。

世界の多くの場所で、女性たちは男性と比べて栄養面で劣り、健康面で劣り、暴力や性的虐待を受けやすい。著者は、国際政治や経済思想は正義の問題として男女間の格差にもっと敏感であるべきであり、フェミニズム思想もまた第三世界の女性たちの問題に焦点を合わせることから始めるべきだと論じる。インドの貧しい女性たちの窮状を出発点として、彼女は、すべての国の政府が尊重し、実行すべき根本原理で、様々な国々に住む人々の生活の質を計測し、比較できるような根本原理を哲学がどのように支えることができるのかを示していく。

その議論を、人間のケイパビリティ、すなわち、現実の世界で人が実際にできること、なれることに焦点を合わせる考え方に基づいて展開する。そして、すべての普遍主義は地域や文化の特殊性を考慮しないとする批判に対して、この(普遍的)アプローチを擁護する。著者はまた、彼女のアプローチが、現代の経済学で前提とされる選好に基づくアプローチよりも優れたアプローチであることを論じる。最後のふたつの章は、男女の平等が宗教や家族の要件と衝突するときに生じる問題について論じている。

本書は、たくさんの物語風の具体例によって生き生きと書かれた本である。それは、ある国の「生活の質」をどう理解すべきか、すべての国の政府がその国民に保障すべき最低限のものをどう考えるべきかについて、全く新しい見方を提示する。さらに、フェミニズムに対して新しい国際的な視点を持つことを要求し、具体例を通して、正義の哲学を公共政策という実践上の関心にどう結びつけるかを示す。

(原著 i 頁より)

序文

人間のケイパビリティを政治原理の基礎に置く本書は、発展途上国の女性に焦点を合わせる。しかし、それは、ケイパビリティ・アプローチを政治原理の基礎として用いることのできる分野のひとつに過ぎず、その他の分野への含意については言及するに留める。さらに女性問題と言っても、本書で取り扱うのは、ケイパビリティ・アプローチを徹底的に用いることのできる問題のいくつかに過ぎない。宗教と家族については詳細に検討するものの、財産権や教育といった他の重要な課題については詳細に検討することはしない。

他の意味でも本書の取り扱う範囲は狭い。幅広い専門領域の読者に対して公共政策をどう形成すべきかという視点からケイパビリティ・アプローチを提示することに目的は絞られる。私のアプローチは哲学的であり、もし哲学的議論を取り去ってしまうと何も残らないので哲学的議論は行うが、それも時には簡潔に述べるに留める。詳細な分析を必要とする多くの哲学的課題、例えば、正当化、リアリズム、客観性といった課題は簡単に描かれるに過ぎない(その詳細な議論は注で引用する文献で行っている)。

最後に、私は私自身のケイパビリティ・アプローチのみを論じている。その歴史的源流であるアリストテレスやマルクス、その系譜に属するミルの人間的開花に関するアリストテレス的解釈やユーゴスラビアのヒューマニスト的マルキストの著作や様々な形の現代トマス主義については触れない。経済学の分野におけるケイパビリティ・アプローチの先駆者であるアマルティア・センの著作についても十分な分析を行わない。ケイパビリティ・アプローチや『人間開発報告』の指数について論じた多くの経済学的文献についても取り上げない。

これらのものを取り上げないのは長期的な戦略からである。本書の目的は、多くの読者に理解してもらえるような形で、フェミニストの議論のひとつの明確な系列を提示することである。長期的には、本書で取り上げなかったすべての議論を論じるためにケイパビリティの包括的で学問的な著書を著すことを考えている。その本は、本書の議論に対して哲学者が抱くであろう疑問と、経済学者が抱くであろうその他のテクニカルな質問に答えることができるだろうと私は期待する。それはまたより広い範囲の政治的課題に答えることになろう。その本と本書との関係は、ちょうどマラソンと一万メートル走との関係にある。本書はそれだけで完結したひとつの作品であり、初めがあれば終わりもある。しかし、本書は読者にとっても著者にとってもそれほどスタミナを必要とするものではない。私は、私のアプローチとは何かを伝えるために、最も論争となっている課題について私の考えを十分に言い尽くしたと信じている。にもかかわらず、読者には、もっと十分な議論を期待して、マラソンを待っていて欲しいと思う。

一九九九年二月　シカゴにて

謝　辞

本書に結びつく研究を始めたのは、一九八六年に国連大学の研究所であるヘルシンキの世界開発経済研究所（ＷＩＤＥＲ）のアドバイザーに就任したときである。それまでは、他のアメリカのほとんどの学者と同様に、どちらかと言えば孤立した生活を送っていた。発展途上国の問題についてほとんど知らなかったし、そもそも西洋以外の伝統や生活というものを知らなかった。スリランカやインド出身の同僚たちとはソポクレスやアリストテレスについて語ることはあっても、『マハーバーラタ』や仏教倫理については何も話すことはなかった。初めの頃、私の研究は社会正義に焦点を合わせていたが、グローバルな正義の問題についてはほとんど何も考えていなかった。また、フェミニスト哲学も私の研究対象ではなかった。ＷＩＤＥＲでの八年間（毎年、夏に一か月滞在した）は私の仕事の内容を変えた。私はもっと緊急の課題があることに気づき、哲学はその解決に貢献することができると確信するようになった。また、私がＷＩＤＥＲに持ち込んだ哲学的関心は、負債ではなく資産となっていると思うようになった。古代ギリシャの哲学者たちは、人々の困窮と闘ったが、その生活水準は今日のアメリカやヨーロッパのレベルではなく、今日のインドのレベルに近かっただろう。彼らの提言は、今日の発展途上国の問題の診断としても、また改善策としても適切なものが含まれている。そして、具体的な状況を鮮やかに感じ取ることの倫理的重要性を強調したアリストテレスの態度は、形式的なモデル化や抽象的な理論化に囚われ、貧しい人々の日々の現実の生活を理解できないでいた分野において大きな貢献をなした。

本研究の初期の段階で、ＷＩＤＥＲの所長であったラル・ジャヤワルデナから受けた支援に対して、まず感謝したい。彼は、開発経済学の基礎には哲学がなければならないという奇妙な考えを信じていた人だった。また特に、アマルティア・センに感謝したい。彼は私の研究を定式化する上で助けてくれたし、彼の著作、特に彼の正義への情熱と理性への愛を結びつけるやり方は、私に洞察とインスピレーションを与えてくれたし、今でもそうあり続けている。スティーブン・マーグリンとフレデリック・マーグリンが普遍主義を攻撃し、私にそれに答えるように挑発したことは、私に本書のその部分を考えさせるきっかけとなった。ＷＩＤＥＲの仕事をしていたときに私のアイデアを定式化する上で、次の人々、マーサ・オルター・チェン、デイビッド・クロッカー、ジャン・ドレイズ、ジョナサン・グローバー、バレンタイン・Moghadam、Nkiru Nzegwu、オノラ・オニール、シディク・オスマニ、ヒラリーおよびルース・アンナ・パットナム、ジョン・ローマー、マルガリータ・バルデス、Roop Rekha Verma、そして三度の会議の参加者たちから多大な支援を受けた。その考えを一連の論文として展開していく上で、ジョン・ロールズ、ヘンリー・リチャードソン、キャス・サンスティン、ポール・ワイスマンからの励ましや批判に感謝している。センの家族、オミタ、インドラニ、コビール、ピコ、トゥンパ、バブゥと過ごした時間を通して、本書が取り上げる課題とその緊急性に対する私の意識ははっきりとしたものとなっていった。オミタには近代性と伝統とインドの女性の立場についてのするどい観察力に、バブゥには講義原稿へのコメントに感謝している。

一九九七年三月に女性たちの開発プロジェクトを見るためにインドを訪れた。なぜなら、抽象的なものではなく、現実的で具体的な本を書きたかったからであり、自分自身の国以外の国で貧しい働く女性たちが抱える問題について語るにはあまりにも何も知らな過ぎると思ったからである。彼女たちの口からその問題について聞かなければならなかった。これは私の初めてのインドへの旅行ではなかったが、女性の開発プロジェクトについてできる限り多くのことを学ぶことに焦点を合わせたのは初めてであった。私は、マーサ・オルター・チェンには特に感謝している。彼女は私の調査全体を上手に企画し、彼女がいなければ会うこともできなかったような人たちに会わせてくれた。アメリカのキリスト教宣教師の娘であったチェンは、インドで育ち、今ではインドとアメリカの間を行ったり来たりしている。彼女は、アメリカ人としては最も完全な二文化的な人である。境界を越えた向上心という課題に対する彼女独特の洞察力は、私が私のアイデアを形成していく上で極めて重要であった。彼女の確かな知識、語学能力、フィールドワークの能力、そして温かい人柄は、私が過ごしてきたものとは全く違う日々、すなわち、四〇度の熱さの中をクレジット・ユニオンの人たちと一緒にコラバのスラムを回ったり、トリヴァンドラムの三月の湿気の中を不法居住者の集落を訪ねてみたり、SEWAの銀行や組合の日々の仕事を見せてもらった日々を心地よく爽快なものにしてくれた。マーサは、貧しい女性たちに声を出して語らせ、彼女たち自身の本を書くことに献身しているので、彼女は私が学ぶことを助けてくれたのだと思う。私は今でも多くの面で初心者でしかないが、彼女はどんなに感謝しても感謝しきれないほどのことをしてくれた。

一九九八年一二月に私は再びインドを訪れ、それ以外の地域の多くのプロジェクトを見て回った。このときも、マーサ・チェンから受けた支援や助言にたいへん感謝している。ビナ・アガルワルとリラ・グラティにはその提案に、ビナには旅行や人々とのコンタクトの上で貴重な支援を受けた。

私はまた、多くの地方で出会った人々に対して、その親切な支援と寛大に時間を割いてくれたことに感謝している。一九九七年の訪問ではアーメダバードのＳＥＷＡのイラ・バット、レナナ・ジャヴァラ、ミライ・チャタルジーに感謝している。リラ・グラティにはトリヴァンドラムの働く女性の調査の現場を見せてもらった。貧しい女性の日常生活を描いた彼女のすばらしい研究は、私に大きな刺激を与えてくれた。イデラ・パッタヴァティは、マハブブナガール郊外の砂漠地帯での調査に同行してくれた。彼女が関わっていた政府のモヒラ・シャモッケヤ・プロジェクトは教育を通して女性のエンパワーメントを促進しようとしていたが、このプロジェクトは、基礎的なインフラや学校が整備されていない地域で変化を生み出していくことの困難さについて新しい側面を見せてくれた。また、マハブブナガールのすべてのスタッフに対して、自分の仕事について多くの時間を割いて語ってくれたことに感謝している。Lawyers' Collective のインディラ・ジャイシングは個人法やその他の法律に関わることに関して助言と洞察を与えてくれた。ジャゴリ女性プロジェクトのアバ・バイアは、家庭内暴力や身体的保全に関するその他の面についての試みについていろいろ教えてくれた。ボンベイ〔現ムンバイ〕で会ったオンノプルナ・モヒラ・モンドルの所長であるプレヌ・プラオは、貧しい自営の女性との仕事について語ってくれた。私は、そのスタッフがお金を回収する現場に私を連れて行ってくれたことに感謝している。シィーラ・ペテルは、ボンベイのホームレスのためのプロジェクトを理解させてくれた。ＵＮＩＣＥＦのシュダ・ムラリは、アンドラプラデシュの児童労働の現状について教えてくれた。デリーのフェミニストの出版社であるKali for Womenのリトゥ・メノンはとても寛大で、私のアイデアを披露する場を作ってくれたし、多くの人を紹介してくれた。私はまた、インドについて多くのことを教えてくれた経済学者やその他の社会科学者、ビナ・アガルワル、プロフゥル・ビドゥイ、ヴィナ・ダス、デヴォキ・ジャイン、ジュヤ・ハサン、タニカ・サルカル、ロミラ・タパル、Particia Uberoi に感謝している。オントラ・デヴ・セン(ピコ)はいつも洞察力に富むコメントをしてくれたし、常に温かい友達であった。

一九九八年の訪問では、ラジャスタンのウダイプールNGOであるアスタのジニィ・スリニヴァスタヴァ、バヌワル・シン・チャンドナ、ナンラル・パンデに特に感謝している。彼女たちは、家内工業や政治活動を通して農村部の小数部族の女性たちの経済状況を改善する仕事に取り組んでいた。(ヴィシャカやその他の地方組織による)その地域の活動を見せてくれたジャイプールのシャダ・ジョインは、女性の教育問題に関心があった。ビハールでは、女性の教育や経済的エンパワーメントの分野で様々なプロジェクトを行っているオディティのヴィジィ・スリニバションが、ムザファンプールのプロジェクトの現場やその他の北ビハールの場所を見せてくれたことに感謝している。その同じ旅行でのシタ・ナラシマンとの議論はとても啓発的だった。ムザファプールのドリーやその仲間の教育者たちは、性労働者の娘相手の仕事について話してくれた。(歌手であり性労働者である)アスマは私に挑戦し、私は、彼女の人生と私の人生のケイパビリティの違いについて真剣に考えさせた。西ベンガルでは、シャンティンケトンにあるヴィシヨ・バロティ大学哲学科のマヤ・ダス、ビショイ・ムカルジー、アシャ・ムカルジーたちには、講義を行ったときの温かいもてなしと、貴重なコメントに感謝している。カルカッタでは、ジャドヴプル大学の女性研究プログラムで行った講義を企画してくれたシェフタリ・モイトゥロゥ、オスダグラ・テョンド、ジョショダグラ・バグチに感謝している。オミオ・クマル・バグチやジョショダグラ・バグチには歓迎とコメントに感謝している。特に、オミタ・センの温かいもてなしや、タゴールの教育の考えの歴史について話してくれた寛大さに感謝する。

草稿段階でのコメントに対し、ビナ・アガルワル、Jeremy David Bendik-Keymer, Homi Bhabha, ジョシュア・コーエン、Thomas D'Andrea, John Deigh, David Estlund, Mary Kimura, Andrew Koppelman, Richard Kraut, Angelika Krebs, Charles Larmore, Catherine MacKinnon, Michelle Mason, Jeremy Mynott, ウマ・ナラヤン、スーザン・オーキン、Herlinde Pauer-Studer, エリック・ポズナー、リチャード・ポズナー、Mark Ramseyer, ヘンリー・リチャードソン、Stephen Schulhofer, David Strauss, キャス・サンスティン、Susan Wolf や匿名のレフェリーに感謝している。Sonia Katyal は貴重な研究助手であり、生産的なコメントをしてくれた。二つの文化の経験を持つ彼女との会話は新しい洞察の源泉であった。私がケンブリッジに滞在していたときに、私を温かくもてなし、有益なコメントをくれたアマルティア・セン、Quentin Skinner, Gareth Stedman Jones には特に感謝している。ジョショダラ・バグチ、Diemut Bubeck, Frances Olsen の貴重なコメントにも感謝している。ケンブリッジ大学でシーリー講義として講義を行う他、その講義の三つをジョンズホプキンス大学の Thalheimer 講義として、二つをノートルダム大学の Hesburgh 講義として、三つをノースウェスタン大学で、二つをスタンフォード大学で、個々の講義をアリゾナ大学、タフツ大学、ミシガン大学、シカゴのイリノイ大学、ペンシルバニア大学、シカゴ大学の法哲学グループ、ウィーンの Institut für die Wissenschaften vom Menschen、クライトン大学、ＵＣＬＡの法理論ワークショップ、シカゴ大学の人間開発ワークショップ、National Center for Humanities の多文化世界における人権に関するセミナー、オーストリアの Kirchberg-am-Wechsel のウィットゲンシュタイン・シンポジウム、デトロイトのウェイン州立大学、マーサー大学、ライス大学、オーストラリア国立大学、ハーバード大学で行った。私はまた、Sudhir Anand, Julia Annas, Richard Arneson, Daniel Brudney, Mary Ann Case, Juan Cole, Cioran Cronin, Norman Daniels, Steve Darwall, John Deigh, リチャード・エプスタイン、Sam Freeman, Alvin Goldman, David Golove, Robert Goodin, Mitu Gulati, Barbara Herman, スタンレー・ホフマン、Frances Kamm, Kenneth Karst, Erin Kelly, Elizabeth Kiss, Anthony Laden, Jane Mnsbridge, Charles Mills, Chirstopher Morris, David Owen, Jack Sammons, Jerome Schneewind, トーマス・スキャンロン、Seana Shiffrin, Larry Temkin, Lori Watson, Paul Withman たちからこれらの機会に頂いたコメントに感謝している。私はこれらの多くの人たちが私を支援してくれたことを幸せに思っているし、そのコメントや疑問に答えるために私の議論をもっとよりよくする努力をした。

第2章は一九九七年一一月に、トゥーソンのアリゾナ大学で行われたジーン・ハンプトン記念会議に発表したものであり、彼女の記念に捧げたものである。彼女は私がハーバード大学で教えていたときの学生であり、フェミニズムと哲学の関係についての研究会のメンバーであり、四二歳のときに発作によって悲劇的で早すぎる死を遂げるまで、アメリカを代表する道徳哲学者として活躍していた。社会契約論の伝統はフェミニストにとっても価値のあるものであるという主張は、フェミニストの思想に重要な貢献をした。彼女の現実的な見方、ユーモア、創造性、合理性は、彼女の優れた著作の中に生きており、それはフェミニストや正義について考えたい人たちにとってインスピレーションを与え続けるであろう。

この原稿を仕上げようとしていた最後の数日間に、ハーバード大学のラドクリフ・カレッジ・バンティング研究所のセミナーで発表する機会が持てたのは幸運だった。このセミナーは、研究者以外の専門の女性がアカデミックなトピックに一週間没頭するように企画されていた。参加者には、弁護士、銀行家、医者、財団理事、心理学者、米国空軍の家族支援サービスの部長、保険会社の経営者、ＭＢＡ交流プログラムの部長が含まれていた。米国以外にスイス、フランス、ルーマニアからも参加していた。その知識、実践経験、現実感覚に基づいた議論はすごく感動的であり、私の考えをもっとよく表現する方法を考えさせてくれた。また、女性グループが、女性のケイパビリティを支えるものであると同時に、女性の問題を考える場となるという私の考えを再確認させてくれた(このセミナーは、本書で多くのインドの女性が語っているようなグループの連帯感を私の人生でもっとも強く感じることのできた時間であった)。バンティング研究所のリタ・ブロック所長には、このようなすばらしい企画に感謝している。Mim Nelson には、コーヒーブレイクを取るのではなく、ウェイト・リフティングを勧めてくれたことに感謝している。Sondra Albano, Kay Boulware-Miller, Mary Brandt, Margaret Eagle, Renee Grohl, Silvia Gsell-Fessler, Judith Melin, Claire O'Brien, Patricia Peterson, Ellen Poss, Cherie Taylor, Maria Tedesco, Avivah Wittenberg-Cox には友情と啓発に感謝し、将来も続くことを期待している。

特に、仕事の時間を割いて何も知らないよそ者のために通訳を通して話してくれたインドの働く女性たちに感謝したい。彼女たちは、私を自分の家に招き、家族に紹介してくれた。彼女たちの生活は本書の中の現実である。その現実を消し去ることなく哲学書を書くことは可能であると信じている。

Ｓｈｕｒｅ財団、シカゴ大学法学部の Elsie O. and Philip D. Sang 基金の研究支援に感謝している。

私が深い賞賛と愛を抱いてきた、そして今でも抱いている一人の女性に本書を捧げる。義理の母である故サラ・ヌスバウムはガリツィアに生まれ、二歳のときにウィーンに移り住んだ。ウィーン大学で教育を受け、そこで独英文学で博士号を取得している。才能ある学生としてフリードリッヒ・Waismann のゼミに参加し、Morits シュリックが射殺されたとき、その場にいた。一九三八年のナチスドイツによるオーストリア併合の直前に、ウィーンに医学の勉強に来ていた第二世代のアメリカ人であるネイサン・ヌスバウムとともにウィーンを離れた。戦争中はアメリカ検閲局でドイツ人捕虜の手紙の翻訳の仕事をした。また、公立学校で教えたりした。後に、子どもを育てることに専念するために仕事を辞めたが、情熱的な知識人であり、芸術を愛する人だった。彼女はしばしば哲学の講義を聞きに現れ、時には、アメリカ哲学会の大会にも参加していた。彼女は温かく、並外れた人であった。その思い出は生き生きとしていて、今でも亡くなったことが信じられない。一九九九年二月三日に彼女は八七歳の生涯を閉じた。

目次

私たちは、自分の家を出て、夫の家で暮らしています。もし、私たちがこの家で私たちの名前を言うと、「それは他所の家族だ」と言われます。仕事について話をすると、「お前はこの家族の家に住んでいるのだから、お前の稼ぎは私たちのものだ」とか「この家族の土地で働いているのだから、お前の稼ぎは私たちのものだ」と言われます。私たちが他人の家にいるような惨めな気持ちを味わわずにすむように、この土地を私たちの名前で登記してください。

サントクベン（アーメダバードの農業労働者）

あなたの家族の中で、私は二番目の嫁としか見られていません。最近、私自身も自分のことをそれ以上のものに思えなくなってきました。一五年たった今日、私は海のそばに一人で立っていて、私にはもうひとつのアイデンティティがあることに気が付きました。それは宇宙と繋がっているということであり、創造主と繋がっているということです。そのことは、私に、あなたの家族の二番目の嫁としてではなく、自分自身としてこの手紙を書く勇気をくれました。

私はたやすく死ぬような人間ではありません。私がこの手紙で言いたかったのはそのことです。

ラビンドラナート・タゴール『妻の手紙』（一九一四年）

道々に私は菩提樹の木を植えさせてきた。それは、獣や人が休むための木陰となるだろう。また、一五キロメートルごとにマンゴの木を植えさせ、井戸を掘らせ、休泊所を作らせた。……そして、獣や人のために数多くの水飲み場を作らせた。……その恩恵は重要である。……私がこれらのことを行なってきたのは、人々に仏法(道徳律)に従って欲しいからである。

アショカ王、紀元前三世紀

私たちはただパイの一切れが欲しいのではなく、その味も選びたいし、その作り方も知りたい。

イラ・バット(SEWA…自営女性労働者協会)、一九九二年

序章　フェミニズムと国際開発

1　開発と男女の平等

世界の多くの場所で女性は人間の基本的機能を達成するための支援を欠いている。女性は男性に比べて栄養状態が悪く、健康の面でも劣り、身体的暴力や性的虐待を受けやすい。女性は男性に比べて、読み書きの能力の面でも劣り、専門教育や技術教育を受ける機会にも恵まれない。もし職業に就こうとするなら、女性はさらに大きな障害に直面する。例えば、家族や夫から嫌がらせを受けたり、職場で性的差別やセクシャルハラスメントを受けたりする。これらすべての問題がしばしば有効な法的な救済措置を欠いている。さらに、女性は政治に効果的に関わろうとしても邪魔される。多くの国で女性は法の下において完全に平等なわけではない。女性は男性と同じような所有権や契約を結ぶ権利や結社・移動・宗教的自由の権利も持っていない。[1] 重労働の仕事に加えて、家事や子どもの面倒を見るという「二重の生活(double day)」という重荷を背負って、彼女たちは遊ぶ機会も与えられず、想像し、ものごとを認識する能力を養う機会も与えられない。このようなことはすべて女性の感情面での福祉を犠牲にしている。女性は男性よりも恐怖から逃れて生きる機会が少なく、愛が報いられる機会も少ない。特に、女性が子どものころに選ぶことも許されずに結婚を強いられたり、ひどい結婚生活から逃れられないときはそうであり、それはしばしば実際に起こっていることである。このように不平等な社会的政治的状況の下で、女性のケイパビリティは不利な状況に置かれている。

要するに、女性はあまりにもしばしば女性自身を目的として、すなわち法律や制度上、敬意を払うに値する尊厳を持った人間として扱われていないということである。実際には、女性は、他者の目的を達成するための単なる手段として、例えば、子どもを産む者として、世話をする者として、性的はけ口として、家族の繁栄のために働くものとして扱われている。このような手段としての価値は大きいものであるが、時にはマイナスにもなる。女の子の生まれた家庭では、女の子はいつか家を去っていくのであり、親が年老いても面倒を見ないために、しばしば居なくてもよい存在として扱われる。女の子はいつか去っていくだけでなく、家族にとっては持参金や結婚式という多額の出費を工面しなければならない。そうであるなら、男の子と同じように女の子にも健康に気を配り、教育を受けさせることに何の意味があろうか。女の子が生まれることを喜びとして受け止めるのではなく、悲しみとして受け止めることに何の不思議があろうか。このことをインドの古い諺は次のように言っている。「女の子が生まれれば、それは将来の夫のところに生まれたか、あるいはすでに死んでいるか。いずれにせよ、その子はすでに去ってしまったも同然である」。

嫁ぎ先の家では女の子の手段としての価値はプラスになるだろうが、それでも彼女自身を目的として敬意が払われることはないだろう。義理の親は彼女のことを愛する息子の単なる付属物として、(特に男の)孫を産むための手段として、追加的な家族労働者として、そして、たぶん彼女の親から持参金を引き出すための道具として見るだけだろう。たとえ虐待を受けないとしても、温かく接してもらうことはないだろうし、教育を受けさせてもらうなどということもないだろう。もし彼女の夫が優しい人であれば、夫は彼女と両親の間に立って緩衝役を果たすだろう。逆に、もし彼女の夫が優しい人でなければ、彼女は嫁ぎ先で虐待から逃れることはできないだろうし、そこから逃げ出すこともできないだろう。なぜなら、おそらく彼女が生まれた家庭は、彼女が戻ってくるのを拒むだろうし、職に就けるような技術も持っていないだろうし、法律も彼女の窮状に対して関心を払わないからである。もし彼女の夫が死ねば、彼女の立場はさらに悪くなるだろう。夫を亡くした女性が受ける汚名は世界中で見られることである。目的を失った道具。それが夫を亡くした女性であり、それはすでに死んだも同然である。

　これはめったに起こらない特異な事態ではなく、広く見られる現実である。国連開発計画（ＵＮＤＰ）が出している一九九七年の『人間開発報告』によると、平均余命や富や教育を含む複合的指標によると女性が男性と同じように扱われている国は世界にはない[2]。この問題は発展途上国では特に深刻である。男女間の格差は貧困と強く結びついている[3]。貧困が男女格差と結びつくとき、人間の中心的ケイパビリティは大きく損なわれることになる。発展途上国全体で、読み書きのできない大人の女性の数は男性に比べると六〇％も多く、女性の小学校の就学率は男性に比べると一三％も少なく、女性の賃金は男性の賃金の約四分の三に過ぎない。レイプや家庭内暴力やセクシャルハラスメントに関する統計はまだないが、それは多くの国で家庭内暴力やセクシャルハラスメントに対してほとんど関心が払われていないからであり、夫婦間のレイプは罪とは見なされていないからであり、見知らぬ者によるレイプも稀にしか罰せられないため、多くの女性は届け出るのをためらうからである[4]。

　女性に対する差別は、健康や栄養という非常に基本的な分野でも多くの発展途上国で広く見られる。もし男女間で栄養や保健に関して平等であれば、女性の方が男より少し長生きすると一般に考えられており、その比は、男一〇〇に対し女一〇二・二という値になると予想される（これは、サハラ以南アフリカの現実の値である）[5]。しかし、多くの国で女性の比率はずっと低くなる。例えば、現在のインドでは男一〇〇に対して女九二・七であり、これは二〇世紀初頭に国勢調査が始まって以来の最も低い値である。このような比率に対して、「もし男女比が、サハラ以南アフリカと同じ値であったならば、現実の値よりどれだけ多くの女性がいることになるだろうか」という問いを発したとしよう。この数字は、経済学者アマルティア・センが「失われた女性（missing women）」と生々しく呼んだものである。現在、世界全体で「失われた女性」の数は何千万人にも達する[6]。この大まかな数字を用いると、「失われた女性」の数は次のように推計される。すなわち、東南アジア二四〇万人、ラテンアメリカ四四〇万人、北アフリカ二四〇万人、イラン一四〇万人、中国四四〇〇万人、バングラデシュ三七〇万人、インド三六七〇万人、パキスタン五二〇万人、西アジア四三〇万人である。次に、実際の女性の人口に対する「失われた女性」の比率を計算すると次のようになる。すなわち、パキスタン一二・九％、インド九・五％、バングラデシュ八・七％、中国八・六％、イラン八・五％、西アジア七・八％、北アフリカ三・九％、ラテンアメリカ二・二％、東南アジア一・二％である。インドでは死亡率の男女格差は子どもの間で特に大きいだけではなく、三〇代後半までのすべての年齢層について言えることである[7]。

要するに、女性は十分に人間らしく生きるために必要な支援を欠いているということである。この支援の欠如は、しばしば彼女たちが女性であるという理由によって引き起こされている。従って、たとえインドのように憲法上は民主主義国家であり、理論上、人々は平等であるとしても、現実には女性は「二流の市民」に過ぎないのである。

2　ケイパビリティ・アプローチの概観

国際政治経済思想はフェミニストの視点に立つべきであり、世界のほとんどすべての国において女性であるがゆえに女性が直面している問題に特別の注意を払うべきであり、この問題を理解しないで貧困や開発の問題に立ち向かうことはできない。国際開発へのアプローチは、これらの問題をどれだけ認識する能力があるか、そしてその問題にどのような解決策を提示できるかによって評価されるべきである。私はそのようなアプローチを提示してみようと思う。それは、この分野での他のすばらしく見えるアプローチよりもうまくいくものである。このアプローチは哲学的である。私は、これらの問題を扱うためには哲学的理論化が必要である理由を示そうと思う(8)。それは人間の中心的機能についての普遍主義的解釈に基づいており、政治的リベラリズムと密接な関係にある。私の主要な課題は、この種の普遍主義を世界の女性問題にアプローチするための基礎として擁護することにある。

私の目的は、人間の尊厳を守るために最低限必要なものとして、すべての国の政府が尊重すべき基本原理を支える哲学を提供することである(実施の問題はもっと複雑であり、この点については本章第7節でさらに論じることにする)。この「基本的な社会的最低限」を考えるための最善のアプローチは、人間の尊厳に値する生活とは何かについての直観に基づいて、「人間のケイパビリティ」(すなわち、人は実際に何ができるのか、どのような状態になりうるのか)に焦点を合わせるアプローチである。私は本書で「中心的ケイパビリティ」のリストを提示し、それを政治目標とするような「政治的リベラリズム」の文脈に置き、特定の形而上学的基礎とは無縁な形で提示してみようと思う。このようにして、ケイパビリティは、善について非常に多様な包括的構想を持つ人々が「重なり合うコンセンサス(overlapping consensus)」に達するための目標となりうるということを論じる。(9) そして、問題となっているケイパビリティは、ひとりひとりの人間を他の人々の目的を達成するための手段とするのではなく究極目的として、ひとりひとりの個人について追求させるべきものである。従って、私は、「ひとりひとりを目的とする原理(a principle of each person as end)」に基づいて「ひとりひとりのケイパビリティの原理(a principle of each person's capability)」を採用する。女性はいつも他人の目的に奉仕する存在として扱われ、自分自身のために自分自身を目的として生きてこなかった。だから、この原理は女性の生き方を考える上で決定的に重要な力を発揮する。最後に、私のアプローチでは、「ケイパビリティの閾値(threshold level)」という概念を用いるが、それは「このレベル以下では本当に人間らしい機能を達成できない最低水準」のことである。社会目標は、この閾値を超えることという形で理解されるべきである。

ケイパビリティ・アプローチには、もうひとつの使い方がある。それは、「生活の質」(人はいかによく生きているか)を国際的に比較するための座標空間を特定するという使い方である。それは、一人当たりGNPや効用といった他の標準的な指標に対抗するものである。このような役割は重要である。なぜなら、まず比較のための正しい座標空間に辿り着かなければ、社会的最低水準を正しく表す概念に向けて前進することはありえないからである。たとえ、このアプローチを社会的最低水準(すなわち閾値)を決める基本原理の哲学的基礎として用いようとは思わなくても、このような弱い意味で国と国との比較を行うために用いることができる。しかし、この比較によって分かったことが持つ意味を私たちに示してくれる規範的概念がなければ、ケイパビリティを比較に用いることにあまり価値はない。開発経済学における「生活の質」の概念は、特定の概念(富や効用の最大化など)を社会目標とする規範的理論と暗黙のうちに結びつけられているのに対し、私のアプローチでは明示的である。私の議論の主な目的は、単なるケイパビリティの国際比較を越えて、正義の理論の一部となるような規範的な政治的提言を行うことである(ここで完全な正義の理論とまでは言わない理由については第4節で述べる)。

ケイパビリティ・アプローチは十分に普遍的なものである。対象となるケイパビリティは世界のそれぞれの国のひとりひとりの個人にとって重要なものであり、ひとりひとりの個人はそれぞれ目的として扱われなければならない。発展途上国の女性は、この課題にとってふたつの意味で重要である。まず、女性は至る所で深刻なケイパビリティの欠如に苦しめられている人たちであること、そして、私のアプローチと他のアプローチのどちらがこの問題を解決し、解決できないかを示すことによって、両者をテストする興味深い事例であることのふたつである。このような女性の問題を視野に入れることによって、GNPや効用に基づく標準的なアプローチの欠点はよく理解できる。しかし、女性の問題はそれ自身、緊急の課題であり、女性に焦点を合わせることによって、これまで開発経済学や国際的な人権運動において男女の平等が無視されてきたことを埋め合わせすることにもなる。

このテーマは、発展途上国に焦点を合わせているという点で、フェミニストの政治哲学においても新しいものである。そのような視点はすでにフェミニストの経済思想や活動においても、またフェミニスト哲学においても広く受け入れられるようになってきている。フェミニスト哲学も、発展途上国の女性の緊急のニーズや利益にもっと焦点を合わせるべきであり、改善のための勧告を行う前に、彼女たちとの対話を通してその具体的な物的社会的背景をよく理解すべきである。このような国際的な視点は、雇用上の差別や家庭内暴力やセクシャルハラスメントや強姦防止法といった従来のテーマから離れることをフェミニストの政治哲学に要求するものではない。これらの問題は先進国の女性にとっても、途上国の女性にとっても中心的なものである。しかし、フェミニスト哲学が途上国の問題に建設的な形でアプローチしようとするなら、そのアジェンダに新しいトピックを付け加えるべきである。その新しいトピックとは、飢えと栄養、読み書きの能力、土地の権利、家の外で職を探す権利、児童結婚、児童労働などである(このうちのいくつかは、豊かな国の貧しい女性の問題に哲学的にアプローチしようとするときにも欠くことのできないものである)。一般に、途上国・先進国ともに貧しい働く女性の問題はもっと中心的位置を占めるべきであり、中流階級の女性の問題よりも優先されるべきである。

フェミニスト哲学は、しばしば普遍的な規範的アプローチには懐疑的であった。そのようなフェミニストの懐疑に対して、私は、地域の特殊性や、それが人々の選択肢を規定するだけでなく人々の信念や選好を形作ることにも配慮しながら、文化を超えた正義と平等と権利を追求する普遍主義的な哲学は可能であるということを論じようと思う。普遍主義的なフェミニズムは差異に関して鈍感である必要はないし、帝国主義的である必要もない。むしろ、人間の全般的な能力やその能力の開発という概念に基づく普遍主義は、差異に関する私たちの考えを表現するのに最適な枠組みとなる。

第1章では、「人間のケイパビリティ」という概念によって基本的政治原理の基礎を構築する方法を提示し、このアプローチが多元論や文化的差異にも敏感な普遍主義であることを論じる。それによって私のアプローチを通文化的普遍主義とする批判に答えることができる。さらに、私のアプローチと様々なリベラリズムとの関連について説明し、ケイパビリティと関連させて、ある種の政治的リベラリズムを擁護する。そして、私のアプローチと基本的人権の考え方との関連について説明し、政治的正当化と政治的実行との関係についてのひとつの解釈を提示する。

しかし、ある構想の魅力的な特徴を提示するということは、それを正当化するという作業の一部分でしかない。そこで第2章ではその作業を進めて、私のアプローチは、主観的厚生主義に基づくアプローチ（すなわち、各個人が主観的に感じる生活の良さが社会的選択の基礎となるという考え方）よりも優れているということを論じる。厚生主義の発想は経済学に、従って開発の分野に広く見られ、極めて影響力の強いものである。だから哲学的にも実践的にもケイパビリティと厚生主義との関係を明らかにしておく必要がある。人々の選好そのものが歪められることもあるという問題は、厚生主義的アプローチを政治原理の規範的理論としては受け入れがたいものにしている。私たちは中心的な政治的善の本質的説明を必要としているのであり、それはケイパビリティ・アプローチによって得られるものである。人々の選好が適応的に形成されるとしても、それが、ある種の政治的リベラリズムと結びつき、（現実の機能ではなく、選択範囲としての）ケイパビリティを政治的目標として用いるならば、必ずしも受け入れがたい温情主義（パターナリズム）に結びつくわけではない。しかし、厚生主義的アプローチも、人々の願望を尊重するという点では正しい。私のケイパビリティ・アプローチとプラトン的な人間の善とを対照させることによって、その正しいこととは何かについて述べてみようと思う。

第3章および第4章では、女性の生活にとって特に重要なふたつの問題を取り上げる。実り多い形で考察できる領域はいくつかある。例えば、レイプや家庭内暴力やセクシャルハラスメントとともに、教育や財産は明らかにそのような領域に属する。(10)私はそのうち宗教と家族というふたつのテーマを選んだが、それはこれらの問題の複雑性(ある意味で、それぞれがお互いを含んでいる)のためであり、両者が極めて哲学的で複雑な問題を提起しているからである。宗教の章では、宗教と男女平等との対立を分析し、その対立を政治的法律的に扱うための戦略を提示する。それは、(女性を含む)人間が生きる意味を追求する上で宗教の重要性を認めることと、宗教が人の大切な機能を脅かすことがないように宗教を批判的に監視することが釣り合ったものでなければならない。この点に関して、アメリカ憲法は、発展途上国における多元的民主主義の問題に応用可能であり、役に立つ洞察を提供する。ただし、私の解答のほとんどはすでにインドの憲法の中に存在している。最後に第4章では、家族愛とケアに関する難しい問題を取り上げ、女性にとっての完全な平等や家族の公正という政治目標を促進する一方で、愛やケアを与える者という価値を女性は持っているという考え方をどのように維持することができるのか(もしそのようなことが可能ならば)を問う。この課題に答えるために、まず、愛についての適切な哲学的説明(少なくとも一般的概要)を与え、そして、表面上は「自然な」存在であるように見える家族というものの社会的政治的起源を探ることにする。

私は、非常にすばらしい憲法を持ちながら、女性がいつも深刻な不平等に苦しめられてきた国であるインドに焦点を合わせていく。女性や開発についての著作の中には、数多くの異なった文化からの事例を、その文脈について深く考えることもなく記述しているものがある。これは賢明なやり方ではない。その文脈や歴史を考えることなしに、ある出来事や法律の意味を本当に知ることなどできるはずがない。私は、インドに焦点を合わせることにより、研究だけではなく、私自身の個人的観察や対象との親密な関係に基づいて書くことができるし、もしもっと広い範囲を対象にしていたならばできなかったようなやり方で、学問上の論争を評価することもできる。本書でインドに関連して取り上げた政治的理想が広い範囲で応用可能であるということは、ジャワハルラル・ネルーが次のような有名な言葉で示唆している。

インドが為すべきことは、苦しめられてきた何百万人もの人たちへの奉仕である。それは貧困と無知と病気と不平等な機会を終わらせることである。私たちの世代の最も偉大な人物の願望は、すべての人々の目から全ての涙を拭い去ることであった。その願望は私たちの世代を越えて願望のままであり続けるかもしれない。しかし、涙や苦しみが存在し続ける限り、私たちの仕事は終わることはない。その夢はインドの夢であるが、同時に世界中の夢でもある。なぜなら、すべての国とすべての人々はお互いに緊密に結びついており、だれもが孤立して生きるなどということは今日ではもはや想像もできないからである。平和は分けることのできないものであると言われてきた。もはや孤立した部分に分割することなど不可能となったこのひとつの世界では、自由もそうであり、繁栄もそうであり、災害もそうである。(11)

同様に、私の理想的な政治提言もその方向性はインドの事例から得られているが、しかし、それはすべての国について当てはまるものである。

私は二重の意味で、私がこれから書こうとしている場所ではよそ者である。第一に、私は外国人であり、第二に、中流階級に属しているということである。しかし、インド人によるインド研究のほとんども、少なくともある意味で、すなわち、その研究が扱っている人々の生活とはかけ離れたミドルクラスの生活を送っていると言う意味で、よそ者の研究である(アメリカで貧困や社会福祉改革を研究しているほとんどの研究者も全く同じである)。しかし、好奇心と決意があれば、そして特に人々の声に耳を傾ける心があれば、これらの障害は乗り越えられると私は信じている。しばしば外国人は文化的・宗教的・政治的論争に巻き込まれず、中立的な立場にいることによって役に立つものであるが、これはインドに住み、その論争に巻き込まれてしまっている研究者にはできないことである。確かに外国人は、関わり合いのない者として同じ文化の中にいる上流階級の人よりも温かく迎えられるだろう。もし私が、華やかな大学の一画に隣接し、私の研究室から一ブロックしか離れていないウッドローン地区(貧しいアフリカ系アメリカ人の住む地域)に歩いていったとしても、インドの労働者の家庭で受けたような温かく信頼された歓迎を受けることはできないだろう。不平等が固定化してしまったような状況では、隣人であるということが認識論的問題を引き起こすこともある。

ここで扱っているのは哲学的課題であり、ある種の規範的哲学理論を展開することを目的としている。私は実証的社会科学者ではないし、本書も継続的な実証研究の記録を意図したものでもない。しかし、私は経験的事実や実際に私が見てきたことに対して正直でありたいと考えている。哲学的理論化には実践的な政治的価値があり、それは実証的研究で置き換えることのできないものである。理論の実践的価値は、その抽象性と体系的特徴にある。グローバルな形で抽象化することを非難するフェミニストたちのやり方は、全く賢明でないように思われる。ある種の抽象化がなければ、思想もなく、話すこともできない。政治哲学に特徴的な抽象化は、現実にとって適切なものは何かという意識さえ正しく持っている限り(それはかならずしも常にそうだったというわけではないが)、非常に大きな価値を持っている。(12)

ある種のフェミニスト哲学、特にポストモダンの文芸批評の影響を受けたものは、私たちの心を現実から遠ざけるような抽象化を行い、現実の女性の生活を理解するためには役に立たないものである。現実のケースや経験的な事実に焦点を当てることによって、政治理論が無視してはならない大事な事実を特定することができる。だから、私は、私の究極目的が理論的なものであったとしても、現実を敏感に反映するような形で、読者が現実の世界を適切に想像できるような形で、書くように心がけた。従って、第四節では、私が出会った二人の人生を記述することから始めることにする。それは、何が深刻な問題なのか、それらがお互いにどのように結びついているのかをはっきりと理解するのに役立つだろう。(13) この二人のケースは、本書で取り上げる具体的な議論の多くに例証を与えることになるだろう。第5節では、ふたりの人生を、現在のインドの女性が直面している現実の問題に照らして考えることにする。

3　ケイパビリティ・アプローチ――センとヌスバウム

しかし、私の議論を始める前に、ケイパビリティ・アプローチを異なった観点から紹介しておかなければならない。なぜなら、第1章や第2章での議論からも分かるように、機能とケイパビリティに基づくアプローチは、開発経済学の分野でアマルティア・センが開拓した分野だからである。私自身のケイパビリティ・アプローチは、一九八六年に始まった世界開発経済研究所(WIDER)でのセンとの共同研究から生まれたものである。そのとき、私たちは、私がアリストテレス研究で追究してきた概念と、センがそれまでの数年間、経済学の分野で追究してきた概念が著しく似ていることに気がついた。従って、私たちはここで論じる議論のすべてについて合意していると受け止めてもらってもいいし、議論を呼び起こすような提言をセンに帰することもできるし、セン自身もすでに十分な議論を行ってきている。従って、重要なのは、センと私のそれぞれのアプローチで、何が共通であり、何がそうでないのかを示しておくことである。

センが主としてケイパビリティという概念を用いるのは、「生活の質」(あるいは、センがときどき使う用語では「生活水準」)の比較が最も効果的に行える座標空間を提示するためである。人々の満足度を尋ねるのでもなく、人々がどれだけの資源を自由に使えるのかを問うのでもなく、私たちは、人々が実際に何をすることができ、どんな状態になれるのかを問う。さらにセンは、社会的平等や不平等の問題がもっとも良く提示できるのは、ケイパビリティの座標空間であると主張する。

私は、センのケイパビリティに関する主張やそれを擁護するために行う議論に心より同意するものであり、その議論の多くは本書でも繰り返される。しかし、本書における私の目標は、単にケイパビリティを比較のために用いるだけではなく、ケイパビリティやケイパビリティの閾値といった概念が、人々が政府に対して要求する権利を持つ中心的基本原理の基礎となりうるということを示すことにある。私の考えでは、「ケイパビリティの完全な平等」といった概念よりも、ケイパビリティの閾値といった概念の方がもっと重要である。もしどこでも達成されたことのないような高い水準が閾値として採用されているとして、その水準をすべての人が越えたならば、私たちは、人々に対してさらに何をなすべきかというような議論は先送りすることができる。従って、私の提案は、その閾値を越えたところの分配はどうあるべきかに関するいくつかの議論とも両立しうるように意図されている。その意味で、私のアプローチは、公正な分配に関する完全な理論を目指しているのではなく、部分的な理論を目指していると言える。センは、閾値という概念は使っていない。しかし、私はセンが、ケイパビリティの完全平等を目指すべきだかどうかについて述べているとも思わない。センの提案がこの点に関して答えていない限り、センと私は実質的に同じ意見であると言ってよい。

センと私の間に強い合意が成立しているもうひとつの領域は、センも私も政治的自由に対して重要な役割を認めているという点である。センは明らかにロールズ流の自由の優先という考え方を支持している。私の提案では、人の様々なケイパビリティはすべて同じように基本的なものであり、その間に辞書的順序のような順序づけを認めない。しかし、センと私が「経済的ニーズは自由を否定して満たされるようなことはあってはならない」と強く主張するとき、私たちは完全に合意している。

最後に、センと私が「追求すべきケイパビリティは個人にとって価値のあるものであり、政府は何をなすべきかを考えるとき、考慮しなければならないのはひとりひとりのケイパビリティである」と強調するとき、私たちの考え方は一致している。センは、私のように「ひとりひとりのケイパビリティの原理」というようなことは何も明示的に述べてはいないが、彼が、例えば「家族の有機的モデル」について批判的であることから、ひとりひとりを目的とするというこの原理を支持していることは明らかである。

しかし、私のアプローチは、いくつかの重要な点でセンのアプローチとは異なる。まず第一に、センと私は、文化相対主義が貧弱な内容しか持たず、開発政策の分野では普遍的規範が必要であることについては完全に合意しているものの、センは多くの反普遍主義的アプローチが非西洋文化について歴史的に間違った理解をしていると議論しても、それ以上に相対主義に反対する明確な議論は行っていない。第1章で「文化からの議論」と呼ぶものに対して、文化は論争の舞台であることを強調することによって答えようとする私のやり方にセンも同意することは明らかである。しかし、相対主義者に対して私が第1章で提示するその他の回答についてはセンがそれを支持するかどうかそれほど明らかではないが、私の基本的な考え方については好意的である。

私の議論ではマルクスやアリストテレスの「真に人間的な機能」という考え方が中心的な位置を占めているのに対し、センはそれに基づいてケイパビリティ・アプローチを構築しようとはしない。彼はケイパビリティ・アプローチを記述するときに、たまにマルクスやアリストテレスに言及することはあるものの、彼の構想を作り上げる上でこれらの思想家が中心的な役割を果たしたのかどうかは私には明らかではない。影響を受けたとしても、それは、それがインドの左翼の議論に与えた影響を通してという間接的なものであろう。従って、どのような生活が人間の尊厳に値するのか、人間の力を失うことがいかに大きな損失であり悲劇的であるかという議論と、その哲学的正当化のためのすべての議論についてはセンの合意を得ていないと理解すべきである。もっとも、このことはセンがそれに反対しているということを意味しているわけではない。

最も重要なことは、センが中心的ケイパビリティのリストを提示してこなかったということである。彼自身も多くの例を提示し、『人間開発報告』も少なくとも私のリストの項目のいくつかに対応するように構成されている。しかし、実際にそのようなリストを作ってみたり、政治原理を作るためにそれを利用しようというような考えは彼にはない。そのような試みも、その特定の項目も彼が支持していると見てはならない。

もうひとつの違いは、私のケイパビリティの三つのタイプ(基礎的、内的、複合的)の分類である。センの議論の中でこれに対応するものはないが、事例を取り扱う中でセンもしばしば似たような点を指摘している。機能ではなくケイパビリティこそが適切な政治目標であるという考えは、センもしばしば事例を通して支持しているが、彼はそれを一般理論として支持したことはない。この問題に対する私の答えは、私のリストを政治的構想や政治的「重なり合うコンセンサス」の基礎として用いようとすることと密接に関連している。センはこれまで包括的リベラリズムと政治的リベラリズムとの違いについては論じていない。どちらのタイプのリベラリズムをセンは支持しているのかは明らかではない。宗教について彼の立場は複雑である。ときどき彼は、第3章で「世俗的ヒューマニスト・フェミニズム」と呼ぶものに傾いていることがあるものの、インドの状況について書くときには、彼は宗教に大きな政治的役割を与える世俗主義を支持してきた。

センがよく使う一組の区別は、私のケイパビリティ・アプローチでは用いない。その区別とは、福祉とエージェンシー(行為主体)との区別であり、それは自由と成果との区別とともに最近のセンの著作を構成する主要な概念である。これらの概念が重要であるということについては私もセンに同意する。しかし、すべての重要な区別はケイパビリティと機能との区別によって捉えることができると私は考えている。例えば、健康を考えるとき、私たちは健康であるというケイパビリティあるいは機会と実際の健康状態とを区別すべきである。社会は前者を提供するに留め、適切な機能を選ばないという自由も個人に残しておくかもしれない。しかし、ここに福祉とエージェンシーの区別を導入することによって、議論がさらに明確なものになるかどうかは私には明らかではない。健康的であるという機能自体は、ひとつの活動のあり方を示しているのであって、受身的な満足を示しているのではない。この点に関してはセンも同意するだろう。私が恐れているのは、「福祉」という概念が功利主義と結びつくと、実際の活動を伴わずに、ただ福祉を楽しむことをセンは考えているのではないかという印象を読者に与えるかもしれないということである。従って、私は、私の用語を功利主義の伝統からきっぱりと切り離す方を選ぶ。より簡単な区別(および上述のケイパビリティのレベルの区別)を採用したとしても、重要な哲学的問題がぼやけてしまうとは私には思えない。

権利とケイパビリティの関係についてセンと私の間にはいくらか不一致が存在し、それは本書では取り上げない大きな不一致に繋がっている。センは非功利主義的な複雑な帰結主義を擁護して、権利を副次的な制約と見なす考え方を批判する。それに対して私は、中心的ケイパビリティを権利として捉えることによって、そのような考え方のひとつの見方を支持する。なぜなら、中心的ケイパビリティは、他の社会的優位性を追求するために犠牲にしてはならないものだからである。しかし、本質的にはセンと私の考え方は非常に近い。なぜなら、私は、センが批判する権利を副次的制約と見なす考え方とは違ったやり方で権利の分析を行っているからである(第1章第6節参照)。

最後に、想像力や感情の政治的重要性を強調するために私がしばしば用いる物語風の記述は、センがどのような形でも用いてこなかったものである。この点に関する私の考え方については別の場所で詳しく展開したが、それはセンに帰すことのできないものである。では、その物語風の題材に移ることにしよう。

4　羽ばたこうとする二人の女性

グジャラート州のアーメダバードは、マハトマ・ガンディーが「非暴力不服従の原理」に基づいて労働者を組織した繊維工業の町である。観光客は、繊維博物館とガンディーの住んでいた場所を見るためにやってくる。しかし、今日ではもうひとつの抵抗運動、すなわちSEWAの発祥の地としても人々の注目を集めている。SEWAは五万人以上のメンバーからなり、二〇年以上に亘ってクレジットや教育や労働組合活動を通してインフォーマル・セクターで働く女性労働者の生活改善に取り組んできた(インドでは非常に大きな割合の人々が「インフォーマル・セクター」と呼ばれるもの、すなわち、零細家内工業や農業労働者や様々なタイプの自営業に従事している。働く女性の九四%までが自営業である)[14]。町を二分する汚れた川のそばにSEWAのスタッフの事務所として使われている古い粗末な建物があり、そこでSEWAが設立された。川の反対側には教育のためのオフィスとSEWA銀行が入っている大理石のオフィスビルがある。ここでは顧客も従業員もすべて女性である。女性たちは「この銀行は私たちにとって母なる場所である」とよく言う。なぜなら、母親は娘のことを真剣に考え、こっそりと匿い、問題解決の手助けをしてくれるからである、とSEWAの設立者であるイラ・バットは言う[15]。

バサンティは、その古いオフィスビルの会議室の床の上に座っていた[16]。三〇代前半の色の黒い小さな女性で、鮮やかな青いサリーを着て、髪はきれいに巻いて頭の上でとめていた。柔らかく丸々としていて、歩くよりも座っている方が居心地よさそうだった。歯は変色し、歯並びも悪かったが、それ以外の点では健康そうに見えた。彼女はラージプート、すなわち、高い（ヒンドゥー）カーストに属していると私の同僚であるマーサ・チェンが後で私に教えてくれたが、私にはどうしてそのように判断できるのか全く分からない。[17]バサンティは友達のコキラと一緒に来ていた。彼女よりも年上で（低いカースト出身で）[18]、土鍋作りの仕事をし、地域の会議場の管理人をし、背が高く、気性の激しいコミュニティのまとめ役であり、家庭内暴力が起これば警察の調べに協力するような人である。一方、バサンティは俯きがちに静かに話をするが、その目は生き生きとしていた。

バサンティの夫はギャンブル好きで、大酒飲みである。家のお金を持ち出しては酒を飲んで酔っ払い、そのお金がなくなったとき、精管切除の手術を受けて地方政府から補助金を受け取った。だからバサンティには彼女を助けてくれるような子どもはいない。夫が彼女に暴力をふるうようになると、もはや夫とは一緒に住めなくなり、実家に戻った。彼女の父親はミシンの部品を作っていたが、亡くなった後は彼女の兄弟たちが父の店だったところで自動車部品の商売をしている。彼女はその店に暮らし、その床の上で眠り、かつては父のものだったミシンを使って、サリーのブラウスにカギホックをかけるための小さな穴を開ける仕事をしてわずかなお金を稼ぎ始めた。やがて彼女の兄弟たちは弁護士を雇い、彼女の夫に対して生活費を求めて裁判を起こした。それは、彼女の経済階層からすると極めて珍しいことであった。しかし、裁判は何年も続き、結局、はっきりとした結論は出なかった。その間、兄弟たちは彼女にお金を貸し、彼女はサリーの縁を縫うためのミシンを買った。しかし、彼女はいつまでも兄弟たちに頼りたくはなかった。なぜなら、彼らは結婚もし、子どももいて、いつまでも彼女を支えたくはないだろうと思ったからである。そこで、ＳＥＷＡの支援によって彼女は銀行からお金を借り、兄弟からの借金を返済し、今ではＳＥＷＡ

から借りたお金もほとんど返済し終えた。彼女はいまや月に五〇〇ルピーを稼ぎ、そこそこの生活を送っている。[19] 彼女はふたつの預金口座を持ち、SEWAの組合運動にもっと関わりたいと思っている。「普通、女性は団結心を欠いており、豊かな女性は貧しい女性を利用している」と彼女は言う。それとは対照的にSEWAでは一種のコミュニティのようなものを感じている。明らかに彼女は、社会階層も気性も全く違うコキラとの付き合いに喜びを感じている。

今、バサンティは生き生きとしている。彼女は私たちの目を見つめ、力強い声で、はっきりと話す。[20] 彼女は言う。「インドの女性は多くの痛みを抱えている。そして、私もこれまでの人生で多くの悲しみを乗り越えてきた。しかし、その痛みから私たちの強さは生まれた。今、私たちは昔よりもずっとうまくやっている。だから、他の女性たちのために役立ちたいと思っている。わたしたちはいい人間でありたいと思っている」。

ジャヤンマは、インド南部にあるケララ州の州都トリヴァンドラムにある自分の小屋の前で、オーブンの中のような三月末の暑さの中に立っていた。[21] 彼女と初めて会ってまず気づくのは、背筋がまっすぐ伸びていて、その動作が力強く逞しいことである。彼女の歯は抜け落ち、目は曇っていて、髪も薄くなっているが、彼女には連隊長として部隊を指揮し戦わせられるような強さがある。彼女が自分の子どもや近所の人と大喧嘩をしたと聞いても私は驚かない。タバコを嚙むときにはあごを突き出す。下層のカーストではあるが「指定カースト」ではないイシャワに属するジャヤンマは、二重の意味で苦しめられることになる。[22] すなわち、社会的立場は弱く、それにもかかわらず最下層のカーストに対して政府が行っている積極的格差是正措置《アファーマティブ・アクション》のためのプログラムの対象外とされた。彼女は今でもトリヴァンドラム郊外にある政府の土地に不法居住者として暮らしている。私は「トリヴァンドラムでも最悪の貧困を見ることになるだろう」と言われていたが、行ってみると、生活水準の高いケララ州ということもあり、ボンベイやいくつかの農村部の貧困地域と比べると比較的裕福に見えた。居住地内の小屋は小ぎれいで涼しく、壁は土とレンガでしっかり作られ、写真や子どもたちの絵などが飾られている。何軒かの家からは、ホテイアオイに覆われた湖のすばらしい眺めが見える。多くの家には地方政府のプログラムによってトイレがついている。水道も電気もちゃんと来ている。住民は、初めは不法居住者であったが、今では土地の権利をいくらか持っている。居住地のすぐ前にはバス停があり、道路はよく手入れされている。病院も遠くないところにあり、居住区の中には楽しそうな小学校もある。年長の子どもたちはみんな学校に通っているようだった。清潔にしていて、学校の制服に誇りを持ち、栄養状態も良く、お客さんが来れば居住区の中を案内して回る(インドの多くの場所で学校はなく、電気や水道も当てにならない)。

最近、退職するまでの約四五年間、ジャヤンマは毎日、レンガ工場に働きに行き、日に五〇〇個から七〇〇個のレンガを頭に載せて一日八時間の労働をこなしてきた(彼女は日に五ルピー以上のお金を稼ぐことはなく、その仕事は天気に左右された)。ジャヤンマは板の上に一度に二〇個のレンガを積んで、それを頭の上に載せて早足で運ぶ。首の強さでレンガのバランスをとりながら窯まで運び、そこで首をひねることなくレンガを降ろし、窯の中に積んでいく役割の男にふたつずつ渡していく。レンガ工場で働く男は、最初は重労働に就くが、やがてレンガの成形や窯内での積み上げといった(それほどきつくはない)熟練労働に就き、かなりの年齢になるまでその仕事を続ける。その仕事はそれほど危険でもなく重労働でもないのに、二倍の給料をもらうこともある。しかし、女性たちがこのような昇進の対象となることはなく、その技術を学ぶことさえ許されない。他の零細企業と同じように、レンガ工場も零細家内工業に分類され、労働者が組合によって護られるということもない。すべての労働者の賃金水準は低く、女性はさらにひどい状況に置かれている。それにもかかわらず、彼女がその仕事を止めようとしないのは、それが建設作業や農作業とは違って安定した雇用を提供してくれるからである。レンガ工場では労働者の子どもも一緒に雇ってくれるので、ジャヤンマは仕事場に子どもを連れて行くことができた。彼女は悪い境遇だと感じているが、それを変える方法を見つけることができないでいる。

六〇代半ばのジャヤンマにはもはや肉体的にレンガ運びの重労働に耐えることができず、頼れる仕事はない。彼女の夫は家計を支えていく上でほとんど役に立たなかったが、その夫も死んでしまった。夫が年老いたとき、彼女は夫の面倒を見るために多くの労働時間を割かなければならなかった。しかし、彼女は召使のような仕事には就きたくなかった。なぜなら、そのような仕事は彼女のコミュニティでは恥ずべきもの、品位を下げるものと考えられていたからである。ジャヤンマは次のような政治的解説を付け加えた。「召使であるということは、あなたの敵の階級に依存することである」。彼女は、政府からの寡婦に対する手当てを受け取ることができない。村の役人は、彼女には肉体的に丈夫な息子がいるからだと説明した。しかし、実際にはその息子たちは彼女を支援することを拒んでいる。この地域の男たちは、年老いた親戚の面倒を見るという点で頼りにならない。ジャヤンマの息子で同じ地域に住んでいるのはたった一人だけである。しかも娘たちよりも息子たちの教育のために多くのお金をかけたために、彼女を支えてくれようとする娘たちには技能もなく、機会も少ない。しかし、ひとつの例外がある。彼女の孫娘のひとりは看護師の資格を持っている。それは、彼女の母親がプラヤ族の男性と結婚したために、最下層のカーストに対する積極的格差是正措置の恩恵を受けられたからである。しかし、病院にも汚職はあり、彼女は看護師の仕事に就くために二五〇〇ルピーの前渡し金を払わなくてはならない。だから、この背の高い、誇りを持った美しい女性は、一日中、家で家事をしている。看護師の資格証書は箱にしまったままで、お客さんが来たときにそれを悲しげに見せるのである。

このような不運にもかかわらず、今でもジャヤンマはタフで挑戦的で健康な女性である。彼女は話をすることにあまり関心がなさそうだが、彼女は訪れた人にいろいろ見せて回ったり、ライムジュースや水が振舞われたりするように気を配っている。

バサンティとジャヤンマは異なった人生を歩んできた。ひとりは中流の下の階級で貧困の縁に生きている。もうひとりは経済的階層の最も低い位置にいる。(23) バサンティには、ジャヤンマのピークのときの五倍の所得がある。ジャヤンマは銀行からお金を借りるなどということは夢にも思わなかった。なぜなら、彼女には何も担保となるものがなかったからである(土地を担保にするためには、お金をかけて裁判所で土地の所有権を確立する必要があった)。二つの預金口座という話は、彼女には全く手の届かないものである。しかし、二人の人生は似たようなパターンを示しており、そのパターンはインドだけではなく、世界の多くの国々の女性に広く見られるものである。二人とも、形式的には男と対等な政治的権利を持ち、名目上は社会的機会や雇用機会が平等な国で育った(性別による差別はインド国憲法によって禁止されている)。二人とも貧困に苦しんでいる(その理由は必ずしも女性であることだけにあるのではないが)。さらに、二人とも男女差別に苦しめられている。これらの女性の貧困は男女差別と深く結びついており、彼女たちの貧困のいかなる側面も男女差別を抜きにして完全に理解することはできない。ジャヤンマの労働者としての一生は、レンガ工場における厳密な性別の職制によって規定され、下層階級の女性はめったにフォーマルな教育や高い技能の習得の機会が与えられないという事実によって規定されてきた(必ずしも男が常にそのような機会を与えられるというわけではない。しかし、もし家族の中でそのような機会が与えられるとすれば、それは男の子であることはほぼ確実である。それにはいくつか理由がある。男の方が実際には大きな経済的機会が与えられること、娘の所得は夫の家族に属し、実家の方には属さないこと、そして地域や階層によっては、自分の娘に頼ることを恥と考えていることなどである)[24]。バサンティは中流階級の圧力を受け続けてきた。すなわち、早い結婚、既婚女性が家事に関わることの制限、フォーマルな教育の欠如、職業訓練の欠如などである。彼女は知的で才能に富む女性であったが、字が読めなかったために中流階級にふさわしい仕事を見つけることはできなかった。

二人とも、女が男に強く依存し、男はしばしば軽い責任しか負わない世界に住んでいる。ジャヤンマの夫は、(わずかばかりの)自分の稼ぎをタバコや酒や自分の食べ物に使ってしまい、重労働を終えたジャヤンマに一切の家事を押し付けるだけではなく、子どもや家のために必要なお金のほとんどを稼がせていた。これはケララではよくあるパターンであり、ジャヤンマの息子たちもそれと同じことをしている。バサンティの夫も、アルコール中毒と家庭内暴力という気が滅入るほど似たような生活をしている(アルコール中毒と家庭内暴力は互いに結びつき、あまりにも広く見られる問題なので、グジャラート州政府は女性グループからの要求に応えてアルコールを禁止する法律を成立させた)。バサンティの夫は彼女を支えないだけではなく、酒を飲む金欲しさに補助金目当ての精管切除の手術を受け、彼女を支えてくれるはずの子どもを産む機会を彼女から奪い取ってしまった(これは女性のために考えられた政府のプログラムの負の側面である)。彼の元から去るために、彼女は別の男性に頼らなければならなかった。彼女の兄弟たちはめったにないほどに協力的で、弁護士を探したり、ひとりで生活していけるように彼女にお金を貸してくれたりした。彼女の場合には裁判で生活費を勝ち取れるケースであったが、ディケンズ的な法制度の非効率性のために彼女は裁判に勝つことができなかった。最後に、二人とも教育を受けていないことが大きな制約となっており、この制約は少なくとも部分的には女性であることによって説明できる。

ジャヤンマやバサンティが直面している問題は、インドにおける特定のカーストと特定の地域の女性に特有のものである。個別的あるいは一般的な様々なレベルでジャヤンマの社会的立場を理解することなしに彼女の選択や制約を理解することはできない。例えば、カーストがプラヤではなくイシャワであるということは何を意味するのか、他の州ではなくケララに住んでいるということは何を意味するのか、農村ではなく都市に住んでいるということは何を意味するのか、キリスト教徒ではなくヒンドゥー教徒であるということは何を意味するのか[25]、なぜ彼女は毎夕祈るのか、なぜそれを大事だと彼女は考えるのか、そして、ヨーロッパやアメリカではなくインドに生まれたということは何を意味するのか。バサンティの場合には、二重の制約、すなわち、上位のカーストに課せられた多くの決まりがもたらす制約と貧しいために生活を支えていくためのいい仕事の機会が限られているという制約を理解することなく彼女のことを理解することはできない[26]。また、グジャラートの家族計画プログラムや、SEWAの活動や、グジャラートの女性運動の下地となったガンディーの自給自足の伝統や、その他の多くの特殊事情を知らずに彼女の話を理解することはできない。これらの特殊性がそれぞれの女性の内面的な生活を形作っており、それを外部の者が理解するのは容易なことではない。

一方、二人の置かれた状況は極めて具体的で、それは一面ではアメリカの貧しい女性たちの状況とは非常に違ってはいるが、彼女たちが直面している問題は世界の多くの国々で多くの女性（特に貧しい人たち）が直面している問題と全く違うというわけではない。ジャヤンマの粘り強さと元気の良さ、コミュニティのために奉仕し、いい人間であることを示したいバサンティの願望、自立と経済的自足への二人の強い願望、家族に対するジャヤンマの複雑な誇り、バサンティの女友達に対する愛情、自分自身の名前でお金や資産を持ちたいという二人の願望、さらに能力と技能を身につけ、自分自身の生活を自分でコントロールすること、これらの努力は世界の多くの国々の女性に共通のものである。ある意味で、労働する肉体は世界共通のものであり、食料や栄養や健康が必要なことも共通である。従って、トリヴァンドラムの女性が、肉体労働に従事するアラバマやシカゴの女性と多くの面で似ているとしても驚くに当たらないし、その努力や意識が根ざしている環境がどんなに違ったものであったとしても、彼女の意識が全く異質なものでもないし、彼女のアイデンティティが理解できないほど違ったものでもないとしても驚くに当たらない。同様に、家庭内暴力の状況は社会によって様々であったとしても、殴られた肉体は、ある意味で世界共通のものである。それぞれの社会状況で全く違うように見えたとしても、別の面から見ればそんなに違わないかもしれない。レンガ工場で女性に重労働をさせておきながら、低い賃金しか払わないというのは極めて奇妙なことに思えるが、雇用における男女差別の多くの形態はそのように不合理なものである。(27) ジャヤンマがこれをそのまま受け入れてきたのは奇妙に見えるかもしれないが、差別に苦しむ女性たちが不平等と闘うために常に組織化できたわけではない。さらに、バサンティが学校に行かなかったという事実は奇妙に見えるかもしれないが、女性は基本的に妻であり母であり、男性は外で働く労働者であるという考え方は珍しいものではない。彼女が学校に行きたがらないという事実も、たとえ教育を受けても、それによっていい生活ができるという兆しが見えてこないという現実を考慮するならば、それは驚くべきことではないし、奇妙な考え方をしているわけでもない（後に見るように、SEWAに関わる多くの女性たちは、銀行の出納係や組合の組織者として働く女性たちが読み書きの能力を生活の改善に役立てているのを見て、急速に読み書きの能力を身につけていった）。

西洋のフェミニスト哲学者がこれらの女性たちの生活を考える上で最大の障害は、彼女たちの貧困の異質性にあるのではなく、その詳細や動態にある。フェミニスト政治学や開発経済学や政治学のような分野と違って、西洋のフェミニスト哲学は、お金を借りたり、読み書きの勉強をしたり、ミシンを買ったり、ということに焦点を合わせてこなかった。（ジャヤンマの家庭のように）誰が紅茶にミルクを入れ、誰が砂糖しか入れないかということが決定的に重要な選択であるという考えは、フェミニスト哲学者にとって位置や政治組織や宗教といった大きなテーマ以上に理解するのが難しいテーマである（紅茶に砂糖を入れる方がミルクを入れるより安いということに、私は確かに気がついていなかったし、ほとんどのアメリカの哲学者は多分、気がついていないだろう。私は世界中の貧しい人たちがするように一ペニー一ペニーを数えるようなことはしないだろう）[28]。従って、ここでのフェミニスト哲学の課題は、一般的な形でインドの女性（特に貧しい女性）の置かれている状況を読者に示すことから始める必要がある。

5　インド——現実ではなく、理論上の男女の平等

インドにおける女性の地位というテーマは極めて難しいものである。なぜなら、インドほど内的な多様性と多元性を持った国は世界に存在しないからである。これから私はその多様性のいくつか(カースト、宗教、地域的背景、富や階層など)について記述していこうと思う。しかし、その前に、心に留めておくべき基本的事実がいくつかある。

インドは一九九七年八月一五日にイギリスから独立して五〇周年を迎えた。インドは人口八億四六三〇万人の世界でも最大の民主主義国である。立憲議会制民主主義を採用し、基本的権利の成文法を持ち、そこには不可触民の廃止と、平等と無差別についての一連の条項を含んでいる。その法体系は、成文化された憲法の制約と基本的にはコモンローの伝統とを組み合わせており、ある面ではアメリカのものと似ている。最高裁判所は、アメリカと同じように基本的権利の最終的な解釈を行い、しばしばアメリカの憲法学(および法的文書)がその判例の出典として用いられる(例えば、今ではアメリカで非常に論争の的となっているプライバシーに関する法の多くが、本質的で正当なプロセスに関する同じような理解を通してインド国憲法に取り入れられている)。

インド国憲法は非常に「女性に優しい」文書である。性別によって差別を受けない権利は、法による平等な保護を受ける権利と同様に、基本的権利として保障されている。このことはアメリカと同様に、性別に基づく体系だったヒエラルキーを認めないものと解釈されてきた。第二一条では、法の正当な手続きを

経ることなく何人も「命や自由」を奪われることはないと述べており、アメリカでのグリズウォルドとコネティカット州との裁判やロウとウェードとの裁判で争われたようなプライバシーの権利を示すものと解釈されてきた。このプライバシーの権利は、女性が夫の家を出て行ったときに夫に「夫婦の権利を回復すること」〔女性を連れ戻すこと〕を命じるビクトリア時代の法律に疑問を投げかけるために用いられてきた(29)。特に興味深いのは、苦しめられている人たちの運命を改善することを目的とした積極的格差是正措置は無差別を求める条項と両立しうると起草者たちがはっきり述べていることである。こうしてジェンダーとカーストに関する積極的格差是正措置の原理は憲法の中に書き込まれることになった。インドでは、アメリカの法律に見られるような形で公式に平等が理解されたことはないが、平等には物的・制度的前提条件があり、そのためにはすべての種類の体系的なヒエラルキーを取り除くことが必要であるという理解は共有されてきた(憲法第一七条は、「どのような形であれ、その習慣を禁止する」として「不可触民」を廃止した(30))。

インドには統一刑法があり、それは多くの面でビクトリア時代の名残りを残している。最近、フェミニストたちは女性に関わる問題を前進させるために、そのいくつかの側面を取り上げた。例えば、慎ましさに関わるビクトリア法は、セクシャルハラスメントの裁判で(問題の残る)勝利を勝ち取るために利用された(31)。しかし、そのビクトリア的解釈は(穏健なものであれ、過激なものであれ)結局、男女の完全な平等のためには障害となる。インドのフェミニストたちは強姦防止法の分野で幾分かの前進を勝ち取り、暴力によって脅迫されて同意した場合には、もはや同意したとは見なされなくなった。アメリカ以上に創造的で革新的な改革は、警察の留置場での警察官によるレイプを防止するために、そのようなケースでの証明の責任を被告側に負わせることになった。しかし、アメリカでのレイプに関する最も重要な改革（例えば、女性に対して過去の性的経験を問うてはならないということ）は、インドではまだ達成できていない。

法制度に関してインドとアメリカの間には大きな構造的違いが存在する。それは、インドでは（各地域のレベルでも）統一民法がないということである。商法は、イギリスによって国家レベルで統一的に体系化され、それが今も続いているのに対し、民法はヒンドゥー教やイスラム教やパールシー教やキリスト教の領域に分かれている。[32]財産・結婚・離婚については個々の世俗法が存在するものの、体系をなしておらず、また第3章で論じるように、一旦、個人が特定の宗教体系に分類されてしまうと、世俗法を利用するのは容易なことではない。宗教裁判所から世俗裁判所へ移すように要求することも可能ではあるが、裁判所間の関係が明確ではなく、そのことが多くの困難を引き起こしている。

法律から経済に目を移すと、インドは全体として極めて貧しい国である。一九九七年の『人間開発報告』によると、人間開発指数ではインドは世界一七五か国のうち一三八番目にランクされる。すでに述べたように、この指数は三つの要素を含んでいる。すなわち、平均余命によって測られる長寿、大人の識字率や平均教育年数によって測られる知識、所得の限界効用は逓減すると仮定し、所得の効用をアトキンソンの公式で表した所得の三つである。[33]平均余命は六一・三歳であり[34]（アメリカ、カナダ、日本や多くのヨーロッパの国々では約八〇歳）、幼児死亡率は七・四％と高い（もっとも、この数字も一九六〇年の一六・五％に比べれば大きく改善していることになる）。女性の栄養状態や健康状態は男性よりもさらに悪い。二〇世紀初頭に統計がとられるようになって以降、女の男に対する人口比率が1に達したことがない。男女の人口比率は、一九〇一年の九七対一〇〇から低下を続け、一九七一年には九三対一〇〇にまで達した。その後、少し上昇したものの、一九九一年には九二・七対一〇〇まで下がっている。[35] 保健や栄養の専門家たちは、この不平等な比率の原因を意図的な嬰児殺しよりも、むしろ男の子と女の子の間の不平等な栄養摂取と健康管理にあると考えている。しかし、地域によっては嬰児殺しが行われている確かな証拠がある。[36] この仮説は、地域間でかなりの違いがあることによって確かめられる。例えば、ケララでは女性の人口は男性の人口よりも多い。他の地域、例えば、ウッタルプラデシュ、ビハール、ラジャスタンなどでは女性の人口の方がずっと少ない。ビハール全体では、女と男の比率は九〇対一〇〇であり、あるＮＧＯが注意深く調査を行った農村地域での結果は、驚くべきことに七五対一〇〇という数字を示していた。[37] また、性別を理由にした人工中絶が行われている証拠も数多く出てきている。インド女性研究協会が行った最近の研究によると、毎年約一万人の女の胎児が中絶されている。[38] インドにおける生活機会は先進国のそれに遠く及ばないが、女性は明らかに不平等な障害に直面している。

教育の分野では男女の格差はさらに著しいものになる。一九九一年における大人の識字率は、男が六四％であったのに、女は三九％でしかなかった（中国では、男八七％に対し、女は六八％である）。[39] このような統計は解釈するのが難しい。なぜなら、地方政府は高い数字を示したがるし、識字そのものの計測が容易ではないからである。それにもかかわらず明らかなのは、教育は政府の責任でありながら、インドでは基礎教育全般に亘って非常に不満足な成果しかあげられなかったということであり、女性の基礎教育に関してはさらに悪いということである。それは、インドと同じような状況から出発した中国よりもはるかに悪いものである。しかし、このことは必然的でもないし、変えることができないわけでもない。なぜなら、その他の面では貧しい地域でも非常にいい結果を出しているからである。例えば、ジャヤンマの住むケララ州は、大人の識字率が九〇%に達し、青年期の男女に限れば識字率はほぼ一〇〇%に達する。このようなすばらしい成果は、一〇〇年以上に亘る官民による協調的な公共活動の結果であり[40]、一八世紀に遡る(部分的にはイエズス会に刺激された)教育の長い伝統の上に築き上げられたものである。

しかし、ケララは特殊なケースである。インドのすべての州で小学校を義務教育としているが、その現実は義務教育には程遠い。多くの地域で、しばしば電気や医療サービスや水や道路を欠いているのと同様に、あらゆる種類の学校も全く欠いている。多くの地方で役所は腐敗し、教師も給料は受け取りながら教室に現れない。ある地域では女性の識字率は五%でしかない[41]。インド政府にもその気はあるのだが、そのギャップを埋められずにいる。もっとも、いくつかの貧しい州では成人教育プログラムが作られ、多くのNGOは成人教育プログラムや、働く少女たちが仕事を終えた後で学ぶプログラムを提供している[42]。最近、憲法が修正され、教育を受ける権利が正当な基本的権利として認められた[43]。この修正が通ったことによって、政府がその正しい意図に従ってもっと積極的に行動するようになることが期待される。

児童労働が問題をいっそうひどくしている。多くの貧しい家庭、とくに農村部の家庭は、自分たちの子どもの労働に頼っている。子どもたちは、家畜の番などをして、しばしば五〜六歳から働き始め、一二歳にもなれば多くの子どもが一日中働いている。この状況は男の子も女の子も変わりはないが、女の子の方がより大きな負担を強いられている。なぜなら、少女たちの家事労働は、ジャヤンマのように母親が長時間の肉体労働に従事している場合には、家庭を維持していく上で不可欠なものだからである。もし一家から一人の子どもだけが学校に行くことができるとすれば、貧しい家庭は男の子を選ぶだろう。世界銀行のような国際機関や国内の政治運動や国内外の様々な機関から児童労働に対する圧力がかかっているにもかかわらず、インド政府はこの問題に積極的に介入するのをためらってきた。なぜなら、非常に多くの貧しい家庭が生き延びていくために子どもたちの労働に頼っているからである。多くのＮＧＯも、現状では児童労働に反対する立場を鮮明にすることに躊躇してきた。反対するよりも、むしろ働く子どもたちが仕事を終えた後で勉強する機会を与え、働く子どもたちがわずかでもモノを手に入れ、お金を貯められるように支援し、また社会を変えていくためにどうすべきかを教えることの方が好ましいと考えている。例えば、ビハール州の農村で私が訪れたグループは、一日中、山羊の世話をしている少女たちに基礎教育を施し、自分たちの山羊を買うためのお金を貯めるようにグループのメンバーを支援し、女性の人生を不当に価値のないものにしている持参金制度に抵抗するために他の地域の女性たちがどのように闘ってきたのかを教えている。現状では、このようなやり方のほうが、怠け者の役人(もし役人と呼ぶべき者がいるとして)が強制的に少女たちに仕事を止めさせ、学校に行かせるよりもずっと役に立つ。

インドの女性の現状にアプローチしようとすれば、それはこのような現実から始めなければならない。「小学校を義務教育化しよう」と言って魔法の杖を振るというような単純な話ではないことを理解しておく必要がある。今の時点で、そして多くの地域で「男の子にも女の子にも中等教育を」というような高い目標を掲げることはさらに非現実的である。女性の生活の質を改善しようとするいかなる試みも経済的に厳しい現実に直面する。このような現実にもかかわらず、ケララ州のような特定の地域において大きな成果を上げることができたのは非常に印象的である。非常に成功したプログラムは学校給食プログラムであり、これは子どもを労働力として使うよりも学校にやる方が経済的に有利になるようにするものである。

女性が、男性と等しい市民権を得るためには多くの障害がある。児童結婚は違法であるにもかかわらず、現実には広く見られるものであり、特に児童結婚の伝統を持つ地域ではそうである(44)。児童結婚を取り締まる法律は実効性のないものであり、それが少女の一生を決めてしまっている。例えば、ラジャスタンでヴィイシャカというグループの人たちと訪れたときに会った少女たちは、八歳か九歳のときにすでに結婚していた。彼女たちはまだ夫の家に移り住んでいなかったが、彼女たちはそれを避けることのできない運命であると捉え、その意識が、彼女たちの教育、衣服、そして特に遊びに対する態度に表れていた。彼女たちには、男の子のように駆け回り、子どもらしさを楽しもうとするような態度は見られなかった(彼女たちの純潔を守ろうとする家族の態度は、状況をいっそう悪化させた。彼女たちは本当に外で遊ぶことを許可されなかった)。

家庭内暴力も広く見られる現象であり、そのため三つの州では女性たちの訴えに応じて飲酒を禁止する法律を成立させた。しかし、バサンティやコキラの話が物語っているように、警察は家庭内暴力について積極的に取り調べるようなことはしていないし、夫婦間のレイプは違法であるとも見なされていない(45)。インドには女性が避難できる場所はほとんど存在しない。すでに述べたように、レイプは現在の法律ではまともに扱われておらず、レイプの件数は増加している。レイプであることを示す証拠がたくさんあっても、低いカーストであることや「慎み深くないこと」を理由に無罪放免になっているようなケースは容易に見出すことができる(46)。

レイプは、政治的変化を求める女性たちを攻撃する武器としても使われる。一九九三年にラジャスタン州で女性の福祉を求めるサティン運動のメンバーであったバンワリ・デヴィが児童結婚に反対するキャンペーンを行っていたとき、児童結婚の習慣を支持する村の男たちによって輪姦された。しかし、その男たちは村では影響力のあるリーダーたちだったので、警察はその訴えを受理するのを拒み、必要な医学的検査を行うには手遅れになってしまった。そして、ジャイプール州の下級裁判所で被告人たちはすべて無罪になってしまった。バンワリは控訴し、一九九六年にラジャスタン州の高等裁判所は受理したが、まだ審理は行われていない。

インドでは子どもに対する性的虐待も明らかに増えてきている。統計によれば、一九九二年から一九九五年にかけて二三・四％増えている。しかし、ほとんどのケースは届けが出されておらず、特にそれが家庭内で起こったときにはそうである(47)。悪名高いケースには男の子に対する性的虐待も含まれるが、毎日二人の女の子がレイプされているという推計もある(48)。

6　同じということ、違うということ

豊かな暮らしを求めて努力しているバサンティやジャヤンマのような女性が置かれている状況をまず理解するために私たちはできる限りのことをしなければならない。人々の置かれた状況は、単に何ができるのかという外的な選択肢に影響を与えるだけではなく、何を望んでいるのか、何を愛しているのか、何を恐れているのか、といった人々の生活の内面にも影響を与える。バサンティもジャヤンマも大学の学位を取ろうなどとは考えない。それは、どんなに意思が強く、有能であったとしても、彼女たちにとっては全く非現実的なことであり、そのような考えに耽ることさえ意味のないことである。対照的に、ハイドパーク生協でレジを打つD・ミーガンはフルタイムで働きながらルーズベルト大学を出て、ハワード大学で社

会科学の大学院に進むことが決まっている。彼女は、ワシントンでの生活を支えるための仕事を探すのがどれだけ大変か知らないが、「問題じゃない。なんとかなる」と言う。この言葉は、バサンティやジャヤンマの決意や強さに似ているようでもあるし、似ていないようでもある。このような選択肢の違いが、考え方にどれほどの違いをもたらすかについて過小評価してはならない。しかし、それを過大評価して、それは他者には理解することのできないインド的「本質」であるなどと考えてもいけない。人々の選択や願望が文脈に影響されるということを理解しておくことがどんなに重要であっても、人間として豊かに生きたいという願いは、階級や文脈の違いを越えて理解できるものである。

文化の境界を越えて考える方法には間違ったものも多い。そのいくつかは世界中の植民地主義に特徴的なものであって、典型的には、植民地化する側のやり方は進歩的で文明的であり、植民地化される側のやり方は原始的なものであると見なす。このような誤った判断は今日でも見られる。それはフェミニストの間にも見られ、西洋の性差別の歴史を無視し、「東洋」の進歩的伝統を無視して、発展途上国の文化を一律に反動的と見なし、自分たちの文化を進歩的と見なすような人もいる。このような複雑さに対して目を閉ざしてきたことが、多くの心ある人々をあらゆる形の普遍主義に対して懐疑的にさせてきた理由である。もちろん普遍主義はこれらの欠陥を共有する必要はなく、むしろ普遍的価値は植民地主義に対する正しい批判のために必要なものである。

間違った普遍化のもうひとつの形態は現在のグローバル化した経済に見られ、そこでは「人々はすべてグローバル市場における合理的な行為者で、その伝統や文脈が何であれ、自分自身の効用の最大化のみを追求する人間である」と考えられている。このようなアプローチが愚かしく見えるのは、伝統や文脈を無視し、それらが願望や選好を形成する上で果たす役割を無視し、それぞれの国の人々が持っている善の概念の多様性を無視し、その概念に従って生きたいと思う人々の差し迫ったニーズを無視しているからであり、だから、すべての普遍主義的アプローチは愚かしくならざるを得ず、破壊的なグローバル化のプロセスの共謀者であると多くの心ある人々は感じている。そのように感じる人たちは、すべての興味深い差異や価値の豊かな構造が押しつぶされ、皆そろってマクドナルドに行くような世界が来ると感じている。しかし、普遍主義の中にそのような愚かなものがあるからと言って、すべての普遍主義を非難するわけにはいかない。多元主義と差異の尊重は、すべての普遍主義に見られるわけではないが、それも重要な普遍的価値である。それは規範的に表現し、擁護していく必要があり、私が本書で行おうとすることのひとつである。急速にグローバル化していく時代において、非道徳的関心が国境を越えて人々を結びつけていくとき、私たちは私たちをもっと適切な形で結びつけるために道徳的規範について緊急に考える必要があり、それによって国家が行う効用最大化を目指す選択に制約を課すことができる。もし効用を多元主義的国家における基礎的政治原理とすることが不適切だとしても(私ははっきりそうだと確信している)、そのことが、通文化的な基礎的原理が存在しないとか、幅広い国家間のコンセンサスを得ることはできないなどということを意味しない。そのような規範を追究することは緊急の課題である。もし私たちがそれを追究しないならば、私たちの批判的内省を反映することもなく、倫理的議論の精査にも耐えられないような利害やプロセスによって私たちは統治されてしまうことになるだろう。

経済が急激に変化する時代に特に弱い立場に置かれる女性の状況を考えようとするとき、批判的道徳原理を確立することは緊急の課題である。もし私たちがひとりひとりの人間を単なる手段としてではなく目的として敬意に値する存在であると考えるなら、多くの無力な人たちを取り残し、多くの自営の女性たちが生計の手段を失うようなグジャラートの急激な経済成長を単純に賞賛するわけにはいかない（伝統的な手織りのレース産業は、工場製のレースの脅威に晒されており、この問題について多くの政治的論争が行われてきた）。経済成長そのものは人々の読み書きの能力やヘルスケアの現状を自動的に改善するものではなく[49]、経済成長が唯一の目標とされたときに取り残される全ての人々に影響を与える問題が生じる。しかし、経済成長は人々の福祉の向上にも貢献しうるのであり、経済成長の追求を悪夢のように見るべきでもない。組合が賃金政策を主導したケララ州では、多くの経営者がケララを離れ、失業率は高い水準に達した。この失敗によって、健康や教育面での成果にもかかわらず、人々の生活は悪化していった。

要約すると、私たちは経済成長について考える前に、まずひとりひとりの人間のために政治は何を追求すべきかを問う必要がある。経済成長に対してどのような制約を課すべきなのか、経済は人々のために何ができるのか、すべての人々は人間らしく生きるためにどのような権利を与えられるべきかを私たちは問う必要がある。バサンティやジャヤンマのような人たちが、十分な機会と自由を持って生きることができること、従って、人間としての尊厳に値するような生活ができること、この政治目標はすべての経済的選択肢に制約を課すものである。正義は社会について考えるときに優先されるべきである。エコノミストたちが考えるように、正義は「何も他に言うことがなくなったときに[50]」言及すればいいというようなものではない。女性に対する正義の問題は、国際開発に関する多くの論争の中で十分に取り上げられてこなかった。従って、この問題を、すべての人々のための基本的政治原理の構築を目指す試みの中心課題のひとつとすることは適切である。

第1章　普遍的価値の擁護のために

私は今、自由な心を持つひとりの人間として、自分自身の本当の美しさを発見したのです。

ラビンドラナート・タゴール「ムリナール」『妻の手紙』より(1)

人間的な目が、粗野で非人間的な目とは異なった見方をすること、人間的な耳が粗野な耳とは異なった聞き方をすることはおのずから明らかである。……粗野で現実の欲望にとらわれた感覚は、限られた感覚でしかない。飢えている人間にとって、食物は人間的な形で存在するのではなく、ただ食物として抽象的に存在しているだけである。飢えている人間にとって、食物はどんなに粗野な形で存在していてもかまわない。そうだとすれば、この人間の食べるという行為は、動物の食べるという行為と違うとは言い難い。

マルクス『経済学・哲学草稿』一八四四年

1　文化を超えた規範を求めて

どんなことにもすぐに噛みつこうとする国際的フェミニズムは、文化、国家、宗教、民族、階級などの境界を越えて規範的な勧告を行っていることになる。そのためには、その活動にふさわしい記述的で規範的な概念を見つけておく必要がある(2)。私は、すべての国において人々に基礎的保障を与えるための基本的政治的原理は、人間のケイパビリティによる普遍的規範を政治目標の中心に据えるべきであると論じようと思う。そして、それぞれの国が人間の生活の質を高めるためにやってきた努力の成果を国際比較する上で、この規範を使用することは正当であると論じようと思う。従って、私は初めから異文化間比較を行い、文化横断的な規範を探究することに関わることになる。私の試みは、知的政治的危険性をはらんでいる。この規範がどこから来るのかをまず問わなければならない。この規範自体がはっきりと認識されていないところでは、どうしたらそれが人々の生活にとって適切なものであると正当化することができるのだろうか。何が正しく適切であるかについて自分自身の考えをはっきりと持っている人々に対して、理論家は何か別のものを押し付けているのではないかという疑念が不安とともに深まっていく。理論家はしばしば抑圧を加え続けてきた国の出身者であるか、あるいは貧しい国の特権階級の出身者であるということを思い起こすとき、この疑念はいっそう増していく。こうした哲学的考察は、単に植民地支配や階級支配に新たな一ページを付け加えるだけでしかないのだろうか。

今日の規範的政治理論は、日常生活を直接表現する言葉を全く使用しない。もしそれを使用したならば、それは理論としての特別な任務、すなわち、日常生活においてしばしば混乱し吟味されずにいる考え方や認識を体系化し批判的に精査するという任務を遂行することはできないだろう。この任務のために理論は日常会話では聞き慣れない分析的概念を必要とし、一方、理論家はそれが現実と対応し、現実を精査するときに役に立つことを示さなければならない。一八世紀のドイツ人は歩き回っているときも「目的の王国」について語っていたわけではないし、紀元前四世紀のギリシャ人は「中庸の性向」についていつも語っていたわけではなかった。思想家の中には、倫理学を哲学的に理論構築していくことは、まさにこの理由により疑わしいと考え、日常の言葉からかけ離れないことによって私たちの状態はもっと良くなると主張する人もいる。(3) この点についてここで十分に論じることはできないが、私は、理論を十把一絡げに非難することは深刻な誤りであると確信しており、理論の体系立った議論には、私たちの混乱した考えを整理し、不公正な社会的現実を批判し、私たちを知らない間に不公正に加担させる自己欺瞞的な正当化を防ぐといった重要な実践的機能があると考える。さらに、理論には、哲学に通じていない普通の人にも、現実に起こっていることについて考える枠組みを示し、それがなければ世間の目立たない所で人知れず潜んでいたかもしれない悪弊を批判する概念を与えるという実践的な価値があることもまた明らかである。マルクスを想起させる階級闘争の言葉を用いるジャヤンマは、人がそれを認めるか否かはともかく、このことを示す明らかな例であり、もしケララ州の多くの人々がこれらの概念を日常生活の中で役に立つものと見なしていなかったならば、ケララ州は(民主的)共産主義政府によって統治されることもなかっただろう。発展途上国におけるマルクス主義に対してどのように反対しようとも、それが現実に不適切であると非難することは難しい。

しかし、理論を実践的理由から価値のあるものとして擁護したとしても、ひとつの文化の中で生まれた概念を他の文化における現実を記述し評価するために用いることには問題があり、記述される文化が記述する者の文化によって植民地化され抑圧されてきた場合にはさらに問題である。無論、このような歴史は、特定の記述者が植民地化や抑圧と共謀してきたという意味ではなく、植民地に生まれた人が植民地主義を支持するかもしれないのと同様に、その人はそれをきっぱりと批判しているかもしれない。[4] それにもかかわらず、バサンティやジャヤンマのような人たちの生活を評価するために公正・人権・「人間の機能」といった普遍的な正義の言葉を用いる今日の国際的フェミニストは、西洋化や植民地化に加担しているという批判に遭遇せざるをえない。たとえ、普遍的な概念を用いるフェミニストが、その国に住み働いていたとしても同様である。そのようなフェミニストは自国の文化から遊離し、西洋の政治的アジェンダを気まぐれに模倣していると非難される。彼女たちが批判を始めるとすぐに、自分の文化を捨てた西洋エリートの傀儡と言われるのである。[5]

興味深いことに、こうした非難はマルクス主義に対してはそれほど向けられてこなかった。というのは、マルクス理論自体は明らかに西洋のエリート文化の中でその文化的資源を利用しながら構築されたものであっても、それは人々の経済的搾取という経験に深く根ざしていると理解されていたからである。「西洋化」という非難は、今日では全体主義的社会において民主主義や政治的自由を求めて闘っている人々にも向けられる。しかし、私たちは、これらの概念が自らの文化的伝統に相いれない西洋の侵略であるという烙印を押すことが一体だれの利益になっているのかを考えてみれば、そのように非難する人々に対して懐疑的にならざるをえない。例えば、独裁的なシンガポールの指導者であったリー・クアンユーが、自由という概念はアジアの文化とは相いれないと公言したとき、彼は少しばかりの支持を得ることはできたが、同時に強烈な批判も浴びた。[6] しかし、フェミニストが平等や自由の概念を訴えるとき、たとえインドのようにそれらの概念が国家の憲法に実際に書かれているとしても、彼女たちはしばしば、西洋化していると非難され、自らの文化に対する尊敬の念が不十分であると非難される。あたかも、西洋人が平和な国を侵略する以前は、人間の苦しみも不満も批判もまるでなかったかのようである。私たちは、「人々は幸福で仲良く暮らす」という郷愁を抱かせるイメージが、だれに利益をもたらすのか、だれの抵抗や苦難を覆い隠してしまうのかを問うべきである。インド人のフェミニスト哲学者であるウマ・ナラヤンは、彼女の母親の困難な生涯について述べながら、次のように書いている。「私が〝西洋化〟していることを理由にインド文化に対する私自身のフェミニスト的批判を退けようとする全ての人々に対して言いたいことは、私の母の苦悩は、私の〝西洋化〟を形成したとされるこれまで読んできた全ての本の中に溢れていたし、追放されて出て行かなければならなかったときも、そのスーツケースの中に入っていたということである」。これと同様の苦悩は、文化を超えて女性の基本的権利に関してかなりの合意がみられたウィーンや北京での世界女性会議での一致した抗議の声のなかにはっきりと見ることができる。

このように、「西洋化」という非難は、変化を求める勢力の信用を傷つけることを狙いとした陰険な政治戦略のように見える。西洋的な考えが入り込んでくるまではインドの女性は本当に幸福であったという反論は、まともに取り上げる価値もない。彼らは、女性の教育・パルダの廃止・女性の政治参加を求める固有の運動が、イギリスやアメリカでフェミニスト運動が始まる以前の一九世紀から二〇世紀初頭にかけてヒンドゥー教徒とイスラム教徒の双方の間で勢力を増していったという事実を無視している。(7) 同様に、一九九〇年代においても、政治的自由・男女の平等・非差別などの概念がインドの概念であるということを否定する人は現実を見ていない。そのような人は、今も続く激しい政治的対立の中で圧倒的なコンセンサスにより採択されたインド国憲法をも廃棄すべきであると言っているのと同じである。五〇年後の今では、そこに列挙された基本的権利のいずれかを廃棄しようという提案が熱心な政治的支持を得られそうにないことは明らかである（現実の運動はそれとは正反対の方向にあり、六歳から一四歳までのすべての子どもが無料の初等義務教育を受ける権利を基本的権利のリストに加えるという提案が広範な支持を得ている）[8]。インド国憲法の制定者たちが女性の平等やその他の基本的自由について真剣に考え、それを憲法に盛り込むために戦い、また自由を求める闘争が「奪うことのできない権利」[9]という言葉をはっきりと使っているにもかかわらず、反対者たちはそれを植民地的な考え方であると非難しているようなものである。ネルーや独立のために戦った彼の仲間が、独立のために自分の命を危険にさらし、独立国家インドのために憲法を起草しているのに、彼らを植民地権力の傀儡に過ぎないと言うのは、何と人を馬鹿にした話であろうか。このような反対を行う者は、インドの歴史や法律に対してひどく無知であることを示しており、真剣に取り上げる価値もない。何も知らず悪意に満ちた西洋人だけが、そのような反対意見をおもしろがるだろう。男女平等に関する憲法修正案がアメリカではまだ通過していないのに、インドではそれに相当するものが一九五一年にすでに通過しており、またアメリカとは違って、インドではあらゆる種類の体系的な社会的ヒエラルキーが機会均等の目標とは相いれないと首尾一貫して理解されていたにもかかわらず、男女平等の考え方はアメリカで生まれたと考えるのは何と馬鹿げたことであろうか[10]。

しかし、私たちが女性の生活の質を評価するための普遍的なフレームワークを具体的に提案するとき、真剣に答えるに値するような尊重すべき反対意見も返ってくる。例えば、私たちが選ぶ特定のカテゴリーは、私たちが特定の理論的伝統にどっぷり浸っていることを反映しており、インド人の生活を評価するためには幾つかの点で極めて不適切なものかもしれないというものである。その時、私たちは、関連する異なった複数のフレームワークではなく、一つの普遍的フレームワークを用いることが適切であるのかどうかを問う必要がある。そして、もし私たちの提案するフレームワークが単一の普遍的なものであったとすると、それは人間の多様性を公正に扱うことができるほど十分に柔軟なものかどうかも問う必要がある。

この挑戦は真剣に受け止める必要がある。なぜなら、これまで国際的な開発プロジェクトは、しばしば文化の多様性や特殊性を十分に考慮せず、誤りを犯してきたからである。例えば、核家族が人の結びつきの基本単位であり、女性は夫婦のひとりという立場から他の女性と関係を持つという(西洋に典型的な)仮定に基づいて開発専門家が仕事を進めるとき、女性が連帯し、ひとつのグループに属するという既存の伝統はしばしば経済開発にとっても大いに生産的であるにもかかわらず、その伝統は無視される。(11) 女性グループによる連帯という伝統がなく、女性が家族外の女性たちとは切り離されているようなところでさえ、女性のグループ化は変化をもたらす豊かな可能性を秘めており、実際にそれはインドやバングラデシュにおいて開発プロジェクトがうまくいっている戦略であるにもかかわらず、西洋型の核家族に基づくアプローチは、その可能性を無視している。(12) もし西洋のフェミニストがサティーやダウリ(持参金)殺人といったインドが抱える問題について話そうとすれば、その問題の歴史的文化的背景を十分に理解して初めて実り豊かな議論ができるだろう。(13) 同様に、もしフェミニストたちが女性に関わる部分でヒンドゥー教やイスラム教の伝統を批判しようとして、その伝統が持つ多様性や複雑性を無視し、その中でも最も過激な女嫌いの一派を多数派であるかのように見なすならば、それは間違いであるし攻撃的すぎる。(14) 一般に、フェミニズム運動が実り豊かであろうとすれば、人々が実際に直面している問題とそうした問題の背景にある現実の複雑な歴史に注意深くなければならない。

しかし、女性が直面している問題を理解したり、中流階級の人が当然と思いがちな人間の生活のある面に注意を向けたりするためにその土地の知識が必要であると言ったとしても、人間の尊厳・身体の保全・基本的な政治的権利と自由・基本的な経済的機会などの非常に一般的な価値が発展途上国の女性の生活を評価するには不適当であるということにはならない。議論を呼びそうなこの点をどのように考えればいいだろうか。

2　三つの議論——文化・多様性・温情主義

これまで述べてきたように、西洋の価値と東洋の価値は全く違っていて、インド文化は（この例のように）西洋が育んできた権利や自由を全く評価しないなどという主張は、真剣に取り上げる必要もない。しかし、女性の生活の質を評価するための普遍的なフレームワークを提案しようとすると、真剣に回答しなければならない三つの尊重すべき反論がある。

まず「文化からの議論」である。それは、より微妙で誠実な反西洋化論であり、ヒンドゥー教およびイスラム教とともにインド文化には、何世紀にも亘って女性の生活を規定してきた女性の謙虚さ・服従・従順・自己犠牲という強力な規範があるというものである。私たちは議論もせずに、そうした規範は女性が良き生活を送ることを妨げる悪いものであると決めつけるべきではない。反対者はさらに、西洋の女性は離婚率が高く、出世第一主義に疲れきっていて、それほど幸せではないと言うかもしれない。もしフェミニストたちが、自分たちの生活だけが豊かなものだと考えてしまうと、フェミニストは、第三世界の女性を見下す立場に立つことになってしまうだろう。

これに対する私の答えは、私がこれから行おうとする提案から浮かび上がってくるだろう。それは、女性に経済的政治的機会が確かに開かれているならば、女性が伝統的な生活を選択することも排除しないというものである。実際に私の提案は、女性がそのような選択をし、両親が自分の子どもに自分たちの伝統の価値を教える余地を保障するものである。しかし、私たちは、反対者が伝統を単純化しすぎているということに注意しなければならない。彼らは、女性の抵抗や強さといった伝統に反するものを無視し、有害な伝統に対する女性の抗議を無視し、女性の政治的経済的力が奪われた状況で、男の書いた文書や男の宗教的文化的指導者の権威を通して伝えられていく規範について女性がどのように考えているのかを問うことはしない。私たちは、まず、たとえ離婚や職業上の困難が苦痛であったとしても(確かにそれはそうなのだが)、その苦痛は、外出すれば殴られるために飢え死にしかかっていても働くことができず、また読み書きができず雇ってもらうだけの技能を持っていないために夫の虐待から逃れられないことよりもはるかに小さいと言うべきだろう⒂。つつましさと純潔の伝統は、しばしば女性たちの意に反して標準以下の生活を女性たちに強いる。バサンティもジャヤンマもそのような伝統を守ろうとはしない。なぜなら、二人とも生き延びるのに精一杯で、たとえ家の外で働くことが裕福な女性にとって不謹慎なことと見なされていたとしても家の外で働く以外に選択肢がなかったのである。ただし、バサンティの場合には、家の外で働くといってもカーストの規範の制約内のことだった。ウマ・ナラヤンは、ムンバイ(ボンベイ)の裕福な中産階級の伝統的な家庭での教育を次のように記述している。彼女は母親から大人の男性の権威に対して決して疑いを持ってはいけないと言われ、従順・沈黙・純潔という女性の規範も教え込まれたが、その同じ母親が、このように女性を閉じ込めてしまう伝統がもたらす惨めさに対してはっきりと抗議するのをいつも聞き続けていた。彼女は、自らの伝統を「卑屈な沈黙」と「抗議の叫び声」という二つの全く異なる女性の声を持つヤヌスの双面神として理解したとして何の不思議があろうかと問う。「あなたの〝沈黙〟するその生き方が、私に抗議せよと駆り立ててきた」と彼女は母親に語りかけている。[16] このような抗議を無視して、公の規範のみをインドの伝統とすることは誤りである。

女性がそうした慣習に満足しているように見えるときでさえ、私たちは注意深く掘り下げるべきである。財産権を持たず、教育を受けたことがなく、離婚の法的権利を持たず、家の外に職を求めようとすれば殴られるような女性が、たとえ謙虚さや純潔や自己犠牲の伝統を支持すると言ったとしても、それによって問題が片づくわけではないのは明らかである(この点については第2章で詳しく論じる)。開発を目指す女性グループは概して初めは抵抗に遭う。なぜなら、変化が事態を悪くしてしまうのではないかと女性は恐れているからである。マハブブナガールからジープで九〇分程かかるアンドラプラデシュ州の砂漠地帯で私が出会った女性グループは私に次のように語ってくれた。彼女たちは初め女性グループの設立を目指すモヒラ・シャモッケヤと呼ばれる政府のプロジェクトに参加することに抵抗した。彼女たちは、それは時間の無駄であり、そんなことをしても何も変わらないと考えていたし、夫からのひどい仕打ちを恐れていた。というのは、夫たちは、グループなどというものはおしゃべりのためにあって働かないための口実に過ぎないと初めの頃は言っていたからである。しかし、時が経つにつれ、女性たちはグループの討議と行動によって多くの好結果が得られることに気づき始めた。今では、巡回保健師が以前よりも定期的に訪問するようになり、学校の先生にはもっと学校に来るように要求している。男たちもこうした変化を歓迎し、女性たちがはっきりと要求をし、地方政府から譲歩を勝ち取っているのを見て、女性たちに対して新たに尊敬の念を抱き始めている。かつて善と見られていた服従の伝統は、急速にそう見られなくなっていった。女性たちも、純潔の伝統を重視しなくなった。一人の歯の抜けた老婦人が私に次のように語った。「最近、グループの人たちと一緒にデリーに行き、インド北部における女性隔離のひどさに衝撃を受けた。そこでは女性は本当の女性ではなく、羊や水牛のように家の中から外を覗いて見ているだけで外の世界で何の行動もできない」と。たとえ理論的視点を持っていなくても、この文字の読めない女性は、隔離されることが人間として十分に生きることとは全く相いれないという考えをはっきり述べようとしている。[17] 彼女がインド北部で気に入ったのは、女性がトラックの運転をし、ポンプの修理をしていることであり、このことは女性たちが自分の村に戻ったときに何ができるかを示唆していた。このような話は、開発にかかわる女性グループではよく聞かれるものである。他に選択肢を持たない女性が現実の生活を本当に支持していると単純に結論づける前に、私たちはもっとよく考えなければならないのである。[18]

男による不公正な扱いに対する女の抗議は、インドの伝統の中でも古いテーマであり、性的虐待に対してドラウパディが行った雄弁な抗議が書かれている『マハーバーラタ』第二巻まで遡ることができる。ドラウパディの夫の一人[19]がさいころ賭博で負けて、彼女は髪の毛をつかまれて大広間に引きずり出され、勝者は満足げに彼女を眺め、奴隷と呼びながら衣服を脱がそうとする。しかし、彼女は奇跡的な方法で正義を勝ち取る。彼女のサリーから新しい布が次から次へと伸び続け、彼らがどんなに一所懸命にサリーを剥ぎ取ろうとしても、彼女は完璧にサリーをまとい続けることができた。実際、この話はSEWAの女性たちにとって試金石の役割を果たし、SEWAの創設者であり宗教心の深い女性であったイラ・バットが労働組合の男性指導者から受けた屈辱的な扱いに対する闘いになぞらえるために、この物語は引き合いに出される。[20] この物語の根底に横たわる人間の尊厳という概念がインドの伝統であるのと同様に、女性に対する虐待もまたインドの伝統なのである。

性的暴力に対するドラウパディの抗議は、女性の純潔[21]という根強い慣習を追認しているように見えるとしても、ヒンドゥー教の伝統には女性の自立についてもっと過激な意見もある。ラビンドラナート・タゴールの『妻の手紙』のヒロインであるムリナールは夫からの独立を宣言する。それは、一九世紀から二〇世紀初頭にかけてのベンガルのヒューマニストの思想[22]を反映している。もちろん、タゴールの小説は、自己表現と愛を求める人間が硬直化した慣習から受けるダメージの方に関心がある。しかし、そのような思想は、ベンガルの近代性に限られたものではない。ベンガル・ルネサンスは、単に独立した倫理上の議論だけに基づいていたのではなく、ヒンドゥー教の伝統が持つ諸側面の詳細な解釈にも基づいていた。それは、伝統の中で最も優れたものに回帰するために、当時の迷信や硬直した規則を拒絶することをヒンドゥー教徒に求めた。[23] ムリナールは、歴史的な例を引き合いに出して、結婚も王妃の地位も捨て詩人になり、「楽しき反乱の歌」を歌う一六世紀のラージプートの王妃ミーラーバーイーについて語る。ムリナールは彼女の夫に対して言った。「ミーラーバーイーも私と同じような女性でした[24]」。こうした批判的な考えは、イスラム教の伝統にも古くからある。一九〇五年にイスラム教徒のフェミニストであるロケヤ・シャカワット・ホセインは『スルタンの王妃の夢』という幻想的な文学作品の中で、女性隔離をあざけっている。その登場人物は、男性は危険なのでパルダに閉じ込めておくべきだと主張する。

「男はどこにいるのでしょうか」と私(王妃)は彼女に尋ねた。

「いるに相応しい所ですよ。それは男たちがいるべき所です」

「私の国で隔離されているのは女性の方です」と私は彼女に言う。

「でも、王妃様、罪のない女性を閉じ込めておいて、男性を自由にしておくなんて、なんて不公平でしょうか。……もし、狂人が収容所から逃げ出して、人や馬や他の生き物に対してあらゆる悪さをし始めたとしたら、そのとき、あなたの国の人々はどうなさるでしょうか」

「その狂人を捕らえて、収容所に戻すでしょうね」

「だったら、正気な人々を閉じ込めておいて、正気でない人々を自由にしておくのは賢明じゃないとお思いになりますよね」

「もちろん、賢明じゃありません」と私はちょっと笑いながら言った。

「実際のところ、あなたの国はまさにこのことをしているのです。際限なく悪さをし、そうすることのできる男性は自由にしているのに、罪のない女性は婦人部屋に閉じ込められているのです。……あなたはご自身の義務を怠ってきたのです。あなた自身の関心から目を背けることによってあなたが生まれながらに持っている権利を失ってきたのです(25)」

この明確な抗議は、インドにおけるイスラムの伝統の中で受け継がれてきた性の平等に関する思想の長い伝統に基づいており、その伝統をさらに規定してきた(26)。今では、自己修養や権利の追求といった規範が、女性の服従という規範の根拠について広範な再検討を求めている。女性たちは他の女性に対して、いったい何が伝統において真に重要なのか、そして、それは女性隔離や女性のベール着用を正当化しているのかどうかを問い直すように促している。[27]

しばしば現実には、過去への無批判な尊敬の念の方が「外来的」であり、抗議の声の方が「本来のもの」であり「本物」であったりする(もしそのような言葉に少しでも意味があればの話であるが)。一九九五年に北京で開催されたフェミニズムに関する会議[28]で私が出会った中国の女性たちは、ケアの儒教的価値はフェミニストにとって良い規範であると称賛した論文に反発して次のように言った。「あれは全く西洋的な論文です。もし彼女が香港の出身者でなかったなら(実際にはその若い報告者は香港出身だった)、あんなことは言わなかったでしょう」。彼女たちが言いたかったのは、その女性は中国の伝統が築いた世界に住む必要がなかったから、彼女にはその伝統が美しく見えたということである。彼女たちにとって、儒教的価値とは、雇用における男女差別や、彼女たちが全く価値を認めない他の事柄に対する口実に過ぎない。このような見方は、(すべてではないとしても)多くのインド女性が「良い」「純潔な」女性という規範を見るときにも当てはまる。伝統主義者であるヒンドゥーやイスラムの指導者たちは、これらの規範を強調することによって、女性をコントロールし続けることが文化的連続性の中心的側面であるとの解釈を与えているのである。[29]

文化を古くて変化しないものと見なすやり方は、しばしば帝国主義者や狂信的愛国主義者の策略であるということを忘れてはならない。インドにやってきたイギリス人は、インド文化の中で容易に後進性と見なしうる要素について繰り返し言及した。彼らはそうした要素を「インド文化」と見なし、逆に、重要な価値(とりわけ、女性の進歩につながるような価値)はイギリスから輸入されたものと見なそうとした。しかし、歴史的には、それは正しくない。それはただ多くの人々にとって、支配を正当化するために利用しただけであった。一方でイギリスは、インド文化の中にある反科学的要素を積極的に奨励し、イギリスの恒久的な支配を脅かすようなインドの科学と技術の発展を阻止しようとした。ネルーが後に語っているように、イギリスは「インド国内において、分裂的、反啓蒙的、反動的、分派的、そして日和見的な要素」を奨励した[30]。このようにしてイギリスが作り上げたものを「インド的なもの」として外国の観察者が見なすならば、それは重大な誤りである。

もっと一般的に言えば、私たちは、インドにはたった一種類の文化的規範（それが女性に関するものであったとしても）しかないと考えるような話は奇妙であり不適切だと思わなければならない。アメリカのフェミニストで、「アメリカの文化」についてこうした一般化をする人はほとんどいない。たとえ一般化するにしても、攻撃しようとする規範以外にも多くの規範（もちろん自分たちのものも含め）が並存していることを十分承知している。フェミニストたちは、たとえアメリカに反動的な要素が存在したとしても、そのことが自分たちの批判を不適切なものにしてしまうとは考えない。しかし、インドは、もし国家というはっきりとした概念が存在するならば、おそらく世界で最も多様性の高い国家である。一七の公用語、独自の法体系を持つ制度化された四つの主要な宗教（および、その他の多くの小さな宗派）、大きな地域間の相違、階層やカースト間の相違、都市と農村との相違、母系と父系の相違、世俗主義と信心深さとの相違、理性主義と神秘主義との相違、これら全てのものがインドの伝統の蓄積であり、そこからインドの女性は自らの規範として適切なものを見つけ出すことができるだろう。インディラ・カラムチェティが述べているように、「ひとりの代表的な正真正銘の第三世界の女性なるものを学界や他の場所に送ることは、私にもそして他の誰にもできない。インドでさえ、インド女性なるものは存在せず、ただ多くのインド女性がいるだけである。ひとりひとりの人間の方が、本物なるものの仮定の話よりもずっとおもしろい」[31]。

もうひとつ強調すべき点は、文化はダイナミックに変化しており、変化はすべての文化の非常に基礎的な要素だということである。西洋と東洋との対比としてしばしば描写される姿は、西洋の文化は動的・批判的・現代的であるのに対し、東洋の文化は最も古い要素と同一視され、あたかも何も変化せず何の論争も起こらないかのような姿である。ナラヤンは、彼女の祖母と彼女自身との生き方を比べながら次のように述べている。「私は、変化を本質的要素と見ることなしに〝私たちの伝統的な生き方〟なるものを記述することは不可能であることを知った。それがもたらす変容は、伝統的生き方を当然のように思っている人には〝見えなくなる〟のである」[32]。批評もまたほとんど全ての文化に見られるものではあり[33]、極めて議論好きなインドほど批評が盛んな国はない[34]。ひとつだけ有名な例を挙げると、ベンガルの宗教思想家であるラムモフン・ローイは、死の恐怖を思い描きながら、その中でもとりわけ恐ろしいのは「皆があなたの見解に挑戦しているのに、死んでしまえばあなたはそれに反論できない[35]」ことだと述べている。これもまた、インドの文化なのである。私の知っているベンガル人とフィンランド人のカップルがどこに住みたいかを話し合っていたとき、(インド人の)彼の方は(フィンランドでは)なぜ誰もが森のなかを一人で歩き回りたいのかを想像もできなかったし、(フィンランド人の)彼女の方は、(インドでは)なぜ誰もが込み合ったカフェで一日中座って議論したがるのかが分からなかった。

文化相対主義の考え方、すなわち、規範的な基準はその社会の中から生まれてこなければならないという考え方に訴えかけることにより「文化からの議論」を立て直せると思う人がいるかもしれない。しかし、私はこのようにして「文化からの議論」を救おうとする試みは、全くうまくいかないと考える。人がどのように倫理的判断を下すべきかという記述的命題として、相対主義は明らかに誤りである。人々は他所から上手に考え方を拝借する。大英博物館の図書閲覧室から始まったマルクス主義の理念は、キューバ、中国、そしてカンボジアなどの国のあり方に影響を及ぼしてきた。中国で生まれたわけではない民主主義の理念は、今や中国でもとりわけ重要な理念となっている。小アジアの小さな地域でユダヤ教の非主流派から始まったキリスト教の考え方は、今では世界中のあらゆる地域における人々の行動に影響を及ぼしている。イスラム教の教えもまたそうである。アリストテレスが述べているように、「概して、人々は先祖のやり方を探し求めているのではなく、善を探し求めている」[36]のである。

私たちがどのように倫理的判断を下すべきかという規範的命題として相対主義にはいくつかの問題点がある。第一に、インターネットやメディアを通してあらゆる文化の観念が他の文化の内部に入り込む現代において相対主義は何の有効性も持たない。フェミニズムや民主主義や平等主義的福祉国家の考え方は、今ではどの社会においても「内部」のものである。倫理相対主義の多くの形態、とりわけ古い時代の文化人類学に由来する形態は、非現実的な文化の概念を用いている。それは、実際には多様であるのに同一性を仮定し、実際には論争があるのに合意や服従を仮定している[37]。インドについての私の観察はここでも当てはまる。インドの伝統が持つ十分に複雑な考え方を私たちが一旦理解しさえすれば、インドの「内部」にないものはほとんどない。第二に、なぜ規範的相対主義の命題を正しいと考えるべきなのか、その理由は明らかではない。なぜ私たちが見出すことのできる最善の考え方ではなく、その地方の考え方に従うべきなのであろうか。最後に、規範的相対主義の議論そのものが自滅しているということである。というのは、それがその地方の規範に従うように求めるとき、ほとんどの場合、ひどく非相対主義的な規範に従うように求めているからである。地方の伝統の多くは、自らの伝統を相対的にではなく絶対的に正しいと考えている。だから、相対主義がその地方の規範に従うように求めるとき、それは相対主義に従わないように求めているのと同じである。

多くの人々、とりわけ学生は、多様性に対して寛容であることと相対主義とを混同し、相対主義は他人のやり方に敬意を払うという理由から相対主義に魅力を感じたりする。しかし、相対主義は他人のやり方に敬意を払ったりはしない。ほとんどの文化は長年に亘り、多様性に対しては僅かばかりの敬意を示すだけで、実際は相当に不寛容であった。それぞれの文化の伝統が最終的な結論を下すことになれば、私たちは文化の不寛容性を制限することに役立つはずの寛容や敬意といった一般的な規範を奪われてしまうのである。一旦、こうしたことを理解すれば、私たちの相対主義への関心は急速に失われていくはずである。

「文化からの議論」は失敗であり、倫理的相対主義に訴えたとしても、それを救うことはできない。しかし、ここで普遍的価値に対する二つの反論に耳を傾ける必要がある。私はそれらを「多様性からの議論」と「温情主義からの議論」と呼ぶことにする。

「多様性からの議論」は、私たちの世界が豊かであることを私たちに気づかせてくれる。なぜなら、私たち全員が様々なカテゴリーのたったひとつの組み合わせで意見が一致するわけではなく、様々な価値観を持って語っているからである。世界の様々な言語はそれ自体の価値と美を持ち、もしある言語が消滅して人間の生活を表現する手段がひとつ失われれば、それは悪いことであるのと同じように、それぞれの文化体系には独特の美がある。誰もがアメリカの価値体系を真似るならば、それは世界を貧しくするだろう。

ここで私たちは、私たちに異議を唱える人たちの二つの主張を注意深く区別しなければならない。一つは、多様性はそれ自体よいものであるという主張であり、もう一つは、アメリカの価値体系には問題があるので、世界中の人々がアメリカの物質主義や攻撃性を真似ることは良くないという主張である。この二つ目の主張は、普遍的価値に対して反対しているわけではなく、普遍的価値の内容はアメリカ的価値のいくつかに対して批判的であるべきだと言っているに過ぎない。従って、私たちの試みに対する真の挑戦は、第一の主張にある。それに答えるためにまず私たちは、文化の多様性は言語の多様性と実際にどの程度の隔たりがあるのかを考えてみよう。この対比の問題点は、言語はそれ自体人々に害を及ぼすことはないが、文化的行為はしばしば害を及ぼすということである。私たちは、コーンウォール語やブルターニュ語は保護すべきであると考えたとしても、家庭内暴力や絶対君主制や性器切除について同じように考える必要はない。ガンディーが小作人を苦しめる封建的土地所有制の旧弊に対して同情的であるのをネルーが批判するとき、彼はこの論点を上手く突いていた。バークに対するトマス・ペインの批判を引き合いに出しながら、ネルーは「彼は鳥の羽ばかり気にしているが、死にかかっている鳥のことを忘れている」と書いた。そして、それに続けて、「ガンディーは確かに死にかかっている鳥のことを忘れてはいない。しかし、なぜ羽のことばかりそんなに強調するのだろうか」[38]と書き加えた。

結局、普遍的価値に反対する者は、普遍的価値の探求を否定しているのではなく、それを求めているのである。なぜなら、彼らが私たちに問いかけているのは、問題となっている文化的価値が護るに値するものであるのかどうかであり、何が「鳥を殺す」ことになるのかということだからである。そして、この問いに答えるためには少なくとも非常に一般的な普遍性のフレームワークが必要であり、それは、何が範囲内にあり、何が範囲外にあるのか、そして「鳥を殺す」ことは何を意味し、意味しないかを私たちに示してくれる。私は、そのような非常に一般的なフレームワークを提案しようとしているのである。それは、多様性に対して大きな許容範囲を認めてはいるものの、ある慣習を廃止したときに人々の生活は良くなるかどうかを私たちに教えてくれるような一般的な基準となるものである。ジャヤンマの場合のレンガ工場での男女間の差別やバサンティの場合の夫が妻を殴るという伝統的慣行は、存在するから、あるいは古いものだからという理由だけで護るべきものではない。それらを護ろうとするならば、私たちはそれらが及ぼす害悪に比べて、どれだけプラスの貢献をしているかを評価しなければならない。そのためには文化的特色を批判的に受け入れるための一連の価値を必要とする。そのようにして、私たちは、人間の尊厳や他の基礎的な価値と両立しうる様々な多様性を護ることができる。それは、批判的評価のための一般的な普遍的フレームワークの探求を妨げるものではなく、むしろ逆にそれを支持するものである。

さらに、フェミニストが強く反対してきた男性支配の慣行の中に、興味深く思えるような多様性があるのかどうかは全く明らかではないということを付け加えておこう。さんざん殴られたり、栄養不良であったりすることには、気の滅入るような類似性が見られる。土地所有権、政治的発言、雇用機会などが否定されているという点でも同様である。もしそれぞれの文化に保護すべき多様性があるとするならば、それは奴隷の伝統ではないのと同様に女性差別の伝統ではない。

最後に「温情主義からの議論」を取り上げる。その論点は、世界の様々な社会に特定の普遍的規範を用いようとすると、それは人々に対して何が良いことかの基準を強制することになり、人々の自由(および民主的市民としての役割）に敬意を払っていないというものである。人々こそが、自分自身にとって何がよいかを最も適切に判断できるのであり、もし人々が自分自身の選択に基づいて行動するのを妨げられるならば、それは人々を子ども扱いにしているのと同じである。これは重要な点であり、それは、文化を越えた提案が生き続けていくためには、しっかりと心に留めておくべきものである。これが、第2章全体を費やして、政治的基本原理の選択において選好が果たす役割を論じる理由である。しかし、私たちは次のことだけは言っておいてよいだろう。すなわち、人々の選択を尊重するということが、普遍的価値を承認することとは相いれないなどとは決して言えないということである。実際、それは少なくともひとつの普遍的価値、すなわち、自分自身で考え、そして選択する機会を持つという普遍的価値を支持していると言えよう。温情主義について考えると、なぜ多元的社会で人々が自分自身の生き方をする選択肢の多様性を尊重しなければならないか、従って、最も重要な類の自由や選択と両立しうる普遍的価値を選ばなければならないかが分かる。信教の自由や結社の自由やその他の主要な自由は、それ自体が普遍的価値である。これらの自由を認識し、他人が勝手に選択することを望まない人々からこれらの自由を護るために普遍的価値が必要なのである。

国民国家と国民との関係について考えるとき、あるいは国際法とそれぞれの国民国家との関係について考えるとき、温情主義の問題点は違った形で現れる。後者の場合には説明責任という複雑な問題が生じる。権利について確固たる信念を持つ普遍主義者でさえ、国際人権団体が民主国家に対して特定の規範を強要しようとするとき、それが民主的に正当なのかに悩むだろう。この説明責任の問題については、全ての国民に対してケイパビリティを保障するという国民国家の役割を論じる本章第7節で取り上げることにする。

ここでは、第一の課題、すなわち、ある国の中で女性を不平等に扱う伝統のある集団を国家はどう取り扱うかという問題である。この問題を考えるとき、反自由主義的な集団が正当な多元主義を脅さないために信教の自由や結社の自由といった普遍的規範が重要であると主張することができる。インドが極めて多元主義的であるのは、基本的権利と自由を約束してきたからである。ある人々にとってその自由が危機に晒されれば、インドにおける多元主義も深刻な危機に晒されることになるだろう。

さらに私たちは、既存の多くの価値体系自体がかなり温情主義的であり、とりわけ女性に対してそうであると主張することができる。それは女性にとっての善を促進しようとしていると言いながら、実際には女性に何をすべきかを命じる。また、それは、法の下で女性を不平等に扱い、女性は市民としての十分な能力を欠いていると見なし、男性と同等の財産権や結社の自由や職業選択の自由を持たないものとして女性を扱う。このような価値体系は、インドでは伝統においてだけではなく宗教的個人法体系においても見られ、国家が擁護すべき平等や自由という普遍的規範に照らしてそれは容認できないと主張することは、ある意味で温情主義になっている。そのように主張することは、人々にどのように生きるべきかを示すことであり、それは人々の実際の欲求に反するかもしれない。この意味で、どのような基本的人権に関する宣言も、家族や集団や慣習や、法律に対してさえ〝温情主義的〟であり、もし温情主義が人々に対して伝統的なやり方や、また人々が望むやり方で振舞ってはならないと命じるならば、それは人々に対して十分な、そして平等な敬意を払っていないことになる。もしインド国憲法が、財産や市民としての能力に関して女性を不平等に扱ったり、カーストや性別を根拠として人々を差別することは、今後は違法であると命じるならば、それはそうした意味で〝温情主義的〟である。もっと一般的に言えば、どんな法体系でも、人々がしたいことをするのを妨げるという意味で〝温情主義的〟である。しかし、それは、法の支配に反対するための、あるいはもっと一般的に言えば、他人を抑圧しようとする一部の人の企てに反対するための良い議論とは言えない。これらのケースは、古典的な議論(例えば、シートベルトおよびヘルメット着用に関する法律に関する議論)の的になっているような温情主義とは異なる。なぜなら、私たちの議論には、正義に深く関わる問題が含まれているからである。人々は被害を受けているのであり、一部の人が自分の善を追求する自由が、他人の正当な善の追求を妨げている。私たちが温情主義を嫌うのは、私たちには他に望むものがあるから、すなわち基本的な問題における各人の選択の自由を望んでいるからである。ある種の温情主義を拒否する一方で、中心的価値を保障するための温情主義を支持するということは十分に整合的である。ジョン・スチュアート・ミルのように、他の人々に害を与えない場合には個人の選択への温情主義的介入に強く反論する者でさえ、その行為が他の人々に害を与えることになれば、国家がその行為に干渉することに賛成してきた。ミルは、伝統的な男女間のヒエラルキーの多くの形態はこの「危害原理」に抵触すると考えていた(39)。

さらに、選択の自由にはその物的前提条件があり、それがなければ選択の自由も幻影に過ぎない。ジャヤンマには学校に通うという選択肢はあった。しかし、彼女が置かれた経済状況ではそれは不可能であった。バサンティが兄弟たちから経済的に独立することを阻むものは何もなかったが、もしSEWA銀行がなければ、彼女が今、享受している自立した生活を手に入れることはできなかっただろう。アンドラプラデシュの砂漠地帯(40)に住む子どもたちにも学校に通う権利はある。しかし、腐敗した地方政府は、先生が学校に確実に来るような政策をとらなかったために、多くの地域で学校はうまく機能していない。「すべてのインド国民は、自分たちの宗教を自由かつ平等に実践する権利を持っている」とインド国憲法は謳っている。しかし、警察は無力であるか腐敗していて、警察での拘留中に強姦が広く行われているような暴力によって引き裂かれた地域では(41)、宗教の自由は憲法の言葉通りにはなっていない。憲法の下ではインドのすべての女性は平等な権利を持っている。しかし、強姦(42)を取り締まる法律やセクシャルハラスメントに対する最高裁判所のガイドライン(43)は効果的に実施されておらず、女性のための識字教育や経済的エンパワーメントや雇用機会を改善するためのプログラムもない状況では、これらの権利も女性にとって本物の権利とはなっていない。女性に対する暴力を取り締まる法律に関する最近の報告が述べているように、「インドの女性の大多数にとってこれらの法律は無意味である。……なぜなら、女性たちには法律や訴訟手続きに関する基礎知識が不足しており、司法制度は無神経で時間がかかり、さらに裁判には費用がかかるからである(44)」。

自由とは紙に書かれた権利ではなく、その権利を実際に行使できる立場になければならない。そのためには、物的制度的条件が必要であり、そこには女性の主張の正当性を法的社会的に受け入れることも含まれる。国家が人々に対して本当に有効な権利を保障しようとするならば、国家はこれらの基本的権利以上に、もっと多くのことについてはっきりとした立場をとらなければならない。それは、富と所得の分配であり、財産権の配分であり、司法制度へのアクセスであり、すなわち、ジョン・ロールズが様々な自由の「公正な価値」と呼ぶものを人々に保障するために資源を利用することであり、例えば、すべての人々が利用可能な学校を造るのに必要な収入を確保するために課税を行い、貧しい被告人や被害者のために無料の法的支援を行うことである。そうすることは、より一層の普遍性とある意味での温情主義を必要とし、一部の人々の行動に干渉することを意味する。しかし、実質上の無政府状態に暮らす子どもたちが、子どもたちの望むことは何でも自由にできるなどとは言えないのである。

この場合、注目すべきは、そのような再分配は西洋からの押し付けなどではなく、積極的格差是正措置や再分配的課税でさえもしばしば受け入れがたい温情主義と見なされるアメリカよりも、インドが伝統的に支持してきたことである。アメリカとは対照的にインドの憲法は伝統的に、再分配や積極的格差是正措置により人々の完全な平等を促進する政策が自由や非差別と十分に両立しうると考えてきた。

「温情主義からの議論」が示しているのは、他人の自由が同じように護られる限り、人が価値あるものと認めることを追求する自由を認めるような普遍的規範を私たちは志向すべきだということである。それは、すべての普遍的規範を拒絶せよというのではなく、自由だけではなく、自由を実現するために決定的に必要な様々な経済的エンパワーメントをも含む普遍的規範を構築することが正しいということを示している。

この議論はもうひとつのことを示唆している。すなわち、私たちが追い求めているのは、人を他人の目的に仕える従者とするのではなく、自分自身の目的を持つ主体としてひとりひとりに敬意を払い、ひとりひとりの自由や機会を護ることである。個人を政治思想の中心に据えるべきであるという考え方は、しばしばフェミニストたちから軽蔑的な扱いを受けてきた。その理由は、それはケアやコミュニティの役割を無視し、協力や愛ではなく自足と競争を重視する西洋の男性的な偏見を含んでいるというものである。私たちは、どの西洋の自由主義思想家が協力やコミュニティや愛を無視するという過ちを犯しているかを延々と議論することもできるだろう。私は、共同体主義的な思想家がロールズやカントや、さらにミルのような人に対して行ってきた批判の多くは、間違っていると考える[45]。しかし、私たちはここでこの問題に深入りする必要はない。ここで注意すべきは、個人に焦点を当てることが、特定の形而上学的伝統を前提とするのでもなく、愛やケアに対する偏見を意味するのでもないということだけである。このことは、人はひとつの人生しか生きられないという認識から当然出てくるものである。Aさんの皿にある食べ物はBさんの胃袋を魔法のように満たすわけでもなく、Cさんの肉体が感じる快楽はDさんの感じている痛みを和らげるわけでもなく、Eさんの経済的活動が生み出した所得はFさんに食料や住む場所を提供するわけでもない。もっと一般的に言えば、ある個人が十二分に幸福であり、自由を享受していたとしても、そのことは魔法のように他の人を幸福にしたり自由にしたりすることはないということである。全般的あるいは平均的な福祉水準を高めることを目的としたプロジェクトは、もしそれが最も貧しい人々の生活を直接改善するようなものでなければ、最も貧しい人たちの生活は改善しないだろう。もしこの考え方を、フェミニストたちが何らかの形で共有する思想、すなわち、ひとりひとりの個人が自分自身の目的を持つ存在として価値があり尊重に値するという思想と組み合わせるならば、私たちは全体あるいは平均だけを見るのではなく、ひとりひとりの個人に関心を向けるべきだという結論に導かれる[46]。これを「ひとりひとりを目的とする原理（Principle of each person as end）」と呼ぶことにする。

ヴィナ・ダスは、人はそれぞれに尊厳を持ち、福祉の問題は全体としてではなく、個人のレベルで考えるべきであるということのとても直観的な考え方さえ西洋の押し付けであると非難してきた。インドの女性は、自分自身の個人的な福祉を家族の福祉から切り離して考えることはできないというのである[47]。もしダスが、インドの女性はしばしば家族のために自分が犠牲になることは良いことであると判断し、しばしば自分自身の福祉を後回しにして家族の福祉を優先するということを言っているだけであれば、それはもっともなことであり、個人に焦点を合わせた私の主張に対する反論とはなっていない。なぜなら政治はひとりひとりを目的として扱うべきであるという考え方と、ある人が他人のために自分自身を犠牲にすることを選択するかもしれないという考え方が両立できないなどとは言えないからである。しかし、もしダスが、インドの女性は自分自身の飢えと子どもや夫の飢えとを区別できない、あるいは自分自身の体と健康を家族の体と健康と区別できないと主張するのであれば、この主張には根拠がないと言わざるをえない。確かに、ジャヤンマには家族を優先し、自分自身を後回しにするようなところがある。例えば、彼女は紅茶に砂糖しか入れないが、夫や子どもたちには高価なミルクを入れる。しかし、そのようにしていても、彼女は自分自身の福祉と家族の福祉をはっきりと区別しているのである。一般的に言えば、彼女は、家族のひとりひとりを意識しながら、家族のひとりひとりにそれぞれいくら支出するかを考えているのである。彼女は、自分自身の体を使ってどれだけの労働をしているか正確に知っているし、レンガ運びは彼女自身の体がすることであり、レンガの成型の仕事にめでたく昇進した同僚の男性労働者の体ではないことをはっきり知っている。彼女は元気な息子がいるという理由で年金の支払いを拒まれたとき、激怒した。彼女には、どんな子どもがいようがいまいが、彼女は何かを要求する権利を持っているのである。ダスと同じ社会階層に属するインドの女性が、女性の福祉と他の人の福祉が対立するという話をダスが聞いたことがないとは考えられない。もっと貧しい人たちは、福祉は人それぞれに別々のものであるということをよく知っている。飢えや重労働は、自分は自分自身であり、誰か他の人ではないということをはっきりと思い知らせてくれるからである。このことをベンガルの作家マニク・ボンドポッダイは彼の短編『下層の女性問題』の中で次のように表現している。

スラムに住む少女や肉体労働者の娘には、上位中産階級(babu)の家に育った娘のように、大人になっても自分自身の災難を家族の災難と受け止め、精神的に父や兄弟に頼るというようなことはできない。彼女には、自分自身の才覚に頼りながら自分自身の身を護っていくしかないのである。(48)

このように、家族の利害が有機的に結びついているという捉え方は、上位中産階級の意識であり、生きていくために本当に苦闘している人々とは相いれないものである(ダスは、農民出身ではない自分自身の育ちを「インドの本質」と取り違えたのだろうか)。

人はバラバラな存在ではなく、物と人間は互いに切り離されているという考えは幻想に過ぎないとする宗教的信念、とりわけ仏教の教えを受け入れているかもしれない。しかし、仏教の形而上学は、非西洋的宗教全体の典型とは言えない。多くの伝統において、純潔や自制や精神的達成の中心にあるのは個人である。仏教はさらに、日常の実践に対する急進的批判者として自らを意識的に位置づけ、日常生活を送るために住み続けなければならない物質世界から遠く離れた場所に瞑想によって人々を導くことを求めている。従って、個人に政治的焦点を当てることは、仏教徒に対しても侮辱的ではないし不公平でもない。なぜならそれは、啓発された瞑想と内省の世界ではなく、日常世界の政治的基礎を与えることを目的としているからである。仏教徒は、たとえ肉体は幻想であり、その目標が世界全体の苦しみの量を最小にすることにあると信じていたとしても、肉体的な苦しみをひとつひとつ取り除くことの妥当性を受け入れることがで

きる。(49)

もし、ひとりひとりの人間を、関心を寄せ敬意を払うに値する存在であると私たちが合意し、これまで述べてきたような意味でひとりひとりの人間は別々の人生を送っていると認めるならば、政治は、人を他人のために行動し、他人の人生計画を遂行することをその使命とするものとして扱うべきではないと結論すべきである。政治は、ひとりひとりの人間を目的とし、ひとりひとりの権利において行為と価値の源泉とし、自分自身の計画を持ち、自分自身の生活を生き、従って、そのような機会が平等に与えられるために必要なあらゆる支援を受けるに値する存在として扱うべきである。全ての人を目的として扱うためには、政治目的の中心となる価値についてはっきりした立場をとらなければならないし、女性の扱い方で広く見られるもののいくつかについて、すなわち、女性を子どものように扱い、財産や契約に関しては無能のように扱い、家系の単なる付属物として扱い、自分自身の人生を生きることよりも、子どもを産み、ケアする者として扱うようなやり方に反対する立場をとらなければならない。私たちがこのような立場をとるとき、古典的な形での温情主義だとする非難を引き起こさないようにしなければならない。なぜなら、私たちは、ひとりひとりの人間を目的を持つ主体として扱い、全ての人々が自分たちのやり方で善を追求することを認めているからである。

3　標準的な経済的アプローチの欠点

これまでの要約をしておこう。「文化からの議論」は、伝統的なヒエラルキー的生活様式を選択したいと思う女性のために余地を残すべきだということを私たちに気づかせてくれた。しかし、それは、不公正な文化的慣習を批判するために普遍的評価を用いることに反対しているわけではない。実際、私たちは、そのような批判がインド文化の奥深くに存在していることを見た。もっと一般的に言えば、文化はダイナミックに変化しているのであり、論争に満ちている。「多様性からの議論」は、私たちが支持すべきどのような提案にも何か重要なものがあるということ、すなわち、人間の活動が価値のある様々な形で花開く余地を残すべきだということである。私たちは、強力な理由がない限り、多様性を踏みつぶしたり、危険に晒したりすべきではない。しかし、いくつかの伝統的慣習は有害であり悪であり、文化の多様性の他の要素と衝突するという事実に照らしてみれば、私たちは、どの慣習を護るべきか、どの慣習を護るべきではないかを評価する基準を持っていなければならない。「温情主義からの議論」は、「包括的リベラリズム」よりもむしろ「政治的リベラリズム」の方向に私たちを導く。それは、人々が持っている様々な善の概念に敬意を払い、他の人々に害を与えない限り、ひとりひとりが自分自身の考えに従って（宗教的であれ倫理的であれ）善を追求することができるような政治的風土を醸成するという意味である。言い換えれば、私たちは、暴君的な普遍主義ではなく、(50)促進的な普遍主義を求めているのであり、人々を特定の望ましい機能の型に押し込めるのではなく、人々に選択の余地を与えるものでなければならない。しかし、どう解釈したとしても、「温情主義からの議論」は異文化間の普遍主義に反対しているわけではない。なぜなら、それは選択する者としての個人の尊厳に敬意を払おうとするからである。そのように敬意を払うから、私たちは、人々の広い範囲の自由とその物的条件を普遍的に護らなければならない。ひとりひとりの人間に目的として敬意を払い、人は身体的にはひとりひとり別個の存在であるという事実を踏まえながら、ひとりひとりが自由を持ち、自己決定を行う前提条件が整っているかを問わなければならない。

従って、もし多元主義的社会の全ての人々に対して本当に敬意を払おうとするならば、普遍的価値は、単に受け入れられるというものではなく、大いに必要なものでなければならない。しかし、ここでは、国際開発研究の分野で国や地域の生活の質を評価する際に最もよく使われる三つのアプローチを吟味することにより、別の方向からこの問題にアプローチしてみよう。というのは、これらのアプローチは、一般的に用いるにしても、発展途上国の貧困女性の状況を捉えるにしても欠点があり、このことは基本的政治原理の哲学的基礎が普遍的な規範的評価に向かわなければならないことを示しているからである（もし、あるアプローチがある国の人々の生活の状況を捉えるという、それほど厳しくない規範的課題にも答えられないとすると、基礎的な社会的最低限の生活の質を規範的に提示するという、もっと厳しい課題にはなお答えられないだろう）。

生活の質を評価するために最もよく使われてきたのは一人当たりＧＮＰであり、この値を増大させることが最も適切な社会目標として、また異文化間比較の基礎として用いられてきた。しかし、今ではこのアプローチがそれほど役に立つものではないことは明らかである。なぜなら、それは、富や所得の分配について は何も示さないからであり、同じような一人当たりＧＮＰの国々の間でも分配の状況が大きく異なるからである。チャールズ・ディケンズの小説『ハード・タイムズ』のなかで、サーカスの少女シシー・ジュープは経済学の教師から、「この教室を一つの国とし、この国に五〇〇〇万のお金がある」と想像するように言われる。そして、これは富裕な国家なのか、そして彼女自身は〝繁栄する国〟にいるのかどうか、答えるように言われる。シシーは混乱し、涙を流して、「私は誰がそのお金を手に入れたのか、そして、そのうちの幾らかでも自分のものになるのかどうか分からなければ、その質問にどう答えたらよいか分からない」と返事する。その答えは、彼女がすぐに気がついたように、その数字の中にあるのでなく、この種の問題の長い歴史においても答えはそこにはなかったのである。自分と人とは別であるとシシーは直観的に感じとっていたために、集計されたデータでは国家の状態を規範的に評価するには不十分であることを彼女は理解できた。私たちは、ひとりひとりを別個の存在と考え、ひとりひとりの状態を知る必要がある。

シシーの批判は完全なものではない。私たちは、分配の情報に加えて、富や所得といつも相関しているとは限らない重要な生活の良さの指標(例えば、平均余命・乳幼児死亡率・教育の機会・雇用機会・政治的自由・民族間関係・ジェンダー関係)の情報も必要である。たとえ一人当たりGNPに関してはとても成功している国でも、その他の指標に関してはとても不満足な成果しかあげていないこともありうる。アパルトヘイト下の南アフリカや政治的に極端に締め付けの厳しいシンガポールを考えてみるとよい。私たちの課題にとって特に重要なのは、一人当たりGNPが同じような水準の国々であっても、しばしばジェンダーの平等に関わる様々な側面において大きな差が存在するということである。例えば、パキスタン、ジンバブエ、ホンジュラスは、一人当たりGNPの水準ではほぼ同じなのに、女性の識字率は、パキスタン二三%、ジンバブエ六〇%、ホンジュラス七一・六%となっている。女性が稼ぐ所得の割合は、パキスタン二〇%、ホンジュラス二四%、ジンバブエ三五%である。インドとケニアは、一人当たりGNPは同じであるが、女性の識字率はインド三六%、ケニア六七・八%であり、女性が稼ぐ所得のシェアは、インド二五・七%、ケニア四二%である。(51) GNPによるアプローチが欠いているものが分かれば、私たちは普遍的な方法で基本的な生活の良さを表現する方向へと向かわなければならない。そうすることによって私たちは、様々な社会の生活の質をもっと有効に比較するために基本的な生活の良さのリストを使うことができる。

ＧＮＰよりもっと直接的な功利主義的アプローチは、人々の効用を満足の大きさによって測ろうとするものであり、次に人々の総効用あるいは平均的効用について考えてみよう。ここで再び、私たちはひとりひとりの個人に対して敬意を払っていないという問題にぶつかる。というのは、集計された数字では、上位の人と下位の人がどのように分布しているか分からないからである。その意味で、それは、粗雑なＧＮＰアプローチと同様に、「誰がそのお金を手に入れたのか、そして、そのうちの幾らかでも自分のものになるのか」が分からない。仮に、アンドラプラデシュ州に住む大多数の人々が、教育の機会に満足しているという調査結果があったとしよう。しかし、その結果からは、その地域がたいへん悲惨な状況にあり、まともに機能している学校が全くないような砂漠地帯であるということは分からない。一方、ケララ州では最下層の人々もかなりよい状態にあり、似たような平均的な満足値が得られるだろう(52)。しかし、このような集計値は、男性と女性が異なる見解を持っていたとしても何も教えてはくれず、集計値や平均値は良く見えていても女性が極度にひどい状況に置かれているという事実を覆い隠すこともある。私たちは、生活が最も苦しい人々や女性の運命を改善したいのかもしれないし、そうでないのかもしれない。しかし、私たちは、人々の状態を知ることなく、判断を下すことはできない。平均効用は不正確な数字であり、その値から、多様なタイプの人々がいることやその人々の相対的な社会的位置を十分に知ることはできない。こうしたことから、ひとりひとりの個人を目的として扱うことを基本的政治原理としようとするとき、効用アプローチは極めて不適切なものである。この問題は、女性の置かれた状況に焦点を合わせて、女性が権力のヒエラルキーにおいてどのような位置を占めているかが決定的に重要になるとき、さらに深刻なものとなる。

功利主義者は、単に異なる人々の生活を集計しようとするだけではなく、人々の生活の様々な要素をも集計しようとする。従って、総効用や平均効用という概念には、自由や経済的福祉や健康や教育についての情報も含まれることになる。しかし、これらは全て別個の生活の良さであり、独立したものである。(53) それらは全て重要であり、ひとつの良さを多く達成するために、他の良さを諦めるべきものではない。功利主義を批判するためにジョン・ロールズが用いた議論は、功利主義は様々な良さの間でのトレードオフの関係を認めてしまっているために政治的自由や宗教的自由に対して十分な擁護をできないというものであった。功利主義は、効用の社会的総和(あるいは平均値)を最大にするために、それぞれの良さの間のトレードオフの関係を奨励してしまうことになる。(54) このことは、周辺に追いやられた貧しい人々について考えるときに問題を引き起こす。功利主義では軽視されてしまう機会の中には、そのような人たちにとって極めて差し迫った重要性を持っているものが含まれているかもしれないのである。

効用の信頼性にはさらに問題がある。それは、直接関連する情報をほとんど含んでいないということである。人々が自分自身に起こった出来事をどのように感じているのか、満足しているのかいないのかは、私たちが知りたいことのひとつでしかない。私たちは、人々が実際に何をでき、どんな状態になりうるのかについても知りたい。たとえば、ジャヤンマは、ほとんど無いに等しい彼女の教育水準でも彼女がやってきた仕事には十分であり、また不必要な技能を学ぶことに何の意味があるのか分からないという理由で、自分の教育水準に満足していると答えるかもしれない。それはもっともらしい答えではある。しかし、いくつかの疑問が生じる。例えば、もしジャヤンマがもっと教育を受けていたならば、別の選択肢があっただろうし、そうして得られた技能も不必要なものではなかっただろう。彼女がそう考えるのは習慣のせいであり、彼女と同じ階層の同じ世代の女性が学校に通うなどということは見慣れていないからであり、そしておそらく、「こぼしたミルクを嘆いている」よりも、現実の生活に自分の意見を合わせてしまうのが人間というものだからである。この問題はたいへん重要なので、第2章で詳細に論じることにする。このような条件の下で満足を表明したとしても、それによってケララ州政府は最貧地域の少女の教育を促進しなかったわけではなく、むしろ積極的に促進してきたということをそこで示そう。この問題を十分に論じるためには、人々の満足や不満足を考察する必要もあろう。しかし、教育と人口抑制や政治的エンパワーメントや雇用機会との関係について考慮することも重要である。効用のみに基づいて考察を進めてしまうと、極めて重要な関連情報を無視してしまうことになる。

功利主義的に開発を考察することの欠点を考えると、人の中心的な能力や機会といった本質的基準に向かわざるをえない。それは、様々な社会における人々の生活の質を比較するための適切な座標空間であり、社会が人々のために何をしてきたか、何をしてこなかったかを問うときの適切な基準となる。功利主義に対する私たちの批判から言えることは、それは多くの異なった項目を含むリストの形で提示され、それぞれの項目は一種類の同質の良さを示す量に還元できるものとして扱ってはならないということである。それの評価は、人々がこれらの良さのそれぞれについてどのように感じているかに焦点を合わせるのではなく、人々が実際に何をでき、どうあることが可能かについての情報を探すべきである。

生活の質を評価するための第三のアプローチを取り上げる前に、世界中でモデル化と情報収集に大きな影響を与えている功利主義的アプローチのひとつであるゲイリー・ベッカーの家族モデルに言及しておくべきだろう。ベッカーは(規範的な目的ではなく記述的な目的で)単位としての家族の目標は効用(選好や願望の充足と解釈される)の最大化にあり、効用は家族の状態(そして、おそらく、国家のようなもっと大きな集団についても)を比較する上での適切な指標であると考えている。しかし、彼は、家族内部については異なった見解をとっている。彼は、家族を利他主義という動機から一つになった集団として理解すべきだと考えている。とりわけ、世帯主は家族のひとりひとりに資源と機会を適切に配分する情け深い利他主義者であると仮定している。(55) このような仮定を置けば、私たちは家族ひとりひとりの状態や、効用についてさえも問う必要がない。私たちは、ただ全体についてのみ問えばよく、配分は常に利他的であると仮定すればよい。こうした理由により、ベッカー・モデルの影響を受けた開発専門家たちは、世帯の個々のメンバーについてではなく、世帯全体の情報を集めてきた。例えば、インドの寡婦の状態に関するデータを探すことは難しい。なぜなら、通常、彼女たちは誰か他の人が世帯主である世帯の一員としてデータに組み込まれているからである。ベッカーのモデル自体は単に記述的で予測的な目的しかなかったが、他の人々がそれを用いるとき、それははっきりとした規範的な意味を持つことになった。もし私たちが寡婦を一人の個人として扱い、その状態を問うことをしないならば、私たちは彼女たちの状況を改善することはできないだろう。

ベッカーは、家族の問題を経済学の領域に持ち込んだという点で非常に価値のある貢献をした。しかし、彼のモデルは、いくつかの決定的に重要な点で不適切である。それは、現実的ではないロマンチックな家族像を仮定しているということである。ベッカーも認めているように、現実の生活では家族の中でも資源と機会を巡る争いがある。家族の中で、ある人は紅茶にミルクを入れる人もいれば、砂糖だけで済ます人もいる。学校に通う人もいれば、そうでない人もいる。生きていくために必要な治療を受けられる人もいれば、そうでない人もいる。バサンティの夫は彼女を殴り、政府からもらったお金は酒に使ってしまった。ジャヤンマの夫は、家にはほとんどお金を入れず、稼いだお金のほとんどを自分の飲食代に使ってしまった。バサンティの兄弟は、教育を受け、父の仕事を引き継ぐ機会を得たが、バサンティは若くして嫁ぎ、つらいときに頼れるような教育も技能も持っていなかった。ジャヤンマの家では、女は男よりも食べるものが少なく、たんぱく質の摂取はもっと少ないのが当たり前だった。女の子が学校教育を受けるなどということは話題にもならなかった。ベッカーはこのような対立に関心を抱き、取り組もうとしたが、彼の理論モデルはそれを行うには不十分であった。ベッカーは最近になって、怒りや罪悪感などの別の動機をモデルに加える必要があると述べている(56)。しかし、このような変更を加えても、人の人生を合計しようとする効用に基づくモデルは、規範的原理を選択するための基礎としては不適切なものでしかない。もっと実態をはっきりを見せてくれるのは、家族のひとりひとりを終始別個のものとして扱う対立に基づくモデルである(57)。家族の新しい「バーゲニング・モデル」は、（第４章で見るように）有機体的なアプローチよりも優れている。

ＧＮＰや効用を最大化するアプローチと同様に（そして実際には後者の一種として）、ベッカーのモデルは規範的考察のための適切な基礎を与えることに失敗している。なぜなら、十分に個人に基礎を置いていないからであり、ひとりひとりの状態を知るためにひとりひとりを見ていないからである。たとえ世帯主に関する仮定が正しいものであったとしても、その方向に進むのはよい方法ではない。というのは、情け深い利他的な世帯主が気前良くものを与えるのを受けとる人として世帯主以外の家族ひとりひとりを捉えることは、ひとりひとりの人間を尊敬も資源も受けるに値し、それぞれの生きるべき人生を持った行為主体と見なすことと同じではないからである。世帯主が家族のひとりひとりに対してそれぞれが必要とするものを与えず、それぞれの福祉に全く無関心であるような現実を考えれば、それはさらに不適切である。女性たちがしばしばこのような現実を黙認し、自分たちの選好をそれに適応させてしまうなら、ベッカーのモデルは正しい予測を与えるかもしれない。しかし、人の選好というものが公正や社会的選択の指針としてはいかに信頼できないものであるかということを理解するならば、それは規範的考察のためには不適切な基礎であると言わなければならない。私たちは、家族のひとりひとりが自分自身の状況についてどう感じているかを問うだけではなく、実際に何ができ、どのような状態になれるのかを問う必要がある。

三番目の選択肢、すなわち、基本的資源に注目し、その分配を問い、そこから公正な社会的配分の基準とは何かを導こうとするアプローチは、明らかにずっと優れている。このアプローチで最も有名なのはジョン・ロールズであり、彼は『正義論』とそれに続く著作で「基本財」のリストを提示している。そのリストに含まれる項目は、全ての合理的人間が、どのような人生の包括的な計画を持っているとしても、その計画を遂行するための前提条件として望むと考えられるものである。[58] ロールズのリストには多様なものが含まれている。自由や機会や力は、それぞれの社会環境における人々の能力を示している。[59] 構造上、似ているのは「自尊心の社会的基礎」であり、個人の力に関連する社会の特徴を示している。ロールズはこれを「基本財の中でも最も重要なもの[60]」と呼んでいる。しかし同時に、そのリストは富や所得のような物質的な項目を含み、これらの項目は最も裕福ではない階層を定義するために用いられるので、リストの中でも特に中心的な役割を担っている。(61) この考え方の基礎は、人々が他に何を追求しようとも、これらの基本的な資源が中心的重要性を持ち、その公正な分配の基準については実際に政治的合意に達することができるという考え方である。ロールズが行った家族のモデル化には特別な問題があるが、これについては第4章で取り上げる。ここでは、基本財に関するロールズのアプローチの一般的特徴に焦点を合わせながら、この問題を扱うのに必要と思われる範囲でのみ世帯に言及する。

これまでのところロールズのアプローチは、私たちの関心全般にとって非常に有望であるように見える。それは、多元主義や温情主義に対してかなり注意を払う一方、全ての人々にとって基本的自由と機会の重要性と、中心的な領域における選択の物質的基礎の重要性をはっきり認める立場をとっている。これらの点で、ロールズのモデルは、国際的な舞台において生活の質についてさらに考察するための優れた基礎を提供するように思われる。

しかし、ロールズ自身はこの段階で引き返し、個人の政治的構想と基本財の概念を、西洋の政治哲学の伝統においてのみ合意の基礎を与えるものと見なすことを選んでいる。(62) しかし、実際には、基本財のいずれも特に西洋的なものであると考える理由はないし、人生の計画を立て、それを改訂する力が、西洋的な観念を表現していると考える理由もない。計画を立て実行するという考えは、哲学的な裏づけがなくても、悪い環境の中で生きようとする人間の闘いから生まれる。確かにこれらの観念は、インドの女性運動の中にも固有のルーツを持っている。そこでは内省・選択・計画・コントロールといった概念ほど強調されている概念はないし、これらの活動は、財産権・土地の権利・雇用へのアクセスなどといった物的基礎を持っていることは明らかである。バサンティが兄弟に頼らず、自分自身を支え、自分自身の計画を実行できるようになるために苦闘している姿は、一般的な現象の一つの例である。SEWAの運動は、個人の尊厳と自立という考えや、女性自身が物質的・社会的環境をコントロールするという考えに基づいている。イラ・バットが述べているように、女性はパイの一切れが欲しいのではない。女性は、自分でその味付けをしたいのであり、自分でパイを作る方法を知りたいのである。

このような考え方は決して西洋から輸入されたものではない。もし女性の日常生活以外の場から影響を受けたとすれば、それはガンディーであろう。イギリスに対する反植民地闘争としてのインドの自給自足というガンディーの考え方を、家族や村レベルで女性が被っている擬植民地的抑圧からの自由の闘争に置き換えたものである。[63]ジョン・スチュアート・ミルは、家庭における女性の服従に対する闘いは、封建制度に反対する民主主義の闘いと同じ形であり、同じ関心を表していることを強調した。[64]SEWAの女性(そしてインド中の同様の運動に参加している多くの働く女性)は、それぞれ独立にそれと同様の関係を作り出している。個人が自分の人生を自分のものとし、自分で設計するという考え方は、決して植民地主義的な干渉などではなく、植民地主義に反対する闘いを表しているのである。人々は西洋の哲学者に教えられなくても、世間からこき使われたり、無力な状況の中で生きることを好まないということはちゃんと分かっているのである。

ロールズのアプローチが国際的な考察の基礎としてロールズ自身が示唆する以上に有望であるとしても、なお深刻な問題が残る。実際に誰が豊かで誰が貧しいかを資源によって測ろうとすると、ロールズのモデルは人の生き方に関する重要な現実、すなわち、人それぞれに資源に対する必要性とその資源を機能に変換する能力は違っているという現実を無視している。その相違のいくつかは、身体的条件に直接関わっている。栄養をどれだけ必要とするかは、年齢、職業、性別によって異なってくる。妊娠中や授乳期の女性は、そうでない女性よりも多くの栄養を必要とする。子どもは大人より多くのたんぱく質を必要とする。手足がよく動く人にとっては移動のための資源は少なくてすむが、手足が麻痺している人は健常者と同程度の移動性を達成するためにはより多くの資源が必要である。このような違いは、もし私たちが、全ての人にかなり高いレベルの身体的達成をもたらすことができる繁栄した国に住んでいるならば見逃すこともできるだろう。しかし、発展途上国ではこのような違いに対して十分な注意を払うべきである。その違いのあるものは社会的であり、伝統的なヒエラルキーと深く結びついている。もし私たちがある国のすべての人々に基礎教育を保障しようとすれば、伝統的なヒエラルキーや偏見といった障害に立ち向かわなければならない人たちにはもっと多くの資源を配分する必要があろう。この意味で、世界の多くの場所で女性の識字教育は男性の識字教育よりも費用がかかることになるだろう。資源に基づくアプローチでは資源が適切に配分されているように見えるならば、そこに存在する障害を診断できるほど深く掘り下げることはできない。そのために、人々がある意味では持っているとされる機会(無料の公教育・投票・働く権利など)を利用できずにいるということも起こりうる。もし私たちが資源のみを指標として用いるならば、人々の福祉に対して重要な影響を持つ不平等を強める結果に終わるかもしれない。特に女性の生活の質を考えるとき、これはとりわけ重大な欠点である。というのは、伝統的に虐げられ無力な状態に置かれてきた女性にとって、権力を持つ者が容易に達成できるケイパビリティのレベルを達成するためには、特別な配慮や支援を必要とするからである。

この意味でロールズのアプローチも結局は、良い生活を求めるひとりひとりの個人の闘いを十分に尊重しているとは言えない。ＡとＢの二人が同じ量の資源を持っているという理由で二人とも同じ富裕の水準にあると見なすことは、決定的に重要な点でＡの人生はＢの人生とは別個のものであるということを無視し、Ａの置かれている状況がＢの状況と取替え可能であるかのように見なすことであり、それはありえないことである。Ａの闘いを正当に扱うためには、私たちはその闘いを社会的文脈において捉えなければならず、その社会的文脈が、自由や機会や物質的福祉を求める闘いにとって障害となっている現実に気づくべきである。ロールズが自由や機会について論じるとき、正義の理論は、単に自由だけではなく財も等しく配分するために、また単に形式的な機会の平等だけではなく真に公正な機会の平等のために、人々が置かれたそれぞれの状況を考慮すべきであることをロールズは十分に気づいている。指標化の作業の中で富や所得を基本財として強調しすぎると、彼の個人に対する敬意を過小評価してしまうことになる。

要約しよう。私たちは、豊かな生活を求める人々の闘いに敬意を払い、ひとりひとりを目的として扱い、行為主体として扱い、その権利において価値あるものとして扱うアプローチを求めている。この敬意が意味するのは、大人に関しては、少なくとも核心的領域における選択の良さの判断に関して独裁的にならないことであり、重要な選択と意味のある連帯のために個人に広い余地を残すことである。この敬意が意味しているのは、政治や伝統によって抑圧されることなく、自分自身の見識に従うことを認める立場に立つことである。そのためには、一般性と特殊性の双方、すなわち、すべてを包含するいくつかの一般的基準と、人々が生きている特殊な環境や文化に関する詳細な知識の双方を必要とする。功利主義的アプローチと資源に基づくアプローチの双方の欠点が示しているのは、もし私たちが満足や単なる資源の賦存量ではなく、人が実際に何をできるのか、どういう状態になれるのかに焦点を合わせるならば、私たちは最も適切な立場に立つことができるということである。効用や資源に基づく一般的基準は、文脈的な違い、すなわち環境が選好を形成し、資源を意味ある人間の活動に変換する個人の能力を形成するということに対して無神経である。機能やケイパビリティに幅広く関心を寄せることによってのみ、人間の努力と物的社会的文脈の間の複雑な相互関係を正当に取り扱うことができる。

4　人間の中心的ケイパビリティ

普遍主義に対する懸念の中で最も興味深いものは、このように私たちを特定のタイプの普遍主義に導く。私がこれから論じようとするのは、これらの懸念に対する妥当な答えとなり、また各国政府や国際機関にとって良い指針となるのはケイパビリティ・アプローチだということである。それは、アマルティア・センによって経済学の分野で生活の質を評価するために考え出され[65]、いまや国連開発計画（ＵＮＤＰ）の『人間開発報告』[66]を通して広く影響を及ぼしている。私のアプローチ（それはセンの研究とは独立に、人間の機能に関するアリストテレスの考え方や、マルクスによるその使用についての研究を通して始めたものである）[67]は、哲学的基盤を強調するということ、また中心的ケイパビリティを具体的に示す用意ができているということなどの点でセンのアプローチとは異なっている[68]。センは、生活の質を評価するための領域を特定するためにケイパビリティに焦点を合わせてきた。一方、私は、憲法上の保障を裏づける基本的政治原理の基礎として、より差し迫った目的のためにそれを用いている。ここでは、両者の違いをこれ以上、議論しないが、私が今、主張しようとしているアプローチについて概略だけ述べておくことにする。他の普遍的アプローチと同じように、それは適切な方法で用いられるときにのみ価値がある。従って、アプローチの構造について気を使うだけではなく、女性の生活に適切に焦点を合わせるようにその内容を肉づけする方法についても気を使う必要がある。さもないと、アプローチとしては有望であっても、女性が実際に直面している問題を無視することによって間違った方向に進んでしまうことになるだろう。しかし、この困難を克服できるという希望を抱かせるのは、ケイパビリティ・アプローチが、物的社会的環境の中で実際に人々がどんな生活をしているか調べるように私たちを導くからである。

ケイパビリティ・アプローチが問う中心的課題は、「バサンティはどれほど満足しているか」ではなく、「彼女はどれほどの資源を自由に使えるか」でもない。そうではなくて、「バサンティは実際に何をすることができ、どのような状態になれるか」である。政治目的のために、人の生活において中心的な重要性を持つと考えられる機能の作業上のリストに立脚して、「その人にとってそれは実現可能かどうか」を問う。その人が行ったことから得られる満足について問うだけではなく、その人が何をするのか、何をできる立場にいるのか(彼女の機会や自由は何か)についても問わなければならない。そして、その人が利用可能な資源について問うだけではなく、バサンティが十分に人間らしい生き方ができるようにそれらの資源が役に立っているのかどうかを問わなければならない。

いまや私たちはこれらの問いに対する答えをいくつか見つけたので、このアプローチを二つの方法で応用してみよう。第一に、他の人と比較しながらバサンティの生活の質を評価するために、特定の核心的領域におけるケイパビリティを用いるということである。地域や階級や国家のレベルにおける生活の質の差を見るために様々な人々の生活に関するデータを集計していくとき、誰が最も貧しく、誰が十分な生活をしているかを定義し、その比較を行うのは常に中心的ケイパビリティに関してである。第二に、人間のケイパビリティの核心的領域において、公共政策が公正であるための必要条件は、すべての人に対してケイパビリティの一定の基本水準を保障することである。もし人々が、これらの核心的領域において最低水準を満たしていないとすれば、それは、たとえ他の面ではうまくいっていたとしても、不公平で悲劇的な状況と見なされるべきであり、緊急な配慮が必要である。

このアプローチの背景には二つの直観的な考え方がある。第一は、特定の機能は、それを達成しているかいないかによってその人が人間らしい生活をしているか否かが分かるという意味で、人間の生活の中で中心的位置を占めているということである。(69) 第二に、マルクスがアリストテレス哲学の中に見出したことだが、単に動物的な方法ではなく、真に人間的な方法でこれらの機能を満たすことには大事な意味があるということである。人の生活があまりにも貧しくて、人間の尊厳に値せず、人間らしい力を発揮することもできず、動物のような生活であるという状況に私たちはしばしば出会う。マルクスの例では、飢えている人は十分に人間的な方法で食べ物を食べることができないということであり、これによってマルクスが言おうとしたのは、実践理性や社会性を持った生き方であろうと私は考える。人は単に生き延びるために食料を得ているだけであれば、食べるという行為は社会的理性的要素の多くを伴っていない。しかし、たとえ適切な教育や、娯楽や自己表現のための余暇や、他の人々との貴重な交際によって人間としての感覚が磨かれていないとしても、人間の感覚は単に動物のレベルでも働きうるとも論じている。マルクスはおそらく認めないだろうが、私たちはさらに表現や連帯の自由や信仰の自由といったいくつかの項目もこのリストに加えるべきだろう。その核心的概念は、「群れをなす」動物のように人生が受身的に形作られ、世の中に流されて生きていくのではなく、他の人々と協力しあい互いに助け合いながら自分自身の生活を築いていく、尊厳を持った自由な存在としての人間である。[70] 真に人間らしい生き方とは、一貫して実践理性と社会性という人間らしい力によって形作られるものである。

人間の尊厳というこの考え方には、文化を越えた幅広い共鳴と直観的な力がある。どのような文化であれ、悲劇的な芸術作品の核心にはそのような考え方がある。運命に翻弄される悲劇的な登場人物のことを考えてみよう。そのように翻弄される人物の哀れな光景を見るとき、私たちは砂粒混じりの嵐に反応するのとは全く違った方法で反応する。というのは、私たちは人間を目的として価値のある存在、畏敬の念を抱かせる存在として捉えているからであり、偶然の流れに打ちのめされた人物を見れば恐ろしいと感じ、その偶然がその人物の人間性を完全に打ちのめしてしまっているのでなければ、それをすばらしいと感じさせる。[71] アリストテレスが述べているように、「崇高なものは輝き続ける」。そう考えるならば、私たちに畏敬の念を抱かせる人々の尊厳を護るために強いインセンティブが与えられることになる。私たちは人間を、活動し、目標や計画を持つ存在として、自然の機械的な作用以上に畏敬の念を起こさせるものとして、そして多くの中心的課題を達成するために支援を必要とする存在として見ている。[72] この考え方には多くの形態があり、宗教的なものもあれば世俗的なものもある。私たちが他の文化の悲劇的な物語に感動できる限り、私たちは人間の価値や行為といった概念が文化の境界を乗り越えるものであることを示すことができる。

極端な場合には、ある人が中心的な機能を達成する能力を欠いているということが本当に深刻であれば、精神障害や老人性痴呆の深刻なケースと同じように、その人は全く人間的ではない、あるいはもはや人間的ではないと判断されるかもしれない。しかし私はこの境界(医療倫理としては重要であるが)には関心がなく、むしろ高位の境界、すなわち人間のケイパビリティがマルクスの言う〝真に人間的〟つまり人間に値するものになるレベルの方に関心がある。従って、そこには人間の価値や尊厳が含まれている。マルクスは、(アリストテレスと同様に)人間の主要な力には物質的な支えが必要であり、それがなくては本来の力とはなり得ないと強調することによって、カント哲学から離れていく。しかし、彼もまたカントから学んでおり、アリストテレスから受け継いだものは、人間の不可侵性や尊厳といったカント概念によって表現されている。

注目すべきは、このアプローチではひとりひとりが価値を持つ者として、そして目的として扱われるということである。マルクスは、彼以前のブルジョア学者たちと同じように、ある人々の目的を他の人々の目的に従属させることは全く誤りであると考えている。このことこそが搾取の核心であり、それは人間を他の人々によって利用されるためだけの単なる対象として扱うことなのである。従って、ひとりひとりの生活の良さを促進することなく、有機的統一体としての社会を発展させようとすることは、ブルジョア哲学と同様に、マルクスのアプローチにも反するものである。このアプローチが求めているのは、ひとりひとりの人間を尊敬に値する者として扱い、ひとりひとりの人間が本当に人間らしく生きられるようにする社会である(ここに「閾値」という考え方が入ってくる。私たちは、ケイパビリティのそれぞれの領域において、ある水準以下では本当に人間らしい生き方はできないと言えるだろう)。「ひとりひとりを目的とする原理」は「ひとりひとりのケイパビリティの原理」と言い換えてもよいだろう。追い求めるべきケイパビリティはすべての個人のケイパビリティであり、グループや家族や国家やその他の集団のケイパビリティが最初に来るのではない。このような集団は人間のケイパビリティの発展にとって極めて重要であるかもしれず、その意味で私たちはそのような集団を正当に支援すべきかもしれない。しかし、それが価値を持つのは個々の人々のためになるからであり、究極の政治目標は常にひとりひとりのケイパビリティの促進でなければならない。

私は、真に人間的な中心的機能のリストで、様々な文化を超えて合意しうるものを作ることができると考えている(そう考える理由は、悲劇的な話が文化の境界を越えて受け入れられているからである。世の中の形而上学的理解には差があるとしても、ある種の貧窮状態はとてもひどいものと理解される)。この中心的ケイパビリティのリストは、構成と内容においてロールズの基本財のリストとは幾分異なっているが、両者は似通った政治的リベラリズムの精神に基づいて提示されている。それは、人間にとって良い生活とは何かについて様々な見解を持つ人々が、中心的な憲法的保障の道徳的基礎として政治目的のために合意しうるリストである(その理由は、これから見ていくように、それは実現した機能のリストではなく、ケイパビリティ、すなわち達成可能な機能のリストだからであり、また人々が価値あるものと考えるその他の機能を追求する自由を護るものだからである)。

そのリストは、憲法的保障に具体化される基本的政治原理の支柱となるものである。その目的のためには、どのような生き方においても中心的であり重要であると説得的に論じられる人間のケイパビリティを特定する必要があり、それはその人が中心的ではない他のケイパビリティに関してどのようなものを追求し選択したとしても影響を受けることのないものである。中心的ケイパビリティは、何かをさらに追求するための単なる手段ではなく、それ自身、価値を持つものであり、それを満たす生き方は十分に人間的なものである。しかし、それは、人々が計画し実行する他の全てのことにおいても、広範囲に中心的役割を担うものと考えられる。その意味で、ロールズの最近の（政治的リベラリズムの）理論における基本財に似た役割を果たしている。それは、人がどのような生き方を選択しようとも、それを可能とする上で特別な重要性を持っており、従って、それは多元的社会における政治目的のために擁護されなければならないものである。(73)

中心的ケイパビリティのリストは、完全な正義論を目指すものではない。そのリストは、様々な領域で社会的最小限度を決定するための基礎である。(74)私は、少なくとも部分的には、これらのケイパビリティの最低限のレベルが達成されるように、社会的政治的制度が選択されるべきであると考えている。しかし、後述するように、社会的最小限度と平等との関係を考えると、ケイパビリティの閾値のレベルを保障することだけでは、たとえその目標がどんなに差し迫ったものであっても公正という点からは十分ではないかもしれない。このように公正に対する要件を追加すると、さらに検討しなければならないことが出てくる。しかも、ケイパビリティの最低水準をいかに保障するかを考えようとすると、個人の行為のインセンティブと公共政策の役割について考えなければならないし、また公共政策は、ケイパビリティのリストを追求する上で個人の行為にどこまで介入する権限を与えられるべきかについてもっと多く論じなければならない。私たちは、ケイパビリティがそのような比較を行うためには適切な空間であるという点で、そして、中心的ケイパビリティに関して社会的最小限度を全ての人々に保障すべきであるという点で合意しながら、それを保障する上で政府や公共計画が果たす役割については合意しないということも起こりうる。この問題に対して一般的に答えようとすると、経済学的な問いに答える必要があり、それは私の考察の対象ではない。ここではそのような一般的な答えを示さないが、第3章と第4章では、ケイパビリティを促進する上で特定の領域において法が果たす役割について述べることにする。このようなケイパビリティの使い方では、正義の理論によって扱われてきた他の多くの問題は未決のまま残されている。(75)

このリストは、何年にも亘る文化を超えた話し合いの結果であり、その最新版と古い版を比較すれば、様々な形で人々の意見が取り入れられてきたことが分かるだろう。従って、それはすでに提案しようとしているものを体現している。それは、人の生活の良さとは何かについて非常に多様な見解を持つ人々の「重なり合うコンセンサス」(76)の一形態である。第2章で、このリストがどのように進化してきたかという事実が、補助的な形でそれを正当化するということを論じよう(しかし、正当化のための重要なポイントは依然として、人間の真の機能とその含意の直観的な構想にある)。私が「重なり合うコンセンサス」という言葉で表そうとしたのは、ジョン・ロールズの意味においてであり、世界の特殊な形而上学的見解や特定の包括的な倫理的宗教的見解や人や人間性についての特定の見解を受け入れることなく、人々は独立した政治的構想の道徳的核心としてこの構想に同意するかもしれないということである。実際、これらの領域で異なる見解を持つ人々は、出発点での異なる見解を維持しながら、政治的構想の道徳的核心については、ある程度、違った形で解釈したりするだろう。(77)例えば、イスラム教徒は「政治的構想において女性は市民として平等である。なぜなら、男と女はひとつの形而上学的な本質的性質を共有しているからである」と言うかもしれない。それとは対照的に、ユダヤ教徒やキリスト教徒は、(78)「女性は、男性とは異なる本質的性質を持っているという事実にもかかわらず、市民としては平等である」と言うかもしれない。カトリックのトマス主義者は、聖トマスのアリストテレス的選択の構想によって「実践理性」を解釈するかもしれない。他の人々は、計画や決定という日常的経験に基づいてインフォーマルな形で選択について考えるかもしれない。フィンランド人は遊びやレクリエーションを包括的な生活のあり方の観点から解釈し、森の中で独り黙考することが大きな役割を果たすと考えるかもしれない。カルカッタに住む人はそれとは違って人との包括的な連帯を心の中に描くかもしれない。私のアリストテレス解釈では、アリストテレスの人間の機能という概念の核心にあるのは、それだけで存立しうる道徳的構想であり、それは自然目的論や非道徳的源泉から演繹されるようなものではない(79)。たとえ私のアリストテレス解釈が間違っていたとしても、私の新アリストテレス学派的提案は、そういう精神を意図したものであり、(明らかにアリストテレスとは違って)包括的ではなく部分的な良い生活の構想として、すなわち政治的目的だけに選ばれた道徳的構想として意図したものである。

人間の機能やケイパビリティの直観的構想は、私たちの直観に照らして常に熟考し問い直さなければならない。そのリストはソクラテス流の提言と見なされるべきであり、政治目的のためにひとつの内省的均衡に到達しようとするならば、私たちの直観の中でも最も確かなものに照らして問い続けなければならない(政治的正当化に関するこの問題については第7節でさらに詳しく論じる)。

リストのいくつかの項目は、他の項目よりも確かなものに思えるかもしれない。例えば、身体的保全は生活の良さの判断の中ですでに定着しており、もしそれをリストから除くとすれば、それは驚くべきことである(80)。しかし、識字能力が人間の機能に対してどのような役割を果たすのか、他の生物や自然と人間との関係がどのような役割を果たすのかについては議論の余地があろう。この意味で、そのリストは変更可能なものであり控えめなものである。それは常に挑戦を受け、新しく作り直されるべきものである。そのリストの内容は、社会によっても異なりうる。実際、私のリストは「多元的な実現性」を理念としており、そのリストの内容は地域の信念や状況に合わせて具体化されることになる。具体化に際しては、多元主義の余地を残すように設計されている。中心的ケイパビリティのそれぞれの項目の閾値をもっと正確に決めていく必要があるが、そのためには人々が政治目的のために合意することを目指して進んでいかなければならない。それは、それぞれの憲法の伝統内で行われ、その解釈と内省を通して進化していく(ほとんどの憲法上の基本的権利は、初めに一般性の高いレベルで記述される。しかし、このことはその権利が実行不可能というわけではなく、裁判で決着がつかないものというわけでもない。解釈と判例の積み重ねによって適切な形に具体化することができる)。最後に、識字能力や基礎科学教育のような問題について比較的具体的な表現をしているという点で、このリストは現代を意図したものであり、いつの時代にも通用することを意図したものではない[81]。

次に、私のリストの現在のものを掲げる[82]。

人間の中心的な機能的ケイパビリティ

(1) **生命**　正常な長さの人生を最後まで全うできること。人生が生きるに値しなくなる前に早死にしないこと。

(2) **身体的健康**　健康であること(リプロダクティブ・ヘルスを含む)[83]。適切な栄養を摂取できていること。適切な住居に住めること。

(3)　**身体的保全**　自由に移動できること。主権者として扱われる身体的境界を持つこと。つまり性的暴力、子どもに対する性的虐待、家庭内暴力を含む暴力の恐れがないこと。性的満足の機会および生殖に関する事項の選択の機会を持つこと。

(4)　**感覚・想像力・思考**　これらの感覚を使えること。想像し、考え、そして判断が下せること。読み書きや基礎的な数学的科学的訓練を含む(もちろん、これだけに限定されるわけではないが)適切な教育によって養われた〝真に人間的な〟方法でこれらのことができること。自己の選択や宗教・文学・音楽などの自己表現の作品や活動を行うに際して想像力と思考力を働かせること。政治や芸術の分野での表現の自由と信仰の自由の保障により護られた形で想像力を用いることができること。自分自身のやり方で人生の究極の意味を追求できること。楽しい経験をし、不必要な痛みを避けられること。

(5)　**感情**　自分自身の回りの物や人に対して愛情を持てること。私たちを愛し世話してくれる人々を愛せること。そのような人がいなくなることを嘆くことができること。一般に、愛せること、嘆けること、切望や感謝や正当な怒りを経験できること。極度の恐怖や不安によって、あるいは虐待や無視がトラウマとなって人の感情的発達が妨げられることがないこと(このケイパビリティを擁護することは、その発達にとって決定的に重要である人と人との様々な交わりを擁護することを意味している)。

(6)　**実践理性**　良き生活の構想を形作り、人生計画について批判的に熟考することができること(これは、良心の自由に対する擁護を伴う)。

（7）**連帯**

A　他の人々と一緒に、そしてそれらの人々のために生きることができること。他の人々を受け入れ、関心を示すことができること。様々な形の社会的な交わりに参加できること。他の人の立場を想像でき、その立場に同情できること。正義と友情の双方に対するケイパビリティを持てること（このケイパビリティを擁護することは、様々な形の協力関係を形成し育てていく制度を擁護することであり、集会と政治的発言の自由を擁護することを意味する）。

B　自尊心を持ち屈辱を受けることのない社会的基盤を持つこと。他の人々と等しい価値を持つ尊厳のある存在として扱われること。このことは、人種、性別、性的傾向、宗教、カースト、民族、あるいは出身国に基づく差別から護られることを最低限含意する。(84) 労働については、人間らしく働くことができること、実践理性を行使し、他の労働者と相互に認め合う意味のある関係を結ぶことができること。

（8）**自然との共生**　動物、植物、自然界に関心を持ち、それらと関わって生きること。(85)

（9）**遊び**　笑い、遊び、レクリエーション活動を楽しめること。

（10）**環境のコントロール**

A政治的　自分の生活を左右する政治的選択に効果的に参加できること。政治的参加の権利を持つこと。言論と結社の自由が護られること。

B物質的　形式的のみならず真の機会という意味でも、（土地と動産の双方の）資産を持つこと。他の人々と対等の財産権を持つこと。他者と同じ基礎に立って、雇用を求める権利を持つこと。不当な捜

索や押収から自由であること。(86)

強調しておきたいのは、このリストはあくまでも個々の要素のリストだということである。ある一つの要素を多く達成することにより他の要素の必要を満たすということはできない。全ての要素が中心的な重要性を持っており、質の点で全ての要素は異なっている。要素の数を減らすことはできないという複数性があるために、合理的なトレードオフの関係は限られ、従って、費用便益分析が適用できる可能性も限られる。もちろん、人によってはいつも費用便益分析を用いようとするかもしれない。しかし、もしこのリストでそのようなことを行えば、この複数の良さのひとつひとつが中心的な重要性を持つものであるという事実をそのウェイトに反映させるということが決定的に重要になり、従って、どのような選択が行われるにせよ、中心的な要素の一つが閾値以下に引き下げられるという悲劇的な結果を伴うことになろう。その悲劇的な結果は、単に莫大なコストとして表現されるかもしれない。しかし、そのような方法では、特定の生活の良さが軽んじられているという事実を明瞭に表すことは難しい。例えば、政治的自由の欠如が高い経済成長率によって埋め合わせることができるなどと考えるべきではないにもかかわらず、単一の尺度にしてしまうと、人々にそう思い込ませることは容易である。(87)

同時に、リストのそれぞれの項目は、複雑な形で互いに関連している。女性たちが自分の置かれた環境を自分でコントロールできるようにし、女性の政治参加を有効なものにするための最も効果的な方法の一つは、女性の識字能力を向上させることである。家庭の外に職を求めることができる女性は、家庭内での暴力から自分の身を護るために逃げ出すという選択肢を持つことになる。リプロダクティブ・ヘルスは様々な複雑な形で実践理性や身体的保全と結びついている。このことが、リストの他の項目を犠牲にしてひとつの項目のみを発展させるということを避けなければならないもうひとつの理由である。

私のリストの項目には、ジョン・ロールズが「自然的財」と呼んだもの、すなわち、「その獲得に運が重要な役割を果たす財」が含まれる。政府は全ての人々を健康にし、情緒的な安定をもたらすことはできない。なぜなら、こうした状態は持って生まれたものや運に左右されたりするからである。これらの領域で政府が目指すべきは、これらのケイパビリティの社会的基礎を提供することである。つまり、ケイパビリティ・アプローチは、初期時点での資源や権力の差によってもたらされる格差を埋め合わせるように努力すべきであると主張する。しかし、それでも社会が確実に与えることができるのは良い生活の社会的基礎であって、良い生活そのものではない。女性の情緒的な健全性について考えてみよう。政府は全ての女性を情緒的に健全な状態にすることができるわけではない。しかし、情緒的な健全さに寄与するために、家族法や強姦防止法や治安といった分野で適切な政策を採ることによってきわめて多くのことができる。似たようなことは、全ての自然的財についても当てはまる。ある人たちは、私たちには制御できない要因によって十分なケイパビリティを達成できないでいるかもしれない。生活の質の相対的尺度としてケイパビリティを用いるとき、私たちは観察された差異についてその理由を問わなければならない。国家間あるいはグループ間の健康の差は、公共政策によって取り除くことのできる要素もあれば、そうでないものもある。もし人々がこれらのケイパビリティの十分な社会的基礎を与えられたならば、基本的政治原理はその役割を果たしたことになる(この点についてはさらに第5節で論じる)。

ケイパビリティのリストの中で「実践理性」と「連帯」の二つは、他の全ての項目を組織し覆うものであるために特別に重要であり、それによって人は真に人間らしくなる。もし人間らしく考え計画することなく人間の思慮を用いるならば、それは完全に人間的な形で用いていないことになる。[88]他の人たちと会話し、他の人たちに関心を持ち、他の人たちと連帯することなく自分の人生を設計することは、やはり完全に人間的な形で振舞っているとはいえない。[89]一つだけ例を挙げれば、労働が真に人間的な機能であるためには、実践理性と連帯の双方が備わっていなければならない。それは、単に組織の中のひとつの歯車としてではなく、考える存在として振舞うものでなければならない。そして、お互いの人間性を認め合い、他者と一緒に、そして他者に対して働きかけるように行われなければならない。[90]女性の労働は、男性に比べてこのような特徴をしばしば欠いている。

このように実践理性と連帯を中心に据えたとしても、そのことは、他のすべての項目がこの二つの目的に還元されるということを意味するわけではない。例えば、健康は選択の自由を達成するための単なる手段に過ぎないと言っているのではない。健康的な生活や感覚といった重要な項目が、切り詰められた形や動物的な形でしか使えないような状態に放置している政府は十分にその役割を果たしていない。リストの全ての項目は、理性と連帯を含むような形で利用できなければならない。このことは、一つ一つのケイパビリティの閾値を設定し、受け入れ可能な形で特定化する際に考慮すべき要件である。

政治的舞台においてケイパビリティ・アプローチの出発点となる基本的直観は、特定の人間の能力を発展させるべきだという道徳的主張である。もう一度繰り返せば、それは特定の形而上学的見解や目的論的見解に依存することなく「それ自体独立した道徳観」である。現実の人間の能力すべてがそのような道徳的主張の対象となるのではなく、倫理的観点から価値あるものと評価されたものだけが対象となる（例えば、残虐性という能力はリストには含まれない）。従って、議論は倫理的前提に始まり、そこから倫理的結論を導き出すのであって、それ以上の形而上学的前提から導かれるのではない[91]。それにもかかわらず、特定の人間的能力に関する道徳的主張についての議論の核心に関して、政治目的のために必要な合意に達することは可能である。人間とは、正しい教育と物的な支援が与えられるならば、これらの人間の機能の全てを十分に可能にすることのできる生き物である。すなわち、人間とは、問題となっている機能を果たすために（私が「基礎的ケイパビリティ」と呼ぶ[92]）最低限のケイパビリティを持つ生き物である。もしこれらのケイパビリティが、リストに含まれる高次のケイパビリティに変換していくように育成されなかったなら、それらは実りなく、中断され、幻影に終わるだろう。もし亀が単に動物的レベルの機能しか満たされない生活を送っていたとしても、私たちは全く憤りを覚えないし、荒廃や悲劇の感覚を覚えることもないだろう。しかし、もし人間が人間らしい行動や表現を妨げられた生活しか送ることができないならば、私たちは荒廃や悲劇の感覚を抱くだろう。その悲劇は、例えば、タゴールの小説でムリナールが夫に向かって「私は簡単に死ぬような人間ではありません」と言ったその言葉の中に表現されていた。彼女にとって、尊厳を欠き、選択の余地のない人生、誰か他の人の付属物に過ぎないような人生は、一種の死であり、彼女の人間性の死を意味していた。彼女は手紙の最後を「私はまさに今、本当の意味で生きることを始めたところです」という言葉で締めくくり、「あなたの保護の許から去っていくムリナールより」とサインした。このような悲劇の感覚は文化の境界を越えて存在するものであり、人間性についての特定の形而上学的見解に依存するものではない。

それでは、まず基本的な人間の力の価値と尊厳の意味を取り上げ、それを機能する機会の要求、関連する社会的政治的義務を生じさせる要求であると考えてみよう。私の用いるケイパビリティには三つのタイプがある。(93) 第一は「基礎的ケイパビリティ」である。これは個人の生来の素質であり、より高度のケイパビリティを達成するために必要な基礎であり、道徳的関心の基礎となるものである。これらのケイパビリティは、しばしば多かれ少なかれ機能する用意ができている。普通、「見る」や「聞く」といったケイパビリティは、そのようなものである。しかし、それ以上にこれらの能力は初歩的なものであり、直接、機能に変えることのできないものである。その意味で、生まれたばかりの子どもでも、会話する能力、愛し感謝する能力、実践理性の能力、労働の能力を持っている。

第二は「内的ケイパビリティ」である。これは、個人に関わる状況であって、その人に関する限りにおいて、必要な機能を実践するための十分条件となるものである。基礎的ケイパビリティとは異なり、これらの状態はもっと成熟したレベルで実現する準備ができているものである。準備ができているという状況は、単に時間がかかるだけで身体的成熟を待てばよいだけのこともある。例えば、性的能力は、適切に育んでいく必要はあるものの、外から介入することなしに単に成長すれば身につくものである。ほとんど全ての人間の子どもは、母語を話せるようになる。必要なのは、その言語が話されているのを大事な時期に十分に聞くことである。しかし、他の人と遊び、愛し、政治的選択を行使するといった内的能力は周りからの支援を受けて発達するものである。ある時点で、それらは存在し、利用することができる。性器切除を受けていない女性は、性的喜びのための「内的ケイパビリティ」を持っている。ほとんどの大人はどこでも宗教的自由や言論の自由のための「内的ケイパビリティ」を持っている。

しかし、人々が（通常、物質的社会的に支援を受けて）ある能力を発達させたとしても、その能力を発揮することは妨げられているかもしれない。従って、最後に「結合的ケイパビリティ」がある。[94] それは、内的ケイパビリティが、その機能を発揮するための適切な外的条件が存在している状態と定義される。体に障害があるわけではなく、若くして夫を亡くし、再婚を禁止されている女性は、性的表現の内的ケイパビリティは持っているが、結合的ケイパビリティは持っていない（そのような場合には、職業や政治参加のための結合的ケイパビリティもたいていの場合、持っていない）。[95] 抑圧的な非民主主義体制の下で人々は、良心に従って考え発言する内的ケイパビリティを持っていても、結合的ケイパビリティは持っていない。[96] 従って、リストは「結合的ケイパビリティ」のリストでなければならない。ある国の国民がリストの項目の一つを実現するためには、単に内的能力を適切に発達させるだけでは十分ではなく、そのための環境を整え、実践理性や他の主要な機能の行使にとって好ましい状況を作り出すことが必要である。

内的ケイパビリティと結合的ケイパビリティの区別はそれほどはっきりしたものではない。なぜなら、内的ケイパビリティを発達させるためには好ましい外的条件を必要とするのが普通だからである。しばしばそのために実際の機能を働かせることが必要となる。それにもかかわらず、この区別は実際に役に立つ。なぜなら、よく訓練されたケイパビリティであっても、その行使が妨げられたりするからである。このような違いがもっともはっきり現れるのは、物的社会的環境が急変したときである。例えば、宗教的自由や表現の自由に慣れ親しんできた人がもはやそのように振舞えなくなったとしよう。そのとき、その人は内的なケイパビリティは十分に持っているものの、結合的ケイパビリティは持っていない。しかし、長年に亘って困窮しているところでは、両者の違いをはっきりさせるのはそう簡単ではない。根強い困窮は、機能することの内的準備に影響を及ぼす。表現の自由や宗教の自由のない環境で育てられた子どもは、これらの自由が護られている国で育てられた子どもと同じような政治的宗教的能力を発達させることができない(この問題については第2章で詳しく論じる)。しかし、そのような場合でさえ、両者の違いが顕著な例を数多く観察できる。物的必要に迫られて、多くの女性は家庭の外で働きたいと思い、ある仕事をするために使える技能を持っているが、家族からの圧力や宗教的圧力によって働けないでいる。リストに示したケイパビリティは結合的ケイパビリティでなければならないと主張することによって、物的社会的環境の二重の重要性、すなわち、内的ケイパビリティを訓練することと、訓練を受けた者がそれを実現するということの重要性を主張することになる。リストに含まれる自由や機会は、単に形式的に理解されるべきではない。それは、ロールズの「自由の平等な価値(equal worth of liberty)」や「真に公平な機会の平等(truly fair equality of opportunity)」に対応するものであって、「形式的な自由の平等」や「形式的な機会の平等」というような狭い概念ではない(97)。

人種、宗教、性、国籍、カースト、民族などに基づく差別には、ある種の侮辱や屈辱が含まれており、そのこと自体、ケイパビリティの侵害を意味する。社会的目標としてケイパビリティに焦点を合わせるということは「人間の平等に焦点を合わせること」と密接に関連している。そして、ケイパビリティを目標とすることは、ほとんどの社会に存在する物的平等よりももっと平等な分配を全ての人々のために追求することを意味している。なぜなら、再分配政策なしに真に人間的な機能に必要な最低限の水準を全ての人々に保障できそうにないからである。一方、一般的なケイパビリティを目標とすることに合意したとしても、社会が追求すべき物質的平等の程度について異なった意見を持つことは可能である。完全な平等主義(98)、ロールズの格差原理、そしてそれらよりも弱い意味で(十分な)社会的最低限に焦点を合わせること、これらは全てこれまで提案してきたものと両立可能である。女性に関する限り、世界中のほとんど全ての社会において、真に人間的な機能の基礎的な最低限の水準がほとんどすべての女性に対して保障されているとは言いがたい。従って、平等の水準についての議論は、その差が実際に意味のあるものとなる後の段階までとっておくことにする。

5　機能とケイパビリティ

これまで機能とケイパビリティの両方について話をしてきた。これらはどのように関連しているのであろうか。この点を明らかにすることは、「ケイパビリティ・アプローチ」とロールズのリベラリズムとの関係や「ケイパビリティ・アプローチ」と温情主義や多元主義との関係を明らかにする上で決定的に重要になってくる。なぜなら、もし私たちが機能そのものを公共政策の目標とするならば、それはたった一つに決められた形で行動するように人々を強制することになり、リベラルな多元主義者ならば、それが、人々が良いと思って行うかもしれない多くの選択を排除することになり、人々の権利を侵害していると非難するだろう。宗教心の篤い人は、栄養を十分に摂るよりも、厳しい断食の方を選ぶかもしれない。宗教的理由であれ何であれ、ある人は性的生活よりも禁欲を守る生活の方を選ぶかもしれない。ある人は、レクリエーションや遊びには目もくれないで朝から晩まで働くことを選ぶかもしれない。私のリストは、このような生活は人間としての尊厳に値しないと主張しているのだろうか。私のリストは、人々の選好が何であれ、人々に必要な機能を選択させるように政府を説得しようとしているのだろうか。

この質問に対する答えが「ノー」であることは重要である。少なくとも大人に関する限り、機能ではなくケイパビリティこそが適切な政治目標となる。なぜなら、私のアプローチでは実践理性に対して非常に大きな重要性が与えられており、それは他のすべての機能を動物的なものではなく人間的なものにし(99)、またそれ自身がリストの中心的機能だからである。しかし、もしある人がどんなに多くの機会を持っていたとしても、その生活がいかなる種類の機能をも欠いていたなら、そのような生活を称賛することはできないだろう。その意味において、単にケイパビリティではなく機能が生活を十分に人間的なものにするということは全く正しい。それにもかかわらず、政治目的のために私たちがケイパビリティだけを目指すのは適切である。人々は自分自身の道を決定する自由が与えられるべきである。ある人は、たくさんの食料を持っていても常に断食を選択するかもしれないが、断食と飢えの間には大きな違いがあり、私が捉えたいのはこの違いである。ある人は、性的満足の正常な機会を持っていても、常に禁欲生活を選択することができるし、私のアプローチはこれに反対するものではない。私のアプローチが反対するのは、例えば性的機能を選択する機会(そして禁欲を選択する機会)を奪う女性性器切除の実践である(100)。ある人は、娯楽の機会があったとしても、常に仕事中毒の生活を選択することもできる。自ら選択した仕事中毒の生活と、労働時間の規制が不十分なために一日中働かされている状態や、世界の多くの場所で女性が遊ぶ時間も与えられずに働き続ける「二重の生活」との間には大きな差がある。思い出してほしいのは、公共政策は「内的ケイパビリティ」の充足に満足してしまって、敵対的な環境でそれを実現しようとする個人の闘いに無関心でいてはいけないということである。この意味において、私のアプローチは目標として機能に注目し、政府はそれを常に視野に入れておくべきだと考える。一方、私は個人に特定の機能を選択することを押し付けるようなことはしない。一旦、舞台が完成すれば、その選択は人々に任されているのである。

このような方向に進むべきであると考える理由は極めて単純なものである。それは、人々や人々の行う選択に対して敬意を払うからである。たとえ豊かな生活とはどのようなものであり、ある機能がそこで重要な役割を果たしているということに確信を持っていたとしても、もし私たちが人々にその機能を強制するならば、私たちは人々に対して敬意を払っていないことになる。私たちは舞台を準備し、人々を対等な仲間として特定の選択に有利な議論を提示するにとどめ、その選択は人々に任せるのである。

禁欲について述べたことからも分かるように、補足的な議論も行うことができる。もし人々が他に選択肢を持たず、強制されて何かを行ったとすると、その行為はもはや同じ価値を持たず、事実上、異なる機能を持つことになるだろう。この点は、宗教的寛容性を擁護し、画一的に強制されることに反対する者がしばしば指摘する点であり、それは他のケイパビリティについても当てはまる。もし強制されるならば遊びは遊びでないし、もし命令されるならば愛は愛でない。このことは、たとえ生活の良さについて特定の信念を持ち教条的な人であっても、政治目標としては機能ではなくケイパビリティを選択すべきだという理由を示している。もしそのような人が望む特定の機能を、他に選択の余地がない形で直接的な政治目標と定めるなら、その機能は達成されたことにはならないだろう。これはあくまで補助的な議論であり、主たる議論は個人を尊重するということである。しかしそれには、完全主義者の反論に対して、人々が行う選択は敬意に値するものであることを説得する働きがある。

これまで述べてきたように、ケイパビリティ・アプローチは、基本財という概念を用いるロールズのアプローチにきわめて近いものである。例えば、ケイパビリティのリストを機能する機会の長いリストのように見ることも可能であり、人が何か他のものを欲しようともそれを求めることは常に合理的なものである。たとえ、ある人がこのリストのすべての項目に当てはまらない生活設計を立てることになったとしても、このリストに当てはまる生活を選択する機会を得たからといって、被害を受けることにはならないのである。私のケイパビリティのリストとロールズの基本財のリストの主要な違いは、その長さと明確さである。私のリストは、所得や富といった物的な項目を正当な目標とすることを拒否する一方、「健康と気力、知性と想像力」といったロールズが「自然的善」と呼んだいくつかの善の社会的基礎をリストに載せる。[101] ロールズは「自尊心の社会的基礎」については彼のリストに喜んで載せたのに、なぜ想像力や健康については同じようにしなかったのか全く明らかではない。[102] ロールズが明らかに懸念しているのは、どの社会も人々の健康を保障できないということであり、その意味で、完全なケイパビリティの達成を目標とすることは、あまりにも理想主義的であるということになる。いくつかのケイパビリティ（例えば、政治的自由のいくつか）は、社会が十分に保障することのできるものであるが、他の多くについては偶然の要素を含み、社会が保障できるものではないということである。これに対する私の答えは、自尊心と同様にこれらの項目についても社会はこれら「自然的善」の「社会的基礎」を保障できるということであり、「政治目標」としてのリストにそれらを加えることは、目標設定や比較の基準として役に立つものである。たとえ健康のために適切な支援を受けている個人がしばしば病気になったとしても、現実の健康のケイパビリティに関して社会を比較することには意味がある。なぜなら、その比較は、人々の生活設計における投入の違いや、これらのケイパビリティの「社会的基礎」が実際に個人に保障される程度の違いを反映すると考えられるからである。このような比較は、自然状況の有利さなどを考慮して調節することができる

（しばしば健康のケイパビリティより健康の達成に関する情報の方が得やすく、私たちは手に入る情報で作業しなければならないこともある。その場合でも、両者の違いの重要性を忘れてはならない）。しかし、社会的最低限として必要なのは、善そのものではなく、これら自然的善の社会的基礎である。

もしリストに掲げた全てのケイパビリティを持つ大人を育てようとするならば、子どものときに特定のタイプの機能を満たすことが必要となるだろう。なぜなら、子どものときにそれらの機能を満たしておくことが、しばしば大人になったときのケイパビリティを形成する上で必要となるからである。従って、初等および中等教育が大人になったときの全ての選択において果たす役割を考えると、それを要求することは全く正当である。同様に、子どもの選択を考慮せずに、子どもの健康・情緒的福祉・身体的保全・尊厳を主張することも正当である。このような主張は親によってなされるのに対し、国家には親が子どもを虐待し無視するのを防ぐ正当な役割がある。繰り返すが、子どもの頃の機能は、大人になったときのケイパビリティのために必要なのである。国家が大人のケイパビリティに対して関心を持つということは、そのケイパビリティに長期的な影響を与えることになる子どもの育て方にも強い関心を持つことになる。第3章と第4章では、親の要求や宗教的な要求がこれらの正当な政府の関心と衝突するときに生じる困難な問題のいくつかを論じることにする。同様に、完全な精神的道徳的能力を欠いた大人については、その選択の範囲が制限されるということはしばしば正当化され、そのときにはケイパビリティではなく、（例えば、健康・住居・身体的保全の領域における）現実の機能を促進することになる。

リストにある全てのケイパビリティを持つ大人を育てようとする国家の役割は、しばしば技術的経済的発展にとって重要な識字能力や基礎的技術に焦点を合わせた狭い意味で理解され、おそらく政治的技能についても狭い意味で理解されている。私の議論は、そのような狭い焦点の合わせ方に断固として反対するものである。国家が人々のために為すべきことを為すためには、たとえ全てのケイパビリティが経済成長や政治的機能に役立たないとしても、国家は全てのケイパビリティに関心を持たなければならない。特に興味深いケースは、遊びのケイパビリティである。レジャーとしての娯楽や自己表現のための機会が全くない生活が望ましくないのは明らかである。しかし、人は機会が与えられさえすれば遊ぶだろうと私たちは仮定しがちであり、従って、大人の機能の準備段階として子どもの遊ぶというケイパビリティを発展させることを無視しがちである。子どもは自然に遊び、遊びの中で想像力豊かに自己表現すると私たちは思うかもしれない。しかし、これは正確には正しくない。多くの文化は、少女たちが遊ぶことを決して奨励しておらず、その結果、彼女たちは本当に遊び方を知らない。危険や不純を恐れて家の中に閉じ込められ、家事をさせられ、少女たちは若い女性になる前に年老いた女性のようになってしまう。小さな男の子は肉体的精神的に冒険心を持つことが奨励される。男の子たちは、ゲームや様々な企画を通して、走り回り、周辺を探検する。このような機会は、多くの少女には全く開かれていない。そのような少女のための教育プロジェクトとしてうまくいっているものの多くは、ゲームや遊戯を強調し、それらを識字や技能と同程度に重要であるとみなしている[103]。人は少女に遊ぶように命令することはできない。この意味において、機能ではなくケイパビリティの方が子どもにとって適切な目標となろう。しかし、遊びにもっと多くの時間を費やすべきだと要求できるだろうし、このケイパビリティを促進するために、それを育む機能としてカリキュラムの中に多くのお話しや芸術を要求できるだろう。

大人にとっても、いくつかのケイパビリティは他のケイパビリティの発展と維持にとって非常に重要である場合には、単にケイパビリティを促進するのではなく、人々の自由に適切な配慮をしながら機能を促進することが正当化されることもある。例えば、ほとんどの近代国家では、健康と安全を人々の選択に完全に任してはいない。食料・医薬品・環境汚染物質の規約や規則の作成、これら全てはある意味で自由を制限するものである。それが正当であると理解されているのは、これら全ての領域において十分な情報に基づく選択を行うのが非常に困難であり、もしその情報を得ようとするとその負担は個人に課されることになるからであり、また健康と安全はあまりに基礎的なので人々の選択に任せてはおけないと考えられているからである（もっとも、たとえ安全な建物に住んでいたとしても、安全ではない行動をとることもありうるが）。健康は、選択とは無関係に、それ自体、価値のある人間の生活の良さであり、政府が（全くというのではなく）ある程度まで人々の選択を無視しても、その重要性についてはっきりした態度をとることは不合理なことではない。

尊厳はもう一つの難しい領域である。確かに私たちは、人々が自らを貶めたり屈辱的な関係を結んだりするような自発的選択をいかに不適切と考えても、そのような選択を全く排除してしまいたいと思っているわけではない。この意味でも、ケイパビリティこそが適切な政治目標であると言える。しかし、政府にとって重要なのは、尊厳を持った市民として人々を扱い、人々に真の敬意を表することであって、（例えば、尊厳をもって扱われる権利を低価格で購入できるようにすることによって）その選択肢を与えることであったり、（例えば、その権利を購入することを拒否することによって）屈辱をもって扱われるという選択肢を認めたりするような政策（それがどのようなものであれ）ではない。一般に、ある機能が他のケイパビリティを達成し維持するために決定的に重要であればあるほど、人々の選択に対して適切な敬意を払うという条件の下で、現実の機能を促進することが認められるだろう。

　実践理性と連帯は全てのプロジェクトの中心的な位置を占め、それは他の全てのケイパビリティを満たして、それを十分に人間的なものにすると述べた。しかし、もし人々がこれらの大事なケイパビリティを持っているにもかかわらず、人々はそれらのケイパビリティを無視するような形で行動したいと望んでいるとしたら、私たちは落ち着かないものを感じるだろう。いかなるタイプの連帯も持たないような生活を想像することは難しい。宗教的な隠遁生活もそのような生活ではない。なぜなら他の人々を気にかける方法は様々であり、人々のために祈ったり、人々の救いについて考えたりすることはその例である。他の人々に全く関心を示さないような生活は、おぞましいものであろう。そのような生活を送っている人が、他の人々と連帯するというケイパビリティを十分に享受しているとは想像できない。そのような人々に対しても(他のすべての人たちと同様に)、税金を払ったり法に従ったりするという形で他の人々への関心を示すような機能を要求することは正当である。

　実践理性に関して適切な機能を欠いた状態を想像することは容易である。例えば、自分自身の人生設計について考えることを学んだ大人が、もはやそうしたくないと決心し、今後、自分のために代わりに考えてくれるような(宗教的カルトであれ軍隊であれ)権威主義的社会に参加する場合である[104]。もちろんそのような人たちも、歯のみがき方やどれだけ食べるかといった些細な面では実践理性に従って行動している。しかし、人生にとって重要な選択の大部分はもはやその個人の手にはない。市民としての人々のケイパビリティが犠牲にされない限り、ケイパビリティを政治目標とすることは十分に合理的に思われる。従って、私たちは、単に命令に従うのではなく、命令が正しい命令であるかどうかを考えることのできる兵士を望む。私たちは、兵士がほとんどの場合に命令に従うことを望むが、いつも従い続けることを望んでいるわけではない(105)。米国陸軍士官学校では、まさにこの理由で倫理理論のコースを設けている(106)。もし人が政治活動から離れたとしても、必要が生じたならば、再び市民として実践理性を発揮してほしいと思う。要約すると、少なくとも人々が責任ある社会的機能を担っているとき、人々のケイパビリティを護るために特定の限られたレベルの機能を要求することには十分な根拠があるということである。

特定の機能を欠いているということが、ケイパビリティそのものを放棄している証拠であると疑われるケースもある。情緒的健康は、機能の欠如からケイパビリティの欠如を推論できるひとつの領域である。もしある人がいつも他人に対して疑いや恐れを感じているならば、この人は愛することができるにもかかわらず愛さないという選択をしたというよりも、むしろ愛するという能力自体が損なわれていると考えるのが適当だろう。他の領域においても、このような問いかけは常になされる必要がある。もしあるタイプの人々が投票することができるのに常に投票しようとしないならば、市民としての役割を果たすのを妨げている捉えがたい物的社会的障害があるのではないかと問うべきである。もし根強い不平等やヒエラルキーが人々の参加を妨げる情緒的障壁を作り出していると判断されるならば、女性やマイノリティーに対して職が創出されたように、特定の機能を促進するために特別なインセンティブを使用することも正当化されるだろう。もし特定の機能がケイパビリティの存在を確実なものにする唯一の方法であると確信できるならば、投票を強制することさえ排除しない。もちろん私たちは十分なケイパビリティからの理由なしに投票を強制することはないし、宗教的な理由による免除は容認されるべきである。

明らかに強制によるのではなく、永久に主要なケイパビリティを他人に任せてしまおうとする大人に関して私たちは何と言うべきであろうか。(いつもというわけではなく)しばしば人々のケイパビリティを擁護するために干渉することが正当であると私たちは判断するだろう。自殺や自殺幇助を合法化したいと思っている人々でさえ、その選択は性急な決定を防ぐための法的手続きによって予防措置を講じられるべきであると考えるだろうし、全ての不幸な人や意気消沈した人全てが自殺することをあっさり認めるような人はほとんどいないだろう。実践理性についても同様であって、ある人が自発的に奴隷になるという契約を結ぼうとするとき、たとえその人が健全な精神状態にあると判断されても、私たちはそのような契約を許さない。第4章で論じるように、外出や労働やその他のケイパビリティが契約によって永久的に放棄させられるような結婚は、もちろん本人がこれらのケイパビリティを行使しないことを常に選択するかもしれないものの、許されるべきではない。麻薬使用を禁じる法律は、麻薬が長期的に、そしてしばしば不可逆的に人々のケイパビリティを蝕んでいくという判断に基づいている。もっと議論の多いシートベルトやヘルメットの着用を求める法律は、「一瞬の不注意によって生じる結果から人々の長期的なケイパビリティを護ることは適切である」という広く行き渡った見解を反映している。同様に、危険を伴う医療措置は、日常生活で要求される以上に高度な選択と十分な配慮が要求される。必要な肉体の器官を売ることは違法である。肝臓やその他の生命維持に絶対必要というわけではない器官について論争はあるものの、これら器官を売ることはほとんどの国で現在、違法とされている。さらに、政府が女性の性器切除を禁止することは、たとえ大人の女性が強制されずに切除を受けるときでさえ、理にかなっているように思われる。なぜなら、長期的な健康上の危険に加えて、それは性的快楽というケイパビリティを永久に失うことになるからである(もちろん、人々が望まないならば、性的快楽を選択しないという自由は尊重されるべきである）。最後に、自然や絶滅危惧種の領域におけるケイパビリティについても、たとえ民主的に大多数の人がその絶滅に賛成したとしても、永久に失われないように特別な保護を施す必要がある[107]。

永久にケイパビリティを放棄するという問題は、生殖の領域において、国家の過剰人口対策における安価で効果的な避妊手段として積極的に生殖能力の放棄が奨励される場合に特に困難な形で生じる。バサンティのケースでは、子どもを産むという能力を永久的に放棄するという選択が、その影響を受ける人々とほとんど相談せずにあまりにも軽率になされてしまった。州政府は精管切除に対するインセンティブを提供し、明らかに夫だけに承諾を要求した。しかし、彼の選択はバサンティを子どもの産めない人にしてしまった。政府は、このような選択を許容するかもしれないし、実際に多くの政府がそのようにしてきた。しかし、人間の中心的ケイパビリティを扱うとき、そうした選択を奨励することは問題である。人口抑制のためには他のやり方が望ましい。女性の識字能力の向上は、出生率を低くする最も効果的な方法であり、それはケイパビリティを消滅させるのではなく、むしろ高めるものである[108]。

もっと短期間あるいは部分的にケイパビリティを放棄するというやり方も、特に健康と身体的保全の領域では、議論を呼ぶだろう。例えば、犠牲者が承諾すれば、様々な形の身体的虐待から護られないということである。ある種の極端に流血を伴うスポーツ（例えば、グローブなしのボクシングである「究極の戦い[109]」）は、たいていの場所で違法とされている。私たちは、人々がたとえ十分な知識を持っているとしても、人々が汚染された品物や危険な医薬品を購入することは認めない。他の領域（例えば、アルコールやタバコ）では、政府は選択を完全に禁じるのではなく、健康被害を抑制しようとするインセンティブを提供する。これら全ての問題は、温情主義に関する正当性の問題を提起するため、議論を呼ぶ。私自身の見解は、

「健康と身体的保全は他の全てのケイパビリティとの関連で非常に重要なので、ある程度まで人々の選択に対して干渉することは正当であり、それぞれの領域においてどの程度の干渉が許されるかについては意見の相違が存在する」というものである。このような議論の大部分は、基礎的な政治原理の範囲に属するものではなく、それぞれの国の民主的プロセスに委ねられるべきものである。

ロールズの基本財が、人生においてやる価値のあることのすべてを網羅することを意図しているのではないのと同様に、中心的ケイパビリティもそれを意図していない。政治思想において自然法的トマス主義の特定の解釈の流れを汲むアリストテレス学派的な機能の概念の用い方の中には、それを意図したものも見られる。すなわち、人は、アリストテレスのリストの項目の一つを無視したり、あるいはリストにないことに身を捧げたりすれば、それは標準以下の生活を送っていると見なされるというものである(110)。これとは対照的に、私自身のアプローチでは、リストの使用は専制的なものではなく、むしろ促進的である。もし人がリストのある項目を無視したとしても、それを追求したいと思う他の人々の妨げとならない限り、リストの政治目的から見ればそれはそれですばらしいことである。そして、もし人がリストにない項目を追求したとしても、それは期待されたことであり、このリストで可能となるように意図していたことである。この意味において、私のリストは、生活の良さの部分的な構想であり包括的なものではないということを強調しておく。

6　ケイパビリティと人権

以前の私のリストは、伝統的な政治的権利と自由を組み入れる必要性を最初から強調していたものの、それらに重要な地位を与えないという点でロールズのリベラルなアプローチとは異なっていた。[111] 本書のリストでは、この強調点の欠点を修正している。政治的自由は、生活の良さを人間的なものにする上で中心的な重要性を持っている。これらを無視して良き生活を目指す社会は、その構成員に対して不十分な満足しか与えることができないだろう。[112] アマルティア・センが述べているように、「政治的権利はニーズの達成にとって重要であるばかりでなく、ニーズを形成する上でも極めて重要である。そして、この考えは、結局、私たちが人間同士としてお互いに捧げる敬意に関連している」。[113] 政治的自由には、物的災害（特に、飢饉[114]）を防ぎ、経済的福祉を促進するという手段的な役割がある。しかし、その役割は単に手段的なものに留まらず、それら自身が価値を持っている。

従って、私の考えるケイパビリティは、現代の国際的な議論で理解されているように、人権と非常に近い関係がある。実際、それは、いわゆる「第一世代の権利」（政治的自由や市民的自由）と、いわゆる「第二世代の権利」（経済的および社会的権利）の両方を含んでいる。それらは似たような役割を果たし、基本的な憲法的原理の哲学的支柱となる。権利に関する言葉はよく完成されているため、ケイパビリティを提唱する者はこの新しい言葉が何を新しく付け加えることができるかを示す必要がある。[115]

人権という考え方は、決して全く明瞭というわけではない。権利は多くの異なる方法で理解されてきたにもかかわらず、難しい理論的な問題が権利用語の使用によってしばしば曖昧なままにされ、そのことが、深い哲学的見解の相違があるにもかかわらず、あたかも合意が成立しているような幻想を与えてきた。人々は、権利要求の「基礎」とは何かについて意見を異にする。合理性、直観、生活など、それぞれに主張する者がいた。それはまた、権利は政治以前のものか、あるいは法や制度の産物であるのかについても意見を異にする(支配的な人権に関する立場は伝統的に前者の考えを採ってきたが、カントは後者の見解を持っていた)。また、権利は個人のみに属するのか、あるいはグループにも属するのかについても意見を異にする。また、権利を目標追求行動にともなう副次的制約と見なすべきか、あるいはそれ自体、促進されるべき社会目標の一部と見なすべきかについても意見を異にする。さらに権利と義務の関係について意見を異にする。もしAさんがSという権利を持っているならば、このことは常に誰かがAさんにSという権利を与える義務を負うことを意味するのだろうか。そして、その誰かとは誰なのかをどのように決定したらいいのだろうか。最後に、権利が何に対する権利として理解されるべきかについて意見を異にする。人権は、主として特定の方法で扱われる権利であろうか。ある水準の福祉を達成することに対する権利であろうか。人生計画を追求するのに必要な資源に対する権利であろうか。人生計画に関する選択に伴う機会や能力に対する権利であろうか。

中心的ケイパビリティによる説明は、動機となる関心事が何であり、目標が何であるかを明言することによって、これらの論争においてはっきりした立場をとるという利点がある。バーナード・ウィリアムズは、センの一九八七年のタナー講義を論評して、この点を雄弁に述べている。

私自身は、権利を出発点として始めることを決して快くは思っていない。基本的人権という概念は、私には十分曖昧に思われるので、むしろ基礎的な人間のケイパビリティの視点からそれを考え直してみたい。私はこの作業をするためにケイパビリティの方を選び、もし私たちが権利の用語やレトリックを持とうとするなら、ケイパビリティから始めたいと思うのであって、その逆ではない。(116)

しかし、ウィリアムズも述べているように、国際的な開発の分野では権利の用語が支配的であり、二つの概念の関係をさらに精査する必要がある。

いくつかの領域において、権利について考える最善の方法は、それらを「結合的ケイパビリティ」と見なすことである。政治参加の権利、宗教的自由の権利、言論の自由の権利、これらの権利やその他の権利はすべて「機能する資格」として捉えるのが最善である。言い換えれば、これらの領域で人々に権利を保障するということは、その領域で機能するための「結合的ケイパビリティ」を人々に与えることである(もちろん、〝権利〟には別の意味があり、それは私の〝基礎的ケイパビリティ〟に近いものである。例えば、ある国が宗教の自由を保障しないとしても、その国に住んでいる人は単に人であるという理由で宗教的自由の権利(正当な要求)を、持っている)。「結合的ケイパビリティ」によって権利を定義することにより、例えば、C国の人々は、文書上、政治参加の権利というような用語が存在しても、本当はその権利を持っていないということをはっきりさせることができる。人々が本当に政治的に行動できるようにする効果的な手段があるときのみ、人々は本当にその権利を持っていると言える。多くの国々で女性は名目上の政治参加の権利は持っているが、ケイパビリティの意味での権利は持っていない。例えば、もし女性が家を出ようとすれば、暴力によって脅しを受けるかもしれない。要するに、ケイパビリティの視点から考えることによって、誰かに権利を保障するとはどういうことかについての基準が与えられるのである。

ケイパビリティから見ると分析的に異なってくるもう一つの権利があり、その多くは財産や経済的利益に関わるものである。例として住居の権利を取り上げてみよう。この種の権利は、資源・効用(満足)・ケイパビリティなどの用語を用いて様々な方法で分析することができる(繰り返すと、「Aさんは住居の権利を持っている」という要求は、人間であることに拠るAさんの道徳的要求を意味し、私が「基礎的ケイパビリティ」と呼ぶものに対応し、「C国は住居の権利を国民に与える」という声明とは区別しなければならない。私がここで論じようとしているのは後者である)。ここでも、ケイパビリティの観点からこれらの権利を理解することは重要である。もし私たちが住居の権利を一定量の資源に対する権利として捉えるなら、第3節で議論したような問題、すなわち、異なった立場にいる人々に同じ資源を与えたとしても同一レベルのケイパビリティをもたらすとは限らないという問題が生じる。効用に基づく分析にも問題がある。例えば、伝統的に困窮した状態に置かれた人々は、非常に低い生活水準であっても、それが手に入れられるすべてであると信じ込み、それに満足するかもしれない。これとは対照的に、ケイパビリティによる分析では、実際に人々はどのような生活を送ることが可能かに着目する。ケイパビリティの観点から経済的物的権利を分析することにより、恵まれない人々のために多くの支出を行ったり、十分なケイパビリティを持てるように特別なプログラムを創ったりすることの根拠を明らかにすることができる。

ケイパビリティの用語は、権利の用語に比べてさらに有利な点がある。それは、権利の用語が特定の文化的歴史的伝統と強く結びついていると信じられているのに対し、ケイパビリティの用語はそれほど強く結びついていないということである。しかし、前者の信念も正確なものではない。なぜなら、「権利」という用語はヨーロッパ啓蒙運動と結びついてはいるが、それを構成する考え方は多くの伝統に深く根ざしている。[117] インドについて言えば、インドの憲法と法律の伝統において最近になって権利の用語が用いられるようになったことを除いても、その考え方の重要な構成要素は、インド思想のずっと昔の多くの分野に深く根ざしている。それは、例えば、紀元前三世紀のアショカ王の勅令以来発展してきた宗教的寛容性であり、ムガール帝国のヒンドゥー教徒とイスラム教徒の関係の思想であり、自国の伝統に敬意を払わない単なる西洋主義者と片づけることのできない一九世紀および二〇世紀の多くの進歩的ヒューマニスト思想家である。[118] タゴールは、彼の小説の中の若い妻が用いた自由の概念を、ムガールに起源を持つものとして、明るい自己表現を求めるミーラーバーイーの姿に描いている。「自由な人間の心」として自分自身を捉えようとする彼女の姿勢は、外部のものから取り入れたのではなく、彼女自身の経験と歴史の中から導き出されたものである。

このように「権利」という言葉は、最も重要な意味において、西洋だけに存在するものというわけではなく、様々な伝統に支えられている。そうではあるが、ケイパビリティを用いれば私たちはこのやっかいな論争を回避することができる。単に人が「実際に何をでき、どのような状態になれるのか」について語るとき、私たちは西洋の考え方に特権を与えるようなことをする必要はない。活動や能力についての考え方は至るところにあり、人々が何をでき、機能するためにどのような機会が与えられているかを問わないような文化はない。

では、ケイパビリティの用語があれば、権利の用語は不要だろうか。権利の用語は不満足なものではあるが、公の討論の場では四つの重要な役割を果たしている。第一に、「Ａさんには、政府が保障する基本的な政治的自由の権利がある」という文章のように、人々を取り巻く世界が人々に対して何をしたとしても、人々にはある種の取り扱いを要求する正当で緊急の権利があることを私たちに気づかせてくれる。このような権利用語の役割は、私が「基礎的ケイパビリティ」と呼んだものの倫理的役割と非常に近いものであり、人々がこのような自然権を持っているということの正当化は、実際に少なくとも基本レベルで持っている個人のケイパビリティの特徴（合理性、言語）を指し示すことによってなされる。そのような正当化なしに、権利に訴えかけることは極めて不可解である。一方で、人々の基礎的ケイパビリティを認めながら、そのことがある種の取り扱いに対する正当な要求となるという意味での権利を伴うということを否定するということも起こりうる。このような推論は、長い世界の歴史を通して行われてこなかった。従って、私が提起してきたような倫理的議論をすることもなく、権利に訴えかける議論は基礎的ケイパビリティにのみ訴えかける議論よりも多くのことを含意してきた。権利用語が示しているのは、私たちは実際にそのような議論をしているということであり、基礎的ケイパビリティの事実から強い規範的結論を導いているということである。

第二のレベルにおいても、国家の保障する権利について語るとき、権利の用語は能力の面の重要性と基本的役割を強調する。「ここに、人々ができるべきこととなれるべきことのリストがある」と言っても、不明瞭な規範的響きしかない。「ここに、基本的権利のリストがある」と言えば、より直接的なレトリックとなる。それが人々にはっきりと伝えているのは、私たちは特に緊急な機能を取り扱っており、それは、人間であるという理由によって全ての人がそれらに対して持っている正当な要求であるという観念に支えられているということである。

第三に、権利の用語は、人々の選択と自律性を強調しているという理由で貴重である。これまで述べてきたように、ケイパビリティの考え方は、人々に選択の余地を残し、あなたが価値のあると思うやり方で人々に特定の機能を選択させるということと、人々に自分自身の選択に任せるということの間には大きな違いがあるという考え方を取り入れられるようにデザインされた。しかし、機能とケイパビリティのアリストテレス学派の用語を用いるアプローチの中には、私のアプローチのようなやり方で自由を強調しないタイプのものもある。マルクス的アリストテレス主義やカトリック・トマス主義的アリストテレス主義のいくつかのタイプは、この意味において反自由主義的である。もし権利の用語も同様に用いられるならば、適切な政治目標は、単に人々の現実の機能ではなく、人々が何らかの方法で機能することを選択できる能力であるという重要な事実をさらに強調することができるだろう。

最後に、権利の議論の適切な分析についてまだ合意できていない領域、効用や資源やケイパビリティの主張がまだ練り上げられつつある領域において、権利の用語は合意された領域といった感覚を保持する一方、もっと特定のレベルで適切な分析を続けることができる。

7 正当化と履行——民主政治

中心的ケイパビリティによる評価は、「真に人間的な機能」という直観的に強力な考え方に基づき、様々な伝統に根ざしており、特定の形而上学的あるいは宗教的見解とは無関係である。しかし、私たちは今、政治的正当化とその政治的履行との関係について、もっと述べなければならない。

概して、私の政治的正当化のやり方は、内省的均衡に向けて進むロールズ的解釈に近い。すなわち、道徳的直観の中の〝定点〟に照らして特定の理論的立場を支持する議論を展開し、その直観が、私たちが吟味しようとする概念をどのようにテストし、またそれによってテストされるのかを見ようとするものである。(119) 例えば、そのような定点の暫定的なものとして「強姦や家庭内暴力は人間の尊厳を傷つける」という判断があり、私たちが吟味しようとする様々な概念が、どのようにその直観と対応しているかを見る。例えば、満足感には順応性があり、人々は尊厳を持てない境遇に置かれても、それを黙認するようになってしまうので(第2章を参照)、私たちは功利主義的見解よりもケイパビリティの見解を望ましいと考える。しかし、私たちが別の理由で賛成する概念が私たちの具体的判断に疑問を投げかけるならば、その具体的判断は譲歩しなければならないかもしれない。例えば、もし私たちが個人の財産は政治的正義にとってあまり重要ではないと考える傾向にあったとしよう。しかし、ケイパビリティ・アプローチにおいて個人の財産が果たす役割や、財産が他の領域の選択や自由と結びついていることを考えると、私たちは最初の判断を考え直さなければならないかもしれない。私たちは、もし他の領域で強力に見える理論的概念が要求するならば特定の判断を修正し、もしある理論的概念が最も確かな道徳的直観と適合的でなかったならその理論的概念を修正するか拒否することによって、時間をかけて一貫性を達成し、私たちの判断全体と適合させたいと期待する。私たちは多くの方法でこの手順に従う。しかし、ロールズと同様に、私たちは特に政治的領域においてそれを行っているのであり、様々な包括的見解を持つ人々が政治的共同体において共存していくことに合意できるような概念を求めているのである。このことは、私たち自身の判断と政治

的概念だけではなく、他の人々の判断をも考慮することが必要であることを意味している。(120)

本章における私の議論は、このような内省的均衡に至る過程の第一段階と見なすことができる。その過程が完了する前に(そのようなものがあるとして)、私たちはまた、他の競合する構想を詳しく吟味し、詳細にそれらと私たちのものを比較し、どのような理由で私たちのものが選択に値するかを考えなければならない。そして、私たちは、自分たちの判断と同様に、他の人々の判断も考慮しなければならない。第2章はこの過程をさらに進めた段階であり、そこではケイパビリティの見解を、基本的政治原理の基礎として用いられる主観的厚生主義の様々な形態と詳細に比較することになる。

もしこの過程が終われば、そのときには、まさにその事実が私たちに前進する自信を与え、私たちは大胆に、そのように賛同を得た構想を国内の様々な種類の社会の基礎として、また国家が保持すべきものを特定する国際的文書の基礎として作り上げていくことになるだろう。しかし、そのときでさえ、私たちは適切な手続きについて、そして、国家の現状からケイパビリティの概念へどのように移していくかについて考える必要があろう。全ての人々の合意が実際に得られるという事実は助けになるだろう。しかし、それでもなお人々の選択に適切な敬意を表する移行の手続きを工夫する必要があるだろう。もし政治的正当化の過程が、多くの場合そうであるように不完全なままであり、多くのテストに合格し、多くの人々の支持を得ているものの、まだ完全なロールズの意味で広範な内省的均衡が成立していないような有望な概念があるとき、私たちはどのように履行していったらいいのだろうか。たとえ政治的構想そのものが、良き生活の包括的概念に関して多元主義に多くの余地を残すとしても、多元主義のもうひとつの別の問題がここで生じる。すなわち、他の「政治的」構想がいまだ強い支持を得ているときに、私たちはどのように進めばいいのかということである。つまり、必ずしも全員が同意しているわけではないときに、私たちは私たちの概念をもって本当は何をしたいのかということである。

ここで、私たちはよい観念とはまさによい観念であると言うしかない。それは、国際機関やＮＧＯが、まだそれを受け入れていない国でプログラムを進めるために用いることのできるものである。それは、国際条約や他の文書の基礎となって、多くの国々で採用され、国際法と同様に国内法にも組み入れられるかもしれない。しかし、その履行に関しては、基本的役割は国民国家が担わなければならない。インド政府は控えめに言っても、完璧な政府ではなく、多くの欠点がある。実際、インドには民主的な政府の欠点のうち、持っていないものはほとんどない。インドは、腐敗し、非効率的で、経済的に悲惨であり、少数者の権利や尊厳の擁護に欠け、男っぽいポーズを好み、子どもの教育には無頓着で、男女平等の議論は効果がない[121]。地方政府の中には、例えば、ケララ州のように、このような状況よりはるかによいところもあり、またある州（例えば、ビハールやアンドラプラデシュなど）はそれよりも悪く、腐敗し、政敵に対して暴力を振るいがちである。それでもこれらの州政府にもよい点が一つあり、それは選挙で選ばれているということである。それは、国際機関や立派なＮＧＯにもないような形で、インドの人々に対して説明責任を負っているのである。もしケイパビリティ・アプローチの擁護者が民主政治と政治的自由に対して大きな役割を期待する一方で、民主的に選ばれた議会の審議を無視するような戦略を模索するとすれば、それは矛盾したものとなろう。従って、このアプローチを国家や地方の政策の基礎としたいインドやその他の国々の政治家に対して、それをひとつ善い観念として勧告したい。

しかし、単に勧告することが政治的議論の目的ではない。憲法の基礎として人間のケイパビリティを採択した国々が、それによって国際的な「重なり合うコンセンサス」を形成することができると信じて、この規範を他の国々に強く薦めることは適切なように思われる。人間の尊厳や個性がひどく傷つけられているような国に対して、その遵守を確かなものとするために諸国が経済的あるいはその他の手段を用いることは適切であるように思われる(このような対応が、女性の尊厳を傷つける暴行に対して用いられることはほとんどなかった。民族問題や宗教問題の方が、もっと国際社会を動員することができた)。問題となっている政府が民主的に選出されていないところや、(かつての南アフリカのように)名ばかりの民主主義が国民の大多数を代表していないところでは、そのような圧力はもっと適切であり、もっと確信を持って用いることができるだろう。それにもかかわらず、インドの場合、もし憲法を変えるのであれば、それは究極的には、インド国民がそのような変化を選択したからでなければならない。もしケイパビリティ理論が国家の存在を無視して介入しようとするなら、それは専制政治のための処方箋となってしまうだろう。

長期的には、国際社会がケイパビリティのリストに関して国境を越えた「重なり合うコンセンサス」に達し、それを国際協調行動の目標として、そして各国が自国民に対する公約として用いることが極めて望ましい。そのようなコンセンサスはすでにリストのいくつかの項目については存在し、そこから他の合意を作り上げていくことが望ましい[122]。多くの国家でリストの項目の多くを効果的に追求するためには国際協力が必要であり、そのためには豊かな国から貧しい国々に富を移転することも必要となるだろう。私は、そのような移転の正当化やそれを決定するメカニズムについてはこれまでのところ何も述べてこなかった。しかし、ケイパビリティの閾値を世界の全ての人々が享受できるようにしようとするとき、このようなさらなる議論は重要になってくるだろう。特に経済が急速にグローバル化する時代において、十分な道徳的内省もなく私たちの周りで起こっている変化に対して道徳的本質や道徳的制約を加えるためにケイパビリティ・アプローチが緊急に必要とされている。ケイパビリティのリストによってグローバル化のプロセスの舵とりをすることによって、これまで狭い経済的配慮だけで決められていた選択を考えるとき、もっと豊かな内容を持つ人間の目標と、人間の荒廃や悲劇についての生々しい感覚が付け加えられると期待される。それにもかかわらず、高度に道徳的なグローバリズムでさえも、その中核には国民国家を必要とする。なぜなら、国際機関(少なくともこれまで私たちが知っているもの全て)は、人々に対する責任が不十分であり、また不十分にしか人々を代表していないからである。従って、ケイパビリティ・アプローチの基本的役割は、国家の憲法の土台をなす政治原理を与えるという役割に変わりはない。このことは、その実践が多くの場合、各国の国民に残されたままであるということを意味している。

普遍主義に対する懸念への私の回答は、従って五つの部分からなる。第一に、「多元的な実現性」であり、ケイパビリティの一つ一つは、個人の好み、地域の事情、伝統などに従って多様な形で具体的に実現される。第二に、「目標としてのケイパビリティ」であり、基本的な政治原理は、実際の機能にではなくケイパビリティに焦点を合わせることによって、適切な機能を追求するか否かの選択を人々に任せる。第三に、「自由と実践理性」であり、ケイパビリティのリストの内容は、人々の選択の力と伝統的な政治的市民的自由に中心的役割を与える。第四に、「政治的リベラリズム」であり、このアプローチは、政治的構想の道徳的核として、良き生活について非常に異なる包括的見解を持っている人々の間で政治的な「重なり合うコンセンサス」の対象となるように意図されている。第五に、「履行の制約」である。このアプローチは根本原理の哲学的基礎を提供するようにデザインされているが、その履行の多くについては、当該国の国内政治に任されるべきである。とはいえ、国際機関や他国の政府が、こうした発展を促進するために説得し、特に深刻な場合においては経済的政治的制裁を用いることは正当化される。

8　女性の生におけるケイパビリティ――公共活動のための役割

私はこれまで多様性や社会的多元主義や個人の自由に対して正当な関心を示すことが、普遍的規範を受け入れることと両立できないことはないと論じてきた。実際、もしひとりひとりの人間を行為者として、また目的として扱い、多様性・多元主義・自由を護ろうとするならば、普遍的規範は本当に必要なものである。これまで論じてきたように、これらの関心の全てを同時に持ち続ける最善の方法は、人間の十分な機能を発揮するためのケイパビリティの集合として普遍的規範を定式化することであり、その際、ケイパビリティは人間の様々な自由を護るものであって、決して自由を閉ざすものではないということを強調しておく。

さて、再びバサンティとジャヤンマの話に戻ろう。バサンティの人生の台本の大部分は、彼女が依存していた男性たち、すなわち、彼女の結婚が失敗したとき、彼女を救い出した彼女の父や夫や兄弟たちによって書かれていた。しかし、そのように依存していたために、彼女の生活や健康は危険に晒され、考える力を身につけさせることに役立ったはずの教育を受けることができず、自分の人生を設計し選択を行う人間として自分自身を捉えることもできなかった。彼女の結婚生活は最悪であった。彼女は家庭内暴力によって身体的保全を失い、恐怖によって心の平静さを失い、そして、家族や友達や市民として人と連帯することができずにいた。これらの理由により、彼女は、他の人々と等しい価値を持ち、自由で尊厳のある存在として自分自身を見ることはできなかった。財産や職業や融資といった世俗的問題がここでは大きな役割を果たしていることに注意すべきである。彼女は、彼女名義の財産を全く持たず、識字能力や職業に関する技術を全く持たず、そして、男性の親族を通す以外にお金を借りることができないという事実すべてが、彼女の依存性を強め、そのように人に依存していないときに彼女が望んだであろうよりもずっと長い間、彼女を屈辱的関係に押し留めた。このことから、すべてのケイパビリティはいかに密接に互いに結びつき、一つのケイパビリティを欠いていること(そのこと自体、悪いことである)が、いかに他のケイパビリティをも損なうかが分かる。バサンティにも幸運な面はあった。彼女は虐待的な姻戚に我慢しなければならなかったわけではない(このことは、少なくとも彼女が語ろうと選んだ話ではなかった)。そして、彼女には彼女の暮らしに気を使ってくれる兄弟がいて、彼女に離婚弁護士の世話までしてくれた。このようにして、彼女は身体を危険に晒したり、品位を下げたりするような職業に就くことなく離婚することができた。しかし、この幸運も新たな依存関係を創り出した。バサンティは依然として脆弱な状態に置かれたままであり、自信を欠いたままであった。

SEWAの融資は、この状況を変えた。バサンティは今や、所得を得るようになっただけではなく、自分自身の暮らしを自分自身でコントロールできるようになった。多額の借金をしていたとしても、兄弟に借金するよりSEWAに借金する方がよかった。女性の相互扶助のコミュニティの一員であることは、実践理性と連帯の点で、施しを受ける貧しい関係とは決定的に違っていた。自分自身の尊厳についての意識は、ローンを完済し貯蓄できるようになると高まっていった。私が彼女に会う頃には、彼女はかなり自信をつけ、自分自身に対して価値の意識を持つようになっていた。そして、グループや個人との親交によって他の女性と連帯できるようになったことは、喜びと誇りの新たな源泉となった。またコキラ・プロジェクトに参加し、警察に対して家庭内暴力の多くのケースを捜査するように働きかけたとき、彼女の政治的参加のレベルも上がった。おもしろいことに、他の人々に何かを与えることにより、立派な人間になる能力を得たと彼女は今では思っており、それは生き残ることだけに精一杯であった頃には不可能だったことである。

バサンティの状況を考えてみると、公的部門が彼女に対していかに何もしなかったか、そして、世界で最も良い女性のNGOの一つが彼女のすぐ身近にあることがいかに幸運であったかに気がつく。政府は彼女に教育を保障しなかった。政府は彼女の夫を虐待の罪に問うことはせず、その虐待から逃れるための避難所を提供しなかった[123]。政府は、彼女に家族内における平等な財産権を保障しなかった。政府は彼女に融資を受ける機会を提供しなかった。そして、政府は迅速に彼女の離婚訴訟を処理しなかった。実際、バサンティの人生において政府が果たした唯一の大きな役割は否定的なものであり、彼女の夫の精管切除に現金を与え、彼女の脆弱な立場をさらに脆弱なものにしたことであった。

ジャヤンマの状況は好対照である。彼女の人生は、バサンティよりもずっと悪いスタートを切り、ケイパビリティのいくつかの面でずっとうまくいかなかった。彼女は絶えず飢えの心配をせざるをえなかったし、しばしば栄養不良に陥った。彼女は極めて危険で負担の大きい肉体労働に従事していた。彼女には彼女を支えてくれるような男の親類は全くいなかった。バサンティには子どもはいないが、彼女には子どもがいる。しかし、子どもは資産というよりも負債であった。彼女には貯蓄はなく、融資などは申し込んだこともない。彼女が不法居住している土地の所有権は、曖昧なままである。彼女は仕事の上で差別を受けてきたが、それを正す機会も与えられていない。そして、彼女は、開発途上国の多くの女性が毎日決まってする仕事（バサンティにはその必要はなかったこと）、すなわち、過酷な仕事を一日こなした後で、子どもの世話をし、子どものいる家族のやりくりをするという重荷を背負わなければならなかった。

しかし、ジャヤンマはある面でバサンティよりもうまくやってきた。疑いもなく彼女の強靭な身体のおかげで、健康状態は良かったし、彼女は、彼女よりもずっと弱い夫から身体的虐待を受けることはなかった。彼女は誰からも威嚇されるようなことはなかったし、バサンティがようやく最近になって持ち始めた政治意識を、彼女はずっと前から持っていた。バサンティと違って、彼女は内気で柔順になるように躾けられたことはなかったし、現実に彼女はそのような性格ではない。何年もの間、彼女は家庭をまとめその地位を高めるために、極めて効果的に闘ってきた。しかし、彼女の勇気にもかかわらず、彼女の夫の身勝手な習慣や覇気のなさ、そして子どもたちの不公平な人生のせいで、年老いていくのに彼女には何も頼るものがない。他の人々と平等でないという彼女の意識は非常に強く、それは少なくとも性別に基づく不平等と同じぐらい階級に基づく不平等である。そして、彼女の誇りは、他の多くの特権を持った人々が容易に手に入れられるものを彼女の人生では期待できないという確信と不安そうに絡み合っている。

ジャヤンマの人生において政府が果たした役割を見ると、おもしろい対比が現れるが、それははるかに建設的なものだった。第一に、政府の土地に不法居住する者は、その権利をはっきりさせるために裁判所に行く必要はあるものの、その土地の所有権を与えられている。第二に、政府が提供するサービスは、ジャヤンマの過酷な一日において非常に貴重な支援となっている。今ではその不法占拠地内に水が引かれているし、政府のプログラムによって室内トイレもできた（しかし、彼女の息子がその妻と暮らすために家の一部を息子に与えたため、結局、室内トイレを諦めなければならなかった）。政府の医療サービスは、身近にあり、良いサービスを無料で受けることができる。西洋の薬とアーユルヴェーダ（インド古代医学）の薬を選択することもできる。ジャヤンマがひどいインフルエンザにかかったとき、彼女は政府の病院で治療を受けたくなかった。なぜなら、待たされたり、医者が彼女に対して無愛想な態度をとったりしたからである。しかし、それも大したことではなかった。なぜなら、彼女が好きなアーユルヴェーダの診療所で治療を受けることができたからである。彼女は自分の子どもたちのために教育の機会を利用できなかったけれども、彼女の孫たちは、無教育の伝統を何とかしようとする政府の積極的な政策の恩恵を受けている。インド政府の方針に従い、年金事務所は彼女の要求を拒んだ。彼女は間違って信じていたのである。そして、政府は、彼女の職場での賃金や昇進の性差別を根絶することができなかった。彼女の孫娘が賄賂を払わずに仕事を見つけられるように、医療部門の汚職を排除するために何もしていない（人々の教育資格に合った仕事を与えることは、今日、ケララ州における重大な問題となっている）。しかし、少なくともいくつかの重要な面で、ケララ州は人々のケイパビリティを高めた点で高い評価を受けることができる。それは、開発研究における確立された結論である。(124)

ケイパビリティの枠組みは、こうした人たちの人生を評価するために用いるとき、決して外から輸入されたものではない。それは、これらの女性が人生のある時点ですでに考えていること、あるいは考え始めたこと、そしてそれらについて考えたときに欲するものとよく適合している。それが伝統文化の批判を伴うなら、これらの女性たちはすでに批判を抱いていたということである。実際、何の批判をも示唆しない枠組みは、彼女たちが欲し、目指すものを捉えるには適切ではないし、彼女たちが暮らしている文化を正確に記述することはできないだろう。特に、実践理性・環境のコントロール・(性的なものを含む)屈辱を受けないことといった概念は、栄養・健康・暴力からの自由といった明らかな概念と同様に、彼女たちの考えの中で特に顕著なものである。

いくつかの点で、私のリストはこの二人の女性が今、考えていることを越えている。例えば、ジャヤンマが、屈辱を受けないことや基礎的自由の問題を私のリストと同じように定式化しないことは可能である(もっともジャヤンマの階級問題に対する明確な意識を考えると、それも排除することはできない)。この二人の女性はどちらも、私のリストと同じような方法では教育を評価していないようである(もっともジャヤンマは、家族が変化していくのを見て、その考え方を変えるかもしれない)。しかし、このことは、私のリストが規範的な政治目的のために、彼女たちの置かれた状況で何が不足しているのか、その状況と彼女たちが求めて努力している自立・尊厳・熟達といった一般的目標の間には何があるのかを捉えるには相応しくない方法であることを意味しない。彼女たちがまだ教育を強く要求しない理由は、彼女たちの置かれた環境では教育がこれらの一般的な目標に導く新たな道筋となっていないからである。

バサンティとジャヤンマは、インドや世界のその他の国々における多くの女性のように、最も中心的な人間の機能の多くを達成するための支援を欠いてきた。そして、その欠如は、少なくともある程度までは、彼女たちが女性であるという事実によって生じている。しかし、岩や木や馬と違って女性は、十分な栄養・教育・その他の支援を与えられるなら、これらの人間の機能を身につけることのできる潜在能力を持っている。これが、女性にとって不平等なケイパビリティの欠如が正義の問題だという理由である。この問題の解決は、全ての人類にかかっている。私は、人間のケイパビリティという普遍的概念は、私たちがこの困難な課題に取り組む際に私たちに優れた指針を与えてくれると主張したい。

第２章　適応的な選好と女性の選択肢

その医師は、［女性たちの宿舎の不潔さに］本当に狼狽しました。しかし、彼はある点で間違っていました。彼は、そのような生活は常に痛みの原因であると考えていました。事実はまったく逆でした。……自尊心を持てない者にとって、無視されることは不公正なことではなく、だからそれを痛みとも感じません。女性たちは不公正な目にあったときに狼狽するのを恥じるのです。もしある女性が彼女に定められた人生で多くの不公正を受け入れなければならないなら、むしろ完全に無視された状態に置かれている方がたぶん痛みは少ないでしょう。そうでなければ、もし彼女が自分の人生のルールを変えることができない限り、彼女は不公正の痛みを無駄に被らなければならないでしょう。あなたが私たちをどのような条件の下に置いたとしても、私はそこに痛みや喪失を感じるということはないでしょう。

ラビンドラナート・タゴール『妻の手紙』(1)

私たちがビデオを上映し、私たちと同じような女性たちがそれを見ているとき、私たちは変化を起こしてみようという確信を持てます。私たちと同じような女性たちが何か勇敢で新しいことを成し遂げたのを見るとき、私たちも何か新しいものを学ぶことができるという確信を持てます。貧しい女性たちは、ヘルスワーカーとして働く他の貧しい女性がビデオに映っているのを見て、「私も健康について学び、私の近所で同じような問題を解決する役に立つ」と言いました。野菜売りをしている私がこれらのフィルムを上映しているのを見て、他の自営業の女性たちも、最初は不可能に見えたことでもできるのだという確信を持つようになりました。

リラ・ダターニア　SEWA、アーメダバード、一九九二年。(2)

1　選好と生活の良さ——不満足なふたつの極端な立場

普遍的な規範を擁護するためには、人々が実際に望んでいる多くのことを区別しなければならない。それが何らかの内容を持つためには、ある種の願望が他の願望よりも政治目的のために中心的な位置を占め、また人の生活の質の向上のために必要であると言えなければならない。さらに、賢明なアプローチは、人々の持っている選好の中には社会政策の基礎として不適当なものがあるとして、さらにその先に進まなければならない。第1章で示したリストには、女性に対して長い年月に亘って全く認められなかったり、あるいは平等に与えられてこなかった多くの機能が含まれている。従って、それらを中心に据えるということは、男性が支配する伝統の中で作り上げられてきた人々の選好に反することになる。さらに、このリストには、長年に亘って女性自身が求めてこなかった多くの項目が含まれ、いくつかの項目は現代でも多くの女性が求めていないものである。従って、基本的政治原理の哲学的支柱を提示することを目的とする私の規範的政治課題の中心にこのリストを置こうとすると、それは人々の女性に関する選好に反するだけではなく、自分自身の人生に関する女性自身の選好にも反することになる。私のリストでは、実現された機能ではなくケイパビリティを政治目標とすることにより、また選択することの価値を強調することにより、ある程度、このような温情主義の問題を回避している。しかし、リストで用いられている選択や実践理性の概念は、規範的な概念であり、実際の生活で用いられるような理性の使い方とは違う批判的な理性の働きであることを強調しておかなければならない。

再び、バサンティとジャヤンマのケースについて考えてみよう。バサンティは何年もの間、ひどい結婚生活を送った。結局、彼女は夫のもとを去り、いまや身体的な尊厳の重要性について確かな意見を持つようになった。実際、彼女とコキラは、暴力を受けた女性が警察に届け、警察がその問題に対処するように多くの時間を割いていた。しかし、バサンティもかつてはそのように考えていなかった。特に、彼女の夫が不妊手術を受ける前、彼女が妊娠するかもしれない時期はそうであった。虐待は痛ましく悪いことではあるが、しかし、依然としてそれは女性の運命の一部であり、自分の家を出て夫の家に入ることによって男に依存せざるをえない女性として耐えなければならないものとして彼女は考えていたし、他の多くの女性も同じように考えていた。それは人の権利を侵害し、法を犯し、正義にもとる行為であるということ、彼女には彼女の夫が侵している権利があるという意識を彼女はそのとき持っていなかったし、そのような意識は世界中の多くの女性がいまだに持っていないものである。私の普遍的アプローチは、そのような虐待に耐えるという「選好」(もしそう呼ばなければならないなら)は間違っているということ、そのような「選好」は「身体的な尊厳を守るという選好」と同じような役割を社会政策において果たすべきではないということを意味している。それはまた、自分自身を他の人々と同等の尊厳と価値を持ち、権利を持つ者であると見ないのは間違っているということを意味している。

自分自身の身体の尊厳は守り続けながら、差別的な賃金構造や世帯内の差別的な所得配分には従順であるジャヤンマのケースを考えてみよう。レンガ工場で働く女性が、男よりもきつい労働をしながら男よりも低い賃金しかもらえず、昇進の機会も与えられていないにもかかわらず、ジャヤンマは不平を言わなかったし、抗議もしなかった。彼女は、それが今まで行われてきたやり方であり、これからも続くやり方であると考えていた。彼女も、エピグラフで取り上げたタゴールの小説に登場する女性と同じように、狼狽することに精神的エネルギーを浪費しようとはしなかった。なぜなら、彼女にとってこれらのことは変えようがなかったからである。彼女の夫が自分の稼ぎを自分自身のために浪費してしまい、子どもの面倒は彼女自身の稼ぎで賄い、家事をすべて一人でこなしていたときでも、それが間違ったことや悪いことであるという考えは彼女には浮かばなかったし、彼女は別の方法を切望することに時間を浪費することはしなかった。バサンティとは違ってジャヤンマは、自分自身の権利が侵害されているという意識は持っていなかったし、彼女に起こっていることが間違ったことであるという感覚も欠いていた。

最後に、「矮小化された選好」が基礎的な栄養や健康といったレベルにおいてさえ普遍的な規範と衝突することがあるということを示すために新しいケースを紹介しておこう。アンドラプラデシュ州のマハブブナガール近郊の砂漠地帯で、村には信頼できる清潔な水の供給がなく、極度の栄養不良の状態にある女性たちと私は話した。政府の自己発見プログラムが導入されるまでは、これらの女性たちは自分たちが置かれている身体的状況に関して明らかに怒りの感情を持たず、抗議することもしなかった。彼女たちはそうする以外に方法を知らなかった。彼女たちは、自分たちの状況が不健康的であるとか、非衛生的であるなどとは思わず、自分たちが栄養不良の状況にあるとは考えていなかった。今や、彼女たちの不満のレベルは上がっている。彼女たちは地方政府に抗議し、清潔な水と電気と巡回保健師を求めている。食べ物をハエから守り、以前よりも体を洗う回数が多くなった。この政府のプログラムがもたらしたもので何が最も大きな変化であったかと尋ねられて、「清潔になったこと」とまるでコーラスのように一斉に返事が返ってきた。政府の自己発見プログラムは、人間の持つべき機能は何かという考えに基づいた規範的アプローチを採用することによって、明らかに「矮小化された選好」や満足感に影響を与えたと言えよう。

第１章で展開した機能とケイパビリティに基づく規範的アプローチは、功利主義的な選好に基礎を置くアプローチを政治原理の基礎として用いることに反対する。なぜなら、そのようなアプローチは、慣習や恐怖や、期待を持てない状況や不公正な条件によって人々の選択や希望さえも歪められてしまっていても、人々の選好や願望を批判的に吟味することができないからである。ケイパビリティ・アプローチがそのようなアプローチを批判することになったとしても驚くべきことではない。しかし、私たちはそのような試みが引き起こす知的問題についてもっと深く検討しなければならない。「矮小化された満足感」に挑戦しようとするフェミニストは、しばしば「全体主義者」であるとか「反民主主義者」であるという批判を受ける。女性に対して彼女たちにとって良い生活とは何かを語り、何を求めるべきか、何を望むべきかという普遍的基準を持って、慣習によって形作られた領域に踏み込もうとするのはどういう人たちだろうか。それはただ、何が正しく適切であるかについてすでに考えを持っている女性たちの意識を顕在化しているだけではないのか。(3)

願望に対するフェミニストの批判と、評判の悪い全体主義のイデオロギーをレトリックとして結びつけるのは容易である。なぜなら、「間違った自覚」という考え方を展開した最も興味ある、そして最も影響力のある人物の一人がマルクスであり、西側諸国だけでなく発展途上国においても行われている「自己発見」というフェミニストの戦略はマルクスの影響を受けているからである。しかし、無知・悪意・不公正・盲目的な慣習によって選好が歪められるという考えは、政治哲学におけるリベラルな伝統にも深く根ざしている。すなわち、貪欲や怒りに関するアダム・スミスの認識、性に対するミルの認識、人々は様々な形でお互いを目的としてではなく手段と見なすことに慣らされているとするカントの認識、不公正な条件が願望や選択を形成するというジョン・ロールズの認識が挙げられる。最近では、アマルティア・センやジョン・エルスターやゲイリー・ベッカーのような幅広い人々の著作に見られるように、歪められた選好という認識は主流派の経済思想や政治思想においても中心的位置を占めるようになってきている。(4)

このリベラルな伝統が強調してきたことは、基本的自由に対する人々の選好自体が伝統や脅しによって操作されうるということである。矮小化した選好に対する批判を拒絶するという立場は民主主義的に見えるかもしれない。しかし、そのような態度は、人々が持っている選好とは独立に強い規範的立場をとるよりも、民主的な制度に貢献することは少ないだろう(後に見るように、功利主義に傾倒している人の中にも、この理由によって功利主義から離れていった人たちもいる)。従って、選好を規範的に区分することとリベラルで民主的な価値観との間には厄介な緊張が存在するという前提を取り除いた上で、選好の歪みという問題を論じる必要がある。

個人の生活や政治的な活動において選好が果たす役割には多くの問題がある。本章で取り上げる問題は、基本的保障の基礎となる政治原理を定式化するとき、その政治的判断の基礎としての選好の役割に関わっている。私たちの問題は、どのような条件の下で選好が社会的選択のような根本的な問題の良き指針となるのか、そして、どのような条件の下で公正や人間のケイパビリティのような重要な規範の名において選好から離れ、選好を批判することができるのかということである。その正当化は、どのように進めるべきなのだろうか。

社会的選択における選好に基礎を置く考え方と対決するために、第1章で示した政治的正当化の課題をさらに進めよう。ケイパビリティ・アプローチの肯定的な側面を直観的な言葉で提示し、それが緊急の政治課題をどのように解決するかをひとつのケースによって提示したので、次にその主要なライバルである現在の新古典派経済学に優勢なタイプの厚生主義をより詳細に吟味しよう。何がその考え方の動機となっているのかを考察することにより、またケイパビリティ・アプローチはそのような問題に答えられ、さらに厚生主義では解決できない問題をずっと適切に取り扱うことができるということを示すことによって、ケイパビリティ・アプローチの正当化に向かって進みたいと思う。

第1章で述べてきたケイパビリティ・アプローチには、ふたつの関連した用い方がある。私の中心的な課題は、すべての国の市民が国家に対して持つべき基本的政治原理の基礎を確立することである。しかし、それと関連した補助的な課題は、人々の生活の質を国家間で最も生き生きと比較できる座標空間を設計することである。これらのふたつの部分はある程度、互いに独立したものである。例えば、もし生活の質の計測によって見たいものが、単に人々が自分たちの生活をどう見ているのかの指標のような比較的確実なものであれば、選好に基づいたアプローチでもよいとする一方、基本的政治原理を選択しようとしているときには、その基礎として選好を用いることに疑問を呈するかもしれない。しかし、選好アプローチの特定の欠点に注目するなら、このような立場をとることはありえないように思われる。なぜなら、政治原理の基礎として不適切なものは、生活の質の計測に用いたとしても良い結果を得られないからである。逆に、選好アプローチが生活の質の計測の基礎としては不適切であるとする一方、政治原理の基礎を選択するためには適切であるとする立場はさらにありそうもない。もし選好が、人々が実際にどのように行動しているのかを説明することさえできないとすれば、規範的な政治原理の基礎となることはさらに難しいように思われる。本章を通して基本原理の領域における社会的選択の基礎に焦点を合わせることとし、それが生活の質の計測のような問題に対してどのような意味を持つかについてはそのつど言及することにする。

さらに複雑な問題がある。選好アプローチを擁護しようとする経済学者やその他の学者は、選好アプローチを社会的選択一般に用いることと、基本的保障に具体化される基本原理の選択に用いることとをはっきり区別することは稀である。そうはせずに、彼らは社会的選択に関する一般的判断のみを行う傾向がある。彼らがそうする限り、基本的政治原理の選択という特別な課題もその例外であるとは見なしていないと考えざるをえない。私の批判は、選好が十分な役割を果たすような状況ではなく、この特別な状況で選好アプローチを用いることに向けられている。このような批判の仕方は全く正当である。なぜなら、私の批判は、選好アプローチこそが社会的選択の完全に一般的な解釈であるとする彼らの立場に対して向けられているからである。

選好が社会的選択でどのような役割を果たすべきかという論争では二つの極端な立場があり、私の立場はその中間にある。ひとつの立場は主観的厚生主義である。[5] この立場は、あらゆる選好は政治的目的のためにはすべて同等であり、社会的選択はそれらすべてを何らかの形で集計したものに基づくべきであると考える（以下では、第1章ですでに取り上げた問題から、集計化と良さの多元性について考えていくことにする。選好を集計するための適切な計測単位に複数性が存在することは厚生主義者も認めていると考えておく[6]。

もうひとつの極端な立場はプラトン主義である[7]。この立場によれば、人々の願望や選好を当てにならないものと見なし、何が真に公正であり善であるかを考える上で、人々が何かを望み、選好しているという事実は基本的に不適切なものだとする。つまり、何かを善として正当化するという目的のために、現実の願望や選択は全く役に立たないと考える。なすべきことは、人々の願望や選好から離れて、適切な状況を表す客観的価値が存在することを論証することである。一旦、そのような論証がなされたならば、人々の現実の欲求から離れてさらに急進的な方向に進むことが正当化されることになる。

いずれの立場も真に重要な関心が動機となっている。厚生主義は、人々と人々の実際の選択を尊重すること、人々に外部から何かを課すことは望まないということ、あるいは様々な人々の願望を平等に取り扱わないことは望まないということから生まれてきた。実際、それは人々を尊重すること、そしてそれを「人々の選好を尊重すること」と解釈することから始まった。一方、プラトン主義は正義と人間の価値に対する緊急の関心から、そしてこれらの価値は現実の世界では権力や貪欲や利己的な放縦にしばしば従属させられているという認識から生まれた。しかし、いずれも明らかな問題点を含んでいる。規範的な立場に立つと、主観的な厚生主義は不公正な制度を根本的に批判することは困難である。その立場からは、例えば、ジャヤンマは不公正な賃金構造をあるべきものとして受け入れたと言わざるをえなくなり、それがそのような事態を長続きさせる原因となる。アンドラプラデシュの女性たちが医療サービスや清潔な水を求めて行動しないという理由で、彼女たちはそれらを求めていないということになってしまう。バサンティが虐げられた結婚生活に我慢している限り、彼女はそれを運命として受け入れたことになってしまう。基礎的保障を支える基本的政治原理を選択しようとするとき、この限界は特に重要な意味を持つ。一方、プラトン主義は人々の現実の経験から生まれる知恵を軽視することになる。ジャヤンマやバサンティが自分たちの生活を変えるために考えていることをほとんど考慮することはないだろうし、アンドラプラデシュの女性たちが政府のプログラムによってもたらされた生活の改善に満足していて、元の生活に戻るというような選択はしないだろうという事実が政治的選択において持つ意味を考慮しないだろう。現代におけるあるべき立場は、これら両者の持つ重要な価値を維持し続ける一方で、その欠点を回避する努力をしなければならない。

現代の社会的厚生の思想家の中に純粋なプラトン主義者は多分いないだろう。確かにフェミニストの中にもそのような者はいない。願望や選択に対して急進的な批判を行うフェミニストたちは、実際に女性が何を望んでいるのか、何が彼女たちを幸せにし、何が彼女たちの最も強い願望を満たすことができるのかに訴えかけることによってその批判を行おうとしている。功利主義的な経済思想においては純粋な主観的厚生主義者もかつては存在したが、(8)今日では無条件にそのような立場に立つ者を見出すことはほとんどできない。これらの両極端の「中庸」を探るために、まず、なぜ功利主義経済学が純粋な主観的厚生主義を拒否したのか、そしてどのようにしてその厚生主義的見方を刷新しようとしたのかを見ておくのが役に立つであろう。ここでまず、厚生主義の枠組みの中で何か意味のあることを主張しようとして、それがいかに困難であるかを示すだけに終わったジョン・ハーサニー、リチャード・ブラント、ゲイリー・ベッカーの議論に注目しよう。続いて、「歪められた選好」という問題があるために功利主義の枠組みを捨てなければならないと結論づけるために必要な理由について考える。ここでの議論は、リチャード・ポズナー、アマルティア・セン、ジーン・ハンプトン、ジョン・エルスター、キャス・サンスティイン、トーマス・スキャンロンの議論に基づいている。そして最後に、中心的ケイパビリティに基づく私自身の考え方ではこれらの問題にどう答えるのかを示そう。そこでは、中心的ケイパビリティのレベルで、社会的善に対する「主観的善」からのアプローチと「十分な情報に基づく願望」からのアプローチとの間にかなりの収斂が見られることを論じる。[9] 第1章で提示したリストは独立した哲学的議論から導かれた。しかし、それは「十分な情報に基づく願望」からのアプローチに期待される答えと多くの面で収斂し、このことが重要なのである。願望は中心的な潜在能力のリストに到達するための教育的役割と同時に、その正当化に限定的副次的な役割を果たすということを論じる。それにもかかわらず、厳密な手続き的アプローチによって中心的な善を導き出すよりも、その本質的議論から始める方が有益である。いずれにせよ、私たちが受け入れることのできる手続き的アプローチは、本質的善のアプローチに解消される規範的価値を担うことになる。この結論を明らかにするために、私自身のアプローチと、(非功利主義的ではあるが)手続主義的な強力なフェミニスト、すなわちジーン・ハンプトンが「フェミニスト契約主義」[10]で用いたアプローチとの比較を行う。最後に、願望と公正が収斂することに対して、権力と恐怖がもたらす障害について考える。

2　選好概念に関する問題点

まず選好に関する簡単な考察から始めよう。すでに「願望」と「選好」について述べてきた。経済学の分野では、選好に関してふたつの異なった概念が用いられてきた。ポール・サミュエルソンに代表される考え方は、選好と行為の間に概念的な差はないとするものである。選好とは、実際に選択された行為によって「顕示される」ものに過ぎない[11]。このアプローチには多くの問題点があるが、その中でも特に次の点は重要である。すなわち、精神生活は行動に現れない限り、それは人間の願望や内省に基づく生活一般について語る材料を全く提供しないということである。この問題は、その同類である行動主義心理学にも当てはまり、心理学はずっと以前から「行動主義は不十分な説明力しか持たない理論である」と結論づけてきた[12]。しかし、もっと明らかな問題がある。行動として解釈した場合、選好は推移性や整合性といった非常に基本的な公理すら満たさなくなるということである[13]。しかし、このことはもっと深い概念的問題につながっている。行為は意見表明と同じではなく、明らかにその特性を示すものではない。従って、行為から解釈された選好が整合的であるか非整合的であるかなどと論じる前に、私たちはまずその解釈をしなければならない。しかし、それを解釈するためには、選択という行為の外にあるもの、選択の基となる目的や価値について言及しなければならない[14]。このような議論は行動主義心理学を批判するために長く用いられてきた[15]。それは顕示選好理論の主張に対しても同様に破壊的な意味を持っている。

「選好」という概念に対するもっと有望なアプローチは、ゲイリー・ベッカーやアマルティア・センらのアプローチである。その考え方によると、選好は実際の選択の背後にあり、心理的実体を持つものである。それは信念とともに選択を説明するものである。このアプローチを採る者にとって、選好はむしろ願望のようなものである。実際に、願望は選好の部分集合として捉えられる。

しかし、これは哲学者の頭を悩ませる点である。なぜ私たちは、そのように複雑な人間の行動をそのような貧弱な要因によって説明しなければならないのだろうか[16]。プラトンやアリストテレス以来、西洋の哲学者は、人間の行為を説明するためにほんのいくつかの概念のみを必要とするということでずっと合意しており、その概念には少なくとも、信念、願望、知覚、本能的欲望、感情が含まれている。現代の哲学者の一部も含め多くの哲学者は、アリストテレスは基本的に正しく、アリストテレスが示した以上の概念を必要としないと感じてきた[17]。しかし、それに満足しない者もいた。ストア学派は、生けるものが生きようとする生来の傾向をアリストテレスのカテゴリーでは十分に捉えられていないと考え、インパルス（ホルメー）という概念を導入した。スピノザは、この概念を「自己保存の努力」という彼の中心的なカテゴリーに変換した。カントは「傾向」という概念が気に入っていて、それによって中世やアリストテレスの枠組みでは適切に捉えられていない感情や願望をよりよく捉えられると考えていた。現代の哲学者の中には、「意図」という概念は信念や願望や感情といった概念に分解できず、また行動を説明する本質的部分であると論じる者もいる[18]。その他にも、本能や動因のような精神分析から生まれた様々な概念を主張した人たちもいる。最後に、ジーン・ハンプトンを含む道徳哲学者たちは、現実の精神生活の複雑な多層構造を主張してきた。すなわち、個人は単に選好を持つだけではなく、その選好に対する選好も持ち、多分、その選好に対する選好も持っていると考える[19]。また、個人は自分自身の選好とは対立するコミットメントを持っているかもしれない。そのようなコミットメントは、自分たちの選好が頼りにならないという判断を反映しているのかもしれない[20]。

主観的厚生主義の明らかな欠点は、このような複雑な事象を捉えられないということである。例えば、本能的欲望と感情を区別しないため、社会条件が「選好」なるものの内容を形成する様子を適切に捉えることができない（その標準的な区別の仕方は次のようなものである。すなわち、食欲のような本能的欲望は少なくともある程度までは社会条件の影響を受けないのに対し、感情は社会条件から大きな影響を受ける認知的感情的内容を持っている、というものである。しかし、これが正しいかどうかは、慎重に考えなければならない論点である）。同様に、願望が複雑な意図を持っているという可能性、異なったタイプの願望が異なったレベルとタイプの意図を持っているかもしれないという可能性を考慮していない(21)。最後に、人々をまるで欲望の塊として取り扱うことによって、人々の批判的で内省的な現実の生活の特徴を見落とすことになっている。人は自分自身のすべての願望を同じように扱っているのではなく、自分自身の人生にとって重要なものは何かという順位を考慮しているのである。このように厚生主義は、人々を尊重するという主要な目的を達成することはできない。人々を〝内省する大人〟と見るのではなく、幼児扱いすることは、人々を尊重した方法だとは思われない。

それでは次に、近代経済学が概念的に尊重しうる人間行動の理論をまだ提示しえていないという悲しい事実に立ち向かうことにしよう（実際、アダム・スミスの哲学的人類学が提示した豊かな基礎を拒否し続けている）。評価することさえできないような粗雑な理論はすべて捨て去って一から始めようと言おうとしているときに、経済理論における些細な間違いを探しているのは奇妙な行動に見えるかもしれない。人々や人々の精神生活を尊重するという課題を論じているとき、このことは全く妥当である。従って、もっと複雑な理論に対して興味のあるものを選んで、些細な批判を行うことにしよう。

3　厚生主義――内的批判

主観的厚生主義は、経済学が規範的な課題を考えようとするときに広く見られるものである。しかし、本気になって規範的課題に取り組み始めると、徹底した主観的厚生主義者であろうとする者はほとんどいない。本物はミルトン・フリードマンである。彼にとって、価値の差は「究極的には戦うしかない」(22)のであり、結果として規範的理論が主観的厚生主義を超えることはできない。公共政策に関して真に厚生主義者であるのは経済学的議論の影響を多分に受けたロバート・ボークであろう。彼は、どのような基礎的な基本原理を採用すべきかというような規範的課題にアプローチする唯一の合理的な方法は主観的選好の集計であると主張する。その根拠として、評価者は、規範的判断を適切に基礎づけられる「ものごとの区別をつける原則」を欠いたまま、「不確実性の海を漂流」しているに過ぎないと彼は主張する(23)。しかし、通常、経済学者は、規範的目的のためにすべての選好を同等に扱うことはできそうにないと認識しており、少なくとも何らかの選別や修正が必要であると考えている。

そのような修正が明らかに必要となるケースは、誤った信念に基づいていたり、情報が欠如している場合である。一般に熱情や願望は首尾一貫して「非理性的」であると見なすことはできないと考えていたヒュームでさえ、実際に存在しないものが存在していると誤って信じてしまうようなケースや、本当の目的にとって何が適切な手段かに関して間違った信念を抱いているようなケースは例外であると見なしていた(24)。ヒュームの後を継いだほとんどの功利主義者は、認識的間違いに関してヒュームよりもさらに一歩進めた。

代表的な例はクリストファー・ブリスである。彼は、発展途上国の生活の質の計測に関連して主観的厚生主義を非常に強く擁護する一方、[25]不適当な情報や間違った情報については修正する必要を認識していた。「例えば、貧しい国の人々は自分たちがどんなに不健康であるかを認識していないかもしれないし、その不健康の帰結を認識していないかもしれない。しかし、専門家はそれについてはよく知っている」。専門家によって既存の考え方を修正すべき例としてブリスが挙げているもうひとつの例は、全体的な概観を知る必要があるのに、個人ではそれができないケースである。このような修正もまた個人が「不完全な視野」しか持てないために受け入れるべきものであるとブリスは主張する。言わば「眼鏡」を与えることによって、「人間が、すべてのものの尺度ではないにしても、少なくとも生活水準の尺度であるという基本」を見失うことなく、人々の視野を修正することができる。[26]ブリスは基本的保障の根底にある基本的政治原理の基礎について論じていないので、彼がこの領域では選好に基礎を置く見方をしていないということもありうる。しかし、生活の質に関するすべての領域で彼が熱心に選好を擁護するのを見ると、選好に依存することによって問題が生じるような領域を彼は見ていないのかもしれない。

ジョン・ハーサニーは、既存の選好に対してもっと野心的な修正を提案しているが、明らかに主観的厚生主義の枠組み内に留まっている。[27]ハーサニーは「選好の自律性という重要な哲学的原理」を宣言することから始める。ハーサニーは「この言葉によって、何が善であり何が悪であるかを決めるとき、究極の基準はその人自身の欲望や選好しかありえないという原理を表そうとしている」。[28]（ハーサニーは、なぜこの原理を主張するのかという理由についてははっきりとは説明していない。しかし、それが民主主義的であるということに加えて、「Aさんにとって良くないものをAさんが欲する」ということは、Aがもっと深いところで実際には何か別のものを望んでいるはずであるという考え方もその動機となっているようである[29]。一方、ハーサニーは、人々の選好がしばしば「不合理」なものであることも認めている。「どのような意味のある倫理理論」もこの事実を認めなければならないとハーサニーは信じている。「他人の全く合理的な欲求を満たすためにその人を助けなければならないのと同じように、他人の全く不合理な欲求を満たすためにその人を助けなければならない道徳的義務を私たちは負っていると主張することは全く馬鹿げたことである[30]」。しかし、どのようにすれば厚生主義的な原理と両立可能な形で、両者を区別することができるのだろうか。彼は規範的快楽主義者なら容易にその区別をつけることができると考えている。つまり、合理的な欲求は本当の快楽を生み出すのに対し、不合理な欲求は本当の快楽を生み出さないということである。しかし、もし規範的理論を受け入れないとするならば（ハーサニーはそのような理論をすでに拒否し、選好から規範性を導き出す理論を選んでいる）、一体、私たちは何を主張することができるというのだろうか。

　人々の「表明された選好」は「真の選好」とはしばしば違ったものになるとハーサニーは考える。ある人の合理的な欲求はその人の真の選好と整合的であり、非合理的な欲求はそうではない。このような表明された選好と真の選好との違いは次のように定義される。

> ［ある人の］表明された選好は、彼の観察された行動によって明らかになった実際の選好である。それは間違った信念に基づいているかもしれないし、不注意な合理的選択に基づいているかもしれない。それとは対照的に、人の真の選好とは、彼がすべての必要な事実についての情報を持っていて、常に

最大限の注意深さをもって理性的に考えることができ、合理的選択に結びつくような心の状態にあるときに持つと考えられる選好のことである(31)。

そしてハーサニーは次のように結論する。社会的効用は、個人の表明された選好ではなく、真の選好に基づいてなされるべきであり、そのとき、社会的効用の最大化は社会の適切な目標となる。ハーサニーはこの考え方を社会的選択の一般理論、特に基本原理の分野で展開する。彼は、自分の選好に基づいた倫理理論をロールズの正義の理論に取って代わるものであると位置づける(32)。

ハーサニーは、一見したところ明らかに満足そうに見えるものを提案するために、通常の信念と情報に関する修正だけではなく、注意深い理性的考察と「合理的選択に結びつくような心の状態」という強い規範的手続きを付け加えなければならなくなった。最後の要因についてハーサニーはそれ以上説明することはしないが、私たちの事例を考えると、合理的選択につながるような心の状態にない人たちを示すことは容易である。バサンティは、夫の虐待におじけづき、生存の見込みすら脅かされて、夫のもとを離れなければならなかった。ジャヤンマは、世帯所得の配分が女性にとって不平等であるのは女性の宿命であると思い込んでしまっていた。タゴールは、本章のエピグラフで紹介したムリナールを、自分自身を価値のない存在であると考える女性として描いている。これらの例は、合理的選択に結びつくというようなものではなく、これこそがタゴールの小説に登場する女性が、なぜ最終的に夫のもとを離れる決意をしたかを夫に説明したときのポイントであった。彼女にとって適切な選択をするためには、まず何よりも長年に亘って軽蔑され無視され続けたことから生じた無気力な状態から抜け出す必要があった。しかし、もし伝統的なヒエラルキーもなく、恐怖もなく、自分自身の価値と尊厳の意識を持っているという条件を合理的選択のプロセスに組み込むことができるならば、標準的な厚生主義のアプローチでももっと議論を進めることはできるだろう。後に指摘するように、これらの条件は、実践的意味を持つ「十分な情報に基づく願望アプローチ」を作っていく上で役に立つかもしれない。しかし、ハーサニーがこの厚生主義の出発点から私たちをそこまで導いてくれるかどうかは明らかではない。

本章の二番目のエピグラフで取り上げたＳＥＷＡの女性たちについて考えてみよう。彼女たちは、新しいことに挑戦している女性たちのビデオを見て、自分たちも同じことができるという確信を持つようになった。これはリラ・ダターニアの指摘するポイントであって、ビデオを見るという経験は、ただ単に女性たちに新しい情報を与えるだけではなく、自分たちの可能性や価値についての意識を高めることによって女性たちが自分たちの将来のために正しい選択を行うことに役立った。しかし、もしビデオで教えられることが、一日中、家に閉じこもり、身体的虐待を受けるように生まれついていると信じ込まされるようなものであったならば、それを進歩であるとか、歪んだ選好を「真の」選好に近づけるような修正であると考えることはできない。さらに、よく知られているように、ビデオ(例えば、暴力的なポルノビデオ)は、人々にそのような態度を自分自身に対しても、また他人に対してもとるように教え込むこともできる。そうなるのは、自尊心や経済的行為者について暗黙の価値理論を私たちは持っていて、ビデオによって作られた選好であっても善であると考えてしまうからである。このような違いをはっきりさせるような純粋に形式的な方法があるかどうかは明らかではない。

ダターニアが指摘する点は、一九九二年のノーベル経済学賞受賞の記念講演の中で経済学者ゲイリー・

ベッカーが指摘した点と似ている。すなわち、教育や訓練に関していうと、女性や少数民族は過少投資になりがちであり、そのような間違った決定をしてしまうのは「自分たちは他の人たちができることができない」と信じ込むように育てられてきたからだということである[33]。様々な社会的偏見、特に「雇用者や教師やその他の影響力を持つ人たちが持っている〝少数派は相対的に非生産的である〟という信念は自己実現的であり」、不利な立場に置かれた人たちへの「教育や訓練や労働技能への投資が過少になること」につながっている。そして、この過少投資が相対的な非生産性につながっている。要するに、不利な立場に置かれた人々(ベッカーは「黒人、女性、宗教グループ、移民など」を挙げる)は、二流の身分を永続化させるような選択を行うことによって、二流の身分を内部化してしまっているのである[34]。ベッカーは、規範的な公共政策の面で、このような選択は良くないものであり、賢明な社会政策が推進すべきものとは逆のものであると考えている[35]。ベッカーがこのような意見を述べるとき、彼は明らかに標準的な厚生主義者の規範的アプローチからは距離を置き、正義やケイパビリティの規範理論を暗黙のうちに求めていることになる。ハーサニーには、そのような急進的な立場をとる準備ができていない[36]。彼自身の基準は明らかに規範的判断の方向に向かっているものの、厚生主義の原理と両立可能な形で彼の最後の条件を詳細に示すことができるのかはほとんど情報を提供していない。現実に、関連する反事実的条件をすべて考えるという曖昧な作業をするためには、ある程度、独立した規範的理論に導かれる必要がある。

　ハーサニーは、明らかに厚生主義から離れることになるもうひとつの修正を行っている。それは、ある人々の「真の選好は社会的効用関数から全く排除されなければならない」というものである[37]。「特に、サディズム、嫉妬、恨み、悪意といった明らかに反社会的な選好は排除しなければならない」。このような考えを正当化しようとするハーサニーのやり方は、彼の厚生主義の背後にある非厚生主義的な道徳的直観を明らかにしているという点で魅力的である。功利主義における他者への道徳的コミットメントの「基礎は、一般的な善意であり、人間的共感である」とハーサニーは述べている。かくして、「功利主義的倫理は、私たちすべてを同一の道徳的共同体の構成員とする」。しかし、もしこのような道徳的共同体の考え方が功利主義の背後にあり、その規範的判断に訴えかけようとするなら、功利主義は、道徳的共同体という考え方に反する個人の人格の特定の部分を排除すると理解しなければならない。「他者に対して悪意を示す者もこの共同体に留まることができる。しかし、彼の全人格が受け入れられるというわけではない。個人の人格のうち、反社会的な感情を抱く部分は、社会の構成要素から排除されねばならず、私たちの社会的効用概念の定義に入り込む余地はない(38)」。

ハーサニーは彼の論文を書き始めるにあたって、自分の倫理理論が三つの倫理理論、すなわち、アダム・スミスの理想的な観察者の理論、古典的功利主義理論、カントの至上命令から影響を受けていると述べている(39)。とはいえ、彼の議論のほとんどは功利主義の影響を受けたものであり、カントやスミスの影響はほとんど見られない。しかし、この点においてそれらが表面に現れてくる。ハーサニーにとって、カント的な考え方は功利主義的な社会的選択関数の基礎にある。効用関数が社会政策の基礎として受け入れられるのは、「目的の共同体」(あるいは、スミスの概念では、理想的な思慮分別と共感を持つ人々で構成された共同体)によって規制されている場合である。ハーサニーは、彼がどのような特定の倫理的概念を持っているのかについて十分に語っていない。しかし、彼の選好に対する本当の関心は、人々とその平等や自主性を尊重することに対するカントの関心に似ており、これらのカント的特徴を保持しているなら、功利主義からの離脱にも反対しないと考えてもいいだろう。要するに、彼の考え方は表面のみが厚生主義なのである。実際に、彼にとって厚生主義を真に魅力的にしている要素は、厚生主義に対する急進的な批判に彼を導いていく。

厚生主義から決別するためのもっと重要な点について考えてみよう。それは多分、選好に基づく社会的選択の見方を一新する最も知的で整合的な試みである。それは、リチャード・ブラントの著書『良さと正しさの理論』にある「認知心理療法」である。(40) ハーサニーと同様に、ブラントも自分自身の考えをジョン・ロールズの正義論に取って代わるべきものであり、従って、基本的政治原理の選択方法を私たちに示してくれるものであり、その他の多くの個人的および社会的選択方法を私たちに示してくれるものであると考えている。(41)

ブラントもハーサニー（あるいは、見かけ上のハーサニー）と同様に、結局のところ、厚生主義者である。彼も、個人および社会の合理性の究極的な基準は個人の内に見出されるべきであって、その人自身の価値の外にある如何なる価値も導入されるべきではないと考えている。しかし、過ちはしばしば人間の中に深く埋め込まれており、単に関連する情報を提示するだけでは取り除くことができないということをブラントはよく認識しており、認知心理療法の長いプロセスによってのみ、人々の真の選好に辿り着くことができると考えている。この過程を通して得られた願望が、人々の合理性を定義するときに用いられる。(42) そして社会の基本原理は、完全に合理的な人が支持するものによって定義される。このようにして、認知心理療法による説明は、いかにして基本的政治原理を選択すべきかに関するブラントの考え方の核心を形成する。そのことを調べるために、ブラントが社会的選択についての厚生主義的解釈を本当に提示することができたのかどうか見ることにしよう。

認知心理療法は、「特定の個人の威信、評価的な言葉の使用、非本質的な賞罰、リラクゼーションのような人工的に作り出された精神状態の影響を受けることなく、利用可能な情報に基づく内省」のみに依存する「価値自由な内省」であると慎重に定義される(43)。そして、このプロセスは、願望の合理性を定義するために用いられる。「もし願望や嫌悪感や快楽が注意深い〝認知心理療法〟によって生き残ることができたり、生み出すことができるならば、私はそれを〝合理的〟であると呼ぶことにする。もしそれらが、既存の事実に関する明確な繰り返し行われる判断と両立可能な形で生き残ることができないなら、それを〝非合理的〟であると呼ぶことにする」。すでに述べたように、この方法で権威や威嚇やヒエラルキーがないということ自体、明らかに価値から自由であるとは言えない。それは、ブラントが重要であると実際に考えている独立、自由、自発的選択といった価値を表している。これらは、願望の認知的精査において重要な価値である。さらに、抑圧された環境に置かれた女性の状況に極めて密接に関連したものである。抑圧がある状況で女性が語る言葉は、しばしば彼女たちが信頼する人たちに話す言葉や人目につかない行動に現れるものとは大きく異なることがある(44)。疑わしく思われるのは、そのような手法が全く価値から自由であるという主張である。

ブラントは、認知心理療法によって取り除くことができると考える間違いを四つのカテゴリーに分ける(45)。まず第一のカテゴリーは、間違った信念に基づいた(認知過程から影響を受けることのない価値に関わる信念を含んではならないことを想起せよ)幅広い願望である。第二のカテゴリーは、典型的ではない事例を一般化したものである。これらは、もっと広い範囲の事例を見ていくことによって究極的には取り除くことができる。第三のカテゴリーは、「文化伝達における人工的な願望喚起」と呼ばれるものである。ここで、ブラントが意味しているのは、文化は事例や格言によって価値を伝達し、それはしばしば、語られることを、文化的干渉を受けることなく実際に体験したのでは起こりえないような形で行われるということである。ブラントが挙げる二つの例は、ゴミ収集という職業と「民族・宗教・国籍の異なった人との結婚」である。ブラントが言うように、このような活動や行為は、実際に経験すると実に満足のいくものでありうるし、実際、文化的な先入観を持たない人にとって、それが固有の忌避感を生み出すと予想すべき理由は何もない。もちろん、他者の社会的態度は、それ自身、取り上げるべき課題である。「しかし、他者の態度に対する強い関心は、間違った信念、すなわち、他者の態度がひとりの成人にとって決定的に重要であり、特にその人自身の両親の態度のみが重要であるとする間違った信念に基づいている」。[46]

この魅力的なパラグラフに、ブラントが彼の推奨する価値自由とされる手法から彼にとって好ましい結論を強引に引き出そうと一所懸命になっている様子が窺える。ブラントは、彼の自由に対する愛、肉体労働者に対する民主的な敬意、そして迷信に対する嫌悪から、異なった民族間の結婚やゴミ収集という仕事によって萎縮してしまった人々の態度を不合理であると考える。正式な教育を受けていない子どもがこれらのことを自然に軽蔑するようなことはないだろうとブラントが言っているのは、たぶん正しい。しかし、これが彼の採るべきやり方なのかどうかは明らかではない。なぜなら、正式な教育を受けていない子どもは、ブラントが失って欲しくないと願っている多くの社会的態度、たとえば、残酷さに対する嫌悪、貧しい者の福祉に対する関心、言論の自由に対する愛、正義に対する情熱といった態度の基礎を欠いているかもしれないからである。もし価値から自由な科学というものが、文化の伝達の過程で価値評価を伴う学習を本当に取り去ってしまうならば、それはあまりにも多くのものを奪い去ってしまうことになるだろう。親の態度を含め、他者の態度が重要ではないとする価値自由とされる間違った信念は、特定の目的と価値の枠組みにおいては正しいかもしれないが、その他の場合にはそうではない。要するに、価値なしにやっていこうとするブラントの試みはハーサニーよりも現実的であったが、ハーサニーがそうであったように、ブラントのリベラルで民主的な本能は、彼の実際の主張と衝突してしまう。

第四のカテゴリーは、「幼い頃の困窮状態から生まれた過度の誘意性」[47]である。彼の挙げる例は、ディア・アビーの新聞コラムへの投書である。その投書の中で、ある女性は夫に対する不満を述べている。その夫は、大恐慌の時期に父親なしで育ち、今はかなりの金持ちになっている。それにもかかわらず、彼はいつも老後に備えて貯蓄することに一所懸命になっていて、それは家族の者を不幸にするほどである。例えば、古着を買ったり、古くなったパンを買ったり、という具合である(ブラントは、実験室のねずみにも同じような行動が観察されると付け加えている[48])。ここで彼は次のように言う。幼い頃に困窮状態に置かれ、それが不安を伴うと、その願望が後に過度に大きくなってしまうという症候群を私たちは持っている。そのような異常に強い願望は、幼い頃に欠いていたものが金銭的なものであれ、愛情であれ、その他のものであれ、その根本原因が一旦表面に出てくると消えてなくなるであろうとブラントは主張する。

しかし、答えられていない問題は、いつ金銭や愛情に対する願望が「過大になるのか」ということである。その問いに対して、私たちは価値の理論を持たずに答えることができるのだろうか。何が人生の初期段階における「困窮」と言えるのだろうか。これらの問いに答えるためには、まず正しい愛情とは何か、正しい物的支えとは何かという規範的評価が必要である。ブラントは非常に特殊な例を選ぶことによって、この奥深い問題を覆い隠してしまう。しかし、ここでもまたブラントは、事実と見なされるような事例を通して明らかにブラント的価値の結論(例えば、人は他者の愛や承認に依存し過ぎてはならない)に到達している。このことを示すもう一つの例が自殺である。ブラントは失恋したことを嘆いて自殺することは「不合理」であると主張する。なぜなら、「もしある人が失恋したとしても、少なくとも同じくらい好きになれる人と知り合う機会を求めて積極的に行動することは可能だからである」[49]。多分、そうかもしれない。しかし、それはひとつの道徳的立場であり、価値自由の科学の仮面をかぶっているだけである。

要するに、選好や願望に基づいた考え方を再生させようとする厚生主義者の試みは困難に直面せざるをえない。それは、厚生主義に立つ哲学者や経済学者が得たいと思っているものすべてをもたらすことはできないように見える。情報を付け加えたり、論理的な誤りを正すことによって少しは先に進むことができるかもしれない。しかし、ハーサニーが理想とする〝等しい者からなる道徳的共同体〟や、ブラントの理想とする〝独立した現実的な迷信にとらわれない民主的な市民〟や、ベッカーの理想とする〝自尊心を持って選択を行うことのできる教育を受けた自由な市民〟に到達するために、彼らはその作業の中に価値判断を潜り込ませねばならなかったのである。それは、ハーサニーやブラントにとってはそもそもの意図に反するものであった。ただし、ベッカーは彼らよりも実証と規範の間の距離をもっと慎重に保とうとしていた。

経済学者の自己批判に関して、社会的選択理論のふたつの結論、すなわち、ケネス・アローの不可能性定理とアマルティア・センのパレート的リベラルのパラドックスによって引き起こされた、よく知られた厚生主義の問題に触れないわけにはいかない[50]。これらの問題は、テクニカルな文献において広く論じられてきたものであり、ここでの簡単な議論によって付け足すようなものはほとんどない。しかし、それに言及しなければ、厚生主義者が厚生主義に満足していないというストーリーの重要な部分を飛ばしてしまうことになる。アローの定理は、次のそれぞれ妥当でそれほど強くない四つの条件を満たすような社会的厚生関数は存在しないということを証明した。その条件とは、(一)定義域の無限定性(個人の選好順位のすべてが含まれること)、(二)パレートの弱公理(どのようなふたつの選択肢の組であっても、すべての人が厳密に一方を他方より選好するならば、前者が選択されること)、(三)非独裁性(ある特定の人物の選好が、社会的選好に必ず反映されるような個人が存在しないこと)、(四)無関係な選択肢からの独立性(順位が、考慮している選択と、考慮していることの目的にとって利用できないその他の選択肢との関係とは無関係であること)である。この重要な結果は広く論じられ、様々な方向に向かって展開されたが、社会的選択の理論家が(選好に基づく)社会的選択の厚生主義的理論への希望を断念するには至っていない。しかし、それが問題を提起してきたことは間違いない。このような理論の利点は、その単純さと合理性にある。これらの弱い条件でさえ不可能性に行き着くのであれば、そのやり方は別の方向から考え直す必要がある。しかし、パレートの弱公理や非独裁性という条件は、選好に基づく規範的理論にとって非常に弱いものであり、また非常に基本的なものであり、これらの条件を落としたり、大幅に変更を加えることは非常に難しい。

センの結論は、私たちの目的にとってもっと衝撃的であった。なぜなら、彼は哲学者がしばしば本能的に感じてきたことを形式的にはっきりと示したからである。すなわち、選好に基づく理論は、リベラルな権利との間で問題が生じるということである。センが示したのは、もしアローの定義域の無限定性と彼の弱いパレート原理を、社会は個人の選好に従って行動する領域を保障しなければならないという考え方と組み合わせると、不可能性の結論が導かれるということである。この理由は、十分に明らかなことであるが、人々は他者の行動に対する選好を持っているということである。例えば、センの論文に登場するプルード氏は、彼の隣人であるルード氏が『チャタレー夫人の恋人』を読むことによって彼の選好を満たそうとすることを好まない。この洞察は、もちろん、ハーサニーが、悪意に満ちた、残虐な、反社会的な選好は社会的選択関数から排除されるべきであるという主張とも密接に関連している。このセンの論文の影響は非常に大きかったので、ハーサニーが論文を書いたときにはそれを無視することはできなかった。センの結論は、この問題に関する経済理論の展開に特別の重要性を持っていた。なぜなら、それはカント的概念や他の哲学的規範を導入することなく、厚生主義者の社会的選択理論の通常の材料を用いて不可能性定理を導いたからである。結局、それは、厚生主義が最も深いところでコミットしようとすれば、内的な緊張を生み出すことになり、徹底的に考え直す必要があるという考えに形式的な内容と地位を与えることになったのである。

今や、熱心な厚生主義者でも、厚生主義は公共政策の基礎としては不適当であると言うところまで来ている。リチャード・ポズナーは、法と経済学に関する初期の著作を通して標準的な選好に基づいた考え方を採用しており、それを実証的な目的とともに規範的な目的にも用いていた。彼は、もし選好を満たすという意味で定義された効用を最大化することに失敗していれば、その政治的選択は（規範的な意味で）不合理であるとしばしば批判していた。[51] しかし、ポズナーもまたミル的な自由論者である。彼は結局、功利主義は基本的自由を十分に守ることはできないという確信に至る。ブラントやハーサニーがただほのめかしただけのことをポズナーははっきりと述べている。選好に基づく経済思想は、「基本的自由に対する潜在的な脅威であり」、「少数派を軽蔑し、差別するようないかなるやり方も経済的に正当化してしまうことになりかねない」。このような「非自由主義的な含意」は「権利を正しく与えたとしても」消え去るものではない。さらに、これらの含意は、単に基本的自由に対する脅威となるだけではない。それは、「拷問やぞっとする処罰を許容し、自分自身を奴隷化するような契約を守らせ、競技者が死ぬかもしれないような剣闘士的な競技を認め、シャイロックの胸の肉一ポンドの証書を実行させ、さらに、すべての社会福祉プログラムやその他の社会保障を廃止することまで含んでいるように見える」。功利主義者は、自由よりも効率性を優先すべきだと言うかもしれない。それに対して、ポズナーは次のように答える。「なぜそうしなければならないのか。私たちの自由の直観は、私たちの功利主義的直観と同じ程度に深いものであり、それを放棄するように我々に迫るような知的手続きは存在しない[52]」。ポズナーのポイントは全く新しいものではない。哲学者と非功利主義的経済学者は、このことをずっと言い続けてきた。しかし、彼の断固とした記述は、他の経済学者たちが葬り去ろうとした深い問題にまっすぐに立ち向かおうとしている点で興味深い。

4　適応的選好と厚生主義の拒否

厚生主義の試みを熱心に擁護する者でさえそこから逸脱しようとしているときに、厚生主義にそれほど関心のない者が「十分な情報に基づく願望」というアプローチでは規範的目的（特に、基本的政治原理を選択するという目的)に不十分であると結論づけたとしても驚くに当たらない。近年、公共選択の規範的な問題に対して、選好に基づくアプローチを用いることを批判する研究が数多く現れている。しかし、それらの様々な議論をここでレビューしておくことは、それらがどれだけ、そしてどのように選好に基礎を置く見方から決別しているかを知るために価値のあることである。この分野では非常に多くの研究が行われているため、著者ごとに検討するのではなく、議論ごとに検討するのが適当だろう。

1　適切な手続きからの議論

「十分な情報に基づく願望」というアプローチは、手続き的な補足が必要なためにハーサニーやブラントのような人たちさえ悩ませた。彼らは異なったやり方で、権力や権威によって威嚇されることなく、社会的ヒエラルキーにおける自らの位置を認識することから生じる妬みや恐怖に影響されない平等な者の共同体という考えを取り入れようとした。そして、これが、社会的選択の基礎として手続き主義で十分であると考える人たちにとって、規範的研究の重要な分野であった。公共選択における公正な手続きに関するジョン・ロールズやユルゲン・ハーバーマスの考え方はよく知られているが、ここで論じるにはあまりにも複雑すぎる。しかし、両者とも、ハーサニーが十分には行いえなかったことを厳密かつ詳細に論じている。すなわち、情報と手続きに制約を課すことによってカント的な道徳的共同体の構想をモデル化している。これらの人たちの他に、ジーン・ハンプトンを加えるべきだろう。その重要な論文「フェミニスト契約主義」[53]で展開された「フェミニスト手続き主義」については、後ほど、私自身の規範的アプローチと比較することにしよう。その他にも、ジェラルド・ドゥオーキンやジョン・エルスターのような選好と願望の自律性を論じる者は、(54)それらが単に習慣の結果としてあるのではないことをはっきりさせるために、それらがどこから来たのかを批判的に吟味するという手続きを特に強調する。慣例を批判的に吟味し、生活設計を行うという実践理性の考え方は、明らかに規範的な概念であり、どの理論家もそれが功利主義の試みに対する僅かな調整で済むものとは考えていない。

このように、基本的な政治的選択の文脈において、初めからその目的について判断するよりも、原理を手続き的に導出することを好む理論家でさえ、本質的な倫理的価値を含む手続きを考えているのであり、それは厚生主義とは両立しない。このような道徳的に積み上げられた手続き主義と、私のように基本的な社会的目標を設定することから始めるアプローチは、お互いに収束していくことになるということを後に示すことにする。

2　適応からの議論

功利主義に対するこれらの規範的な批判と密接に関連しているのは、個人の願望はその人の知っている人生のあり方に適応させたものであるという一連の議論である。ジョン・エルスターの適応の説明はかなり焦点の狭いものである。彼にとって、ある願望が適応的であるのは、「狐と葡萄《ぶどう》の話」の構造、すなわち、葡萄が欲しいにもかかわらず、それを手に入れることができない狐はその葡萄を酸っぱいものだと判断するという構造を持つときだけである。そのような選好は、学習や経験に基づいて願望を変化させるのとは違う。後者は元に戻ることはありそうにないのに対し、適応型選好は、都市にいるときは都市型の生活を求め、田舎にいるときは田舎の生活を求めるというように全くそうではない。またエルスターは、適応型選好を、事前のコミットメントの結果として生じる選好（実行可能な選択肢を意図的に狭めること）や、意図的な性格の特徴づけに基づく選好や、（願望そのものを変えるのではなく、状況認識を変える）希望的観測に基づく選好や(55)、他者によって心理的に操作されることによって引き起こされた選好とも区別する。適応型選好は、自分自身がコントロールしたり、意識的に行ったりするものではなく、自分が選択できないような因果関係によって生じるものである。これが、エルスターが適応型選好を疑わしく思い、社会的選択の基礎としては適切ではないとする理由である。彼は適応型選好を「自律的選好」と対照的に捉える。後者は、内省の対象であり、慎重に選ばれ、あるいは、少なくともその人が支持するものである。エルスターの適応型選好と自律的選好の間のコントラストは広く応用されている。しかし、エルスター自身が関心を持っているのは、社会的政治的な基本原理の選択に関するものである。彼の中心的な例は、産業革命によってもたらされた不満が引き起こした社会革命である。

エルスターは努力と憧れに対してロマンチックな選好を持っているため、現実への調整を通して形成された願望に対して懐疑的になっている。しかし、適応型選好をそこまで徹底的に非難すべきかどうかは明らかではない。私たちは、私たちが現に持っている体に慣れているのであり、鳥のように空を飛びたいと子どものように願ったとしても、しばらくすればそうは思わなくなり、多分、それはよいことである(56)。また、子どもは（私がそうであったように）世界一のオペラ歌手になりたいと思うかもしれないし、最高のバスケットボールの選手になりたいと思うかもしれない。しかし、ほとんどの人はその目標を実現可能なところに調整する。このような変化は、エルスターが自律性と両立しないとして排除した「狐と葡萄」の構造を持っている。それらは自分の置かれた立場を認識した結果、調整したものであり、慎重な性格形成の結果ではなく、エルスターが適応型選好と区別するために自律的選好の必要条件として導入した「他の方法で行う自由」という条件を欠いている[57]。私は、一流のオペラ歌手になる自由があるわけではないし、背の低い大人に一流のバスケットボール選手になる自由があるわけではない。私たちは、葡萄を手に入れることに失敗すると、それは私たちの求めるものではないと判断して、その失敗に合わせるように私たちの選好を変化させてしまう。しかし、そうすることの方が明らかによいということがしばしば起こる。多分、私たちは人々に非現実的な希望に固執するように励ますべきではない[58]。

エルスターが実際に考えている例は、興味深いことにそれとは異なっている。例えば、封建制によって人々は政治的平等や物質的豊かさを求めるのを諦めており、産業革命によって人々の階級に基づく不平不満は解き放たれ、それは結果として政治的にも経済的にも貢献する。しかし、彼の例は私たちの鳥やバスケットボール選手の例とは違うために、彼はまだ明らかにしていない何かを示す必要がある。それが正義と中心的善の本質的理論である。これらの人々にとって（少なくとも一時的には）非現実的な願望を持ち続けることは、それが人々にとって中心的善に関わる願望であり、人々が人として持つ権利のあるものであるために、意味がある。人々の自由は、実現不可能な願望がどれだけあるかという数によって測られるのではなく、人が持つべき権利をどの程度欲しているかによって測られるべきである。家庭内での虐待を嫌ったバサンティは、差別と抑圧に黙従したジャヤンマよりも少しだけ自由なように見える。しかし、二人とも次の点で決定的に自由ではない。すなわち、二人とも権利を持った人間であり、その権利が侵されているということを理解していないという点である。この種のひどい環境への適応は惨めなものである。従って、まともな扱いを受ける権利があると悟ったとき、たとえ実際の扱いがまだ改善していなかったとしても、それを私たちは前進であると受け止める。しかし、このことを主張するためには、私たちは、人間生活の中心的な部分においてどのような扱いを受ける権利を持っているのかという判断が必要である。繰り返すが、手続き主義は、もっと複雑なものであったとしても、本質的理論に関する何かを欠いていたのでは不十分である。

そのような理論は、適応型選好を論じたもう一人の著名な経済学者であるアマルティア・センによってある程度、提示されている[59]。センは、女性と困窮した人々に注目する。彼の中心的な事例は、人間としての基本的な良き生活を欠いているにもかかわらず、長い間、それに慣らされ、またそれを求めるべきではないと教えられてきたために、それを望もうとしなくなった女性である。例えば、ベンガル大飢饉の翌年に当たる一九四四年に、全インド公衆衛生研究所は、配偶者を亡くした多くの男女を含む調査をカルカッタ近郊で行っている。男性のうち、自分の健康を「病気」または「普通」と答えた人の割合は四五・六％であったのに対し、女性の場合、僅か二・五％のみが「病気」と答え、「普通」と答えた者はいなかった（センが述べているように、「普通」というのは「病気」に比べてもっと主観的なものである）。この結果は、現実の状況とは驚くべき対照をなしている。なぜなら配偶者を亡くした女性は基本的な健康や栄養に関して最も悪い状況に置かれているからである。そして、センは次のように結論づける。「困窮や悪い運命を静かに受け入れることは、そこから生まれる不満の大きさに影響を与える。功利主義者の効用計算は、そのような歪みをも神聖なものと見なしてしまう」。あるいは、逆の言い方もできるだろう。「非常に甘やかされ、面倒を見てもらうことに慣れてしまった人は、甘やかしてくれる人が近くにいなくなると非常に強い不満を抱くかもしれない」。これが効用を社会的選択の基礎とするには非常に不適当なものにしていると、センは結論づける。

センのケースは、エルスターに比べると、ある意味で広く、またある意味で狭い。広いというのは、センの場合には、長い時間をかけて慣らされてしまったものを含んでおり、単にかつて一度持っていた願望を諦めるということに焦点を合わせているわけではないからである。このことは女性に関する限り非常に重要である。なぜなら、重要なケースのほとんどは、長い時間をかけて社会化され、また情報が欠如していることを示しているからである。一方、狭いという意味は、センのケースでは、中心的ケイパビリティしか取り上げられていないということである。センはまだ一度も中心的ケイパビリティに関する本質的理論を支持したことはないが、実際には、センはそれを支持していると言ってもよいだろう。従って、ある人が一六三センチメートルの身長しかなくて(そしてマグシー・ボーグスほどの能力を持っていないとして)[60]バスケットボールのスター選手になるという希望を諦めたとしても、そのような適応型選好に関してセンは悩むことはない。センによれば、そのことを追求すること自体が善であるようなロマンチックな選好などない。願望が適切であるかどうかは、暗黙のうちに、人生の基本的善の観念と結びついているのである。

センの適応型選好に関する分析は、ジャヤンマやバサンティやアンドラプラデシュの女性たちといった私の事例とも一致する。これらすべての場合、社会的慣習や圧力によって女性は自分たちの潜在能力を過小評価するようになっていて、後にその価値に気がつくようになっていく。バサンティの場合、その適応の程度は最も浅いものである。なぜなら、彼女は結婚生活で自分が置かれている状況は悪いものだとずっと思ってきたからである。彼女は家庭内暴力を終わらせたいと望んでいたし、彼女の経済的に豊かな生活のためにもっとお金やモノを自由に使いたいと思っていた。しかし、彼女はまだ不当な扱いを受けてきたとは思っていなかったし、虐待されない権利を持っているとか、男性と等しい条件で仕事に就いたり、お金を借りたりする権利を持っているとは思っていなかった。長い年月をかけて、彼女はこれらのことを学んできたのである。そして、今や、彼女は他の女性たちにこれらの権利を持っているということを説くようになった。ジャヤンマとアンドラプラデシュの女性たちは、中心的ケイパビリティに関して、もっと適応的な選好を持っている。ジャヤンマは、彼女の夫が自分の収入を贅沢品に使い、家事のすべてを彼女にさせることを悪いことだとは考えていないし、レンガ工場での分業体制も悪いものとは考えていない。同様にアンドラプラデシュの女性たちも、電気や教師やバス交通がないことが悪いことだとは考えていなかったし、それが彼女たちの知っていた唯一の生活だった。従って、これらの女性たちは二段階の現実認識のプロセスを経なければならない。まず、現実の状況が悪いものであるということを認識することであり、次に、よりよい状況で生きる権利を持った市民であると認識することである。センの適応型選好の分析は、暗黙のうちにこの二段階のプロセスを指摘している。しかし、それをもっとはっきりと表現することによって、彼の分析は肉づけされ、役に立つものにすることができる。

最後に、女性の願望に関する適応型選好を論じた重要な著作として、ジョン・スチュアート・ミルの『女性の解放』を取り上げておく。ここでミルは西洋哲学の伝統に従い、多くの有害な感情(例えば、怒りや貪欲)の社会的起源を強調している。しかし、彼は、エルスターと同じように封建制とのアナロジーを上手に用いながら女性の服従に見事に応用している。彼がそこで新たに行ったのは、封建君主と家臣の間の適応型選好と男と女の間の適応型選好との間に類似点が存在することを示したということである。封建君主が優れていて家臣が劣っていると思い込んでいたのと同じように、男と女の間にも同じような関係があった。ただし、次の一点において両者は異なっている。すなわち、君主は力によってその権力を維持しようとするのに対し、男ももちろん力によって押さえつけようとするが、それ以上のことも行っているということである。

男性は女性に服従を求めるだけではない。女性の感情をも求める。獣のような男を除けば、すべての男性は最も近い関係にある女性に対して「強制された奴隷」ではなく、「自発的な奴隷」であってもらいたいと願い、単なる奴隷ではなく、お気に入りであってほしいと願う。そのために、男は女の心を奴隷にしようとしてすべてを利用する。普通の奴隷の主人なら奴隷の服従を維持するために恐怖に頼るだろう。しかし、女性という奴隷の主人は単なる服従以上のものを望んでおり、教育の力を用いてその目的を達成しようとする。すべての女性は小さい頃から男とは全く逆の特徴を理想として育てられる。すなわち、わがままではなく、自制的で、他者に服従し、他者のコントロールに従う人間である(61)。

ミルはさらに、このような理想像は単に道徳感情を形成するだけではなく、性の認識も形成すると論じる。男は従順さを性的に捉え、女は服従することが性的に不可欠であると考えるようになる(アンドレア・ドゥオーキンと同様に、彼は、そこから人々は権力や優位性を性的なものにすることをしばしば学んでいる、と付け加えている)(62)。

どうして功利主義者であるミルが、これらの適応型選好を批判することができるのだろうか。それは明らかにミルが自由と平等に関する規範的理論を持っているからである。ミルは、女性の才能をもっと生かすことによって社会的善が達成可能であるというような補助的議論を行ってはいるが、彼の議論の中心は、「不正義ではなく正義によって支えられたすべての人間関係の中で、最も普遍的で広く行き渡った状態の優位性」にある[63]。

ここで行おうとしているのは、ミルの功利主義と自由論との関係を調べることではない。しかし、少なくとも次のことは言えるし、それは私たちの目的にとって示唆に富むものである。すなわち、ミルは、彼が擁護しようとした価値が、ある意味で人間の願望に根ざしていると考えていたということである。例えば、人は自由な状態と自由が欠如した状態の両方を経験すれば、自由の方を選好するだろうし、正義は人間の努力の重要な目的である。彼は、彼の提案を擁護するために『自由論』の中で人間の力と開花に関する極めてアリストテレス的な説明を行っている。すなわち、「自己開発に関するギリシャ的理想」について触れ、人間の性質を「すべての方面にバランスよく伸びる必要のある木」に譬えている[64]。本書の第1章での議論と近いやり方で、彼は自由を人間の基本的な精神力の開発であり、それは物的力と同様に、使うことによってのみ伸ばすことができると論じている。自由を欠いた社会では、「人間の能力は衰え、消え失せていく」[65]。しかし、彼はこの自己開発というアリストテレス的概念を「経験に基づく願望」に結びつけ、自由が善であるのは、一部には人間の「永遠の利益」を満たすからであり、さらにその他の利益をも(それをどう表現するかという好みの差を別として)満足させるからである。彼の効用の概念は多元的であり、ベンサムの「快楽」よりもアリストテレスの「開花」に近い。「快楽は量だけではなく質的にも異なっている」というミルの主張はよく知られており、これはベンサム流の効用最大化の土台を崩す考え方である。ミルはアリストテレスと同じように、人々の「開花」のひとつひとつの要素に対する強い願望を付随的なこと以上のものとして捉えている。このために厚生主義者の試みを本来の形で救うことはできず、適切な形のプラトン主義に向かうことになる。「アンドラプラデシュの女性たちの良好な栄養状態や、バサンティの身体的な尊厳や、ジャヤンマの労働者としての平等は、それぞれの願望や選択とは無関係に追求されるべきものである」とまで言うのは適当ではないだろう。厚生主義者の試みは最も単純な形では失敗しているが、しかし、何か大事なものを正しく捉えている。

3　制度からの議論

最近、法学・政治哲学・公共政策の分野で密接に関連した議論が行われている。これらの議論は、人々の選好が、人々の住んでいる社会の法や制度によって様々な形で形成されていると主張する。もしこれが事実だとすると、私たちは、どのような法や制度を持つべきかという議論をするときに、選好をその基礎として用いることはできなくなる。例えば、ジョン・ロールズは、「社会制度はその構成員に対して影響を与え、なりたいと思うような人間像を決定し、現実に人々の人間像を決めてしまう」[66]と強調している。法理論学者であるキャス・サンスティインは、豊かな具体例によってこの点を展開している。[67]厚生主義者の考え方は、現状を固定化してしまうと彼は論じる。人々の選好は、何を持っているかによって大きな影響を受ける。例えば、いわゆる「要素賦存効果」についての研究は、人々が現に持っているものを手放すときにつける評価は、それを持っていないときに購入しようとするときの評価よりも高いものになるということを示している。すなわち、「強力な現状維持への志向は、人々のリスクや損失に対する態度に大きな影響を与える。これが、現状に対して全く中立的ではないことの理由である(68)。もし法的規則が選好を作り出すことに関わっているのなら、それを選好によって単純に正当化することはできなくなる。民主主義は、本質的な道徳的制約を伴った自由な選好形成という規範的概念を必要としている、とサンスティインは結論づける。すでに存在するものとして選好を捉えるのではなく、基本的な根本構造は自由な内省のプロセスを護るものでなければならない(69)。

これらの議論は、慣習が願望や希望を形作るということを述べている点で、適応型選好の例としては新しいものである(サンスティインはここでセンの議論を参照している)。しかし、サンスティインは社会の基本制度と法や憲法の構造に焦点を合わせているため、その議論を別個に考えてみる価値のあるものである。そのポイントは、ここに厚生主義者にとって特に深刻な問題が存在するということである。ハーサニーやブラントのような思想家が選好を用いて築き上げようとしたもの、すなわち公共制度の構造そのものが、実は選好を形作る主要な源泉だったのである。私たちは制度を作るために選好を用いるのではなく、自由な選好を創出するために制度を用いるべきである、とサンスティインは論じる。

4　固有の価値からの議論

たとえ厚生主義者が人々は自由や正義を望んでいることを示せたとしても、また、たとえ厚生主義者の手続きがそれらの善を(こっそり手続きの中に潜り込ませるのではなく)生み出すように工夫をこらしたとしても、それがそれらの善に対する社会の関心を正当化する正しい方法であるかどうかは明らかではない。

一般に、ある人が様々な基本的なケイパビリティを持てないということは、その人がそのことを不満に思っているかどうかにかかわらず、それ自体、重要なことである。[70] センはこの点を次のように述べている。「もしある人が必要な栄養を摂取できないなら、あるいは、もしハンディキャップのために普通の生活を送ることができないなら、そのこと自体が重要なのであって、その人がそのことを不満に思っていたり、不効用を感じているからという理由で重要なのではない」。別の表現をすれば、たとえ人々が非常に低い生活水準に適応するように仕向けることに成功したとしても(ミルが言っているように、まさにこのことを「女性という奴隷の主人」は様々な面で行ってきたのだが)、それで善や正義の問題がなくなるわけではない。これらのケイパビリティの欠如そのものが重要なのであって、欠如しているという事実だけで私たちの目的にとって十分なのである。

これは適応の議論の裏面である。それは、普通なら否定的にしか語らないものを、肯定的に語ってくれる。すなわち、規範的基礎を与える規範的理論(それは、平等や自由を含むケイパビリティ理論が望ましい)を必要としているのであり、それは願望に頼っていては得られないものである。

この議論を行う方法はたくさんあるが、その多くは徹底的なプラトン主義のずっと手前で留まっている。プラトン主義者なら、これらの永遠の価値は、人間の歴史や選択や願望とは無関係に価値を持つものである。しかし、条件つきで選択や願望に言及する正当化も可能である。内省的均衡に向かうロールズのソクラテス的正当化の方法もそのひとつである。アリストテレスの「実践知性を持つ個人」を規範の基準とするのもひとつのやり方である。デューイのプラグマティズムもそのひとつである。[71] これまで見てきたように、様々な形の規範を伴った手続き主義も、少なくとも願望や選択に正しく言及するならば正当化することができる。

このように私たちは、願望という概念を全く拒絶してしまうことなく本質的価値からの議論を受け入れることができるのであり、例えば、トーマス・スキャンロンが「価値・願望・生活の質」という論文で主張し、さらに最近の著書でも繰り返し主張したように、願望という概念を全く拒絶してしまう必要はないのである。(72) スキャンロンは、生活の質を評価する上で願望が意味を持ちうるのは二つの場合しかないと論じる。ひとつは快楽である。願望を満たすことは喜びをもたらし、喜びは本質的な善である。もうひとつは、教育的なものである。願望は、私たちを本質的な善の方向に導く。しかし、いずれの場合も、願望に言及せずともやっていくことはできる。快楽による解釈は、喜びという本質的価値に帰し、それは(この考え方では)望まれるからという理由で価値を持つのではない。教育的理由は、その価値に独立に到達しなければならない項目に帰させられる。これらの理由から、そして願望はしばしば良い指針とはならないという理由から、生活の質の評価を考える上でそれに特別の関心を払わなければならないというものではない。

私はこの議論に完全に納得しているわけではない。その理由はふたつある。ひとつは、スキャンロンはその論文において、どうして願望に言及することなしに長期的に彼が好むような種類の価値の「本質的リスト」を正当化できるのかについて問うことはない。彼は多分、徹底したプラトン主義者ではない。しかし、この論文の中で、彼は彼がどう考えているかについて何も語らないし、好ましさの判断がどのような「他の基礎」に基づいているかについて何も語っていない。この本で(そして、それ以前の「選好と緊急性」という論文において)(73) スキャンロンは契約主義的正当化の手続きを採用している。そのとき、彼は選択と願望をはっきりと区別しているが、その立場をスキャンロンは十分に正当化していないように私には見える。カント的な選択の解釈は、選択と願望をはっきりと区別する。アリストテレス的解釈では、選択は内省的な願望である。道徳哲学におけるこの点の議論を欠いているために、スキャンロンのプラトン主義者的結論は決着のつかない議論に終わっている。

第二に、スキャンロンは、私たちが願望に対して少なくとも一定の役割を与えている強力な理由について考慮していない。すでに述べてきたように、それは人々を尊重するという理由である。人々が何かを望んでいるという事実そのものが重要なのである。それが重要なのは、政治とは、正しく理解されるならば、人々から生まれるものであり、人々にとって大事なことから生まれるのであって、天から与えられた規範から生まれるのではない。この点に関して、スキャンロンが賛成しないとは思わない。しかし、分からないのは、「十分な情報に基づく願望」というアプローチに対するそっけない態度である。多分、彼の「選好と緊急性」という論文に戻ることによって、スキャンロンの考え方をもっとよく理解することができるだろう(74)。この論文で、スキャンロンは、私の論じた「人々を尊重するという理由」を支持している。そう理解した上で彼は、願望に訴えかけることは「客観的」本質的善、すなわち、人々を尊重すること、に戻ることであると論じる。従って、願望それ自体はどんな重みも持たないことになる(75)。これらのことは正しいように見えるかもしれない。しかし、そのことによってプラトン主義的結論に導かれるのかどうか、私にはまだ明らかではない。なぜなら、人々の願望にウェイトを与えることによって、なぜその人への尊重が適切に反映されることになるのかを知る必要があるからである。この問いに対する答えは、人々をある特定の方法で捉えること、すなわち、人が何かを求めるという事実そのものが重要なのであり、それによって尊厳を持つと言える存在であると考えることであろう。人々は、受身的な大衆ではなく、積極的に努力する存在である。このように言うならば、私たちは確かに、彼が「選好と緊急性」という論文で主張するように願望に客観的価値を与えることができる。しかし、このことは、彼の後の論文の結論、すなわち、願望は究極的にはすべて言及することなしに済ますことのできるものであり、快楽やその他の本質的善に置き換えることができるという結論を支持するには不十分である。

繰り返すが、スキャンロンの立場から生まれる疑問は、彼が願望に関して願望と選択を区別し、願望と理性を区別するというカント流の見方を暗黙のうちに採用しているということから生じている。たとえ願望を野蛮で非知的なものであり、選択や意図を伴わずに目的に向かって無意識のうちに人々を「プッシュ」するものであると考えたとしても、そのような見方がスキャンロンのような否定的な立場を生み出すことはないだろう。人々がその性質として持っている「プッシュ」に注目し、それに重きを置くことには理由があると思う人もいるかもしれない。しかし、このことは、少なくともなぜ基本的にカント的な道徳的立場が願望を迂回しようとし、道徳領域における何かを求める傾向があるかということを説明している。他方、もし私のように願望をアリストテレス的に「明らかな善」の追求と捉え、本能的欲望のレベルにおいてさえ、選択的な意図や責任を伴っていると考えるならば、まさに願望そのものにそれを迂回すべきではない強い理由が存在する。なぜなら、それは尊重と発言に値する私たちの人間性の一部だからである。[76]スキャンロンは最近の本の中でウォレン・クインの考え方について論じ、そこでは多くの願望に評価的要素が含まれていることを認めているようである。それにもかかわらず、たとえそのように解釈したとしても、そのような評価を持った目的を遂行することに願望が固有の理由を与えることを彼は否定し続けている。結局、願望は全く理由を与えないか、あるいは快楽や他の固有の善に帰着する理由しか与えないと彼は論じている。(77) 彼は、願望と選択をはっきりと区別する。そして、願望に対して教育的な役割は与えるが、正当化のための固有の役割を与えることは否定する。

スキャンロンの立場は微妙であり、私の立場との差はそれほど大きくない。彼の議論を表現するひとつの方法は、彼は願望というものを、私がすでに選好という概念について述べたものと同じように捉えているということである。すなわち、それは単一の概念ではなく、複合的な概念であり、その様々な要素がしばしば混乱を引き起こしているということである。その混乱を解きほぐすことができれば、それ自身では行動のための理由を提供することのない衝動と、理性を含み行為者に理由を与える知的選択的要素が残るだろう。私はこのような定式化を悪いとは思わないが、それは、私たちの動物的性質に由来する基本的な本能的欲望の知性や選択性と、もっと複雑な選択的要素との連続性、すなわち複合的要素から成る一般的なアリストテレス的な願望の概念が認識し、重視してきた連続性を曖昧にしてしまうだろう。人間はその特徴としてその周りの環境に対して働きかけ、親密さを求め、コントロールしたいと願う、まさにその事実が、政治がこれらのことを人々に保障する理由を、少なくともある程度は与えている。この理由は、これらのことが善であると言うために何か他の理由に還元することのできないものである(このように言うとき、私は少なくとも議論の力点の置き方によって、そして、たぶん道徳心理の本質的問題においてスキャンロンとは違ったことを主張している)。後に見るように、このことによって願望は政治的正当化において単に教育的役割以上の役割を与えられる。

5　願望と正当化

私自身の考えでは、中心的ケイパビリティは、政治的立案に必要な焦点を提供する。それは、善や人の開花に関する完全な説明を与えるものではないが、政治的解釈を与え、どのような能力や自由や機会が人々の人生計画において価値を持つかを特定する。第1章で示した「真の人間の機能」、すなわち、「人の尊厳にとって価値ある機能」という直観的に強力なアイデアがこのアプローチを支えている。そこで私は、幅広い善の包括的概念を持つ人々が、現実の生活、特に政治活動の基礎として私のリスト(それはケイパビリティのリストであって、現実の機能のリストではない)を支持しうると主張した。これらの基本的善は政治的な制約となる。政治が他に何を追求しようとも、人々はこれらの善を提供されなければならない。その意味において、私は中心的ケイパビリティと基本的人権とは非常に密接な関係にあると考えている。実際、ケイパビリティとは、人権をさらに肉づけするためのひとつの方法である[78]。

ケイパビリティは、選好に基づくアプローチを悩ませてきた問題をうまく取り扱うことができる。ケイパビリティ・アプローチは、願望を選別するために中心的ケイパビリティの本質的評価を手続きの中に潜り込ませることに時間を浪費する必要はない。それは、直接、善(および正義)と結びつき[79]、その項目を必要とするという曖昧さのないはっきりとした立場に立ち、その他のことに関して人が何を選択しようとも権能を付与するコアとなる。それは、形式的な工夫によってではなく、本質的な工夫によって適応型選好に対処しようとする。リスト上の項目(政治的自由、読み書きの能力、平等な政治的権利など)のどれとも関係のない適応してしまった選好は社会的選択では問題にならないのに対し、同じように適応してしまった選好であってもこれらの項目と関連するものは考慮に入れられる[80]。最後に、このリストは、その項目の本質的価値を公正に取り扱い、選好や満足といった何か他のものに従属するものではない。

このリストが通常の意味での全体主義的なものでないことは、第１章の最後に取り上げた多元主義を尊重する五つの理由により今や明らかであろう。また第１章では、私のリストは帝国主義的であり、評判の悪い植民地主義的試みのように西洋的価値を持ち込もうとしているという批判にも反論した。しかし、私たちは、選好は歪められるということに注目して、もう一度、この問題に立ち返ってみよう。従属する立場にいる人たちの選好が現実に適応したものであると認識することは、植民地主義的判断を意味することになり、人々の心や選択を軽視することになるのだろうか。全くそうではないことを歴史は示している。ジャワハルラル・ネルーがインドにおけるイギリス統治の遺産を非難する強力な議論は、まさに適応型選好を認識することであった。ミルと同様の精神において、彼にとって奴隷化のプロセスが終わるのは、奴隷を自発的な協力者にしたときであった。

何世代もの間、イギリスはインドを自分たちの(古いイギリス流の)巨大な田舎のお屋敷のように扱ってきた。彼らはそのお屋敷を所有するジェントリーであり、その望ましい部分だけ保有している。一方、インド人は使用人の部屋や食糧貯蔵室や台所に入れられている。……イギリス政府が私たちにこのような取り決めを課さなければならなかったという事実は驚くに当たらない。しかし、驚くべきことは、私たちのほとんどはそれが私たちの生活の自然で不可避の秩序であり、運命であると受け入れてしまったことである。私たちは、田舎のお屋敷のよい召使としての精神構造を発展させてきたのである。ときどき、私たちは稀な名誉ある扱いをうける。例えば、客間で一杯のお茶をご馳走になる。今や、この程度の野心の高さが尊重されるものとなり、個々に高めていくように奨励される。武力や外交によるいかなる勝利よりも大きかったのは、このインドにおけるイギリスの心理的勝利であった。昔の偉い人が言ったように、奴隷は奴隷として考え始めるのである。(81)

イギリスの刑務所の中で書かれたこれらの言葉にネルーは、選好の適応的性質を認識することが独立への第一歩であるという考え方を表現した。独立とは、彼の有名な言葉で「譲ることのできない権利」・自由・機会であった。(82) 女性も同様である。多くの選好が持つ適応的性質を認識することが、自己認識の探究の始まりであり、そして、その探究を守ってくれる自由が封建制や植民地制の専制政治に対する真の対抗勢力となる。

では、中心的ケイパビリティのリストを正当化する過程において願望はどのような役割を果たすのだろうか。一般的な政治的正当化に関する議論において、どのように議論を進めるべきかについて人々の直観は明らかに大きく異なる。ある者は、善をアウトプットとして生み出す手続きはしっかりとした基礎の上に築くべきだと考えるかもしれない。また、ある者は(私自身を含めて)、私たちの中心的ケイパビリティに対する直観は、少なくとも何が良い手続きを構成するかに関する直観と同じくらい信頼に足るものであると考える。(83) これまで私は、ケイパビリティ・アプローチは、多くの様々な伝統に根ざした人間の真の機能という直観的で強力な観念を体現していると述べてきた。私は、ケイパビリティのリストとその政治的役割を正当化するためにこの直観的観念を用いてきた。しかし、今、私はこのリストに到達し正当化するための手続きにおいて願望がどのような役割を果たすかについて明らかにしなければならない。

第１章第８節で私は、ロールズの内省的均衡に向けての議論に基づいて政治的正当化を行う方法を擁護しようとした。すなわち、ある理論的立場を支持する議論を提示し、それを私たちの道徳的直観における「固定点」に照らして眺め、これらの直観がどのようにして私たちの分析しようとする概念をテストし、テストされるかを見、そのプロセスを通して時間とともに整合性を持つようになり、私たちの判断全体の中に組み込まれていくことを期待するというものである。第１章での私の議論は、そのような内省的均衡に向けての第一歩である。そのようなプロセスが完成する前に(もしそのような完成が可能だとして)、他の構想を示し、この方法と詳細に比較し、そしてどのような根拠によって私たちのものが選択にふさわしいかを見なければならない。本章では、様々な選好に基づく構想を本質的善の構想と比較することによって、そのような第一歩を踏み出した。今や、答えなければならない問いは、内省的均衡に向けての手続きにおいて願望が果たすべき役割はどのようなものかということである。ここで願望はふたつの役割を果たすと私は考える。すなわち、認識に関する役割と正当化における補助的役割である。

まず、伝統を内省的に批判し、威嚇やヒエラルキーから自由になるために、それぞれ様々な広い範囲の文化に生きる人々が、このリストは良いものであり、人々が選択しうるものであるということに合意しなければならない。そのような合意の得られる領域を探すことは次のふたつの意味において認識論的に貴重である。第一に、私たちが無視したり、過小評価してきた人間的な表現の領域に私たちを導くということ。第二に、政治的コンセンサスを可能にしてくれるものについての私たちの直観が正しい経路を辿っていることを示してくれるということである。私のリストを修正するために用いた方法は、このことを示している。なぜなら、それは異文化間のアカデミックな議論と、平等な尊厳・非ヒエラルキー・非脅威といった価値を体現するために作られた女性グループとの議論に基づいているからである。違う言い方をすれば、本質的説明と手続き的説明が収斂することが重要であるかのように私は進めてきた。そこでは、手続きそのものは特定の本質的価値と調和するように構成されていた(手続きを構成する本質的価値は私のリストの中の中心的ケイパビリティと密接に関係していることに注意せよ。人々が対等なものとして尊重されるとき、脅威から自由になったとき、世界のことを学ぶことができるとき、そして絶望的な欠乏から免れているときになされる人々の政治的構想の核心についての判断は、無知や恐怖や絶望的な窮乏といった圧力の下で形成される判断よりもずっと信頼しうるものとなるだろう)。十分な情報に基づく願望は、認識的理由により良い本質的リストを探す上で大きな役割を果たす。私たちが探し求めているのは、他の価値と政治的安定を保ちながら、人々がともに生きることのできるものである。ある構想が「十分な情報に基づく願望」と特定の関係を持っていると言うことは、少なくとも私たちがそれに期待することのひとつである。

しかし、十分な情報に基づく願望が政治的安定を促進しそうなものを発見する上で認識的役割を果たすという事実は、政治的構想を正当化する上で限定的、補助的な役割をも果たすということを示している。なぜなら、どれほどその構想が魅力的に見えようとも、もしそれが単に妥協としてではなく合意の結果として安定的であることを示すことができないなら、それを正当化することは困難だからである。政治的構想を正当化する上で重要な考慮に、「正しい理由」(ロールズの言葉)による安定を含めることは正しいようって安定的であり続けることを示すことはできないと私は論じたい。

適応的選好に対する関心によって、この安定性という問題に別の角度からアプローチすることができる。私たちの例は、ミルの考えが正しいことを予想させる多くの理由を示している。人間の中心的ケイパビリティを選好することは、単に習慣的なものでも適応的なものでもなく、学習によって形成された間接的ではない選好構造を持っている（この区別はエルスターによって導入されたものである）。このことは、安定性に関する限り、政治的構想を設計する上で私たちは正しい道を辿っているという確信を与えてくれる。読み書きができるようになった女性が読み書きする能力を貴重であると感じ、またうれしく思い、その新しい状態に満足し、読み書きの能力によって始まった生活の変化を誰も元に戻すことを望んではいないということを思い出すとき、中心的ケイパビリティに基づく合意の安定性について何かを知ることができる。同じことが、健康や衛生についても、家庭内暴力に立ち向かうことを学ぶことについても、また政治的自由やケイパビリティを得ることについても言える。一旦、これらのケイパビリティについて学び、経験したら、元に戻りたいとは思わないだろうし、実際に元に戻すことは不可能だろう。バサンティの話、アンドラプラデシュの女性の話、グジャラートでビデオを見ていた人たちの話、タゴールの去っていく女性の話は、どれも逆向きに話が語られることはないだろう。ケイパビリティの面でそれほど大きく前進することのなかったジャヤンマでさえ、保健所や政府からサービスを受けることを学び、その変化は逆行することのないものである。人々が逆行することを望まない喜びや満足は、私たちの考えている構想が安定的であることの重要な証拠であり、逆に、中心的ケイパビリティに反する体制は不安定なものになるだろう。

ミルが論じているように、人間の恒久の利益に背くことは、賢明な政治的戦略ではない。そして、願望の認識的役割は同時に、私たちの構想が理にかなった安定性を持っていることを示し、それを正当化するために重要であるという意味で、補助的な役割を果たしている。

もちろん、家庭の外で働くのを止めて、伝統的な生活に戻ることを選択する女性もいるだろう。ベールをかぶらなかった女性が、ベールをかぶる生活に戻ることを選択することもあるだろう。しかし、これは機能のレベルでの変化に過ぎないのであって、市民としての政治的ケイパビリティのレベルでの変化ではないことに注意する必要がある。中心的ケイパビリティに対する選好が一方向性のものではないと論じるためには、基本的政治原理を選択しようとする市民として、人々はその領域における選択や機会を放棄することを望むということを論じる必要があるだろう。このことを示すのは非常に困難なことである。そのために私たちが示さなければならないことは、中心的ケイパビリティのすべてを経験したことのある女性が十分な情報の下で、また脅迫されることがないといった条件の下で、これらのケイパビリティが政治的にすべての女性に対して否定されることを選択するということである。しかし、普通、伝統的な生活を望む女性も、他の形態の生活を送った後は、すべての市民に対して選択を政治的に否定するようなことのために運動するようなことはないだろう。第3章で見るように、伝統的なイスラム教徒の女性であるハミダ・カーラはベールをかぶるという習慣を止めたことを悔やんでいて、ある面では伝統的な生活に戻りたいと望んでいる。しかし、ある政治団体がすべてのパキスタン女性に強制的にベールをかぶらせようとして彼女の支援を求めてきたとき、彼女は激しく反対したということは非常に印象的である。彼女は、ベールをかぶらないことに関わる問題は主として男性の行いの問題であり、男性は女性から選択の自由を奪うのではなく、自らを自制すべきであると感じている。イランに見られたように、ベールを脱いだ経験のある女性が全般的な規制のために運動したような場合であっても、それらの女性がそのような極めて抑圧的な体制を予見し、望んでいたというようなことはありそうにない。そのような体制は中心的ケイパビリティに反していたため、安定的ではなかった。パキスタンにおけるベールの着用を強制する体制も決して安定的ではなかった。ハミダ・カーラの住んでいるパキスタンの体制は、今はベールの着用を許容し、その選択の余地を尊重しており、もしそうではない選択をしようとも対等な市民としての機会を女性に認めている。それは安定的であり、保守的な女性自身も、両方の生活を経験した後では、それが損なわれることを望んではいない。

しかし、安定性は私たちが考えるべき唯一の論点というわけではない。これまで私は、願望は人間の知的部分に属し、それ自体、私たちが設計しようとするいかなる正当化の手続きにおいても尊重に値するものであることを論じてきた。従って、私たちが願望について言及するのは、単に安定性のためだけではなく、人間の個性のその側面を尊重するからである。様々な文化的背景を持った人たちが(適切な情報が与えられるという条件の下で)何を望んでいるかを考えるということは、そのような尊重を示す重要な要素である。そして、そのような問いに対する人々の答えは、リストの正当化に対して補助的な役割を果たす。人間の機能の中心的な領域において、より大きなケイパビリティを達成したときに女性たちが経験する大きな喜びに注目することは大切である。なぜなら、この大きな喜び自体が、女性の人格を尊重するものとして私たちのリストを正当化する手助けとなるからである。最後に、第1章で論じたように、目的はケイパビリティによって表現されるのであって、実際に達成された機能によってではないという点に関連して、願望はひとつの役割を果たしている。私たちは、その目標を追求するか否かという選択を最も基本的なレベルに組み込むことによって、願望や選好の重要性を尊重しているのである。願望の役割は確かに補助的なものである。しかし、それは、次に述べる意味において政治目的にとってケイパビリティの良さを構成するひとつの要素である。すなわち、たとえ大多数の人々が典型的に、全面的に、そして長期に亘ってこれらのケイパビリティを望まなかったとしても、私たちはそれらが人々のためによいと考えると議論し続けることができるという意味においてである。しかし、そのときには、ひとつのたいへん重要な政治的理由は失われたことになる。願望は頼りにならず、また容易に歪められてしまうことを否定することなく、私たちはこのような方法で政治的構想の正当化におけるひとつの役割を願望に対して与えることができる。この願望の補助的役割は、民主的選択という状況と関連している。もし民主的選択が内省的であり慎重なものであるならば、それが最善であると考える。しかし、それが人々の欲するものを記録しているという点で善であり、この善は少なくともある程度は他の徳とは独立のものである。

選択を願望とは明確に区別するアプローチは、この点に関して、選択に対しては尊重に値する人間の能力としての役割を与える一方、願望に対しては、私たちの動物的性質の一部であり、そのような尊重に値しないものであり、役割を与えることはない。繰り返すが、私のアプローチは(スキャンロンとは違って)このような明確な区別を設けるものではないということは重要である。アリストテレスは選択を「願望の内省」あるいは「内省的願望」と定義した。同様に、私は、感情、願望、そして人間の本能的欲望さえも、そのような尊重に値する人格の人間らしい重要な部分であると論じたい。人格は一体性を持つものであり、実践理性はそのすべての部分を動物的ではなく、人間的なものにするのに十分である。

しかし、私がこれまで述べてきたような願望に対するすべての批判や、不公正な状況に適応してしまうという願望の性質にもかかわらず、なぜ私は願望に対して基本的公正観をデザインする上で何らかの役割を与えようとするのだろうか。願望は評価的要素を伴うということを示すだけではこの問題を解決することにはならない。なぜなら、人々の評価自体が、流行や困窮や権力によって容易に操作されてしまうからである。願望の順応性を所与とすると、政治的安定に関する議論は危うくなる。なぜなら、いかなる政治体制も、自らが作り出した願望を示すことによって自らを正当化することができるからである。もし人々の願望が、公正であれ不公正であれ、人々の生活している条件をただ単に示しているだけに過ぎないのなら、人々を尊重する立場からの議論によって状況はよくならないだろう。

もし人々の願望がどこまでも適応的であるならば、それは強力な反論となるだろう。選択と願望は密接に絡み合っていると述べてきたことからすると、一体、何に訴えかけることができるのか分からなくなってしまう。しかし、人間の人格はあらゆる段階で文化によって強力に形作られながら、少なくともある程度は文化から独立な構造を持っていると私は考える。ギリシャの哲学者セクストゥス・エンピリクスは次のように書いている。「飢えや渇きに苦しんでいる人に、議論によってそれほど苦しんではいないのだという確信を持たせることは不可能である」と。食糧に対する願望、移動に対する願望、安全に対する願望、健康に対する願望、理性を用いることに対する願望、これらは人間としての構成要素のうち比較的永続的な特徴であり、文化によって鈍らされることはあっても、文化によって全く取り除いてしまうことのできないものである。人々に健康や、基本的な安全や、自由を与えることのできない体制が安定的でないのはそのためである。安定性に関する私の議論はこのような人間観に基づいているのであって、権力にのみ基づいているのではない。もちろん、願望が社会的に歪められてしまう余地がかなりあるということは認識しておかなければならない。そのために、願望とは独立に正当化された本質的善のリストに主に依存しようとするのである。しかし、これまで私がそうしてきたように、願望に対しても補助的な役割を与えようと思う。なぜなら、少なくともある点で「社会的きまぐれ」よりももっとしっかりとした構造を持っていると考えるからである。その構造は、良い点と同時に、問題となる悪い点も含んでいる。例えば、食糧に対する必要と同時に、食糧を求める侵略も含む。従って、私たちが願望に依存しようとする限られた程度でさえ、人間の人格から規範を読み取ることはできない。私たちは見出したことをさらに評価しなければならないし、それを含める価値があるかどうかを問うてみなければならない。これが願望を信頼しすぎることを避けようとする強い理由である。しかし、政治が人々に与えるべきものの指針として、それは少しだけ信頼することができる。

私のリストの中で、これまで論争となり、修正することとなったふたつのケイパビリティに焦点を合わせることによって、正当化に関する私の考え方を示すことができるだろう。第一に、男性と対等に財産を保有するというケイパビリティである。財産権に関しては古いリストではそれほど強調していなかった。財産は人間の機能を達成するための手段に過ぎないと考えていたからであり、特別な役割を与えることなく、生活を送るという一般的なケイパビリティの中に含めていた。現代のアメリカのロースクールで教えていると、富や所得の再分配に対するリバタリアンからの攻撃に関連して、財産権の重要性に常に言及するのを聞かされ続け、そのことは私の判断に影響していた。私は、そのような財産権に対する主張、自分自身の名前で財産を持ちたいと願う貧しい人たち（独立後のインドにおいて農地改革は社会改革の主要な源泉であった)に対して無関心であるような主張を持つようになった。しかし、私はインドに滞在した経験から、女性たちは財産を保有する権利を非常に重視していることがよく分かった。彼女たちは、ただ単に男性と同じ相続権と財産権を要求するだけではなく、自分自身の名前で土地を取得できることを重視していた。(規範的手続き主義の文脈において)そのような声を聞き、私は、私自身の考え方は混乱しているという結論に達した。人々の願望は、私がそれまで見ることを拒んできたものを見せてくれた。第4章で示すように、財産権は自己認識や交渉や自我の意識を高める上で重要な役割を果たしている。だから、財産権は、これまでの古いリストよりもずっと重要な役割を果たすようになった。財産権の重要性をこのように捉えることは、もちろん、リバタリアンの立場に回帰することを意味するものではない。なぜなら、それがすべての人々のケイパビリティの重要な源泉であるならば、そのことは、場合によっては、富裕層がセカンドハウスを失い、貧困層に自分たちの名前で財産を所有させるために全般的に贅沢を制限するということが行われた西ベンガルのような農地改革を支持することになるからである。同様に、ケララ州政府は、貧困層の自己認識にとってこの面の重要性を理解して、政府が所有していた土地の権利を人々に分け与えた。現在の私のリストは、このような政策を支持し、特に、どのような財産権であれ、この分野で女性が男性と同じケイパビリティを持つべきであると主張する。この目的を達成するために、女性の土地所有権を積極的に進めるような改革がしばしば必要になる。この例では、願望は発見的であり、証拠を示す役割を果たしている。と同時に、私たちは正しい道を進んでいるらしいということを確信させるという意味で、補助的な正当化の役割も果たしている。

さて、いろいろな意味で最も論争の的となったケイパビリティの項目に移り、その正当化の問題がどう見えるかを示そう。そのケイパビリティとは、動物や自然の世界と実り多い関係を保つ能力である。この項目は、最初のリストには含まれていなかったが、それを欠いていたのでは人生は本当に人間らしいものにはなりえないというスカンジナビアからの参加者の強い主張により加えられることになったものである。よく考えてみると、このスカンジナビアからの参加者ほど精緻に理論化していないものの、私たちの多くがそのような考え方を持っているのは明らかである。南アジアからの参加者の中には、そのような項目が重要であるなどとは全く考えず、動物を本当に嫌い、人々が苦しんでいるときにそれをリストに載せることは単に夢想的な緑の党のような勢力の宣伝に過ぎないと考える者もいた。一方、時が経つにつれて、そのリスト全体の人間中心主義に疑問を呈する者も現れた。その人たちは、人間のケイパビリティを他の生物のケイパビリティに優先させる理由は何もないと主張し、他の生物が人間との関係においてのみ視野に入ってくるような考え方に反対している。

この問題については今のところ全く解決されているようには見えないし、私たちはまだ政治的合意に達してはいない。なぜなら、十分な情報に基づく願望と一般に他で得られる本質的評価とがまだ収斂していないからである。政治的安定は個々の国で脅かされるかもしれないし、そうでないかもしれない。ある国々にとってはこれらの問題に関して明らかに政治的合意が成立している。しかし、現在のところ、私たちはまだこの項目を国際的な政治的コンセンサスの一部として自信を持って提案することはできない。私たちは少なくとも手段としての環境の重要性については合意しうるが、その選好については最善の環境においても人々の間で異なりうるものである。それは、私たちのリストの他の項目に対する選好よりもエルスター的なものである。すなわち、自然に慣れ親しんだ人々でも自然へのアクセスを欠いた生活に慣れることができ、逆もまた真であるということである。学ぶことは、他の場合のように単一方向の役割を果たすのではない。このことは、この項目をリストに入れることの確信を減ずるものではあるが、私自身はそれが意味のあるものだと強く確信している。それをリストに載せている限り、私たちは、現実に達成された機能を目的とするのではなくケイパビリティを目的とすることから、動物や植物に関心を持たない人々の選好をも尊重しているという安心感を持つことができる（このことは、動物に対して痛みや損傷を与えるようなことは避けるべきだという義務を説明する他の根拠を必要としないということを意味しない。ケイパビリティ・アプローチは、完全な道徳理論を目指すものではない）。

言い換えれば、知的な規範的手続き主義と、人々の信念や価値に敏感な非プラトン的な本質的善の理論とを収斂させる良い方法が存在するし、存在すべきであるということである。(84) このことを見るために、女性が直面する特定の問題を明示的に扱った最も強力な手続き主義であるジーン・ハンプトンの「フェミニスト契約主義」を取り上げよう。ハンプトンはまずホッブズ流の社会契約説的アプローチを取り上げ、この考え方はフェミニストが用いるものとしては欠点を持っていると指摘する。なぜなら、それは、単に彼または彼女が人間であるという理由によってそれぞれの人が尊重に値するという考え方を含んでいないからである。それは、尊重ということを「情緒的な感情」に付随するものとして捉え、個々の人間を本質的な価値を持った存在であると見なしてはいない。このことは、フェミニズムにとって特に深刻な欠点となる。なぜなら、女性は常にこのような付随的なやり方で、すなわち、女性が個人として尊厳を持っているというのではなく、たまたま誰かが女性のことを気にかけるという理由で評価されてきたからである。

ハンプトンは次にカント的な契約論の擁護に向かう。ここで、カント流の人格をふたつに分け、願望を選択に結びつけるやり方を考えれば、彼女はもはや「十分な情報に基づく願望」アプローチを取っていないように思われるかもしれない。しかし、ハンプトン自身は願望と感情に関して、よりアリストテレス的な考え方を持っているように見える。実際、彼女は、経済学が願望という概念に対して十分な複雑性と認識的内容を与えていないという点で経済学を批判している。[85] ハンプトンはこの点に関して「フェミニスト契約主義」の中でコメントしてはいないが、彼女の手続き主義が願望を全く拒絶していると考える理由はない。

ハンプトンは、フェミニストがしばしば契約的アプローチは不適当であると感じている領域である親密な個人間関係の評価についてカント流の特徴を持った手続き的アプローチを提案する。人々が持つ愛やケアを与えようとする性質を通して利用され搾取されるというケースを取り除くための適当なテストを考案しようとして、ハンプトンは一連の本質的概念を導入する。第一に、人間の価値に関するカント的概念であって、「等しい価値」と「非集計性」(すなわち、個々人の善を集計するのではなく、各個人をそれぞれ目的としてそれぞれの善を別個に考えること)が含まれる。第二に、「個人の正当な利益」であるが、この点に関してハンプトンは論文の中で詳しく考察していない。

私の考えでは、これは有望な手続き的アプローチであり、彼女が論じるように、他の関連する契約的アプローチを越えて前進することのできるものである。しかし、考えなければならないのは、まず、それがどのくらい本質的善のアプローチに似たものであるかということである。「等しい価値」や「尊厳」や「非集計性」といった概念は、すべて非差別、実践理性、尊厳、非屈辱を強調することを通してケイパビリティ・リストの要素として取り入れられている。そして、「正当な利益」についても、もしそれが意味のあるものであるならば、リストの項目を増やす形で究極的に肉づけすることができるだろう。

このアプローチが本質的善のアプローチと違えば違うほど、善に導く指針としては曖昧すぎるように思われる。職を探す権利は基本的善か、あるいは政治的自由や政治に参加する機会は基本的善か、あるいは性的表現のケイパビリティは基本的善か、等々の問いに対する答えが分かるまで、何が公正であるのかについて家庭の中で厳しい議論が続くだろう。しかし、私たちのリストは、女性の扱いが搾取的であるのかないのかに関して、ある程度のことが言えるところまで導いてくれる。それを欠いていたのでは、薄っぺらな手続き的アプローチが私たちを十分に導いてくれるとは思えない。

一方、私たちは、ハンプトン流の手続きにおいて質問された女性たちが、求職の権利、財産権、その他のリストの項目が中心的な人間の善であると答えるのを聞くまでは、そうであると結論づけることもできなくなるだろう。この意味において、適切に規範を取り入れた手続き主義は本質的善のアプローチを本質的に補完するものである。両者の対話を通して、私たちは正しい道を歩んでいるという確信を持つことができる。

最後にもうひとつだけ考えなければならない問題が残っている。第1章で私は、適切な政治目標はケイパビリティであって機能ではないと論じた。このことは、人々の願望が何であれ、またそれがどのように形成されたものであれ、その願望を実現しようとする人々に大きな選択の余地を残していることを意味している。私は、このように目標を捉えるのは個人を尊重するからであると述べた。もし私たちが人々を機能で構成されたひとつの型に無理やり押し込めてしまうならば、私たちは人々を十分に尊重しているとは言えない。対照的に本章では、政治的構想を正当化する上で私たちはすべての現実の願望を考慮するのではなく、適切な条件の下で形成された一部の願望のみを考慮すべきであると論じてきた。私たちは願望に対して最終的な決定権を与えてはいない。私は第1章で避けようとした温情主義の危険を犯しているのだろうか?

この問いに対する私の答えはノーである。第1章で論じたように、温情主義は選択の尊重に関わるものである。従って、それに反対するということは、選択のための機会(宗教の自由、表現の自由など)を守り、その機会が多数決主義の政治の気まぐれによって侵害されないための物的条件を守るということである。このように述べるということは、たとえ現実の願望が堕落し誤ったものであったとしても、それらの機会が人々に人々が望むように利用されるということと全く整合的である。しかし、堕落し誤った願望を含め、すべての現実の願望を考慮するということは、基本的エンタイトルメントや機会そのものを正当化しようとするときに、政治的構想や人々の自由をあまりにも脆弱な基礎の上に置くことになるだろう。たとえ正しいと信じていても特定の宗教を人々に押し付けてはいけないと主張することと、すべての人々に人々の良心の自由を尊重する義務を課し、様々な構想が遂行される選択の領域を守るということが整合的であるように、政治的構想の基礎として中心的ケイパビリティのリストを正当化するときに(十分な情報に基づく願望アプローチとともに)本質的アプローチを用いることと、その構想の中で、たとえ誤った願望であったとしても他を損なうことのない限り人々の願望を尊重するようなやり方で選択の領域を守り促進すると主張することもまた整合的である。

もちろん、リストにあるケイパビリティを人々に保障することが、より適切な情報の下での願望を発展させる条件につながることも確かである。この意味において、ケイパビリティの本質的リストと、「十分な情報に基づく願望」アプローチを形作る規範との間には強い収斂が存在する。教育、平等な尊重、個人の尊厳などを促進することによって、間接的に願望を形成し、このような条件下で形成された願望は、孤立、無学、階層制、恐怖の下で形成された願望よりもずっと適切な情報が与えられることになるだろう。しかし、公正な体制の下で生きている人々も時には無知であったり、軽率だったりするだろう。あるいは、脅迫されていたり、嫉妬深いかもしれない。私の政治的構想は、選択の領域を保護し、機能ではなくケイパビリティを目標とすることによって、これらの不適切な願望とそれに基づく選択を受け入れ、尊重する余地を残している。このようにして、温情主義という非難を回避することができ、人々が賢明でないときでさえ、人々を尊重することができるのである。

6　政治的安定と習慣の深さ

様々なタイプの自助グループの女性の話に焦点を合わせることによって、私たちは選好の歪みの問題に対して楽観的な見方をすることができるようになった。多くのケースで、女性たちが慣らされた選好を直ちに捨て去り、尊厳と平等という新しい感覚に沿って自らの希望を変えていくのを見ることができる。たった二、三週間で女性たちが雇用の権利や財産権や清潔な水やリストのその他の多くの項目に関して学ぶのを見るとき、あるいはバサンティがＳＥＷＡからの融資によって可能となった彼女の生活の変化について語るのを聞くとき、あるいは世の中が彼女に何を負っているかについてジャヤンマの意識が政府のプログラムによってどのように変わったかを見るとき、あるいはアンドラプラデシュの女性たちが、彼女たちの健康状態が改善されるよりも前に、自分たちの権利のために戦い始めるのを見るとき、中心的ケイパビリティに関して政治的合意を得るのはやさしいことだと思われる。私たちがしなければならないのは、人々にそれを経験させることであり、そうすれば逆戻りすることを拒むだろう。

しかし、重なり合うコンセンサスの安定性に関する私たちの政治的楽観論は、これまで私たちは話の半分しか見てこなかったという事実から慎まなければならない。私たちは、女性が自ら欲するもの、欲するようになるものを見てきた。しかし、私たちは男性の適応型選好については何も考えてこなかった。すなわち、男性が女性に対して何を認めるかを考えるとき、十分な情報に基づく手続き主義と本質的善の理論が同じように幸せな収斂をするのかどうかについてこれまで何も考えていないということである。ミルが一八六九年に書いたことは、今も多くの人々にとって真実であるように思われる。すなわち、「男性の多くは、平等なものとともに生きるという考えに未だに我慢できないでいる」[86]。もし人々が本当に悪意やサディズムに動機づけられていると判断するならば、そのときにはこれらの選好を社会的選択関数の中に含めるべきではないとハーサニーが述べるとき、それは明らかに正しい。また、私たちが受け入れようとするハンプトンのような手続き主義は、個々人を目的とするという価値をその基礎に置いているということ、そして、この考え方は、ある人の目的を他の人の目的に体系的に従属させるということと両立しないということも明らかである。基本的には悪意やサディズムに満ちているわけではない男性が、女性を対等なものとして扱っていると信じながら、しばしばそのような変化に抵抗するのを考えるとき、私たちは習慣や家族や共同体の圧力の強さと変化に対する恐れの実態をまだ本当には分かっていない。

そこで、私は本章を手続き主義の失敗の話であるラビンドラナート・タゴールの一九一三年の短編『ハイマンティ』で締めくくりたいと思う(87)。この物語は花婿の一人称で語られる。この作品を通して印象的なのは、彼自身の道徳的臆病さを記録に留めるときの知的な明晰さである。彼の両親は、彼のために普通よりは年齢の高い女性との結婚を決めた。その年齢の高さは、彼女が普通の女性よりも自分の生まれた家で長い年月を過ごしたことを意味していた。彼女は、彼女の知性を尊重し、彼女に教育を与え、彼女を一人の独立した存在として扱う進歩的な父のもとで育てられた。結婚後、この父は新しい娘婿に対して彼女を同じように見て欲しいと頼み、実際に彼も同じように彼女を扱う。実際、彼女の愛を勝ち取る方法は、彼女の心を尊重することであることに彼は気づく。

　教育を受けた大人の女性の心を勝ち取る方法など分からないと私は思っていた。しかし、やがて本屋に出かけていくときの気持ちと彼女の心に向かうときの気持ちは似たようなものであることに気がついた。私は、彼女の真っ白な心がいつのころから私の色に染まっていったのか、いつのころから彼女の心と体が熱意を持って私の方に向くようになったのか正確には知らない。

しかし、ここでこの話のナレーター自身が言うように、この話のあまり美しくない部分が始まる（この話の大部分は、その主人公は何が良くない行為なのかをよく知りながら、それを止めることができないという意味で悲劇的である）。しばらくすると、彼の家族は、ハイマンティの父が思っていたほどの金持ちではないことを知り、花嫁を（持参金以上の）潜在的な収入源とは見なさなくなった。すると、彼女を感情的に虐待し始め、彼女をけなし、彼女の尊厳を傷つけるために必要のない嘘をつくように強要し、彼女の前で彼女の愛する父を攻撃し、そして彼を弁護するのを禁じた。花婿は彼女の不幸が彼女の健康を蝕んでいくのを見て、良い医者を知っているハイマンティの父を呼び寄せる。医者は、彼女を家庭から離さない限り、彼女の病気はさらに悪化するだろうと告げる。しかし、花婿の父は彼女が離れていくことを許さず、再び彼女の父を侮辱し続ける。

このとき、花婿は彼女を家庭から引き離そうとすれば簡単にそうすることもできた。彼は彼女を愛していた。彼にとって彼女は宝であった。彼も、そうすることが彼女の心と体の健康を守る唯一の方法であると思っていた。しかし、彼の父に恫喝されると、彼はそうしなかった。

後になって私の友人たちは、なぜ私がやると言ったことをしなかったのかと私を問い詰めた。私のやるべきことは、妻と一緒に去ることだけだった。なぜ私はそんな明白で簡単な一歩を踏み出せなかったのだろうか。一体、なぜ。もし人々が正しいと見なすことのために私の本当の感情を犠牲にすることがなかったならば、もし私の家族のために私の最愛の者を犠牲にすることがなかったならば、私の血の中に流れている「社会教化の時代」はどうなっていただろうか。

アヨーディヤーの人々がシーターを追放することを求めたときなら、私も彼らの中にいたとは思わないか。何世代にもわたって、その犠牲の栄光を歌い続ける人々の中に私もいただろう。人々を喜ばせるために愛する妻を見捨てるような徳を賞賛するような月刊誌の論文も数多く読んだ。いつの日か、自分自身で私のシーター追放の話を、私の心臓の動脈の血で書くことになろうなどと考えたことがあっただろうか。

彼は何もせず、間もなくハイマンティは死ぬ。今、彼の母はもっと適した女性を彼のために探している。彼は抵抗したが、間もなく受け入れることになるだろう。

ここで、私たちは、ハンプトン流の手続き主義の特長を多く持つ手続きを通して顕在化する個人の真の選好と、彼の行動を実際に導く選好、ある意味で真に彼のものである選好との間に明確なコントラストを見ることができる。彼は、真の選好は敬意や愛を示すものであり、習慣に縛られたものは偽の選好であると言う。しかし、それよりももっともらしいのは、そのすぐ後に彼が言うように、彼自身は愛に生きると同時に慣習に生きており、愛の弱い衝動よりもむしろ臆病な行動によって特徴づけられるということである。彼に行動を思いとどまらせた選好は、エルスターの意味で適応型選好であった。それは、彼にとって心理的に実行可能でないものは本当の善ではなく、ある意味で臆病な振舞いこそが最善であると告げている。適応型選好は偽物であり、その下には真に本物の選好が存在しているというエルスターのロマンチックな見方は、多くの人々のあり方を正しく説明してはいない。人々の個性は、人々の欲する食糧や住居や安定や、そして自由についても明確な構造を持っている。しかし、少なくともその他のもののいくつかについては、人々は慣習に適応的であり、その慣習の重みの下では自律的な個人などないように思われる。

この話が示しているのは、ハイマンティを目的として捉え、また彼女の権利を彼自身の権利と同等のものと見なす手続きによっては、私たちがタゴールとともに支持する結論、すなわち、彼は伝統と戦って彼女が旅立つのを助けるべきであったという結論に彼を導くということはもはや明らかではないということである。ナレーターの最初の定式化は、彼の最終的な洞察とは違っていた。最終的な洞察では、もし個々人を等しく尊重して考えるならば、人々は等しく過去の影響を受けており、また等しく非自律的な義務の奴隷であるという結論に達する。問題は、夫は正しい結論に辿り着いたが、それを実行するのに失敗したということではない。彼は、等しい扱いをするという手続き上の規範に適合的に見える方法に従いながら、間違った結論に辿り着いたのである。結局、彼は自分自身に対するのと同じように、彼女を扱い、尊重したが、それは抵抗するにはあまりにも大きすぎる諸力の人質としてであった(これらの諸力は、便利なことに、たとえ彼女のケイパビリティを損なったとしても彼のケイパビリティは守ってくれる。だから、彼の願望からは不満を示す強いインセンティブが出てこないのである)。このケースは、自律的な実践理性・屈辱を受けないこと・旅行する権利・職を探す権利・平等な財産権・その他の関連する本質的善を組み込まないで、手続き主義が救うことのできるケースではないということを示すのは難しい。自律性は法と制度によって作られなければならないが、人々の中には、たとえ特権を持つ人であっても、自律性を持たない人々がいる。彼らは伝統を自我としてしまう。特に、伝統が都合よく彼ら自身の利益になり、他者の利益を損なうときはそうである。

適応的自我の問題は、ケイパビリティのリストの正当化の根拠を脅かすものではない。なぜなら、この目的にとって最も適切な選好はハイマンティ自身のものであって、それは明らかにケイパビリティのリストを支持するからである。それは安定性の問題も持ちこたえることができるし、安定性は少なくとも正当化のための重要な一要素である。安定性に関連して言えば、適応的自我の問題が示しているのは、何世代もかけて〝十分な情報に基づく願望〟による評価と本質的善による評価が収斂していくとしても、それを最初の世代で期待するのは難しいということである。権力を持つ人々も単純に幸せにその権力を行使するということはできないだろうし、最初の世代では道徳教育が人々の平等性の認識を十分に変えることもできないだろう。もし彼らがケイパビリティのリストをすべての人々にとっての目的として受け入れるとしても、それは真に承認しているのではなく、ただ単に生きるための方便として受け入れているだけかもしれない。このことは「重なり合うコンセンサス」による正当化を危うくするものではないと私は信じる。なぜなら、安定性は長期的問題としてとらえられるべきであり、女性を対等な市民として扱うという政治的構想を支持しないように男性が何世代にも亘って育てられているのが分かれば、そのときには安定性は危うくなるだろう。私は二〇世紀における経験(例えば、北欧諸国における経験)はこのことが正しくないことを示していると信じる。しかし、この問題は、短期的には私たちの指針として「十分な情報に基づく願望」アプローチか本質的善のアプローチかのどちらかを選ぶ必要があることを示している。長期的には「十分な情報に基づく願望」と本質的善の間にコンセンサスが生まれると期待したいが、ハイマンティの問題は、短期的には私たちの政治的な指針として、その根拠を真正面から捉えるような、誰にとっても不可欠であるケイパビリティのリストを支持する方を選ぶべきであることを示している。

エルスターの手続き主義は、明らかに夫の問題の根本に迫っていない。なぜなら、夫は彼にかかってくる力を意識的に評価し、彼の立場を慣習や伝統に合わせることを選んだからである。多分、ハンプトンのような規範的手続き主義であれば、もし彼女が十分に頑強なやり方で人の権利という概念を肉づけすることができるならば、夫の行為は搾取的であるということを示すことができるだろう。この話が示しているのは、臆病さや慣習が人の願望や選択に影響を与えるのであって、自分自身の行為を自分で決めようとする意志ではないということである。この話が悲劇的に示しているように、もし愛によってもそれを変えることができないのであれば、経済学者が考えるような形式的な内省的手続きが善をもたらすかどうかは明らかではない。従って、このような頼りにならない力を信じない方が、私たちの暮らしはもっと良くなるだろう。これまで主張してきたように、願望を否定するのではなく、証拠として用い、人格の知的部分として尊重しながら、本質的善の陣営にしっかりとした立場をとるべきなのである。

第3章　宗教の役割

王たちの法は残っているのだろうか。古来より法の知識のある女性は彼らのホールに入れなかったと私たちは聞かされている。この古い永遠の法はクル族の間では失われてしまった。……クル族の不名誉であるこの不潔な男は私を暴行し続ける。私はもはやそれに耐えることはできない。

ドゥルヨーダナの側近の男たちが王妃の服を脱がせ暴行しようとするときの女王ドラウパディの言葉、『マハーバーラタ』より(1)

全ての宗教は、男性も女性も清め、祈りを通して倫理的に生きる手助けとなることを目的として始まった。しかし、盲目的な伝統や慣習や迷信はしばしば、魂の浄化という宗教的効果をもたらすのではなく、共同体主義や狂信や原理主義や差別と結びつく。

ヒーラ・ナワズ、バンガロール法科大学の学生の言葉、一九九三年(2)

1　信仰の自由と男女の平等――ひとつのジレンマ

現代のリベラルな民主主義は一般に、信仰の自由は極めて重要な価値であり、それを保護することは政府の最も重要な役割の一つであると主張する。一方で、そのような民主主義は、広い範囲の人間の関心や自由や機会を中心的なものとして擁護する。その中には、移動の自由、家の外で仕事を探す権利、集会の権利、身体的保全の権利、教育を受ける権利、財産を持ち相続する権利などが含まれる。しかし、宗教はしばしばこれらの自由を支持しない。むしろ、人種・カースト・性別など道徳とは無関係な性質によって特定の階層の人々がこれらの自由を享受することを否定する。このような否定は、宗教があまり法的力を持たない国家ではそれほど意味がないかもしれない。しかし、宗教が法体系の中で大きな位置を占めているインドのような国家では、宗教は多くの人々の生活を規定する基本的要素となる。

このようにして自由国家のジレンマが生じる。信教の自由に介入することは、個人の自己認識と基本的自由の領域で人々に打撃を与えることになる。しかし、介入しなければ、別の形で自己認識と自由を阻害することになる。近代民主主義がこの領域で引き裂かれた状態にあるとしても驚くことではない。インドのように、憲法で保障された基本的権利として男女の平等を掲げ、性別に基づく差別を禁止する一方で、信仰の自由を掲げ、宗教に基づく差別を禁止しているような国では特にそうである[3]。

次の三つのケースについて考えてみよう。いずれも、インド国憲法の下で信仰の自由が女性の他の重要な権利と対立するものである。

(1)一九八三年にシリア教会派のキリスト教徒で裕福な家の娘であったメアリー・ロイは、五〇〇〇ルピー以下という制限の下で娘は息子の四分の一しか相続できないと定めるトラバンコールのキリスト教法に異議を申し立てるために裁判所に訴えた。インド最高裁は、トラバンコールのキリスト教法に取って代わるべきは、一九二五年のインド相続法であり、それは娘に対して息子と同等の権利を与えているとの判断を下した(4)(このように技術的な形で判決を出すことにより、裁判所はトラバンコールの法律が憲法の保障する男女平等を侵しているかどうかという問題に答えるのを避けている)。裁判所は、この変更が一九五一年にまで遡るとしたため、多くのキリスト教徒の男性の財産が問題になった。そして、この判決は多くの人々から抗議を受けることになった。ケララの(多くの裕福なキリスト教徒の地主が住む地区から選出された)キリスト教徒の国会議員は、この法律の遡及効果を遮るために、インド議会に法案を提出した。一方、ケララのキリスト教会は、信仰の自由に対する裁判所の干渉であると声高に抗議した。この判決は「訴訟の門を開き、キリスト教徒の家庭に存在していた調和と善意の伝統を破壊するだろう(5)」と論じられた。キリスト教会会議は、この判決に反対する立場をとり、積極的に反対運動を展開した(6)。ローマ・カトリック、ヤコブ派、南インド教会、カナンヤ・キリスト教会に属する牧師たちは、説教の中で判決を批判した。反対が強かった理由の一つは、伝統的に娘の相続分の一部が自動的に教会に寄付されていたからだろう。これはインド相続法の下ではありそうにないことである(7)。

(2)一九四七年の独立の年に、ヒンドゥー法委員会はヒンドゥー個人法を改正するための勧告案を提出した。これらは国会にヒンドゥー経典法案の形で提出された。ネルー内閣の法務大臣B・R・アンベードカルに支援されて、この法案では、女性に離婚する権利を与え、男性から一夫多妻結婚の権利を取り上げ、若い女性のために児童結婚を禁止し、女性に対してほぼ平等な財産権を与えることを提案した(8)。この法案は、(保守的な学者やヒンドゥー教の権威により率いられた)ヒンドゥー教徒の国会議員から抗議の嵐を受けた。議論は、新憲法で保障されている信仰の自由をこの法律が侵しているのではないかという点に集中した。パンディット・ムクル・ベリラル・バルガバは、女性に対して平等な財産権を与えることはイスラム教の教えをヒンドゥー教徒に押し付けることになると主張した(インドのイスラム教徒の女性は、慣習法がイスラム法に取って代わられる一九三七年から、幾分、平等な相続権を持っていた(9))。一夫一妻がヒンドゥー教徒には求められるのに、イスラム教徒には求められないということに対して反対する者もいた。また、政府が主導してヒンドゥー法典を変えるという考え方そのものに反対する者もいた。彼らは「ヒンドゥー法は、ヒンドゥー教と深く結びついており、ヒンドゥー教徒でないものがヒンドゥー法の権限を持つことにヒンドゥー教徒は我慢できない」と主張した。保守的なヒンドゥー教徒の国会議員たちは、ヒンドゥー教の伝統を破っているとして女性の国会議員たちを攻撃し、「現代は女性の専制政治の時代である。……女性が迫害された日々は去り、今、迫害されているのは男の方である」と論じた。

新憲法が効力を持った直後の一九五一年の夏に、混乱した状況の中でこの法案は公式に議論された。保守的なパンディット・ゴヴィンド・マルヴィヤは二時間かけてこの法案に反対する演説を行い、この法案を「原則を間違えており、詳細は極悪で、あくどい私利追求で歓迎されないものである」と呼んだ。アンベードカル博士の熱烈な支援にもかかわらず、この法案は廃案になる可能性が高まり、ネルーさえもしばらくは支援を撤回しなければならなかった。その結果、アンベードカルは「階級間の不平等や男女間の不平等を放置したまま、経済問題に関する法案を通すことは、我々の憲法を茶番にし、肥溜めの上に宮殿を建てるようなものだ」と言って、大臣の職を辞した。法案は廃案になった。最終的に、この法案の条項は一九五四年、一九五五年、一九五六年に採択された。

この法律が初めて提案されてから五〇年間、これらの条項は論争の的になってきた。新しい法律は、細々と執行されている。例えば、児童結婚は、ある地域では今でも広く行われ、宗教的文化的用語を用いて熱心に擁護されている。[10]ヒンドゥー原理主義の台頭とともに、イスラム教徒の信仰の自由やイスラム教徒に有利な差別待遇を侵害しているという告発が、特に一夫多妻制に関連して増えている。かなりの数のヒンドゥー教徒の男性は、今も重婚を続け、重婚を禁止する法律から逃れるためにイスラム教に改宗している。[11]事態をさらに複雑にしているのは、最近になってヒンドゥー裁判所が正当な結婚について極めて厳密な定義を採用したことで、その結果、既存のヒンドゥー教徒の結婚の多くが、もし裁判所で争われたなら審理に耐えられなくなるため、男は二番目の結婚については重婚の訴えから免れることになった。[12]

(3)一九七八年にマディヤプラデシュで、シャー・バーノーという名のイスラム教徒の初老の女性は、四四年間の結婚生活の後に、裕福な弁護士である夫から家を追い出された(この出来事は、シャー・バーノー自身の子どもと他の妻の子どもの間の相続を巡る口論から起こったようである)。イスラム個人法の定めるところに従って、夫は彼女に財産処理として三〇〇〇ルピーを支払った。この額は、彼女が結婚のときに持ってきた額で、現在のレートで一〇〇ドルにも満たない額である。十分な生活費もなく離婚しなければならないイスラム女性の多くがするように、彼女も統一刑事訴訟法の第一二五項によって生活費の定期的な支払いを求める訴訟を起こした。この法律は、「十分に資産のある」男性が(一九七三年の改正法で認められることになった)前妻を含め、様々な近親者を「窮乏と放浪」の状況に放置しておくことを禁止するものである。この救済策は、イスラム個人法では不十分な生活費しか認められなかったことに対する解決策として長く認識され、多くの女性が同様の裁判で勝利を勝ち取ってきた。シャー・バーノーの裁判で違っていたことは、インド最高裁の裁判長が、毎月一八〇ルピーの生活費を彼女に与えることを命じた上で、彼の冗長な見解の中で次のように述べたことである。[14] すなわち、イスラム法体系は女性に対して非常に不公平であり、憲法が以前から目指していたように統一民法を制定すべきときに来ているというものである。この裁判長は次のように書いている。「疑いもなく、イスラム教徒の夫は、理由が正しかろうが間違っていようが、あるいはそのどちらでなくても、自分がそうしたいと思うときにはいつでも妻を捨てることができる特権を持っている。しかし、その理由など全く見当たらない」。裁判長はヒンドゥー教徒であったが、様々なイスラム聖典を解釈し、女性にもっと十分な生活費を与えることに対して障害となるようなものはイスラム聖典の中にはないと論じようとした。

しかし、この見解は民衆から猛烈な抗議を受けることとなった。チャンドラチュード裁判長を支持したリベラルなイスラム教徒もいたが、彼がイスラム経典の解釈にまで熱心に口出ししてしまったために、この課題達成をさらに困難なものにしてしまった。イスラム聖職者やムスリム個人法評議会は、その判決が信仰の自由を侵害するものだとして大規模な抗議運動を組織した。抗議の広がりに応じるように、ラジブ・ガンディー政府は一九八六年に(離婚後の保護に関する)イスラム女性法を導入し、イスラム教徒の女性のみから刑事訴訟法の下で保障された生活費を要求する権利を奪ってしまった。女性グループは、宗教差別と男女差別の両方からこの法律が違憲であるとの判断を最高裁判所に求めたが、最高裁判所は（宗教的不寛容と行き過ぎた行動主義という非難から逃れるために）女性たちの訴えを聞くのを拒んだ。一方、ヒンドゥーの活動家は、一九八六年の法律がイスラム教徒の男性に「特権」を与え、ヒンドゥー教徒を差別していると訴えた。(15)

これまで見て来た三つの事例は私たちのジレンマでもあり、その本質はアメリカやヨーロッパで起こっているジレンマと差はなく、インドでは法体系が宗教によって大きく支配されているという点で、程度の差があるだけである。一方で、宗教の自由の要求があり、他方で様々な基本的権利に対する女性の要求がある。第一のケースでは、女性たちは明らかな勝利を勝ち取った。興味深いことに、それは、規模が小さく政治的影響力の小さな宗教が関わる裁判だった。第二のケースでは、女性たちはいくらかの前進を勝ち取ったが、その規定は弱々しく実施されているだけで、ヒンドゥー原理主義や保守主義の現状を考えると将来は非常に不透明である。第三のケースでは、女性たちは特に辛く著しい敗北を味わった。信仰の自由と男女の平等は、少なくとも時には、真正面から衝突することがある。

2　世俗的人道主義者と伝統主義者

このジレンマの中でフェミニストたちのとる立場は大きく分かれていた。以下に示すのは、二つの極端な立場であり、いずれも国際的な議論において顕著なものである。第一の立場は、私が「世俗的人道主義的フェミニスト」と呼ぶもので、この立場は、このジレンマを基本的にジレンマではないと考えている。(16)

女性の平等、尊厳、基本的人権、より一般的にケイパビリティといった価値は、いかなる宗教的要求より大事なので、実際的な政治的用語として以外は、両者の間のいかなる対立も深刻な対立と見なすべきではないとする。実際、世俗的フェミニストは、宗教そのものを救いようのないほど父権主義的で、長年に亘って女性を圧迫するための強力な同盟でしかないと見ている。その〝口を塞ぐ〟ことは女性にとって不幸なことではないし、それが人の人生にとって大した貢献をしているとは見ていない(17)。

多くの世俗的人道主義的フェミニストはマルクス主義者である。もし彼女たちが宗教についてマルクスの考えに従うなら、彼女たちは宗教の社会的役割に否定的な見解をとり、信仰の自由に対して高い敬意を払うこともないだろう。しかし、リベラルなフェミニストの中にも世俗的人道主義の系列に属する者はいる。これらのフェミニストたちは、政治的リベラルというよりもむしろ包括的リベラルに属し、良心の自由を守ることにはコミットするが、それは基本的人権とケイパビリティの世俗的倫理的理解によってしっかりと定められた範囲内のことである。カント的に表現するならば、宗教は「理性の範囲内においてのみ」ということである。これは『自由論』におけるJ・S・ミルの立場でもある。その中で彼は、カルヴァン主義を「人間の性格をやつれて融通のきかないもの」にしてしまう「狡猾な人生論」であるとして非難した。ミルは、カルヴァン主義が服従を善と教えることにより「人間の性質にとって望ましい条件」をダメにしているという考え方に基づいて公共政策を行うことは全く正しいと主張した。このようにして、彼はリベラリズムを(政治的リベラル流に)単に核心的政治的原則の基礎とするのではなく、むしろ包括的な生活の教義として提唱した(18)。この包括的リベラルの伝統における世俗的人道主義者の中には、マルクス主義者のように、宗教に対して一般に強い敵対心を示す者もいる。バートランド・ラッセルの考え方は、リベラルな知識人の間で広く見られるひとつの例である。他の人々は宗教に対してそれほど敵対的ではなく、宗教が価値に関する合理的な世俗的理解と調和することを主張する。ジョセフ・ラズやスーザン・オーキンはこのグループに属する。

第二のアプローチは、私が「伝統主義的フェミニズム」と呼ぶもので、これも基本的にジレンマをジレンマではないと見ている。この立場では、宗教的かつ伝統的なコミュニティにおける理解は、将来、女性が進むべき道を示す最善の、そして、おそらく唯一の指針である。特定のコミュニティの善の理解に基づかないような道徳的主張はすべて最初から疑わしい。伝統的宗教的慣行の根本に挑戦しようとするものはさらに疑わしい。なぜなら、それは、女にとっても男にとっても長年に亘って非常に大事なものであり続け、存在意義の探求の核心にある価値の源泉を脅かすからである。[19] そのような立場はしばしば単なる伝統主義と反フェミニズムに行き着くが、もしそう主張する人たちが本当に女性にとって重要なものは何かという観点からフェミニズムを定義し直し、これらの重要な価値を他のフェミニストの攻撃から守ろうとするならば、それはそれで正真正銘のフェミニズムになれるだろう。

伝統的フェミニストの中には、理論的な問題として文化横断的な倫理的規範を正当化するのは不可能であると考える文化相対主義者もいる(私はこのような考え方を第1章で批判した)。一方、正当化の問題よりも規範的倫理的本質について心配する者もいる。すなわち、国際的な人権規範よりも、それぞれの地域に根ざした価値の源泉の方が人々にとって好ましく、人々の現実の生活に調和し、また有益であると考えている。インドの文脈では、伝統的フェミニストは、伝統を護ろうとする「土着主義者」、すなわち世俗化と近代化に反対する人たちと共通の立場に立ち、インドの国民的アイデンティティの本質はヒンドゥーの伝統[20]にあり、伝統的女性の役割はヒンドゥーのアイデンティティの核心に位置すると主張する（似たような主張はイスラム教徒側でも行われている）。土着主義者は、インドの価値観が根本的に西洋の価値観とは違うと主張することにより、人権規範への攻撃を支持する。私はすでに第1章と第2章でこの立場を徹底的に批判した。

世界の主要な宗教は実際の歴史では理論的にも実践的にも女性に対して不公平だったので、世俗的人道主義はフェミニストに強く訴えかけるものがある。現代政治において、前述のインドの三つの事例が示すように、宗教はしばしば女性の生活に有害な影響を与える。実際、次のように言いたくなる。「よろしい。宗教が存在してもかまわない。しかし、他のものと同じように、悪習を止めて、まともになりなさい。そして、国家からいかなる特別な保護も受けないで、基本的な国際的倫理基準に適合するように、自らの規範と行動を改めなさい[21]」と。宗教が明らかに悪いことを行っているときは、この立場は賢明である。これは、シャー・バーノーの事例でチャンドラチュード裁判長が、宗教裁判所への国家の保護を終わらせようと主張したときの立場である[22]。

シャー・バーノーの裁判が示しているように、世俗的人道主義には実践上の大きな困難がある。明らかに外部の倫理的要求を持って宗教的な人々に接近し、この規範の方が彼らの宗教の規範よりも優れていると言うのは向こう見ずなやり方であり、普通、逆効果に終わる。インドの状況で言えば、そのような要求をヒンドゥー教徒がヒンドゥー教徒に対して行ったとしても十分に悪いことである。しかし、同様の要求がヒンドゥー教徒からイスラム教徒になされたとき、それは侮辱や脅しと見なされ、少数派の文化的宗教的伝統に対する敬意の念を欠いていると受け止められる。それは、ある程度、正しい解釈であろう。今日では、そのような要求は、さらに明らかな脅威と受け止められるだろう。なぜなら、イスラム個人法の改正は、ヒンドゥー国家主義勢力の呼びかけによって始まっており、彼らは、ヒンドゥー教は女性に対して進んだ考えを持ち、それに対してイスラムは時代遅れで抑圧的であるというイメージを作ることに熱心である。統一法という目標は多くのフェミニストたちやその他の進歩的思想家によって支持されてきたが、現実にはそれがヒンドゥー原理主義者の目標の一つであることも明らかであり、ヒンドゥー教徒を最高位におき、イスラム教徒を二流の階級へと貶める思想と切り離すことは難しい。

これと関連する世俗的人道主義者の実践的な過ちは、それぞれの宗教的伝統内部のフェミニスト勢力との連帯に失敗しているということである。宗教的伝統は女性に対する抑圧の強力な源泉であると同時に、人権の擁護、正義へのコミットメント、社会変化のエネルギーとしても強力な源泉となる。例えば、宗教は米国の奴隷制度廃止や、もっと最近の市民権運動の主要な源泉であったし、インドではガンディー主義的反植民地主義や現在のガンディー主義的ＳＥＷＡ運動の主要な源泉である。[23] ヒーラ・ナワズのようなイスラム教徒のフェミニストは、イスラム教における正義の概念がエンパワーメントの重要な源泉であることを見出している。宗教とは関わり合いたくないと宣言してみたり、あるいは(より控えめに)宗教が、生活に関する包括的なリベラルの見方に従う限りにおいて宗教を尊重すると宣言してみたりすることは、世俗的人道主義者を孤独で見込みの少ない戦いに追い込むことになり、そうでなければ同盟者となってくれたであろう多くの人々を侮辱することになる。特にインドでは、世俗的な草の根政治が人々の理解を得るのに苦労してきた。世俗主義者は、宗教の道徳的権威とそのシンボルやメタファーのすべてのエネルギーを家長制の側に引き渡すことにより、また(穏健な場合には)宗教はあらゆる点でフェミニスト的でありリベラルであるとさえ主張することによって、彼女自身の政治目標をさらに妥協させている。最後には、彼女が最も強い分野の議論、すなわち、男女の平等の議論を捨て、議論好きの形而上的論争に足を踏み入れる。そのようなことをする必要もないときに、どうしてそんなことをするのだろうか。

しかし、世俗的人道主義に伴う困難は実践的なものや政治的なものだけではない。次の三つの議論がより深いレベルで疑問を投げかける。まず第一に、宗教的ケイパビリティの本質的価値に関わる議論である。信仰の自由、宗教団体に属する自由、宗教活動を行う自由は、人間の中心的ケイパビリティに属する。宗教的ケイパビリティは多面的であるため、私はこれらをリストの「感覚・想像力・思考」のカテゴリーや「連帯」のカテゴリーに含めた。このように分けるのは、宗教がこれらの一般的なケイパビリティの目標を追求する上で極めて重要な手段のひとつではあるが、保護に値するような唯一の手段ではないと考えるからである。[24] しかし私は、それは、政治目的のために守られるべき最も重要な一般的ケイパビリティのひとつの形態であると主張したい。自分自身の方法で人生の究極的な意味を理解しようとすることは、真に人間的な人生の最も重要な側面の一つである。歴史的にこのことが最も頻繁に行われてきた方法のひとつが、信仰とその実践を通してである。従って、これらの実践に重荷を課すことは、多くの人々の究極的善の探求を禁じることになる。宗教は、芸術的・倫理的・知的表現のケイパビリティとも密接かつ豊かな形で結びついてきた。それは、家族やもっと大きなコミュニティで若者の道徳倫理教育が行われる中心的な場所であった。最後に、文化の継承の中心的手段であり、他の形態の人間的連帯や結びつきの非常に貴重な支えとなってきた。従って、宗教を攻撃することは、人々の道徳的・文化的・芸術的・精神的生活を骨抜きにしてしまう危険性がある。たとえ世俗的国家において宗教に代わる表現と活動の手段があったとして、市民から信仰の自由を奪うような国家はこれらの重要な領域でひどい間違いを犯していることになる。

政治目的としてケイパビリティ・アプローチは、宗教的機能ではなく宗教的ケイパビリティや宗教的機会を目指す。そして、適切な人間の機能を追求するのかどうか、それを宗教によって追求しようとするのか、あるいは世俗的活動を通して追求するのかは人々の選択に任されることになる。政治目的として、私の考えるリベラルな国家では、人々は善についての宗教的構想と非宗教的構想の両方を追求することができるし、あるいは全く明確な構想を持たないこともできる。しかし、これらのケイパビリティのひとつの形式として宗教的形式がすべての人々のために保障されなければならないと主張すること自体、宗教的機能が多くの場合に高い本質的価値を持っていると認識していることを示している。すなわち、宗教による価値の構想は、人間の力の表現として考慮すべき妥当な構想に含まれるのである。

宗教は人々にとってアイデンティティの主要な源泉であり、非常に重要なものなので、「人間を尊重する」という議論がその本質的価値の議論を補足する。もし私たちが人々に向かって「あなたたちはあなたたちのやり方では人生の究極の意味を定義できない」などと言うならば、たとえ私たちが自分たちは正しいと信じ、人々のやり方がよい方法ではないと確信していても、私たちは人々に対して十分に尊敬の念を示すことにはならない。この意味において、世俗的人道主義者の考え方は、極めて非リベラル的である。第1章で政治的リベラリズムの方が包括的リベラリズムより好ましいとしたのは、まさにこのような考えからである。世俗的人道主義者の考え方は、包括的リベラリズムの一形態なのである。人々が望むいかなる方法によっても人生の究極的意味を追求することを許すような国家が存在しないことは明らかであり、特に、それが人を傷つけるような場合にはそうである。しかし、世俗的人道主義者はしばしば正反対の間違いを犯し、人を傷つけるような恐れのないときでさえ、宗教を拒否し、宗教に対して敬意を払わない。たとえ、そのような立場が正しく、特定の宗教的信念(あるいはすべての宗教的信念)が時代に逆行する迷信に過ぎないとしても、それを信じる人々がそのような形で真理を追求し、自発的に決定することを認めないならば、私たちは人々の自律を尊重していないことになるだろう。ローマ・カトリックの思想家ジャック・マリタンはこの点を次のように表現している。

ある人がひとつの真理や真理であると思うことを堅く信じているとき、この人が、そのような真理を否定する人々が存在し、彼に反駁し、彼ら自身の意見を表明する権利を認めるとき、それが真理から自由であるという理由によってではなく、彼ら自身のやり方で真理を探求しているという理由からそれを認め、そして人々の人間性や人間の尊厳を尊重し、彼らが彼の愛する真理に到達すること(いつの日かそのようなことが起こるならば)を潜在的に可能にする知性や良心の源泉を尊重するという理由からそれを認めるとき、真の意味で寛容性が存在する。(25)

フェミニストたちが宗教を単なる「大衆のアヘン」として拒否するとき、宗教的な女性たち(そして男性たち)の「良心の源泉」を十分に尊重していないと私は感じる。

最後に、「宗教の内的多様性」からの議論がある。宗教を周縁化しようとする世俗的人道主義者は、宗教を女性の進歩の敵として扱いがちである。そうすることによって、彼女たちは敵である伝統主義者に対して最も不幸な譲歩を行う。両者は、宗教を反動的で、しばしば極めて家長制的な声と同じであると定義する点で一致することになる。[26]すでに述べたように、これは実践上の誤りである。このようにして人道主義的フェミニストは、宗教的伝統の中で変化（あるいは今よりも良かった初期の規範への復帰）をもたらそうとする企て全体を愚かな時間の無駄と考えていることを示すことによって、最も影響力のある盟友になったかもしれない人々を遠ざけてしまっている。しばしば彼女たちはそのような異議を唱える声そのものを無視している。[27]しかし、彼女たちの誤りは、宗教的伝統とは何かについての理論的誤りである。第1章で、私は文化内部の多様性と対立を無視して同質的なものとして扱うことの誤りを批判した。全く同じ点が、宗教的伝統についても指摘できる。いかなる宗教的伝統も、権力と、羊のように従順な追随者のみによって成り立っているわけではない。すべて宗教は、議論、信念や実践の多様性、複数の声（それは女性の声を含み、その声はいつもはっきりと聞いてもらえるわけではない）を伴っている。さらに、すべての宗教はダイナミックに変化している。宗教では、人々が献身的に究極の意味を追求するため、参加者が追求する意味が変化すれば、それに応じて宗教も、少なくとも何らかの方法で変化していく。それは共同体の組織でもあるため、その宗教を信仰する人々が住みたいと願うような共同体についての判断が変化すれば、それに応じて宗教も変化する。[28]何がユダヤ教徒として、イスラム教徒として、あるいはキリスト教徒として重要であるかは、いかなる方法によっても過去から読み取れるものではない。それぞれの伝統は、変化の程度と性質において様々であるが、それぞれの信者がどこに向かって進みたいと望んでいるかによって、それを定義することができるだろう。

従って、改革派ユダヤ教やユダヤ教再建主義者が、神のことを「彼」ではなく「あなた」と呼び、（三人の）父親とともに（四人の）母親を認めたという事実を考慮しないユダヤ教評価は、ユダヤ教の伝統についての誤った評価である。(29) この議論からすると、世俗的人道主義フェミニストたちがユダヤ教を父権主義的であると言うとき、それは間違った解釈をしていることになる。同様に、正統的でないユダヤ教のグループを認めようとしないイスラエルの政治勢力も間違っている。(30) ローマ・カトリックの伝統を原則として反セム族〔ユダヤ人〕的と見なす解釈は、現在のローマ教皇の言葉や行動によって促進されている最近の教義上の進化を無視している。ユダヤ教徒は、ヒョウが斑点を変えられるかどうかを疑ってみてもかまわないが、現在、起こっていることに耳を閉ざすべきでない。同様の進化は司祭職における女性の役割についてもいつか起こるかもしれない。現に多くのキリスト教徒は、そのような変化を支持している。そのような変化、もちろん主要なプロテスタント諸派の多くですでに起きている。(31) ラーマが一つの中心的神であると主張したり、ヒンドゥー教は、マヌ法典に示された女性に対する嫌悪の伝統から原則として切り離すことはできないと主張したりするようなヒンドゥー教のいかなる解釈も間違った解釈であり、いつの時代にもヒンドゥー教に常に見られる地域的、時間的、イデオロギー的な多様性を無視している。そこには、男女の平等を求めて運動した人々、例えば、一八世紀のラムモフン・ローイ、二〇世紀初めのラビンドラナート・タゴール、現代のイラ・バットのような人たちの宗教的献身が含まれる。これらの人々は皆、自分たちのことを真のヒンドゥー教徒であると考えていて、ただ歴史や文化の歪みから免れているだけだと理解している。(32) イスラム教を本質的に矯正しがたいほどの女嫌いであると見なす解釈もまた、原理主義者の声(しばしば、彼ら自身の偽りの解釈を本物であるかのように伝えている)をイスラム全体の声と取り違え、聖典の原句を無視している(例えば、あまり権威のない解釈ではなく、コーランそのものに立ち戻ることによって、女性にも平等な相続が保障されるようになったという事実や、コーランもハディースも男と女は唯一の本質的な性質を共有していると見なしていたという事実を無視している[33]。このような無視は、人々に対して失礼であり、この理由だけでも反対すべきである。しかし、間違いであることは単純に悪いことである。

世俗的人道主義にこのような実践的理論的問題があるとすると、伝統主義的フェミニズムの方はどうだろうか。興味深いことに、後者も同じような問題を抱えている。この後、詳しく見ていくように、実践的な意味で、ひとつの宗教的伝統内部で批判的に異議を唱える声を無視し、宗教的伝統を最も家長的な要素と同一視し[34]、それぞれの伝統が持つダイナミックな性質を認識していないということは、不和を生じさせる原因となる。イスラム教やヒンドゥー教におけるこのような態度は、現在のインドで宗教グループ間の関係が悪い状況にあることと関係している。このことに関しては、外部の者による無知な表現と少なくとも同じくらいに、伝統内部の人たちによって伝統が静的なものとして狭く表現されていることも非難されるべきである。同様に、女性の役割について伝統主義的な立場をとる者は、実り多い同盟を追求できるところで分裂してしまうという現実的な政治的誤りを犯している。なぜなら、すべてのフェミニストたちは、物的な福祉の領域では共通の目標を持っているからである。

理論的な領域でも同様の問題が見られる。伝統的フェミニストたちは、それぞれの伝統の中の最も家長的な要素を取り除いたとしても[35]宗教的目的を探求する多くの方法があるのを認めず、世俗的人道主義者と同じように女性の宗教的ケイパビリティの本質的価値を軽んじているように見える。イスラエルの急進的正統派ユダヤ教徒が、ユダヤ教保守派や改革派に対して結婚や離婚や改宗などの領域で信仰の自由を否定するとき、彼らは宗教的ケイパビリティの本質的価値を軽視している。同じように、ヒンドゥー教・イスラム教・キリスト教の伝統主義的権威は、自分たちの方法が唯一の正当な方法であると規定することによって、意見を異にする者たちが彼ら自身のやり方でやることの価値を軽んじている。この間違いは、単に本質的価値を侵しているだけではなく、原理主義者に典型的に見られるように、たとえ批判的なやり方が正しい方法から間違った方向に向かって踏み出していると考えたとしても自分自身のやり方で善を追求する者として尊重されるべき人々に対してひどい攻撃をしかけていることになる。最後に、伝統主義者はしばしば自分たちの伝統を大幅に簡素化したり書き換えたりしているのは明らかであり、それは世俗的フェミニストたちの読み違えがやっているのと同じように、多様性とダイナミズムの両方を否定し、伝統と歴史を歪めてしまっている。

伝統主義者の見方には、世俗的人道主義者の見方にはないもうひとつの問題がある。すなわち、少なくともいくつかの政治形態において、それは他の人のケイパビリティを踏みにじっており、女性の生活の質を決定する幅広い自由を(意図的に偏った解釈をすることによって)宗教に与え、それが人の尊厳や平等だけではなく、健康や生きる糧や身体的保全をも脅かしているということである。世俗的人道主義者は、少なくとも賞賛に値する目標によって動機づけられている。すなわち、女性に対して完全な権利とケイパビリティを保障することであり、そこには男性にはすでに認められているものの他に、ジェンダーに特有の虐待から女性を護ることも含まれる。世俗的人道主義者は、その過程で、宗教的ケイパビリティや人に対する敬意に関わる重要な領域を軽視していると私は論じてきた。(36) 彼女たちはしばしばこの事実を十分に認識せずに、女性に平等な市民権が与えられることを目指している。女性の問題に関する限り、伝統主義者の側に、動機の背後でこれほど積極的なものがあるとは思えない。宗教的伝統の側に、固有の精神的倫理的価値が女性に対する危害や不平等を必要とするというような趣旨の真剣な議論を見出すことはほとんどできない。メアリー・ロイに与えられた不平等な相続権が崇高な目標であり、キリスト教徒の信仰にとって必須のものであるというようなことは論じられたことがない。同様に、一夫多妻制や児童結婚がヒンドゥー教の精神的価値にとって必須のものであるというような議論や、シャー・バーノーに月々の生活費を払わないことがイスラム教では重要なことであるというような議論も聞いたことがない。伝統主義者の議論はそう論じるのではなく、伝統的な宗教裁判所や宗教的権威の力を保持することの価値をほのめかすだけであり、それは倫理的観点からは基本的な人間のケイパビリティの価値よりもはるかに疑わしい価値である。そして、その議論は、女性が単にその宗教にたまたま属しているという理由だけで、財産権や生活費や、あるいはその他の何であれ、女性が差別を受けることを許すという逆説的な結果に導かれる。これは、その伝統に固有な倫理的価値に対して敬意を示す方法としては疑わしいものである。私たちはある点で線を引き、これらのアプローチが「フェミニスト」という名に値しないということをはっきりさせなければならない。その点とは、伝統的規範が女性のためになるという見せかけの議論さえしなくなるときである。真剣な倫理的議論がなされるとしても、それはたいていの場合、間接的なものであり、伝統的な権威や裁判所の力は、その伝統内の他の価値ある側面を維持するために必要であると主張するだけである。(37)しかし、そのような主張は経験的なものであり、慎重に検討しなければならないものである。

3　私たちを導くふたつの原理

このようなジレンマを解決しようとすれば、それはまずジレンマの両側に価値を認め、本当のジレンマであると見なすことから始めなければならない。私は、宗教的ケイパビリティと、宗教的な生き方を選択した女性と男性の本質的価値を尊重する(政治的リベラリズムの基本的コミットメント)と同時に、伝統的な宗教文化においてしばしば奪われがちな女性のケイパビリティの重要性も同じように真剣に考えなければならないと論じてきた。伝統的なものであれ批判的なものであれ、また女性のものであれ男性のものであれ、それぞれの宗教的伝統の内部には多様な声が存在することを理解し、尊重しなければならない。従って、宗教と女性の利害対立の複雑さを考慮しないような考え方に対しては初めから懐疑的にならざるをえない。

ふたつの原理が私のアプローチを導いてくれる。最初の原理は本書の初めから用いてきたもので、「ひとりひとりを目的とする原理」であり、第1章では「ひとりひとりのケイパビリティの原理」と呼んだものである。すべての中心的ケイパビリティと同様に、宗教的ケイパビリティも、まず個人のケイパビリティであって、グループのケイパビリティではない。私たちが最も基本的に考慮しなければならないのは、個人の良心の自由であり、信仰の自由である。宗教的機能は(政治的機能や家族内での機能と同様に)人と人との関係や人との相互作用を持つものであり、しばしば目的を共有するものであるが、大事なのは個々人のケイパビリティであり、これらのケイパビリティが満たされるべきものも個々人でなければならない。政治や家族について言えることが、ここでも言える。例えば、グループにとって組織的な善であったとしても、もしそれがそのグループに属する個々人にとって善でないならば、受け入れることはできない。リベラルな民主主義に生きる市民は、政治的権利と自由は、一部の人たちだけではなく、すべての人々が享受すべきだと考える。宗教に置き換えると、すべての人(個々人の意味で)[38]が良心の自由と信仰の自由(および、その他のケイパビリティ)を享受すべきだということになる。従って、ひとつの解決策が、ある宗教グループにとって望ましいかどうかは、そのグループに属する個々人の宗教的ケイパビリティ(および他のケイパビリティ)を実際に促進するかどうかによってテストされなければならない。一部の人たちのケイパビリティを組織全体の目的よりも下位に位置づけることは、その人たちの生活の中心的ケイパビリティを侵していることになる。

強調しておかなければならないのは、宗教的機能が受け入れられるためには、宗教グループの気ままで依怙地な一員という意味で個人主義的でなければならないと言っているのではないということである。そのように宗教的機能とケイパビリティを解釈すると、人々が自分自身を権威やヒエラルキーに従属させて善を追求する道や、自分自身の目的を集団の目的に合わせて善を追求する道を閉ざしてしまうことになるだろう。私が論じているのは、個人に焦点を合わせることによって排除すべきなのは、例えば、個々のヒンドゥー教徒やユダヤ教徒の良心の自由を否定して、ヒンドゥー教やユダヤ教の善を追求するようなアプローチである。例えば、イスラエルが、ユダヤ教改革派や保守派に対して法的な承認を与えていないことは、この原理に反している。その主張は、強いユダヤ教のためには、各ユダヤ教徒が結婚や改宗や離婚に関して独自の方法で礼拝を行うことは禁じなければならないというものである。これが本当に強いユダヤ教に結びつくのかは疑問である。確かなのは、それが私の原理に反するということである。[39] また、人が生まれによって決められた個人法体系から先祖の資産を分離できないという理由で、個人がある宗教から他の宗教に移ることを認めていないインドのやり方も同様である。

宗教的な事柄に関して個人に焦点を合わせるという私の提案を考える上でいい例は、アメリカのふたつの憲法的原理、すなわち、国教樹立禁止条項と信仰の自由である。国教樹立禁止条項の目的は、支配的な宗教グループがその政治的法的力によって人々の良心や行動に介入することを防ぐことであり、信仰の自由の目的は、信念や信仰が公的活動によって妨げられたり、重荷を背負わされたりするのを防ぐことである。これらの条項が確立するまでの道のりは困難で曲がりくねったものであったことはよく知られている。ときには、両者がお互いに衝突することもあったし、ふたつの条項が示唆する議論が分かち難く結びついていることもあった。しかし、最も抽象的な言葉で私たちが言えることは、両者が目指す体制は、宗教的なものであれ世俗的なものであれ、様々なタイプの集団が圧力をかけようとも、すべての人の良心の自由は侵してはならないということである。これから見ていくように、この伝統が認識しているのは次のような事実である。すなわち、個人の信仰の自由を否定することは、その個人の属するグループや伝統を破壊することであるという事実である。ここにグループの価値が考慮すべき要因の中に入ってくる。[40] しかし、それはそれ自身の権利によって目的となるのではなく、それが個人の良心という価値に優先されることは許されない。

私の二番目の原理は、私が「道徳的制約の原理」と呼ぶものである。宗教は、多くの基本的構想において敬意と保護が与えられており、私の構想においてもそうである。このように敬意を払うひとつの理由は、宗教的な人々にとって宗教は究極的な善を追求する上で極めて重要なものだからである。しかし、このように敬意を払うもうひとつの理由は、宗教は生活の中で道徳観を伝達し、育むという役割を果たしているからである。ヒーラ・ナワズが述べているように、主要な宗教はすべて、その核心的なところでは人々の生活に関心があり、主要な伝統のすべては、人々の生活の行いを改革し改善する試みであると捉えることができる。さらに、すべての主要な宗教は、人々の苦しみに対する哀れみと、罪もない人々が苦しむことは間違っているという考えを持っていると付け加えても言い過ぎではないだろう。最後に、すべての宗教はある種の正義観を持っていると言える。これは、宗教が信仰や祝賀や喜びや瞑想等、その他のことには関心がないということを意味しているのではなく、少なくともある部分では道徳的だということである。

政治の分野において宗教に対して敬意を払うのは、単に宗教の道徳的役割によるのではなく、また政治的リベラル派が道徳的役割は国家の中心的課題であると主張しているからでもない。そのように主張することは、宗教的伝統に対して受け入れがたい家長的態度をとることになる。しかし、政治的構想の核心にある道徳的理解を共有することのできないような宗教的カルト集団は、宗教という栄誉ある名前には値しないと判断するだろう。このような理由によって、アメリカの法律は悪魔崇拝的なカルトやそれに関連するグループに対して宗教の資格を与えることを一貫して拒否してきた。サイエントロジーに関する論争も似たような特徴を持っている。この組織は疑わしい反道徳的なものであると政府が判断する限り、政府は宗教という栄誉ある地位を与えることを拒否し続ける。アメリカの法律の下では、包括的な倫理観や政治観だけでは宗教の要件としては不十分である(このような状況に対して私が感じている不安については後に述べる)。しかし、実際には、生活上の行為に関する非伝統的な体系的考え方は、結局は包括的倫理観との区別が困難であり、徴兵委員会ではふたつのケースに宗教的地位が与えられた[41]。神の崇拝は要件ではないとこれまでもはっきり述べられてきた。そうでなければ仏教や道教は保護されなくなってしまうが、実際には明らかにそういうことはない。つまり、私たちが宗教を保護しようとするとき、宗教とは何かという定義には道徳的制約が適用されているのである。

さらに、ここで私にとって関心があるのは、そのような制約は、すでに容認された宗教についても当てはまるということである。たとえ、あるグループがはっきりと宗教として見なされているとしても、もしそれが道徳的理解を越え、特に基本的構想の核心部分にあるものから逸脱するときには、それはもはや国家の保護を求める権利を喪失したと判断される。だから、アメリカの基本法は、政府が宗教に対して税制上の優遇措置を与えるとき、一貫して人種的な差別やヒエラルキーは宗教の正当な特権であるという主張を否定してきた[42]。インド国憲法も、アメリカ憲法と同じように、宗教に対して保護を与えるだけでなく、不可触民というものを違法としている。ヒンドゥー教は、ひとりひとりが等しい価値を持っているという基本的理解に基づく道徳的制約の下で保護される。妻の殉死を禁じる法律は、そのような考え方を反映している。

第1章で展開した政治原理の考え方に従って、私たちは道徳的制約を中心的ケイパビリティのリストによって次のように理解することができる。すなわち、もしある宗教の慣行が主要なケイパビリティの領域で人々を傷つけるならば、私たちはその宗教に対して敬意を払うことは拒むべきだということである。明らかに問題なのは、その慣行がその宗教に属さない人たちを傷つける場合である(例えば、ヒンドゥー教徒が、特定のカーストの規範が禁じているという理由で、そのカーストの女性すべてに対して外出することを禁じるような場合である)。しかし、その同じ宗教の信者に対して害を及ぼし、中心的ケイパビリティが著しく侵害されるときも同じように問題である。特に、その慣行の自発性を疑う理由があるときはそうである[43](個々のメンバーがその宗教に不満を感じたとしても、そこから抜け出す機会がないような場合には、このような問題は特に憂慮すべきものとなる)。従って、ヒンドゥー教徒がヒンドゥー教徒の女性に対して外で働くことを禁じていることについては、もっと批判的に検討する必要がある。特に、女性が監禁状態に置かれていたり、そうするように脅迫されているような場合や、女性たちが自分をヒンドゥー教徒であることを止めたいと思っているにもかかわらず、そうする機会が与えられていないような場合にはそうである。

形式的には、そして政治的構想の核心部においては、「道徳的制約の原理」は宗教内部のことに関しては何も言わない。政治的リベラリズムがそうすることを認めない。なぜなら、公共的な政治的構想は、基本原理の外にある善に関わる論争についてはどのような立場もとらないからである。しかし、道徳的制約の原理は、同一の宗教の信者間の対話の場や、また異なった宗教間の討議の場で用いることができるような非公式的な社会的な系を持っている。宗教グループの特権について語るとき、私たちにとっての最大の問題のひとつは、それがどのような場合に正当な宗教的課題となり、どのような場合に文化的政治的課題となるのかということである。宗教は、政治や文化と複雑に絡み合っている。たとえ宗教が権威ある文書に基づいていたとしても、その解釈や制度化された伝統的慣行には文化や政治が入り込む。ユダヤ教徒の間でも、本当の宗教的伝統と文脈的歴史的に作られたものとをどこで線引きをするかについては意見が分かれている。同様の論争は、キリスト教徒の間でもイスラム教徒の間でも見られる。多くの人たちは、いずれの場合も、少なくとも伝統や文書の一部でさえも歴史的文化的に作られたものであり、特定の時期の善の概念を反映しており、私たちの時代の言葉に翻訳されなければ有効なものとはならないと考えている[44]。ヒンドゥー教では権威ある文書がないために、人々の不完全な政治的欲望によって強力に吹き込まれた歴史的文化的なものの積み重ねから、必要な宗教的核心部を取り出すということが(全く不可能というわけではないが)困難になっている。

ある宗教家や宗教団体が宗教の名の下に行うことを切に望んでいる活動の権利を取り上げようとするとき、その人たちが本当に宗教的に考えているかどうか、その宗教の核心部を正確に理解しているのかどうか、あるいは単に政治的権力を握ることに一所懸命になっているだけなのかどうかを判断するのが役に立つ。しかし、それを判断するのはさらに難しい。時には、はっきりした答えはないかもしれない。裁判官にはそれを判断する十分な資格はないかもしれない。一般に、裁判官は宗教家がその宗教において正当な信仰の自由であると主張するものに対しては正しく敬意を表する[45]。裁判官が「道徳的制約の原理」を政治目的に使うときには厳密に限定された正しい使用法を守っている。しかし、もっと非公式な社会的対話では、はっきりした立場をとることがしばしば重要になる。メアリー・ロイのような遺産相続の要求がキリスト教の信仰を危うくすることはあるだろうか。あるいは、それは収入を維持したいと考える教会の指導者の側の単なる作戦だろうか。ネルーやアンベードカルに反対する者は、ヒンドゥー教の本質について彼らよりも優れた洞察力を持っているのだろうか。あるいは、宗教裁判所の力を強化しようとしているだけなのだろうか。

この原理の「社会版」は、これらの問題についてさらに論じることを可能にする。それは、そのような論争を評価するとき、一見したところ、明らかに残酷で不公正に見えるいかなる要素(特に中心的ケイパビリティの領域において)に対しても懐疑的であるべきだということを示唆する。しかし、今や、単にそのような要素に対して国家は敬意を払わなくてもいいというだけではなく、その要素が本当にその宗教にとって中心的なものであるのかを追及しなければならない。あなたはあなたの宗教がそれを善として献身している、というかもしれない。しかし、私たちはそれに対して次のように論じることができる。それは明らかに悪いことなので、その宗教の中心的な目標を理解するならば、それが本当にその宗教の一部なのかは疑わしい。

このような社会原理は、たとえ主要な宗教がそれを支持しないとしても、貴重な原理であると私には思われる。しかし、明らかにそれは、西洋だけではなく、インドの宗教の歴史の中にも深く根ざしているものである。アショカ王(紀元前三世紀の王で、仏教に改宗した)は、不寛容な宗教的行為が宗教の名の下に行われているのを見て、他の宗教を傷つけることは自分自身の宗教を賞賛することにはならないと主張するために道徳的制約の原理に訴えた。

……他の人々の宗派はすべて何らかの理由により敬意に値する。そのように振舞うことで、人は自分自身の宗派を高めることができるし、同時に他の宗派に対しても役に立つことができる。もし逆の振舞いをすれば、人は自分自身の宗派を傷つけることになり、他の人々の宗派をも傷つけることになる。なぜなら、自分自身の宗派に対して敬意を払う一方で、自分自身の宗派の栄光を高める意図をもって他の人々の宗派の名誉を傷つける人は、現実にはそのような行為によって自分自身の宗派をひどく傷

つけることになるからである。(46)

言い換えれば、宗教家が自分自身の行為について何と言おうとも、宗教が要求することを間違っていると結論づけることができるということである。ヒンドゥー教徒であれ仏教徒であれ、不寛容な行為は、自分自身の宗教を傷つけ、賛美することにはならないのである。もしアショカ王が民主主義国家の人であったなら、もっと控えめに「そのような振舞いをする者には国家の保護を求める権利はない」と言うように助言を受けただろう。しかし、彼はこの原理の社会版をより強い形で非公式な用い方をしたために、それは極めて有効なものとなった。

同じように道徳的制約の原理に訴えかけたのは、アメリカ大統領アブラハム・リンカーンが南北戦争後に行った二度目の就任演説であった。(かつての)奴隷所有者も奴隷廃止論者も、どちらも自分たちのことをキリスト教徒であると考え、自分たちの根拠をキリスト教に基づくものと考えていた事実に触れて、次のように述べている。

両者ともに同じ聖書を読み、同じ神に祈りを捧げる。そして、お互いに争うときには神の加護を祈る。相手が額に汗して手に入れたパンを奪い取るために、公正である神にお願いするなどということは奇妙なことである。私たちは裁かれないなどと判断しないようにしよう。(47)

リンカーンもアショカ王と同じように実質的に次のように述べている。すなわち、自分自身の行為の宗教的性格について何を言おうとも、その行為自体が不公正であるなら、私たちはそれに対して極めて懐疑的であるべきだ、と。神は公正であるという考えが背後にあり、神が何を支持し、何を支持しないかという個々の考え方を制約している。神が本当に奴隷制を支持しているなどということは極めてありそうにないことである。[48] ここでもアメリカの裁判所は寛容に、人種差別主義者は税に関して政府の保護を要求する権利を失うと述べるだけである。しかし、宗教が悪を支持するために利用されているとき、リンカーンのようにこの原理をもっと強い形で使うことは重要である。キリスト教の指導者が奴隷制はキリスト教に反すると発言することは、公共理性の境界を越えているようには思えない。

道徳的制約の議論は、当然、女性の暮らしに関しても生じる。バングラデシュのひとりの若い妻は、ムラーに「男と一緒に田畑で働くことは宗教で禁止されている」と言われ、「もし本当にアラーが私たちに空腹のままでいるように求めるのであれば、アラーは罪を犯している」と答えた。彼女はもちろん、ムラーに対する懐疑を示そうとしたのである。彼女は宗教について、単に何人かの男たちにとって女が家の外で働くことが不適切に見えるという理由で、公正で正しい神が女性に飢えることを許すはずがないと考えていた。多分、公正な神は(いかなる場合にも明らかにコーランが求めているように)、彼女が生計を立てることを認め、男たちには彼女に対してもっと謙虚に接するように求めるであろう。[49] アラーは、その定義から罪を犯さないものであり、アラーが罪を犯しているということを示唆するような説は間違っている。一般に、このような議論は、すべての宗教においてフェミニストたちが変化をもたらすために典型的に用いてきたものである。もし神は公正で正しいということに私たちが合意し、そして、ある種の行いは甚だしく悪いものであることを私たちは示すことができるなら、そのような行いは宗教の核心部分にあるのではなく、それは人間の側の間違いであり、それは宗教自体を傷つけることなく正すことのできるものであるということになる。もちろん裁判長がこのようなことを言うのは良くないことである。裁判長の裁判の役割として、特に裁判長がヒンドゥー教徒の場合には、この原理をもっと制約的な政治的解釈に留めるべきである。しかし、自分自身の宗教の枠内で社会的に物を言おうとする女性は、この原理をもっと強い社会的解釈によって強力に用いることができる。

このような議論は、女性に関する限り、インドにおけるヒンドゥー教とイスラム教の伝統に広く見られるものである。一九世紀のベンガルの改革者であったラムモフン・ローイやイショルチョンドロ・ヴィダシャゴルが妻の殉職や児童結婚や一夫多妻制に反対したとき、その根拠はヒンドゥーの伝統の道徳的核心を思い出させることであった。イスラムにおける慎ましさについての道徳的議論でも、ロケヤ・シャカワット・ホセインが同じような議論を展開しており、宗教的伝統によって女性が隔離されていることを批判して、それがもたらす帰結は反対すべきものであると同時に真に道徳的な行為にそれは必要ではないことを指摘した(50)。インド国憲法では、多元的民主主義における根本的問題に適合するように、この原理をもっと限定的な政治的形式で用いている。それは、何がヒンドゥー教的であるかという議論には触れずに、ただ不可触民という身分を違法とするだけである。しかし、道徳的制約の議論は根本的な改革と関連して社会的に貴重な役割を果たす。

道徳的制約の原理を社会的に用いようとするとき、ある種の非道徳性がかつてはその宗教の信条や実践において絶対的に中心的なものであったことを否定する必要はない。例えば、女性の服従が多くの宗教で長い間、中心的な位置を占めていたこと、カースト制がヒンドゥー教の特徴の核心であったこと、人種的ヒエラルキーが末日聖徒イエスキリスト教会[51]の特徴であったことなどを否定するのは愚かなことである。私たちが言おうとしているのは次のことである。すなわち、宗教が人生において特別な位置を占める価値があるのは（そして政治や法律においても特別な扱いを受ける価値があるのは）、理想や志と関係があるからであり、道徳論争によってかつての理解の核心がシフトしたときでも生き続けるものがあるからであり、その進化を導くものが存在するからである。次節では、この原理のもっと限定的な政治的利用に焦点を合わせる。しかし、この原理のもっとインフォーマルな社会的形式は、宗教的な大変動の時期において論争に指針を与える上で重要な役割を果たすことを後に見ることにする。

4　政府の重大な関心事としての中心的ケイパビリティ

ここでこれまでの議論をもう一度、要約しておこう。私たちには、宗教への干渉を制限するふたつの制約がある。すなわち、宗教的ケイパビリティが持つ本質的価値の尊重と、宗教的な人々に対する人としての尊重である。しかし、私たちには別の方向、すなわち、宗教や宗教家の行動を監視するもうひとつの制約がある。すなわち、他の中心的ケイパビリティの尊重である。さらに、私たちを導くふたつの原理がある。すなわち、ひとりひとりのケイパビリティを大事にするという原理であり、中心的ケイパビリティによって解釈した道徳的制約の原理である。そして、最後に、世俗的人道主義者も伝統主義者も一般に無視している事実、すなわち、宗教そのものの中に存在する多様性や多元性である。ここから私は、私の主張するアプローチを記述し、それがこれらの制約を侵すことなく、私たちを導く原理に従う良い方法であることを論じようと思う。そして、三つのケースをどのように取り扱うのかを示そうと思う。

私の提案は、良い方法のひとつとして捉えるべきであって、必ずしもどの伝統にとっても最善の方法である必要はない。それはアメリカの法律の考え方を借用しているが、容易にインド国憲法の伝統にも適用することができる。なぜなら、インド国憲法は、基本的人権の解釈を含め、アメリカの法律学に大きく依存しているからである。しかし、明らかに特定の憲法の伝統を解釈することは、それが良いアイデアかどうかという以上の問題、すなわち、判例や文脈や歴史や制度的権能に関する問題が生じる。しかし、ここではこの大きな問題について考えることはしない。

私のアプローチは、一九九三年のアメリカ合衆国の「宗教の自由を回復するための法律」をモデルにしている。この法律は、アメリカ合衆国および各州のいかなる機関・省・公務員も「(一)政府の重大な関心を推進するためであり、かつ(二)少なくともその重大な関心を推進する上で最も限定的な手段であるということ」を政府が示さない限り、「個人の信仰の自由に対する負担は、たとえそれが一般に適用されるルールから生じたものであったとしても」禁じるものである。

この法律が、私自身の議論にとって中心的な関心事である少数派の宗教の保護への関心からどのように展開してきたのかを見るために、この法律が生まれてきた背景や現状について述べることにする。何年か前、憲法修正第一条の解釈に関する問題、すなわち、一般適用性を持った法律は、それが特定の宗教グループや宗教的個人の信仰の自由に対して「相当の負担」を強いることになると彼らが主張したとき、彼らに対してもそれを適用できるのかという問題が議論された。ほんの短い期間だけ、ＲＦＲＡが再確立したときと法的状況が、少なくとも理論的には、同じ時期があった。最高裁判所は、一般的適用性を持つ法律は、政府の重大な関心事を推進し、かつその負担が最小限の形で行われるときにのみ、人々の信仰の自由に大きな負担を課すことができるという判断を示していた。支配的なケースは、一九六三年のシャーバートとヴァーナーの間で争われた裁判(シャーバート対ヴァーナー訴訟判決)である。(52)

サウスカロライナのひとりの女性が、彼女の信仰している安息日再臨派の教えに従って、土曜日に働くことを拒否した。彼女は解雇された上に、適切な雇用を自ら拒否したという理由で国の失業給付への申請は拒否されてしまった。彼女は、国が彼女の信仰の自由を侵していると主張し、最高裁判所はその訴えを認めた。最高裁判所は、宗教的義務を破ることを要求するような条件を特定の給付金に結びつけることは、彼女の信仰の自由に対して大きな負担を強いていることになると主張した。さらに最高裁判所は、給付金に関する法律が、土曜日に安息日を祝う労働者に差別的な影響を与えることによって問題を複雑にしていると主張した。シャーバートの判決によって確定した法解釈の下では、その他の一般適用性を持つ法律も人々の信仰の自由を侵すことになった。この点に関する有名なケースは、*Wisconsin v. Yoder* の裁判で争われたアーミッシュの子どもたちに対する義務教育の問題であり、これについては後に述べる。(53)

しかし、一九九〇年に最高裁判所は、*Employment Division v. Smith* の裁判の判決において、方針を変更した。(54)このケースは、評判のよくない少数派の宗教に関わっており、合法的な薬物の使用に関わる威嚇的な内容を含んでいた。(55)このケースは、オレゴン州に住むアメリカ原住民が訴えたもので、ペヨーテを特定の儀式に使用することは彼らの宗教にとって必須であり、オレゴン州の薬物法の適用を(一般的にではなく、この儀式に関してのみ)免除するよう主張した。(56)彼らの宗教的な訴えの誠実性について、ペヨーテを使った儀式が彼らの宗教にとってどれだけ中心的なものであるかも議論されなかった。(57)スカリヤ判事の長々とした意見の中で、信仰の自由は原告を保護するものではないと裁判所は主張した。その理由は、「国家が規制することのできる行為を禁止する法律は、個人の宗教的信条によって免れることができると我々は主張したことはない」というものである。最高裁判所は、「政府の重大な関心事」という要件を拒否したのであり、立法者の仕事を極めて困難なものにした。[58] しかし、これに反対する者は、少数派の宗教を冷遇する危険性を強調し、[59] 憲法制定者たちが「相対立する考え方に対して可能な限り幅広く寛容であること」を保障することに関心を持っていたことを引き合いに出した。オコーナー裁判官はこの部分については反対意見に加わり、「重大な関心事というテストは、多元的社会において可能な限り信仰の自由を保障しようとする憲法修正第一条の要求を反映したものである。この要求を〝贅沢〟であると見なすことは、権利章典の目的そのものを侮辱することである」と主張した。このことは、私のアプローチにとって重要な契機となっている。なぜなら、私にとって、少数派の宗教を保護する必要性は、スミス氏に対する判決によって確定した解釈に対してＲＦＲＡによる十分な保護を支持する中心的な理由となっているからである。

この決定は人々の怒りを巻き起こした。[60] 一九九三年に上下両院の二党の圧倒的多数によりＲＦＲＡは可決され、クリントン大統領によって署名された。[61] しかし、一九九七年六月に憲法修正第一四条の下での議会の権限に基づいてこの法律は憲法に反するとの判断が下された。[62] しかし、ＲＦＲＡに含まれる原理については アメリカ国民の大多数の支持を受け続けているように見える。未解決の問題は、この支持をどう法律にしていくかということであり、特に、立法府と司法の衝突によって生じた制度的能力に関する困難な問題をどう解決するかということである。私は、それぞれの国はこの難しい問題をその国の伝統と憲法に照らして自分自身で解決すべきであると考えているので、この問題のこの側面については何も提案しない。

私自身のＲＦＲＡに基づく提案はふたつの部分からなる。第一に、宗教的ジレンマを処理するときの指針としてＲＦＲＡの原理を用いるというものである。すなわち、国やその機関は、国にとって重大な関心事であることを示せるときにのみ、宗教に対して重い負担を負わせることができる。しかし、第二の提案は、その国家の重大な関心事の基礎は、常に人々の中心的ケイパビリティの保護でなければならないということである。これが私たちの道徳的制約の原理の解釈であり、「国家の重大な関心事」という曖昧で形のない概念に内容を与えるものである。[63] 法律的な用語で言えば、中心的ケイパビリティとは憲法の保障する基本的権利のリストのようなものである。その多くはすでにインドやその他の国々の憲法に取り入れられているし、またあるものは、多くの国が署名している基本的人権に関する法律文書の中に取り入れられている。さらにあるものについては、法的な判例として取り入れられ、インドの憲法ではそうすることによって身体的保全について配慮している。従って、私の提案は、既存の法律の下でも様々な面で法的に実施しうる道徳的ガイドラインのリストとなっている。

この原理に基づいてスミス氏は別の形で訴えるべきであった。このケースでは、すでに見たように政府にとって重大な関心事と言えるようなものを立証できたわけではないし、中心的ケイパビリティを持ち出しても、実際以上に強力な議論をできなかっただろう。インドで見られた類似のケースは、ヒンドゥー教の春の祭りであるホーリー祭でマリファナの使用を合法化したケースである。この祭りでマリファナの使用を禁止することは政府にとって重大な関心事ではなく、それを禁じることはヒンドゥー教徒に対して大きな負担を強いることになる（ホーリー祭は、アメリカの原住民の儀式よりも社会秩序にとってはるかに重大な課題である。なぜなら、もし多数の民衆がマリファナで恍惚となれば、それが暴動や略奪行為につながりかねないからである。それにもかかわらず、インド政府がこの例外を認めたこと、そして混乱を防ぐことに重点を移したことは正しい判断であった）。この原理の例外扱いを支持する例として、軍隊においてヤムルカをかぶること[64]、刑務所において宗教的宝石類を身に着けること[65]、囚人に対し妥当な範囲で宗教的食事を提供すること[66]、などが挙げられる。一方、ボブジョーンズ大学のようなケースも起こりうるし[67]、実際に起こっている。人を辱め、烙印を押すような人種差別を根絶するという政府の目標は、中心的ケイパビリティの観点から政府の重大な関心事と考えられるべきである。私はインドにおける女性差別のいくつかのケースについて論じた後、宗教内部において女性差別を行うことの許容範囲はどのようなものであるかについて論じる。しかし、私たちにはすでにボブジョーンズ大学のケースというひとつの例がある。政府は、性別を理由に個人を辱めたり、烙印を押したりするような慣習に対して優遇措置を与えてはならないのであり、その慣習に参加する個人の自発性が確かでないときには特にそうである[68]。第1章ですでに論じたように、このような形の差別は、人が尊厳を持ち、屈辱を受けずに生きるための社会的基礎を傷つけており、「ケイパビリティの失敗」の直接的な形態である。

それぞれのケイパビリティの水準を適切に特定することの困難を私は全く無視しているわけではない。しかし、この困難は、基本的な権利や自由の最善の解釈を作り上げようとするとき、そしてどのような場合にそのひとつに重い負担を課すかを決めるとき、憲法の伝統の中でいつも直面してきたものである。その境界線を正確に引く最善の方法は、漸進的な方法であって、私たちの理解を深めるような多くのケースを当たる方法である。すでに述べたように、この進化の過程で立法府や司法の果たす役割について私は寛容である。そのような制度的な問題の答えは、それぞれの国における民主的な伝統に依存しているからである。

このふたつの部分からなるアプローチは私の示したガイドラインに沿ってうまくいきそうである。それは宗教的な人々や宗教的ケイパビリティの本質的価値を尊重し、国家の行為が信仰の自由に相当の負担を強いる場合には、国家に対して厳しい基準を課すものである。それはまた他のケイパビリティに関する要求をも尊重しており、信仰の自由に制限を課そうとするときも中心的な位置を占めている。それは、どのようなときに政府は正当に信仰の自由に負担を求めることができるかという問題を考えるとき、「ひとりひとりのケイパビリティを大切にするという原理」を尊重する。宗教指導者や宗教裁判の権威に対する干渉が、そのような負担とどう結びついているかについてはこれから見ていくことにする。最後に、それは「道徳的制約の原理」にも従い、もしある宗教が人の中心的ケイパビリティ（宗教的なものであれ非宗教的なものであれ）を侵すならば、私たちはその宗教に対して通常の敬意を払うことはできない。

私のアプローチに対する最も強力な反対は、スカリヤとスミスの判決で表明されたような立場から出てくるものである。スカリヤ判事の主張は、「国家の重大な関心事」でないときに、一般適用性を持つ法を破ることを宗教に認めるならば、それは宗教に対してあまりにも寛大すぎるというものである。合理的な基礎を持ち、中立的な（すべての宗教と非宗教的なものに等しく適用される）公法は、すべての人々が、その信念が何であれ、従うべきものであり、そうでなければ、法の免除を求める訴えが相次ぎ、公的な整合性や秩序と両立した形でこれらの訴えを処理する裁判官の能力を超えてしまうとスカリヤ判事は論じる。彼の議論が純粋に制度の能力に基づいている限り（例えば、彼は個別の州議会によって免除することには反対しない)、私は彼の意見に対して全く反対というわけではない。なぜなら、すでに述べたように、制度的な分業の問題は、それぞれの憲法の伝統の中で進化しながら解決されるべきものだからである。しかし、もしその議論が判決の恣意性に対する懸念や、一般適用性を持つ法に例外があってはならないという考え方に基づいているのであれば、それは宗教、特に少数派の宗教に対して十分な保護がなされていると は言えない。とはいえ、彼の議論は、この分野におけるいかなる提案も直面しなければならない大事な問題を提起している。それに対し、何が「政府の重大な関心事」であるかをケイパビリティに基づいてはっきりと説明することによって、彼の心配する危険性を下げることはできるだろう。もし宗教の役割に関して非常に寛大な私の解釈でも男女の平等に関して多くの宗教的行為が受け入れがたいと見なされるときには、そのような行為はスカリヤ判事のいっそう厳格な基準によっても受け入れがたいものであることを証明したことになるだろう。

いまや私たちは重要な問題に直面している。私のアプローチが求めているのは基礎的なケイパビリティの平等であろうか、それともその基本的な最低限の閾値を満たすことであろうか。言い換えれば、基本的なケイパビリティに関する男女間の差別が、政府の重大な関心事となるのだろうか、それとも現実に女性に極端なケイパビリティの欠如や困窮を強いる差別のみが政府の重大な関心事となるのだろうか。この問いに答えるために、ものごとを逆に見ていこう。一般に、国家が特定の宗教の信者を不平等に扱うとき、国家はその宗教に対して実質的な負担を課していることになる。シャーバートとヴァーナーの裁判の原告は、与えられるべき便宜を与えられなかったために、その機会を失っていた。しかし、その判決で、そのような便宜を図るために、特定の人々の信仰の自由を侵すような慣行を条件とするのであれば、それは信仰の自由に対して大きな負担を課すことになると認められた。信仰の自由か便益の放棄かという選択を彼女に強いることは、土曜日に礼拝することに対して罰金を科すのと同じであり、それはその罰金がいかに小さくても、またその個人の支払能力がいかに大きくても受け入れられないものである。このような不公平な扱いは、そのこと自身、間違っている。X氏の信仰する宗教を理由に、Y氏がくぐり抜けなくてもよい輪をX氏にくぐり抜けるように強いるのは、それだけでその宗教の信仰にとって負担となる(それは同時に国教樹立禁止条項の問題も含んでいるが、それはシャーバートの裁判では論じられていない)。他方、ケイパビリティについても同じことが言える。人間の中心的ケイパビリティに関して女性に対して異なった扱いをすることは受け入れられないし、たとえそれが最低限以下のレベルまで女性を押しやっていないとしても、そのような差別を取り除くことは政府の重大な関心事である。この点に関しては、インド国憲法は私たちと同じ立場に立っており、アメリカの憲法とは違って、性別に基づく差別を禁止する条項を含み、それを市民の基本的権利のひとつに挙げている。さらに、人種の場合と同様に、人を辱め烙印を押すようないかなる差別も、それ自身がケイパビリティの欠如を示すケースである。従って、その他のケイパビリティの外側の領域であっても、差別を許すような余地はほとんどない。ただし、宗教内部の選択のいくつかについては保護されるべきであるという議論を後で展開しようと思う。

5　非宗教、国教樹立禁止条項、バランス

最後に、私のRFRAに基づくアプローチは三つの困難な問題に直面する。まず第一に、特別な保護を

受ける必要があるのは宗教だけなのか、それともその他の表現的活動や真理を追究する活動もすべて同じような保護を受けることができるのかということである。私は中心的ケイパビリティに関する私のリストを提示したとき、宗教は、人生において最も大事なものは何かを理解するために思考力や想像力を活用するひとつの方法であると指摘しておいた。また、それはコミュニティを形成し、人との連帯を追求するひとつの方法でもある。しかし、宗教の他にも、包括的倫理観を伴うものもあれば、それほど体系だってはいない個人的な探究もあるし、詩や音楽やその他の芸術活動を伴うものもある。宗教的な信念の体系を、主義に基づき体系だった形で行われる非宗教的な信念や実践と区別することは困難である。宗教を敬意に値するものにしている特徴は、しばしばその非宗教的な信念の体系と実践である。さらに、たとえ宗教を優先する理由が、人々が意味やコミュニティを求めるときの宗教の役割にあるのではなく、超越的な権威に対する忠誠心にあるとしても(これは私の好む議論ではないが)[69]、このことによって、慣習的に宗教と呼ばれるものを、慣習的に非宗教的と呼ばれるものと区別する原則的な方法を見出すことはできないだろう。すべての宗教が有神論的というわけではなく、仏教や道教はその例である。スミスの裁判の判決がその支持者の一部にとって魅力的なのは、非宗教的な信念の体系に対して公正だという点である[70]。宗教に対して便宜を与える一方、ソローの哲学[71]に対して同様の便宜を与えないのは恣意的であり、不公正に見える。

アメリカ憲法ではこの問題は、国教樹立禁止と信仰の自由の二つの原理によって極めて複雑な形で、ときには極めて曖昧な形で扱われてきた。信仰の自由の要件に関しては、宗教には特別な敬意が払われてきた。しかし、宗教に対して非宗教的活動以上に特権を与えることは国教樹立禁止条項に反する可能性があるし、国教樹立禁止の問題に関して言えば、ある面では宗教の方が非宗教より権利を奪われている。例えば、ソローを称える公的な展示品には問題がなくても、モーゼやイエスを称えるような展示品は国教樹立禁止条項に反する可能性がある。政府が環境保護主義を支持するのは適切であったとしても、政府がキリスト教を支持することには問題がある。このように二つの条項は、ある程度、互いにバランスを保ってきた。最近になって、信仰の自由を理由に一般に適用される法を免除することは、「国教樹立禁止条項の原理に反し」、「後援したり支持したりすることを意味している」と論じられるようになった[72]。しかし、もし信仰の自由のみに注目するなら、宗教的ケイパビリティが支持される一方で、他の極めて似通ったケイパビリティが妨害されているとき、私たちは不安にならざるを得ない。私は国教樹立禁止に対しては中立的であることを提案しようと思っているので、このことは私のアプローチにとって特に深刻な問題となる。

ここにふたつの問題がある。ひとつは理論的道徳的問題であり、もうひとつは実践的問題である。理論的問題に関しては、非宗教的な信念や実践よりも宗教に対して特権を与える根拠は何もない。人間のケイパビリティに基づく政治的リベラルな政治構想は、人々が持っている善の包括的構想に対してえこひいきをしてはならない。私のアプローチでは、このことを反映させるために宗教を、広い範囲のケイパビリティを追求するために認められた方法のひとつと捉える。宗教は、すべての人々に対して護られるべきものとしてリストには掲げられているが、それ自身がひとつのケイパビリティであると捉えられているのではない。

しかし、実践的問題に関しては、宗教と非宗教的構想を平等に取り扱うには極めて大きな困難が存在する。宗教は普通、組織化されており、教義やその実践に関して広く受け入れられた体系を持っている。いかなる信者も、ある法律がその人の宗教を侵していると恣意的に主張することは許されない。そのような問いがいかに困難であろうとも、そしてそれがいかに困難な司法の行使を伴っていようとも、その問いは提起されなければならないし、実際にしばしば提起されてきた。ヨーダーの裁判では、アーミッシュのコミュニティの理解において仕事が中心的役割を果たすことを納得させた。スミスの裁判では、アメリカ先住民族のペヨーテを使った宗教的儀式の中心的役割を認めた。もし宗教的なものでなければ、そのような問題に答えることは極めて負担の大きなものとなり、しばしば明確な結論も出ないだろう。もし(例えば、ソローの場合のように)信念の体系が包括的であり文書に基づくものであるならば、それほど事態は悪くはないかもしれない。しかし、その他の完全に合法的なケースの多くでは、その要求を評価する仕事は極めて困難であり、いかなる裁判所や司法機関の能力をも越えているだろう。もしX氏が、彼の人生の意味を追求するために薬物によって恍惚状態になってマーラーを聴く必要があると言うとき、彼は全く真面目であるかもしれないし、宗教的儀式で薬物を用いる人たちと同じくらい道徳的に正しい根拠を持っているかもしれない。しかし、彼の意味の追求において、この行為の中心性を証明することは事実上、困難である。もしそのような例外を認めると、薬物法や徴兵義務やその他の一般的適用性を持つ法律は嘲りの的となってしまうだろう。

このような困難があることが、スミスの判決を支持する強力な理由となっている。少数派の宗教やその信者たちを冷遇する危険性は常に差し迫ったものであるために私は宗教に対して大きな敬意を払いたいと思っている。だとすると、この問題に対処するために私はどう提案すべきだろうか。暫定的に、次のような方法でこの問題を処理できるのではないかと私は考えている。まず免除の対象となる領域を宗教に限定する。しかし、宗教は広い意味に定義しておく。それには、シーガーが徴兵を免れたような無神論的信念も含まれる。[73] しかし、良心の自由に基づく行為が、宗教のように体系的で恣意的でないという特徴を備えているかどうかはやはり本質的なことである。従って、上述のマーラーのファンの例は、どんなに誠実であったとしても、やはり除外されるのである。

このことによって非宗教の受ける不利益は、表現の自由を護ることによって少なくともある程度までは軽減することができる。マーラーのファンは薬物法の免除を受けられないとしても、少なくとも自分の選んだ音楽を聴き、自分の選んだ本を読み、といった権利は護られている。意味や理解の追求という点で芸術や哲学における表現の利益は極めて宗教に似ているということを認識するならば、なぜそれらが表現の自由の法哲学において周辺的なものであってはならないかが分かるだろう。[74] しかし、この微妙な問題は、私たちの本来のテーマからはかけ離れたものである。なぜなら、私たちのインドのケースではすべて、明らかに宗教が男女平等を含む一般に適用可能な法律の免除を要求しているからである。

私たちの第二の困難な問題は、インドのケースに直接関わるものである。すなわち、宗教的体制に関わるものである。私はこれまで私のアプローチを信仰の自由のみによって示そうとしてきた。宗教の領域における中心的関心は、人間の他のケイパビリティよりも上位に置かれる宗教的ケイパビリティにあると論じてきた。しかし、一方で、アメリカのケースでは、表現の自由と国教樹立禁止のふたつの条項を組み合わせることが、何が宗教的ケイパビリティを護るのかについて考える良い方法であった。国教樹立禁止条項の背後にある動機は、支配的な宗教グループの政治的法的圧力によって人々の良心と実践が侵されることのないように護ることであり、信仰の自由の背後にある動機は、人々の信仰や崇拝が公共活動によって妨げられたり、負担を負わされたりすることのないように護ることである。そうであるなら、なぜ私はこれまで国教樹立禁止条項について黙ってきたのだろうか。その答えは、アメリカの状況で国教樹立禁止条項がどのような機能を果たしているかについて私がどう理解しているかにある。その機能とは、人々のケイパビリティを護るというものである。別の言葉で言えば、国教を禁止するということは、人の宗教的ケイパビリティをその他のケイパビリティとともに強化するもうひとつの方法であると理解しているということである。このアプローチが意味しているのは、その保護が国教を禁止する体制によって最も良く成し遂げられるのか、あるいは、限定的な国教化の体制の下で人々の平等と信仰の自由に対して十分な保護を与えることによって最も良く成し遂げられるのか、という問いは、それぞれの状況に応じたものでなければならないということである。少数派の宗教に対して不寛容であった歴史を考えると、アメリカの場合、国教を禁止する方式を強力に支持する方が賢明であるように思われる。その社会的文脈において、この体制のみが、真に平等な宗教の自由を人々に保障することができる。しかし、スカンジナビア諸国では、ルター派教会の体制の下で、純粋に世俗的な体制以上に、宗教的多元主義を護ってきた。これらの国は、教育における宗教的多元主義やその他の少数派に有利な手段の頼りになる擁護者であった。このことはインドの場合には決定的に重要になってくる。なぜなら、現在のインドの世俗主義的体制は限定的な多元的国教化のタイプだからである。特定の宗教には、それ自身の民法を持つ権利を与える一方、その他の宗教(あまりにも小規模であったり、あまりにも新しすぎて成文化された個人法を持っていないもの)は世俗的体系を用いている。次節において、私はこのシステムに対して条件つきの支持を与えようと思う。インドにおけるイスラム教徒の歴史を考えると、イスラム法を廃止することは、宗教的自由に対する巨大な脅威であり、イスラム教徒は対等な市民ではないと言うことであり、完全な国教樹立禁止体制であっても、事実上、ヒンドゥーが国教化された体制であることは明らかなように思われる。

いかなるタイプの国教化であろうとも少数派を屈辱的な地位に押しやることになると論じることができるかもしれない。たとえ他の者の権利が正しく護られていようとも、特定の宗教の信者が他の者よりも特権的な地位にあると公の場で宣言するかもしれない。これは見逃すことのできない重要な問題である。しかし、この問題もやはりその文脈の中で評価しなければならない。イギリスにおける反ユダヤ主義や外国人嫌いの歴史を考えると、イギリスでは多分、このことは正しいだろう。しかし、インドでは国教制を廃止することが、(すぐにではないかもしれないが)イスラム教徒は平等な市民ではないという意見につながり、相互の尊重や人々の調和を欠くことになるかもしれない。一方、インドにおいて全く認められていない宗教(ユダヤ教や仏教)は、認められていないがゆえに、それほどの困難には遭わないかもしれない。多くの点で、他の宗教より気楽かもしれない。なぜなら、単に世俗的な法体系に従えばいいだけで、法との摩擦を含む多くの困難な問題を回避することができるからである。

要約すると、もし国教樹立禁止の重要な問題が信仰の自由と人々の完全な平等にあるなら、国教を禁止することが、普通、これらの目標を達成するための最善の方法ではあるが、それが常にそうだというわけではないということである。

最後に、方法論上の大きな問題がある。私は、ケイパビリティのリストは、これ以上、減らすことのできない別個の項目のリストであり、その項目のひとつひとつは公共的構想によって本質的であると見なされるものであると述べてきた。ひとつの項目に多くを与えることによって他の項目を減らすことができるというようなものではない。もし政府のコントロールが効かないところでそのようなトレードオフを強いられたならば、悲劇的な出来事が起こると考えるべきである。それとは対照的に、複数の異なるケイパビリティの間でバランスのテストを行い、その選択が悲劇的になる必要のないことを示す方がよい。このことは、第1章で私がリストについて述べたことと整合的だろうか。

私は整合的であると考える。私が述べてきたケースはいずれも最低限度を越えた水準でのバランスの問題である。これから先、述べようとするケースも同様である。そこでは、他のケイパビリティ(例えば、平等な財産権や移動や義務教育)の重要性に注目するとしても、それは宗教的ケイパビリティを最低水準以下に押し下げることはない。しかし、このことは、そのようなケースが起こりえないというわけではない。ヨーダーのケースであっても、宗教が生き残っていくためには、全く受け入れがたい教育のアプローチ(例えば、中等教育を受けないこと)が必要であると主張するわけではないし、それは国家の重大な関心事として圧倒的な要求を引き起こすことになろう。第8節では、私のアプローチを用いたとき、ある場合には悲劇的な要素が含まれることを示そう。しかし、それでも、他のケイパビリティを擁護するために、宗教的な生活に受け入れがたいダメージを与えると見ることは正しくない。それは、ある面では宗教的伝統の動態的な特徴によるのであり、それは新しい状況が生み出すチャレンジに対処するために進化していくものだからである。

他のバランス・テストと同様に、私のテストも、特定のケースに応用して判断することを求める。「政府の重大な関心事」や「相当の負担」といった概念は、アメリカ憲法の下で典型的に持っている以上に、もっとはっきりした内容を持たせることができる。私はケイパビリティのリストを用いることによって、それをもっとはっきりしたものにしようと試みてきた。それにもかかわらず、その判断にはそれ以上、削減することのできないものが残っている。ロールズの考えに従って、「直観主義」の要素を含まない純粋に手続き的な解決を求める者にとって、このアプローチは多分、欠点のあるものに見えるだろう。たとえそれが、基本的な根本的価値を定めた後の政治的選択の段階で起こったとしてもである。私に言えることは、確かにこれは考えるに値する問題だということである。しかし、ロールズ主義者に対する答えとして、それは政治的善の諸要素の多元的リストにおいては避けることのできないものであると言いたい。ロールズ自身の基本財のリストは、私のケイパビリティのリストに比べて内容が薄い。しかし、それにもかかわらず、私のアプローチと同様に、立法の段階では対立が生じるだろう。例えば、信仰の自由は、完全に平等な機会の平等とは対立するだろう。従って、私は、直観主義に対するロールズの理論的攻撃が、実際にこの問題を取り除くことに成功しているとは思えない。また、私のアプローチが、受け入れがたいほどに直観(むしろ、評価と呼びたい)に頼っているとは思えない。

6　応用——三つのケース

私のアプローチでは、これまでに取り上げた三つのケースをどのように処理するのだろうか。その問いに答えるために、まず、宗教によって異なる独自の個人法体系があるということの問題にどう応用するのかを問うことから始めなければならない。アメリカとインドはかなり非対称的である。なぜなら、アメリカでは宗教が立法の責任を負うというようなことはかつてなかったのに対し、インドではイギリスによるインド統治以来、民法の多くの部分がそれぞれの宗教の管轄として認められてきたからである。これらの個人法体系によって支配される領域は、家族法(結婚の同意、婚姻上の権利、離婚、養子縁組など)、財産法、個人契約に関連する領域(特に相続など)を含んでいる。対照的に、個人法には商法、刑法は含まれない。なぜなら、イギリスは、早くからこれらの領域が自分たちで管理し、統一しておくべき領域であると見なしていたからである。個人法の体系をこのように維持し続けているということは、ある種の妥協であった。しかし、それは文化的多元主義を本当に認めていることの反映でもあった。[75]

その体系自体は様々な起源を持っている。イスラム法はムガール帝国の支配下にあった一三世紀のインドで成立している(ムガール人たちは、刑法を除けば、ヒンドゥーの慣習法によってヒンドゥー人たちを統治していた)。イギリスの統治下でイスラム法は修正が加えられ、特に一九三七年のシャリーア法によって、それまで様々な地域で使われていた慣習法はシャリーア法に置き換えられることとなった。対照的に、それ以前から存在していた地域的に様々な体系を持つインフォーマルなヒンドゥー法を成文化するという仕事は、イギリス人が行うこととなった。そして、ヒンドゥー法は、当時のイギリスの法学者によって用いられたモデルに(宗教関係法を含む)イギリス法の痕跡を多く残すこととなった。一八六四年にはパールシー教徒たちが自分たちの独自の個人法を用いる権利を勝ち取った。キリスト教徒たちは、インドにおけるキリスト教徒の出身の違いを反映して多元的なキリスト教の個人法体系によって統治された(例えば、ゴアに住むカトリック教徒たちには最近までポルトガルの民法が適用されていた)。ユダヤ教徒たちはかつて成文化された個人法を持ったことがなく、相続に関しては一八六五年のインド相続法が適用され、現在ではそれを独立後に引き継いだ法律が適用されている。[76]

独立当時、統一成文法を支持する動きもあったが、イスラム個人法の廃止はあまりにも微妙すぎる問題であり、インドはヒンドゥー教徒の国ではなく真に多元主義的な国であることをイスラム教徒に対して保障することは非常に重要なことであった。インド世俗主義の理想はいつも、国家は宗教に対して中立を保つことであり、政教分離ではなかった。従って、世俗主義にコミットしながら、しばらくの間、いくつかの宗教法体系を維持していくことは原則的に可能であるように思われた。結果として、統一民法という目標は、将来、「実現するために努力する」目標として憲法の中の非強制的な国家政策指針に入れられることになった。事態が沈静化し、人々がそれを受け入れる準備ができたときに、次の段階に踏み出すというのがその考え方であった。しかし、そのような段階にはいまだ到達しておらず、今のところ、むしろ五〇年前よりもその段階からはさらに遠い位置にいる(77)。

この個人法体系が機能する様はまるで迷宮であり、不公正なものである。その体系とは何かということで意見の一致する二人の法律専門家を見出すのも困難なくらいである(78)。しかし、ここでその一般的概要をまとめておく。まず、生まれたとき、子どもはいずれかの宗教グループに属することになる。普通、それは両親またはそのいずれかの宗教に合わせられる。普通は何らかの宗教が選ばれるが、全く宗教を指定しないことも可能である。しかし、一旦、ある宗教に登録されると、その子どもはそれ以降、その宗教の個人法体系が適用されることになる。一九五四年に特別婚姻法(この法律は様々な宗教指導者から彼らの権力を侵害するものとして反対を受けた)が成立してから、カップルは世俗的な結婚と離婚を選ぶこともできるようになった(もっとも、世俗法は改正ヒンドゥー法に極めて似ているのだが)。このことは、普通、世俗的相続法にも従うことを意味していると受け止められている。しかし、一九七五年にヒンドゥー指導者からの圧力により関連法が改正され、ヒンドゥー教徒のカップルは世俗的結婚を選んだとしても、依然としてヒンドゥーの相続法が適用されることとなった。改宗することは法体系を替えることにつながる。もっとも、ヒンドゥー教徒が一夫多妻の結婚をしたいためにイスラム教に改宗することは、今でもヒンドゥーの裁判所で二重結婚の罪に問われていて、最終的にどちらの法が適用されるのかはっきりしていない(79)。ヒンドゥー教に改宗しようとするケースは稀である。その大きな理由は、改宗したときにどのカーストに属することになるのかはっきりしないからである(80)。法体系間の移動を著しく困難にしているのは、世襲相続に関する取り決めであり、そこには(ヒンドゥー法体系で「相続財産共有」と呼ばれる)複雑な家族の権利が含まれる。この権利は個人が持っているものであるが、その家族内のひとりの個人が他の宗教に改宗したとしても、その権利は持って出ることのできないものである。このことは改宗や世俗的結婚・離婚や、子どもが生まれたときに世俗的アイデンティティを宣言することを思いとどまらせる働きをしている。

二つの柱からなる私のアプローチはこのような法体系一般に対して何を主張すべきだろうか。一方で、この種の世俗主義は、宗教的伝統に対して異常なほどの寛大さを持っていて、ヨーロッパや北米の民主主義には見られない自由度が与えられている。ほとんど「ヒンドゥー国家」と言ってもいいような国で、軽視されたり、不公平に扱われたりするかもしれないイスラム教徒の正当な恐れと、憲法制定の際にいくつかのヒンドゥー教の意識の強い地域で見られたイスラム教徒に対する敵意を考えると、このやり方は、統一民法を制定するよりも宗教の自由の観点から望ましいものであろう。他方、このやり方にも、大きな困難があり、今やそれは明らかである。第一に、ひどく困惑させるほど多くの法典が多数あるために、予想することすら非常に困難になっているという実施上の問題がある。第二に、そして私のアプローチにとってもっと重要なのは、宗教間(および宗教と非宗教との間)で人間の基本的ケイパビリティに関して不平等な扱いをしているのではないかということである。このような状況では、人々がその信仰する宗教に基づいて何らかの形で不平等な扱い、例えば、ヒンドゥーかイスラムかによって遺産配分や離婚の調停などで違った扱いを受けるのは避けられないように思われる。また、中央政府は、特定の宗教の特権を侵害することを恐れて、この状況を改善することを躊躇するかもしれない。そして、信仰の自由の大きなジレンマが生まれる。人は、イスラム教徒としてではなく、ヒンドゥー教徒として生まれることによって大きな負担を背負うことになる。しかし、政府がこの状態を改善できないのは、それを改善すること自体が大きな負担を背負わせることになると宗教側が主張するからである。

第三に、このシステムは、あるシステムから別のシステムへ移ること、あるいは宗教ではなく無宗教を選択することを困難にしている。このこと自体が、信仰の自由の大きな問題となっている。人々の人生は宗教に包み込まれているために、どの宗教に属するかという問題を良心の自由によって解決することができず、その意味で、人の行動の自由は妥協せざるをえない。イスラムの妻は、たとえ離婚法を好まないとしても、それを受け入れなければならない。同様に、ヒンドゥーの子どもは、世俗法の下で相続したいと思っても、そうすることはできない。

第四に、そして私の目的にとって最も中心的なのは、その他の基本的ケイパビリティの不平等(その中でも特に重要なのは男女間の不平等である)は、この多元的な分権的システムでは正すことがさらに困難だということである。すべてのシステムを一度に変えることは事実上、不可能である。しかし、もしひとつの宗教だけがまず初めに変わったとすると、すでに見てきたように、その宗教の信者は、多額の生活費を支払わなければならなくなったとか、一夫多妻制を否定されたと言って、自分たちは差別されていると主張し、他の宗教の信者は「特権」を受けていると主張するのは間違いない。一方、「特権」の程度が低いグループに平等の基準を合わせることによって「特権」を廃止しようとすれば、例えば、ヒンドゥー教徒の基準をイスラム教徒にも当てはめようとする悪意に満ちた試みと捉えられてしまう。興味深いことに、パールシー教徒に関しては、これまで数度に亘って両性間の平等に向かって相続法を修正し、一九九一年には完全に平等な法律になったにもかかわらず、このようなことは起こっていない。地域的な改革はヒンドゥー教においてもイスラム教においても起こっている。[81] しかし、ヒンドゥー教徒とイスラム教徒の間の不信感がつのっている現状では、国全体のすべての平等は、そのような局所的な改革では達成できそうにない。それとは逆に、実際にしばしば起こっているのは、下向きの凄まじい競争であって、それぞれのグループはすべての挑戦を退けることによって自分たちの力を誇示しようとしている。そのような法体制の下では女性のケイパビリティの平等を達成することは困難である。

一方、私のアプローチは、(a)中心的ケイパビリティに関わる男女の平等が保障され、そして実施され、(b)自らを無宗教であると規定したり、他の宗教に改宗したりすることを望む人に対しては適切な対応がなされ、(c)宗教間の平等が維持されるように引き続き努力がなされ、個人がたまたまどの宗教に属することになっても基本的なことで不利益を被ることはないという条件が満たされる限り、個々の個人法体系に反対するものではない。確かにこれらの問題を解くのは困難である。しかし、今日のインドにおいて最も有望なアプローチは、それぞれの法を維持したまま、絶えず警戒しつつ立法と司法の両面から制約を課すことを通してこれらの問題を解いていくことであるように思われる。[82] 激しく抵抗を受けそうな代替案は、すべての財産法を統一法の下に世俗化し、家族法についてはこれまで述べてきた条件をつけてそれぞれの法体系に任せておくというものである。このやり方は、自分の属する法体系から抜け出したいと願う人々にかかる負担をかなり軽減することに役立つだろうし、それによって宗教側に、その信者が受ける便益を増すことによって信者を引き止めるという新しいインセンティブを与えることになるだろう。

これらの問題を解決するひとつの価値ある戦略は、それぞれの宗教の法体系における男女平等という規範について公共の場でもっと対話を促進することである。このことは現在のところ、多分、インドが実際に批准している国際的な人権の文書と、インド国憲法に定められた「国が批准したすべての国際条約に従う」という条項に基づいて最もよく行うことができるだろう。セクシャルハラスメントに関して、最高裁判所は議会に対して「女性に対するすべての形態の差別を撤廃するための会議」（ＣＥＤＡＷ）で示された原則に合うように適切な立法を行うように命じている[83]。同様に、宗教法の側でもそれぞれの改革案の提出を求められ、それぞれの法体系をインド国憲法や国際条約の規範とどう調和させていくかを示すことになろう（ケイパビリティ・アプローチはこの文脈で用いることができる）。難しいのは、誰がそうさせるかという問題である。それは、宗教的バイアスを考えれば、現在の連邦政府ではないだろう。シャー・バーノーの裁判の歴史を考えると、それは最高裁判所でもないだろう。多分、関連するＮＧＯや女性グループが、多元主義を支持する政党と連携して、そのような対話を促進することができるのではなかろうか。

さて、ここで三つの事例に戻ることにしよう。

メアリー・ロイのケースはずばりそのものである。キリスト教会の主張は、個人の宗教的ケイパビリティに関わる主張ではない。裁判官やその他の政治関係者は、何が宗教にとって中心的であり、何がそうでないかについて判断する準備ができていないとしても、確信を持って言えることは、多くの税収をあげるという能力が宗教組織にとっていかに望ましいものであったとしても、それは個人の宗教的ケイパビリティとは関わりのないものだということである。何がキリスト教の核心であるかについて語ることがどれほど困難であったとして、制度化された教会を豊かにするという能力がその核心部にはないということについては合意できるだろう。新しい相続法によって教会の収入が減少したからといって、人々のキリスト教に対する信仰が負担を負うわけではない。たとえ減収によっていくつかの教会が閉じなければならなくなったとしても、そもそも教会がそのようなお金を集める権利を持っていたということ自体、問題だと言うべきである。もしキリスト教会が、その他の教会が享受している税制上の便宜を受けられないというならば、人種差別を行っている宗教系の大学がアメリカでは税の免除を受けられないように、そこには信仰の自由の問題があろう(84)。しかし、それは、ここで問題としている状況とは違う。キリスト教の相続法は、すでに存在している世俗法やヒンドゥー法やイスラム法に合わせて作られている。実際、大きな負担を負うのは、逆の立場の人たちである。最高裁判所の判決が出る前は、キリスト教徒の女性は、実質的にキリスト教徒であることによって罰金を課せられていたのと同じである。それは、アメリカの最高裁判所がシャーバートとヴァーナーの裁判で信仰の自由を侵害していると見なしたケースに似ている。ただし、この場合の「罰金」は宗教側がその囚われの信者に対して課したものである。

一方、財産を管理するという女性のケイパビリティは中心的ケイパビリティに属するものであり、たとえ表面上は他方に正当な権利があるように見えても、それは政府の重大な関心事である。メアリー・ロイ自身は非常に貧しく、従って、彼女の場合には、ケイパビリティの最低限が問題となることは明らかであった。不平等な財産権は、インドで広く見られる女性の貧困と苦しみの原因である。それは確かにヒンドゥーとイスラムの個人法の改正以前の状況であり、今日においても「相続財産共有」や家族の土地の共同所有に適用される規則の硬直性のために見られるものである。[85] しかし、たとえ財産を個人が管理し、それが最低限の水準を超えていたとしても、基本的ケイパビリティに関連して性別に基づく差別が行われていれば、それはケイパビリティの失敗である。従って、相続法は単に困窮している女性にとって問題なのではなく、そもそも憲法に違反していると言う方が正しいだろう。最高裁判所が真正面から男女の平等の問題に取り組むのではなく、どの法律が当てはまるのかという技術的な方法でこの裁判を処理してしまったのは不幸なことであった。それにもかかわらず、キリスト教徒の女性にとって出された結論は良いものであった。

ヒンドゥー個人法の改正はもっと困難な問題を引き起こす。ヒンドゥー教は様々な伝統的慣行の集合であり、その核心がどこにあるかは容易に特定することはできない。しかし、提案された改革は、明らかに非常に中心的な部分に触れることになる。例えば、事実上のカースト制の廃止や、一夫多妻制の否定、幼い少女との婚約の禁止、男性と同等な離婚の権利を女性にも認めること、[86] 未婚既婚にかかわらず、またいかなる男性の許可を得ることなく、家の外で仕事を探したり政治的な活動に参加する権利などである(娘に対して財産権を認めることでさえ、女性の経済的自立を促すことによってヒンドゥーの家族構造を損なうという理由で、宗教の中心に位置すると論じられる)。すでに承認されたヒンドゥー法体系では、一夫一婦制が義務づけられ、女性にも離婚の権利が与えられていると正しく強調されてきたにもかかわらず、そして、政府はいくつかの分野ではこの法体系によって現在優勢な法体系を置き換えようとしただけなのに、[87] 提案された改革案は多くのヒンドゥー指導者からの激しい抗議を巻き起こした。彼らは提案された変化そのものに反対しただけではなく、それがヒンドゥーだけに課されるものであって、他の宗教には課されないという事実にも反対した。[88]

メアリー・ロイのケースと違って、少なくともこれらのケースのいくつかに関しては、国家によって信仰の自由に大きな負担が課されたと見るべきである(一夫多妻制やカースト制の廃止、持参金を違法とする法律は、そのようなケースの中でも最も明らかなものである。なぜなら、これらはすべて大人が自分たちのやりたい方法で宗教的行為を行うことを妨げるからである。児童結婚は負担としては疑わしいケースである。なぜなら、子どもは小さすぎて意味のある合意をできないからであり、若くして娘を嫁がせることとは親の正当な宗教的権利とは見なすことができないからである。女性にとっての離婚の権利は、明らかに相当な負担を課していると見なすことはできない。なぜなら、信仰の自由は、他人に対して彼自身の宗教的意思を押し付ける権利を与えているとは見なさないからである)。さらに、その負担は単に宗教的組織や権威だけではなく、個人のケイパビリティにも影響を与える。この負担は中立的ではなく、特定のグループがその負担を強いられるのであり、具体的には、ヒンドゥー教以外の宗教が制約を受けないのに、ヒンドゥー教だけは制約を課されるのである。一方、カーストを廃止したときに見られるような、中心的ケイパビリティの問題が生じるだろう。財産権、(持参金に伴う暴力によって侵される)自分自身の体を守る権利、移動・集会・政治的参加の自由、対等な立場で結婚に同意したり離婚したりする権利、明らかにこれらはすべて改革を提案する際に国家が注意を払うべき重大な関心事である。一夫多妻制が身体の保全や不平等な経済的権利や不平等な人間の尊厳性と歴史的に結びついていたということを考えると、それも同様である。しかし、この場合、特殊な問題があって、それについては後で論じることにする。カースト制に関しても、基本的ケイパビリティ、例えば、平等な政治的権利、自由な職業選択の権利、教育と財産の権利、そして平等な尊厳と自尊心を持つ権利が再び問題となる。『ヒンドゥスタン・タイムズ』がコメントしていたように、「ヒンドゥー法案は、自由・平等・友愛の政治的理想を体現した新憲法に社会面で対応するものである[89]」。

私のアプローチでは、それほど中心的ではないことに関しては、国家はヒンドゥー教徒にヒンドゥーの伝統に沿って行動する自由を認めるべきであると考える（例えば、ホーリー祭でのマリファナの使用はそのようなケースであると私は論じた）。しかし、基本的な人の尊厳や平等に関わるところでは、アンベードカル（彼自身、指定カーストの出身であった）が正しく述べているように、国家はヒンドゥー教が自発的に改革するのを待っているわけにはいかないのである。「その他の事に関して何を採用したとしても、ヒンドゥー教がシュードラや女性を奴隷のような地位に貶める社会構造まで諦めることはないだろう。だから、社会を変えていくためには、法がその救済手段でなければならないのである[90]」。この決意は軽々しく捉えられるべきものではないし、実際にそうはならなかった。なぜなら、それは極めて重要な宗教的論点に関わっていたからである（アンベードカルは単なる世俗的人道主義の立場を採用したのではない。彼は、宗教に対して憲法が十分に保護を与えることを支持しており、それは明らかにイスラム教徒のために対等な市民としての地位を守るために必要だったのである）。少数派の権利のために政治的圧力をかけ、正当な関心を払うことが不均等な変化を生じさせることになったとしても、それについては理解できるかもしれない。しかし、原則として改革は差別的な形で行われるべきではなかった。他方、改革を行わなければ、ヒンドゥー教徒であるという理由で不平等な権利しか与えられていない低いカーストの人々や、法によって守られていた領域でもパールシー教徒やキリスト教徒やイスラム教徒の女性よりも劣悪な状態に置かれていたヒンドゥー教徒の女性たちに対して、政府は宗教に基づく別の差別を行うことになる。実際に、道徳的制約の範囲内で、すなわち、人に不利益をもたらすような宗教的要求には、そうでないものと同等の重要性を与えられるべきではないという条件の下で、この改革は宗教的ケイパビリティの本質的価値を認めていた。

ここで、伝統内部の多様性と道徳的制約の原理の社会版について考えておこう。もし国家の重大な関心事を追求するために、ある伝統の核心に反するような手段をとろうとするとき、宗教を道徳的理解の制約に従って解釈すると、その伝統自身の内部に、その宗教の名においてまさにそれらの変化を求める強力な声が存在しているということを思い出しておく必要があろう。マハトマ・ガンディーはヒンドゥー教の本質を「非暴力的手段による真実の追求」と捉えており、この解釈に従って彼の有名なカーストに対する攻撃を開始した。ラムモフン・ローイやラビンドラナート・タゴールのような他の改革者たちも、児童結婚や女性の隔離といった宗教的階層性に基づく慣習の多くを問い直そうとした。そして、ガンディーと同様に、これらの慣習はヒンドゥー教の核心部分ではなく、不完全な歴史上の考え方を表したものに過ぎないと論じた。改革の時代に、改革と修正という行為自体が実は伝統と一致していたのであり、著名なヒンドゥー教徒たちは対立する両方の側にいたのである。このヒンドゥー内部の論争は、政府が平等を求めて関与した結果として伝統に課した重荷は致命的な重荷であると考える必要はないことを示している。実際に、あるグループにとっては、それは全く負担とは見なされていなかった。このように社会原理は公式の政治原理を支える役割をしている。

ヒンドゥー教のその後の展開も、私のアプローチの意味で宗教的ジレンマに向けられた。ひとつの論点は、一九五五年のヒンドゥー婚姻法における「夫婦の権利の原状回復」の救済方法に関する論争である。この救済方法を維持したために、新しい法律は女性の身体的保全を護ることはできなかった。嫁ぎ先の家から逃げ出した女性は、強制的に連れ戻されることになった。この救済方法は、イギリスの教会法(この法律は一九七〇年にようやく廃止された)から来ており、それはずっとヒンドゥー教の特徴のひとつと見なされてきた。しかし、新しい法律は、この救済方法をもっと一般的に適用可能なものにしてしまった。そして、家庭内の虐待に苦しんできた女性たちを強制的にその苦しみの場に連れ戻すことができるようになった。一緒に住んでいる男との間に子どもをもうけたいとは思っていない女性に、強制的に子どもを産ませることができるようになった。強制的に連れ戻されることを避けるためには罰金を払えばよいことにはなっているが、虐待から逃れようとする女性がそのような要件を満たすことは一般的にありえない。一九三八年に、*T. Sareetha v. T. Venkata Subbaiah* の裁判において、アンドラプラデシュ高等裁判所のチヨードリー裁判官は、この救済方法は、自分自身の身体と子どもを産む能力を護るという女性の自律性を侵しているという理由で、憲法に反するとの判断を示した。

夫婦の権利の原状回復命令は、個人のプライバシーの権利を侵す最もひどい形態である。それは、子どもを産むかどうか、産むとすればいつどのようにかを選択する自由を否定するものである。それは、いつ誰に彼女の体の様々な場所を感じることを許すべきかという選択の自由を女性から奪うものであ

る。(91)

補足的な議論としてチョードリー裁判官は、この法律は憲法の平等条項にも反していると指摘した。「私たちの社会の現実」を所与とすれば形式的には中立的だが、この救済方法は「実際には夫が自分の利益のために女性を抑圧するように機能している」と指摘した。

宗教的な問題に関してチョードリー裁判官は、強制的に妻を連れ戻すことはヒンドゥー教のどこにも義務づけられていないと注意深く指摘している。この法律は、宗教が道徳的義務としか見なしていなかったことをも法的に強制することによって伝統の枠を超えてしまっている。裁判長の一貫した中心テーマは、女性の自分自身の身体に対する権利を護るという政府の重大な関心事にあったのであり、それは、今や伝統となったヒンドゥー法の特徴を維持することに対するヒンドゥー教の関心にも勝るということである。しかし、最高裁判所は下級審のこの判決を覆し、この救済方法は「結婚生活が崩壊するのを防ぐという社会目的に貢献するものである」と論じた。関連する判決の中で最高裁は、ヒンドゥー女性の義務は嫁ぎ先の家で夫とともに生きることであると主張した。

明らかに私のアプローチはチョードリー裁判官の判断を支持する。このことは、インド国憲法には私のアプローチを遂行する上で必要となる材料はすべて含まれているということを示している(バングラデシュでは同様のケースに対して最高裁判所がこれと同じような判決を出した。その結果、この救済方法はバングラデシュの法律からは削除された(92))。

シャー・バーノーのケースでは困難な問題が生じた。それは少数派の宗教の権利に関わるものであり、私のアプローチを最初から動機づけてきたものである。ヒンドゥー個人法が再編成されたとしても、ヒンドゥー教の特定の解釈が生き延びていくことは明らかなように思われるが、もしイスラムの個人法が著しく力を削がれるならばインドのイスラム教徒は大きな被害を受けることになるだろう。チャンドラチュード裁判長が判決の中で、刑事訴訟法の下で生活費の支払いを命じるのは、伝統的なイスラム法とは整合的でないとしたのは多分、正しいだろう。しかし、彼がイスラム法の内容にまで言及したということ自体が、警戒心を抱かせたのであり、ヒンドゥーによる支配という亡霊を呼び起こす。彼は、基本的な生活費の問題をイスラム法に委ねるのを拒否して、道徳的制約の原理に訴えることもできた。しかし、何がイスラムにとって中心的であり、何が中心的でないかを判断することによって強い社会道徳的制約の議論を用いようとした彼の試みは、特に憲法や基本的正義を取り扱う場合には、扇動的であり、極めて愚かなものであった。それに対する典型的な反応は、イスラム教徒の大臣であったZ. R. Ansariによるものであり、彼は国会で行った演説で、裁判所は神聖なるイスラム経典を解釈するということによって、その権原を逸脱していると非難し、「タバコ売りがガソリン売りの仕事をしても、うまくいくはずがない」と述べた。イスラム指導者たちも、イスラム法の権威を侵しているとして、その判決を非難した。このような聖職者たちの反応は（市中でのデモの広がりを伴って）、手に負えない政治論争へと発展していった。イスラムのフェミニストたちも、道徳的制約の議論を行っていたのであり、そのような非公式的な社会的議論はフェミニストたちに任せておいて、政治原理の核心の解釈を公式的な国家の政策に任せておいたならばずっと良かっただろう。

理論的に言えば、離婚後の生活費の問題は、中心的ケイパビリティに影響を与える深刻な問題であることは間違いない。このことは、刑事訴訟法によって訴えることのできるケースを考えると、いっそう明らかになる。生活費の支払いを命じる判決を勝ち取るために原告である女性は、それをもらわないと生活を維持していく手段がないこと、虐待や無視によって夫と一緒に生活することが不可能であること、彼女の自由意思で去って行くのではないこと、そして夫には十分な資力があることを示さなければならない。このようなケースで生活費の支払いを命じることが拒否されるならば、それはケイパビリティの欠如の最も劇的で最も差し迫ったケースとなるだろう。生活費の支払いが認められなかった次のケースは、イスラム女性法がイスラムの女性にとって重荷となっていることを示している。一九八六年以降の西ベンガルについてのマイトレイイー・ムコパディヤイの研究は、女性たちが非常に不利な状況に置かれ、貧しい生活のために親戚に頼らざるをえない状況に置かれていることを示している(これらの女性たちは、大抵の場合、読み書きができず、仕事をするのに必要な訓練を受けていない。そして、しばしば彼女たちは高齢である。シャー・バーノーが夫に家から追い出されたのは、七四歳のときであった)。さらに悪いことに、このような女性の窮状は、そうでなければ学校に行っていた子どもたちに、親を助けるために働かせ、教育を受けられなくするという現実的な問題も生じさせている。(93)

ケイパビリティが侵害されるだけでなく、イスラムの女性たちは信仰の自由の問題と宗教に基づく差別という問題を抱えている。信仰の自由の問題は、たとえ女性たちがイスラムのアイデンティティを持つことに何の興奮も覚えず、イスラム教徒であることに何の関心もなくても、ただイスラム教徒の家族に属するというだけでイスラム法体系の下に分類されてしまうということである。もし結婚や離婚が特定の宗教体系の中で行われると、生活費の問題はその法体系の中で処理されなければならない。このようにしてシャー・バーノーは、世俗的、ヒンドゥー教徒、あるいはその他の何であれ、自分の望むように自分を規定する機会を事実上、奪われているのである。

このことは、宗教に基づく差別の問題に直接、結びつく。イスラム教徒の女性のみが刑事訴訟法の下での生活費の支払いが認められていない。イスラム学者であるゾヤ・ハサンが論じているように、「イスラムの女性には、他の宗教を信仰する女性に与えられている権利が認められておらず、このことは国家が宗教に基づく差別を行うことを禁止している憲法に違反するものであることに疑問の余地はない[94]」。イスラムの女性活動家であるシャージャハーン(アパとしても知られる)は一九八六年の法律が通過した日に国会の前で、この問題をもっとぶっきらぼうな形で表現した。

もしイスラムの女性だけに適用される法律を通すことによって、私たちはこの国の市民ではないと言いたいのならば、もっとはっきりと言うべきである。私たちは、ヒンドゥスタンでもパキスタンでもなく、オーラトスタン(女性の国)を創るべきだと。

イスラム指導者たちは刑事訴訟法が彼らの権力に及ぼす影響にのみ気を取られていて、それ以外の深刻な宗教的問題を忘れてしまっている。事実上、彼らはイスラムの女性を市民とは認めてはいない。彼らは個人のケイパビリティという原則を侵し、信仰の自由とイスラム女性に対する差別撤廃の要求を無視し、道徳的制約の原理も無視し、自分たちの権力を強化するために特定のグループに重い負担を負わせている。すでに述べたように、女性グループは、宗教に基づく差別を禁止する憲法の条項に違反しているとして最高裁判所に訴えることによって、この法に繰り返し挑戦してきたが[95]、最高裁判所は、シャー・バーノーの判決の余波の中で人々から十分に非難を受けたにもかかわらず、これらの訴えに対して何も答えてはいない。

要約すると、宗教の問題はひとつの方向だけを指し示しているのではないということである。実際に、信仰の自由に関して説得力のある主張をしているのはイスラムの女性であり、ケイパビリティから見ても同様にイスラム女性の方に説得力がある。従って、その結果は、女性にとっても宗教にとってもたいへん不幸なものであった。

このようになったのは、ラジブ・ガンディー政府がインドにおけるイスラムの伝統の多様性を頑固に無視し続け、権力を持った保守的な聖職者の言うことのみに耳を傾けてきたからである。この論争を通して、政治家や知識人やイスラム女性組織を含む多くのイスラム思想家は時代に逆行するイスラム女性法に反対してきた。これらの人たちは、重大な道徳的制約の問題を論じ、宗教的にも貧窮にあえぐ女性に対して適切な生活費の支払いを義務づけることはイスラムにとっても特別に配慮すべき道徳的関心事であると主張した。このように憲法の原理の核心とイスラムの伝統の核心の間には大きなギャップは実際には存在しないということを説得的に示したのである。しかし、政府はその意見を全く無視し、男女平等を求めるイスラムの声を無視していることに抗議してイスラムの閣僚がひとり辞任したにもかかわらず、家父長的な聖職者の小集団にイスラム全集団の代表としての正当性を与えてしまった(ラジブ・ガンディーがこのような行動をとったのは、保守的なイスラム指導者との間で、問題となっていたアヨーディヤーの寺院についてヒンドゥー側に譲歩する代わりに、女性に対する生活費の問題についてはイスラム側に譲歩するという取引をしていたからだと考えられる理由がいくつかある(96)。ひとりのリベラルなイスラムの知識人はこのできごとを次のようにまとめている。

イスラム内部のリベラルで進歩的な意見は無視され、イスラム教徒にとって何よりも重大な関心事を定める仕事がイスラム指導者に任せられた。一般には、イスラム聖職者の目的はイスラム法を護ることであり、神の定めた法に変化をもたらすような立法に抵抗することであると見なされている。しかし、政府はもっとよく知っておくべきであった。イスラム指導者による解釈は最終的なものではないし、取り消すことのできないものでもない。それ以外にもたくさんの考え方や解釈があるのに、政府はそれらを無視することを選んだ。それは、政府が、イスラム教徒は宗教的な集団であり、神学者はその唯一の代弁者であり、宗教法と集団のアイデンティティは等しいものであると決め込んでいたからだろう(97)。

要するに、政府は、私が本章の初めに論じたような伝統主義者の誤り、すなわち、宗教的伝統を、一部の最も家父長的で政治的にも権力を握った人たちの声と同一視するという誤りを犯している。政府は、イスラム教徒の間で行われていた道徳的制約の議論を認識しておくべきだった。それは、宗教の名において女性の地位の向上を支持するものであった。

この誤りは、宗教的多元主義に対して真剣に取り組もうとしたことから始まったのかもしれないが、現実には多元主義を悪い方向に導いてしまった。今や、ヒンドゥー原理主義者は、ヒンドゥー教の方がイスラム教よりも優れている証拠としてイスラム女性法に言及するようになった。ヒンドゥー民族主義者が描く典型的なイスラムの男性像は、一夫多妻の女性の抑圧者であり、強姦者であり、一方、ヒンドゥーの男性像は、穏やかであり、文化的であり、女性を単なる性的対象と見なすことはできないというものである。このようなステレオタイプ化した見方は、法的差別を含め、イスラム教徒に対する差別を助長する。ひとりの判事は匿名を条件として次のように語った。「イスラム教徒が裁判所に来ると、いつも私たちは彼らに偏見を抱いてしまう。彼らが三〜四人の相手と結婚していることは、私たちにはどうしても不愉快だ」。アリープル裁判所の判事は、ヒンドゥーの女性インタビュアーに対して同意を求めるように公然と次のように言った。「彼らにとって結婚は何の意味もない。結婚し、子どもを二〜三人作り、そして妻から離れていく。イスラムの女性は飼い犬よりも悪い状態に置かれている」[98]。このように言われることは、極めて重要な点で男女平等を支持する基本的教義を持ち、女も男もその天性や能力は等しいと明言している宗教にとって好ましい結果ではない。イスラム聖職者のとった行動は、結局は非生産的であり、不公正なものであった。

私のアプローチは、三つのケースすべてにおいてそれぞれ違った形で宗教的慣習ではなく一般に適用される法律の方を支持する。私は、このことが常に当てはまるとは限らないと述べたが、それでは女性に対する不平等を含むような慣習の場合、当てはまらないのはどのようなときだろうか。これはたいへん難しい問題である。なぜなら、個人法の下で女性に対する伝統的な不平等は、ほとんどの場合、中心的ケイパビリティに関わっているからである。しかし、少なくとも個人に改宗する自由がしっかりと確立されている限り、政府には変化を強制しなければならないような重大な関心を持たない宗教的慣習というものもある。そのような例として顕著なのは、宗教的職務の任命である。私は別のところですでに論じたが、男女平等という公共的規範はローマ・カトリック教会に女性の司祭を雇用するように強制するものではないが、職員に関しては男性と平等に女性を雇用するように強制すべきだろう。(99) しかし、このことが正しいのは、女性がカトリックであることを望まないならば、カトリックであることを止める自由が完全に与えられているときである(これは、インドでは、私が述べてきたような制度があるために現実的ではない)。このような自由が保障されているならば、私のアプローチは、すべての宗教における同様の慣習を擁護するだろう。例えば、正統派ユダヤ教は男女別の礼拝所を維持し続けてもよいだろう。しかし、この例外的な扱いは、もし政府が非正統派ユダヤ教に対しても男女平等を否定するような政策を採用し、女性の選択の権利を実質的に奪うならば、効力を失うことになろう。同様に、男女別の装飾の規範が一般に適用される法律に触れるとしても、それは擁護されることになろう。例えば、この原理に従って、フランス政府は、たとえイスラムのスカーフが男女間のヒエラルキーの象徴であるとしても、イスラムの少女たちにスカーフをかぶって登校することを認めるべきだろう。学校は、市民としての男女の平等を教えるべきであり、女子生徒がこの問題に関して自分で選択できるようにし、もしスカーフをとりたいと思ったならば、それを支援すべきである。しかし、学校はその慣習を禁止すべきではない。

難しい問題は、宗教団体によって管理される教育機関である。ボブジョーンズ大学は人種差別によって免税措置を受ける資格を失うというコストを払ったが、ノートルダム大学の学長は聖職者、従って男でなければならないとする要件は、免税措置を受ける資格を奪うことにはならない。しかし、これもボブジョーンズ大学のケースのように、政府が男女平等を理由に免税措置を打ち切ると判断してもよいケースである。現代の論争の多くに特徴的なのは、人種差別は宗教的伝統の表現として許されないのに対し、女性に対する差別は当然のことのように扱われてきたということである。政府は免税措置を与えることによって、信仰の核心部分ではなく、管理部門や教育部門における女性差別に対して受け入れがたい支持を与えたと判断すべきである。インドの大学はほとんどが公立であり、従って、男女の平等についても公共の規範に従うものである。しかし、数多くのクリスチャンの学校があり、その中にはこの規範に従わないものとして調査を受けるべきものも含まれている。

　私の原理にとって最も困難なケースのひとつが一夫多妻制であり、それは女性に対する差別の歴史の中で切り離すことのできないものであると同時に、ある宗教的伝統にとっては中心的な位置を占めるものである。このことを理由に、イスラム教徒やヒンドゥー教徒やモルモン教徒は一般に適用される法律を免除されるべきだろうか。私は、抽象的なレベルでこの問いに答えることはできないだろうと考える。抽象的には、複婚が女性にとって抑圧的であると言うことはできない。特に、複婚の機会が男女とも平等に与えられている場合はそうである。例えば、ケララの女性には一一世紀から複婚が認められており、このことがこの地域で女性の地位を高めていたひとつの要因であった。[100] 複婚が好ましくないのは、それがしばしば男性のみに認められてきたからであり、女性が財産権や移動・結社・自決の権利に関して差別を受けてきた法制度や伝統と深く結びついているからである。しかし、複婚に反対する理由が、異なった慣習を持つグループに対する恐れや無視に結びつくという非常に良くない理由であるということも起こりうる。従って、モルモン教の一夫多妻制は、女性に対して法的平等が認められ、もしその集団から離れたいと望めばそうする自由が保障されている限り、そして女性が純粋に宗教的な理由から「一妻多夫」を望むなら、その機会が女性にも与えられている限り、認められるべきであると考える。

インドの今日の状況はヒンドゥー教とイスラム教の対立と切り離して考えることはできない。イスラム教徒の一夫多妻制は、かつて羨ましいものと受け止められ、今でも一部にはそのように受け止められており、ヒンドゥー教徒は自分たちもその権利を何とかして手に入れたいと思っている。最近では、ヒンドゥー教徒は一夫多妻を、女性を抑圧する行為と見なすようになってきており、従って、ヒンドゥー教徒がイスラム教徒を軽蔑する理由にもなっている。[101] 独立当時のイスラム教徒の少数派としての脆弱性を考えると(そして、一夫多妻制がヒンドゥー教よりもイスラム教において中心的な位置を占めていたことを考えると)、ヒンドゥー教徒には一夫多妻制を廃止し、イスラム教徒には残しておいたことは現実的には正しかったと考える。しかし、一夫多妻制は男女間のヒエラルキーとは切り離せないので、長期的には全面的に禁止する方向に向かうのが正しい。結局、一夫多妻制はイスラム教徒の中でもごく一部の間でしか行われていないのであり、[102] 宗教的に要請されているわけでもなく、モルモン教のようにイスラム教の中心に位置するわけでもないからである。一夫多妻制を全面的に禁止する場合には、イスラム教徒に対する敬意と支持をもって行われなければならない。しかし、現在、そのような雰囲気にないことは疑う余地がない。従って、しばらくは一夫多妻を認め続ける一方、イスラム教徒の中にリベラルな思想を発展させ、個人法体系を改革するように仕向ける努力をすべきだろう。

7　子どもと親

これまで私は、私のアプローチがどのようにして完全に平等な市民としての大人の女性のケイパビリティを護るかに焦点を合わせてきた。しかし、子どもの教育も同様に重要であり、さらに複雑である。ある面で、子どものケイパビリティを護ることに国家は重大な関心を抱いている。それは、子どもたちは将来の市民だからであり、家族という単位に自発的意思によって属することになるわけではないからである。しかし、別の面で、国家は家族の維持に関心を持つとしても、子どもの生活に干渉するにも限界があることを認識しておかなければならない。両親は、自分と同じ宗教の下で子どもを育て、自分と同じ伝統を引き継いでくれることに強い関心を持っている。国家はこのような親の気持ちを理解すべきであり、大人の女性とは違う方法で子どもを扱わなければならない。なぜなら、親は子どもに対して少なくとも何らかの正当な権利を持っているからであり、親の権力と子どもの経済的依存を考えると子ども自身の選択かどうかを確かめることは困難だからである。子どものケイパビリティについてのこの大きな問題は次章のテーマなので、ここでは宗教教育との関連でそれを考えてみることにする。

子どもに宗教教育を受けさせようとする親と、将来の市民として子どもに対して重大な関心を持つ国家の間で様々な衝突が起きてきた。最も興味深いケースは、義務教育と児童労働である。インドでは、一四歳までの子どもに対する教育を義務としてきたが、国家はその法律を実施したり、児童労働を禁止したりするような法律をこれまで実施してこなかった(序章を見よ)。従って、憲法はこれらの領域において、これまで明確な境界線を引いてこなかった。そこで、アメリカ憲法に戻って三つのケースを論じ、私のアプローチがどんな勧告を与えることになるかを示すことにしよう。

Pierce v. Society of Sisters[103]の裁判で、最高裁は、親に対して子どもを公立学校に通わせるように義務づけ、宗教学校を選ぶことを禁じるオレゴン州の法律を無効をする判決を下した。親には「評判のよい先生と場所を選ぶことによって」子どもの教育の方向を示すという基本的自由があり、この法律はその自由に対する不当な干渉であると最高裁は論じた。国家には「公立学校の教師による教育のみを親に強制的に受け入れさせることによって子どもを標準化する」権利はないということである。[104]しかし、最高裁は、親に認められた許容範囲を注意深く限定している。

すべての学校を正当に規制し、学校と教師と生徒を検査監督し、適切な年齢に達した子どもを学校に通わせるようにし、教師は正しい道徳観と愛国心を持ち、正しい市民となるために必要不可欠な科目を教えるようにし、公共の福祉に反するようなことを教えさせないという点で国家に与えられた権力に関して疑問は出なかった。

しかし、最高裁の意見は、子どもに宗教的な教育を受けさせる親の権利を基本的に肯定するものであった。私のアプローチは、国家は市民として必要な教育を受けるよう要求するという留保条件も含めて、この判断を強く支持するものである(ただし、国家は教師に対して「愛国的」であることを要求でき、特定分野の学習を「公共の福祉に反する」ものとして排除できるとする考え方には問題がある。しかし、これらの問題は、ここで私が論じようとするものではない)。将来の市民に対して適切な教育を施すという国家の重大な関心事は、そのような適切な規制によって満たすことができ、オレゴン州の法律のように親の自由に干渉することを正当化するものではない。国家は市民にとって何が本当に必要な教育であるかを注意深く考える必要がある。この点に関してイスラエルは、歴史や現状について何も教えない超正統派の学校を承認し、財政的支援を行うことによって深刻な間違いを犯している。ジョン・ロールズは、すべての生徒に対して市民として責務や社会の基本的秩序について教えることは、最低限必要なことであるとし、そこには、アメリカと同様にインドでも、女性は社会の基本秩序の下では完全に平等な権利と責任を持つことを教えることも含まれる(105)。このように公共の政治概念を教えることは、宗教がその包括的見解を教え続けることとも完全に整合的である。ある憲法を宗教が受け入れたということは、基本的正義という公共政治に関わる「重なり合うコンセンサス」とその宗教が教えようとすることを両立させなければならない(106)。これらの制約の下で、宗教学校は保護されるべきである(ただし、公的な財政的支援まで与えるべきではないと私は考える)。

しばしば義務教育は、宗教的要件と衝突する。そのような場合には、信仰の自由に重い負担をかけることにならないか、もしそうであるなら、国家にはその負担を強いるだけの重大な理由があるのかどうかを問うことによって、両者をバランスさせるアプローチが必要になろう。*Wisconsin v. Yoder* の裁判で(107)、旧秩序アーミッシュ派の人たちは、「子どもが一六歳になるまで公立または私立学校に通わせなければならない」とするウィスコンシン州の義務教育法の免除を求めた。彼らの宗教的伝統では、子どもたちは一四歳になると世俗的な社会から離れ、農業やその他の家内労働の技術を学び、「手仕事を好み、自立を大切にする態度」を受け継ぐとされているため、一四歳以降、子どもを学校にやることを拒否したのである。最高裁は、この法律はアーミッシュの信仰の自由に対して過大な負担を課すことになると認めている。そして、アーミッシュの子どもたちに対して義務教育の最後の二年間を行うことに重大な理由があることを州は証明できなかったと判断した。さらに、一般に「人々を効果的かつ知的に私たちの政治システムに参加させ、自立的自足的に社会に参加させる」ことは、州にとって「重大な関心事」であるが、明らかにアーミッシュの人たちは極めて有能で自立的な市民であり、「その教育年数が不足していることによって社会に負担をかける」ようなことはないと述べた。

このケースは私のアプローチにとって困難なケースである。実際、それは私のアプローチがちょうど線引きしようとするところにある。一方で、州には将来の市民のケイパビリティに対して重大な関心を寄せる理由があり、他方で、義務教育の最後の二年間がケイパビリティの決定要因として決定的なものであるかどうかは明確ではなく、それを強制することは信仰の自由に対して大きな負担を強いることになる。問題をさらに複雑にしているのは、この議論ではほとんど触れられることのなかった男女の平等の問題である。アーミッシュの男の子は農業や大工の技術を学び、それは外の社会でも十分、お金になる仕事である。それに対して女の子は家事労働を学び、それはアーミッシュのコミュニティから出たとき、それほど簡単にお金を稼げるものではない。従って、教育に対する州の関心は、実は市民の平等に関わっているのであり、このことが結局、州にとって重大な関心事であるとする見方を支持していると考えられる(108)。

このケースの男女平等の側面についてはまだ十分に考えられておらず、また多くの論争となる問題が含まれているため、私が提案する二つの部分を互いにバランスさせるのは非常に困難である。確かに、このケースでは宗教に対して、人のケイパビリティを形成する上で多くの人が重要と見なすことを免除しており、宗教に対する最大限の擁護を示しているからである。

最後に、児童労働の問題を取り上げる。*Prince v. Massachusetts*(109)の裁判ではマサチューセッツ州の児童労働法が問題となり、宗教の教えに従って九歳の子どもを、その保護者である叔母がエホバの証人のパンフレットを通りで配るのに連れて行ったことに適用すべきかどうかが争われた。子ども自身は単純に叔母について行きたいと思っており、そうしなかったら「ハルマゲドンの永遠の破壊」に苦しめられることになると信じていたが、裁判所は、子どもの福祉を護るという州の目的は、子どもとその保護者の信仰の自由に勝ると判断した。

これらの自由と国家の権威の行使の間の調整は微妙なものである。……一方で、良心の自由や信仰の自由に対する真摯な要求がある。そして、それと密接に関連して、子どもの家庭のことに関して、また子どもを育てることに関して親の権限を認めよという要求がある。このような神聖な個人の権利は民主主義では基本的なものではあるが、それは子どもの福祉を護ろうとする社会の関心と衝突する。民主的な社会が存続していくためには、子どもが健康的でバランスのとれた成長によって十分に分別のある市民に育っていくことと、それが意味することすべてが必要である。そのためには、広い範囲の選択に関して制約や危険を避ける必要がある。そのような行為をとらなければならない悪としては、児童労働、特に公衆の場で労働の悪影響があり、通りで行われるその他の活動から生じる悪影響がある。

国家は勝利をおさめたが、裁判所は、この判決は宗教的教育に国家がさらに干渉することに保障を与えたのではないと注意深く述べた。

これもひとつの困難なケースであるが、その判断は多分、間違っていると思われる。この子どもは学校に通っていた。そして、問題となった「労働」は身体的に危険でもないし、消耗するようなものでもない。(110)実際に、人々がパンフレットに五セント払うからといって、それが「労働」に当たるのかは疑問である。エホバの証人が評判のよくない宗教であり、通りで説教を行っているために不公平な扱いを受けたのかもしれない。宗教的教育を受けたほとんどのアメリカの子どもと同じように、私自身も子どもの頃、教会のバザーで物を売って多くの時間を過ごしてきたが、警察沙汰になるようなことは一度もなかったし、私の知っている子どもたちも同様であった。それは、設備のよく整ったホール内にいる豊かなエピスコパル教会のことを警察は気にしないからだろうか。教区の資金集めのためにクッキーを売ることは英国教会派では中心的な行為ではないのに対し、『ものみの塔』を売ることはベティ・プリンスにとって中心的な宗教活動である(子どもたちが学校のバザーで物を売ることは憲法修正第一条によって妨げることはできないが、警察はそれを気にとめることもない)。このケースでは、原告には宗教差別であると主張する権利があり、国家が干渉すべき罪悪は含まれていないように私には思われる。しかし、このケースはインドの状況とは全く違っている。インドでは児童労働が一般的であり、その経済と深く結びついており、既存の手段では根絶できないものである。だから、このような微妙なバランスが問題となるようなケースに留まっていることは、インドの子どもたちが置かれている深刻な状況をあざけっているのと同じである。

要約すると、親は子どもの宗教的教育に対して正当な権利を持つために、私のバランス・テストは子どもにとってわずかに異なった結果を生むことになる。そのような権利は、教育における国家の関心をある程度、制限することにもなる。しかし、その関心は、バランスのとれたものであり、一般に重要なものであり、だから子どもたちが平等な市民となるための教育を確保するために国家に大きな権力が与えられているのである。

8　ケイパビリティと失われるもの

私のアプローチでは何が失われるのだろうか。私の提案には悲劇的な面が含まれるのだろうか。「道徳的制約の原理」が示しているのは、非道徳的で有害な方法で他の人々に自分の価値を押し付けることはできないと人々に言うとき、それによって何の価値も失われることはないということを意味している。もし私たちを導く原理としてケイパビリティを用いるならば、深刻な害を他人に与えない限り、伝統を保持する余地は十分に残されている。しかし、それにもかかわらず、ある種の選択に関して、貴重な生活様式を維持することが困難になるケースがある。ケイパビリティを強調することは、決して伝統的なヒエラルキーの中で生きていくという選択肢を排除するものではなく、むしろ、そのような機会を護ろうとするものである。また、そのような生活が続けられ、支えられるような空間を注意深く作り出そうとするものである。宗教は多様で変化しつつあるために、ケイパビリティを増す方向に少し動いたとしても宗教は深刻なダメージを受けないかもしれない。しかし、これらすべての配慮にもかかわらず、選択やケイパビリティを強調すれば少なくとも何らかのコストを払わなければならない。人々が非常に満足し、尊厳を傷つけられることもなく、ケイパビリティの不平等も許容しうる範囲内のものであるような生き方も、社会からの圧力や別の選択が可能となることによって消え失せてしまうこともあるだろう。ベールをかぶるという習慣は、それを強制しない体制の下でも存在するが、そしそれを選択しない女性に強制的にベールをかぶらせるような体制は間違っている。しかし、そのような強制の背後にある動機が少なくとも理解できるのは、ベールをかぶり続けていたい女性が、急速に変化する資本主義社会の中ではそれが著しく困難になる場合、例えば、夫が多国籍企業に勤めていて、その社員の多くがベールを後れたものと見なす場合である。

インドのイスラム教徒の女性であるハミダ・カーラが人類学者であるハンナ・パパネクにひとつの話をしている。(11) この話は、選択ができる体制の下で悲劇がどこに存在するのか、そしてどのようにして人間の巧みさと宗教の動態的な性質によって悲劇を乗り越えることができるかを示している。

北インドの教養のある家庭で育ったハミダ・カーラは父親の監督の下で洗練された教育を受け、成熟した印としてブルカを着たいと望んでいた。一三歳のとき、彼女は、「現代的な」な考えの持ち主として有名な公務員の男と結婚の約束をする。ハミダは、もしパルダの習慣を止めるように強制するなら実家に戻ることを条件に、この結婚に同意する。彼女は一五歳のときに、この男と一緒に住み始める。彼は、彼女をカルカッタに連れて行き、彼女は実家から遠く離れて暮らすことになった。公務員として彼は、イギリス人やヒンドゥー教徒やイスラム教徒たちと一緒に働いていた。社交は夫婦を単位として行われ、夕食会やお茶会が催された。彼女の夫は、彼女が家に閉じこもっていることに不満を示し始めた。それは彼の社交の範囲を狭めるものであり、彼の昇進の機会をも奪うものだったからである。何人かの同僚は、女性だけが別の部屋で食事するような夕食会を開いてくれたが、多くの人はそうすることを嫌がった。そしてとうとう、ひとりのホスト役が、あるたくらみを実行に移した。

ある夜、女性たちはひとつずつ空席を残してテーブルについていた。突然、男たちが入ってきて、その空席に腰をかけた。ハミダはこの出来事を大変な苦痛をもって思い出す。

私が経験したことをあなたに話すことはできません。私の周りは真っ暗でした。私には何も見えませんでした。目は涙で溢れていました。何を食べたのかも覚えていません。パルダを守ろうとした私の努力はすべて終わってしまいました。私は信仰を失い、罪を犯したのでした。私は夫の友達である多くの男の前に出たのです。彼らは私を見ていました。そして、私の信仰の証であったパルダは失われたのでした。

彼女の夫は、そのたくらみを知らなかったと主張し、心から彼女に謝罪した。それにもかかわらず、彼女が夫と共に暮らしていこうとするなら、彼女の生活も変えなければならないと彼女は思った。彼女は父親に手紙を書き、助言を求めた。父は、「もしおまえの結婚生活が壊れかかっているのであれば、パルダを止めるがよい」と彼女に言った。そして、彼女の行ってきた極端な形のパルダは昔からのイスラムの伝統を表しているわけではなく、たとえパルダを止めた後でも、控えめに、そして慎ましく振舞えばよいのだと付け加えた。自分自身で経典を読んでみて、彼女は、厳格なパルダでなくても信心深いイスラム教徒でありうるという結論に達した。彼女は、長袖のブラウス、伏し目がちの視線、化粧をしない、宝石も身につけない慎み深い服装や振舞いを自分自身の決まりとし、その後、それを守り通した。その一方で、彼女は日々の仕事や社交について学んでいった。彼女の夫は、彼女を支え続け、彼女の宗教に対しても敬意を払った。

ハミダはこの変化のいいところをいくつか指摘している。まず、外に出るようになったために、身体的な機敏さや強さが増したこと。会計ができるようになったこと。これは彼女の夫が心臓発作で早死にしてしまったとき、非常に役に立った。彼女が「真のパルダは慎み深さである」という結論に達したとき、パキスタンでベールをかぶることを義務化しようとする政治運動に手を貸すように保守派のリーダーが求めても、彼女はそれを拒否した。彼女は、イスラム教の中心的な教えを保ちながら、イスラムとしてのアイデンティティを自分でうまく見つけることができたと感じている。しかし、それでもそのためのコストは大きなものであった。「パルダを止めることは私には大きな犠牲であった」。ハミダの場合には、彼女自身が強い女性であったこと、夫が尊重してくれたこともあって、その代わりになるものを見つけることができたが、他の女性たちにとってはそのようなものを見つけることもできず、ただ犠牲を払うだけに終わるかもしれない。移動すること、実際に行動すること、様々な人との結びつきが中心的でないような生き方は西洋のフェミニストには想像できないかもしれないが、ハミダの以前の生き方は真に宗教的な価値を含んでいたのであり、今、振り返ってみても、それは屈辱的なものではなかったし、受け入れがたく服従しているのでもなかった。今では彼女も、女性はもっと様々な訓練を受けるべきであり、いざというときのために様々なことを処理する能力を養っておくべきだと考えている。彼女は、これらの点に関して古いやり方は間違っていると考えている。パパネクはさらに、パルダを守っている女性たちが、経営者や雇用者と直接会うことができないので、仲介業者に騙されているという証拠を付け加えている。[112] しかし、彼女は、古いやり方が全く受け入れられないと思っているのではなく、このような変化に合わせて変わってきたと考えている。

このケースは、ケイパビリティに基づいて宗教的自由に対処しようとすれば、悲劇を引き起こす可能性があるということを示している。その一方で、思慮深く敬虔な女性や男性は、現実の変化に合わせて宗教の道徳的理解を適応させていくことができることも示している。ハミダ・カーラがパルダを義務化することに強く反対していたことは特に重要である。彼女の最終的な結論は、彼女と彼女の夫は、「お互いから多くのことを学びとった」ということであった。保守派のリーダーに対する彼女の答えは、もし男たちが協力するなら、パルダを行わなくても慎み深さという問題は解決できるというものであった(このことを彼女は大きな喜びをもって語ったとパパネクは述べている)。そして、彼女は次のように言った。「二〜三人ではなく、一〇〇〇人の女性が一度に出てきなさい。そうすれば、男たちもすぐに女を見るのに慣れ、何とも思わなくなるでしょう」。彼女はパルダを止めたけれども、慎み深さは守ってきたし、それこそが大事なことなのだと付け加えた。

宗教を通して人々は超越したものを求めている。しかし、宗教グループや宗教的実践は人間的なものである。この宗教の人間性は、その実践が誤りやすいということを意味している。だから、国家が護るべき重要な人間の関心に照らして絶えず監視していく必要がある。一方、宗教そのものが重要であり、また人間の選択の中心的な行為であるために、宗教は人間の重大な関心事である。これらの理由により、宗教と男女の平等が衝突するところに生じるジレンマの解決策は、判事やその他の政治活動家たちが洞察力を持って多様な要素をバランスさせる能力に依存し、複雑なものとならざるを得ない。しかし、ひとつだけ彼らがやってはならないことは、政治的脅しに負けて平等という目標を放棄することである。

一九八五年一一月二日、シャー・バーノーは四人の男の証人が見守る前で、すべてのイスラム教徒に宛てた公開状に拇印を押した。その手紙には、イスラム指導者は、コーランとハディースに照らして離婚と生活費に関する命令を彼女に説明したと述べられていた。彼女自身は選ぶこともできず、多分、理解もしていない法律用語を用いて、彼女は生活費に対する要求を放棄し、インド政府に対して最高裁の決定を取り下げるように要求した。彼女はさらに、「すべての人のための統一民法を作ることを謳ったインド国憲法第四四条は、コーランとハディースの教えに反している」と述べた。彼女は、政府が統一化の目標を放棄し、イスラム裁判所に「今後、干渉しないこと」を決議するように求めた。「最後に、私は、正しい道を私に示し、真実に従うように手助けし、この世と来世において私を救ってくださったインドールのマウラナハビブヤールカンおよびハジアブドゥルガファールサヘブに感謝の意を表したい」という言葉で彼女は締めくくった(113)。

信心深く貧しい女性の信仰は、政治目的のために利用されたのだとしか思えない。リンカーンの言葉を捩って言えば、公正であるべき神が貧しい高齢の女性に対して最低限の生活の要求さえ放棄させるなどということは非常に奇妙なことである。信仰の自由を尊重するということは、人の窮状を永続化し、個人の信仰の自由を制限し、法律を歪める権利を一部の宗教指導者に無制限に与えることを意味するものではない。このような場合に「社会が前進する」ために法律が「救わなければならない」と言うことは、信仰の自由を攻撃しているのではなく、その基本原理を擁護しているのである。

第4章　愛・ケア・尊厳

一四歳のとき、ギリバラは彼女の夫と家庭を築くために実家を出た。彼女の母親は、彼女がこれから必要とするであろう壺や鍋をひとつの荷物に詰め込んだ。彼女がそうするのを見ながらアウルチャンドは言った。「米と豆も入れてくれ。バーブの家で仕事を見つけた。村に戻り次第、働くことを報告しなきゃ……」。ギリバラは米、豆、食用油が入った荷物を持って村を出た。彼女は夫の後ろを数歩離れて歩いた。彼は前を歩き、彼女にもっと早く歩くように時々急かした。日が暮れようとしていた。

マハスウェッタ・デヴィ『ギリバラ』一九八二年(1)

被告ムハマッド・ジャハンギール・アラムは、結婚後、無慈悲で、残酷で、かつ欲深い人間であることが分かった。被告セレマ・カトゥンは被告人ジャハンギール・アラムの母であり、被告ムハマッド・ソライマンは被告ジャハンギール・アラムの弟である。被告タンダ・ミアは、被告ジャハンギール・アラムの父であり、被告アブドゥル・マンナンは被告ジャハンギール・アラムの母方のおじである。被告ムハマッド・ハシムは被告人ジャハンギール・アラムの親友である。これらの被告人たちは、原告ファドウシ・ベグムに対し、結婚後、ファドウシ・ベグムの後見人からダウリ(結婚持参金)として金をせしめる目的で、共謀して、彼女を精神的にも肉体的にも虐待した。そしてついに一九八五年九月三〇日、被告人ジャハンギール・アラムは妻ファドウシ・ベグムに対して二〇インチ・カラーテレビ、ラジオ、腕時計、二万五〇〇〇タカの現金を彼女の兄弟からもらってくるように言いつけた。……原告ファドウシ・ベグムはそのようなお願いをするために兄弟のところに行くことはできないと言った。この時点で、これら被告人たちは怒り狂い、ファドウシ・ベグムを棒などで殴り始めた。ある場面では、被告人ムハマッド・ジャハンギール・アラムはファドウシ・ベグムの喉を締め、窒息死させようと試みた。被告人ジャハンギール・アラムは彼女を何度も蹴り、彼女の髪をつかまえ、床にたたきつけ、彼女を上から押さえ、家から引きずり出した。そして、これら被告人たちは彼女の体から金の装飾品を強奪し、中庭に彼女を着物一枚で置き去りにした。彼女は、これら被告人たちから受けた非人間的な殴打と虐待によってその日は一日中、気を失っていた。これら全ての被告人たちから殴打された結果、彼女は右耳の聴覚を失った。彼女の両足は重症を負ったため、歩行にも不自由を感じた。……X線検査により、脊髄は外傷性の損傷を受けていることが分かり、脱臼も見つかった。

Salema Khatoon v. State (F. H. M. Habibur Rahman J.), 1986 (2)

男たちが無慈悲で、無宗教で、正義感を持たず、善悪の観念を持たず、単に慣習に従うことだけが主な活動であり最高の宗教であるような社会には、これ以上、女性を生まれさせてはならない。

イショルチョンドロ・ヴィダシャゴル（一八二〇―九一）

1　愛と暴力の場としての家庭

女性は愛とケアを与える者である。事実上、すべての文化において女性の伝統的な役割には子どもの養育と、家や夫や家族の世話が含まれる。これらの役割は、利他的な関心、他者の必要に対する責任、他者の利益のために喜んで自分の利益を犠牲にすることといった重要な美徳と結びつけられてきた。それはまた特定の道徳的能力、例えば他者の状況やその必要を感じとる能力、その必要を満たす方法を臨機応変に考え出す能力とも結びつけられてきた。これらの美徳や能力は、いかなる普遍主義的フェミニズムにもなければばならないものである。フェミニストたちは、これまで男性による普遍理論がこれらの重要な価値を無視していると長らく批判し、尊厳や平等といったリベラルな概念に基づく普遍的アプローチではこれらの価値に十分な余地が与えられてないとしばしば論じてきた。フェミニストたちが憂慮したのは、リベラルな正義論が、愛とケアの場を、各人が自分自身の個人的な向上のために他の人たちと交渉し、互いのことについては無関心な孤立した個人の集まりに変えてしまうことであった。

一方、家族は、女性を抑圧し続けてきた場所の一つでもあった。愛とケアは確かに家族の中に存在する。しかし、同時に家族の中には、家庭内暴力、配偶者に対する強姦、子どもへの性的虐待、少女たちの栄養不足、不平等なヘルスケア、不平等な教育機会、その他、数え切れないほど様々な形で人の尊厳と平等な人格に対する侵害も存在する。バサンティにとって家庭は酔っぱらった夫から肉体的虐待を受ける場所だった。兄弟が示した真摯な支援でさえ、彼女にとって頼りにできないものであった。一方、ジャヤンマの夫は家計の半分を飲み食いに使い、レンガ運びの仕事で疲れ切ったジャヤンマにすべての家事を押し付けた。さらに彼のせいで彼女は子どもたちに教育を受けさせることができなかった。その子どもたちは彼女の勤勉さと強靭さのおかげで一人前になれたのにもかかわらず、誰一人として彼女の老後の面倒を見ようとはしなかった。

多くの場合、家庭の中で女性が受けるダメージは特有の形をとる。すなわち、女性は目的として扱われるのではなく、他者の必要を満たすための道具やその付随物として扱われる。女性は行為主体として、あるいは自分自身の権利において価値あるものとして扱われるのではなく、単に子どもを産み、食事を作り、洗濯をし、性的なはけ口となり、家族の世話をする者として扱われる。エピグラフで紹介した話はこの傾向をはっきりと示している。ギリバラの夫にとってギリバラは一人の人間ではなく、単なる家庭内の召使に過ぎなかった[3]。彼女の役割は、豆の入った袋を持って数歩後ろを歩くことだった。ジャハンギール・アラムの家族にとってファドウシ・ベグムは彼女の兄弟たちから金を搾り取るための手段でしかなかった。彼らにとって彼女の身体的な福祉は、二〇インチ・カラーテレビやラジオや腕時計や小額の金よりも価値のないものであった。

このように家族は愛を意味することもあるし、無視や虐待や品位を落とすことを意味することもある。さらに家族は家族の中にあるものを再生産する。家族がしばしば徳を教える場であるのと同様に（そして、しばしば同時に）男女間の不平等を教え込む場ともなる。新しい家族を旧来の型に押し込めるだけでなく、より大きな社会的政治的領域にも影響を及ぼす（明らかにその影響は双方向的である。なぜなら、家族や家族内の感情は、配偶者強姦・児童保護・子どもの権利・女性の経済的機会などに関する法律や制度によ

って も形作られるからである)。もし人々が家族の中で、女性は男性によって使われるモノであるかのように育てられたならば、人々が女性を目的として、また社会的政治的生活において対等のものとして扱うことはありそうにない。ジョン・スチュアート・ミルがずっと昔に述べているように、もし男性が男であるということだけで人類の半分(女性)より優れていると考えるように育てられたならば、その考えは女性に対する男の社会的行動を形作ることになる。もし男の子が自分は自分の母親より優れていると考え、大きくなって妻に対して「高貴でスルタンのような優越感」を抱くとき、このことが彼の家庭外での行動に影響を及ぼさないとは考えられない。「王として生まれついたことにより他人よりも優れていると考える世襲の王や、貴族として生まれついたことにより他人よりも優れていると考える貴族の感情とまったく同じである」(4)。このことは民主主義にとってよいことではない(5)。

完全な人間の機能には他者との連帯や互恵性が必要であるというアリストテレスとマルクスの考え方を私は支持しているため、多様な形態の連帯はケイパビリティの中でも最も重要な要素であり、それはまた他の全てのケイパビリティにも関わっていると考えている。私は連帯をこのように強調しているので、人間のケイパビリティを高めようとする社会において家族が投げかける問題と、家族が女性に求める役割について考えておく必要がある。

まず私は、ひとりひとりを目的として扱うケイパビリティ・アプローチは、適切な家族の愛やケアと両立可能であることを論じる。実際、それは、ケアを評価し、批判的に精査するための最上の枠組みである。人間のケイパビリティ全体と同様に、連帯に対するひとりひとりのニーズを考えることにより、公共政策はどのような家族を形成すべきか、また公共政策が支援すべき他の連帯の制度はどのようなものかという問いに最もよく答えることができる。私が展開してきた基本的ケイパビリティのリベラルな解釈は、標準的なリベラルな手続き主義的アプローチよりもさらに良い分析枠組みとなることを論じよう。なぜなら、実践理性に導かれる生活において、それは社会の重要な目標として、また主要な道徳的能力として愛やケアに重要な役割を明確に与えるからである。同時に、どのような制度も「私的」なもの、従って公共の監視が立ち入れない場とはしないことによって、ケイパビリティ・アプローチは少なくともいくつかのリベラルな理論が持っている共通の欠点を回避することができる。個人は結社的および決断的自由の形でプライバシーの権利を持っている。しかし、組織にはそのようなプライバシーの権利はなく、法や公共政策がその組織をどのように形成してきたのか、どうしてそうするのがよかったのかを問うことを妨げることはできない。個人の自由は、家庭の中で行使されるかどうかは別として、社会の中心的な目標である。個人の尊厳や健全性もまた、それらをおびやかす脅威がどこにあろうとも、社会の中心的な目標である。

2　ケイパビリティ――家族のひとりひとりを目的として

家族構造について考えるとき、どのような人間のケイパビリティが問題となるだろうか。サレマ・カトゥンのケースが示すように、それは生活・健康・身体的保全・尊厳・侮辱を受けないこと・連帯する自由・感情的健全性・人々と意義ある関係を形成する機会・政治に参加する能力・資産を保有し家の外で働く能力・自分で考え人生計画を立てる能力であり、これら全てが家庭内で問題となり、家族制度のあり方は男女ともにこれら全てのケイパビリティに影響を及ぼす。確かに家族は愛とケアの場であり、家族構造が何に貢献するかを評価するときにこれらのケイパビリティを無視すべきではない。しかし、家族が他のケイパビリティに対しても大きな影響を与えるということも忘れてはならない。実際、家族は、子どもが家族という集団の中に生まれてくるという意味で最初から、そして広範にケイパビリティに対して良くも悪くも影響を及ぼす。このように捉えると、家族という制度は、ジョン・ロールズが「社会の基本構造」と呼んだもの、すなわち、もし私たちの目標が全ての市民の自由を促進することにあるならば、正義の原理が特に適用されるべき制度と見なされる特別の資格を持っている。同様に、ケイパビリティ・アプローチでは、最低限の社会正義が人々のケイパビリティを閾値まで引き上げることを求めるため、ケイパビリティの形成に大きな影響を与えるいかなる制度に対しても特別な注意を向けるべきであることを示唆している。

　私たちが家族というものを見るとき、いったい誰のケイパビリティを見ているのだろうか。繰り返しておくが、私たちはひとりひとりの個人を見なければならないということである。宗教の場合と同様に、私たちを導くのは「ひとりひとりのケイパビリティの原理」である。家族が、広範で一般的な愛情と連帯を促進しているかを問うだけでは不十分である。私たちは、愛やケアの領域や、その他のケイパビリティに関しても家族が家族ひとりひとりのケイパビリティを促進しているかも詳細に問わなければならない。基本的政治主体として個人に焦点を合わせることはリベラルの伝統に特徴的なことであるが、それはしばしば政治目標としての愛とケアの価値を軽視してきた。しかし、現実はそうではない。もしこの伝統が、自分の利益を第一に考え、他者の利益はその次におくようなエゴイストになるように人々をかりたてるならば、あるいは他者への深い愛情が全く意味をなさないような孤立した善の概念に人をかりたてるならば、そのような理論は愛とケアの本質的価値に対して無関心であると非難するだろう。しかし、実際にリベラルな個人主義は、カント的なものであれミル的なものであれ、そのようなものは何も含んではいない[6]。確かに、すべての主要なリベラルな思想家はそれぞれの方法で愛とケアの本質的価値を強調してきた。例えばアダム・スミスにとって、ストア学派の道徳理論がその価値を認めないのは大きな欠点であった。ジョン・ロールズにとって（ショーペンハウエルのカント批判に答える形で）、「無知のベール」を含む「原初状態」を通じて提示される道徳的不偏性のモデルは、友愛の徳のモデルを意図していた[7]。そして、ロールズの道徳的発展の解釈では、家族内の愛情に大きな役割が与えられていた[8]。同様に、私自身の考えでも、愛情や連帯のケイパビリティは社会の中心目標として政治構想の中心的役割を与えられている。

しかし、「ひとりひとりを目的とする原理」は、ひとりひとりの個人を政治的分配の基本単位とすべきだということを含意している。その基本的政治原則が要求するのは、ひとりひとりの生活が基本的生活支援や基本的自由・機会に値するものと考えて、社会がひとりひとりに閾値の水準の基本財を確保することであり、ある人が自由や物的福祉を欠いているときに、総和や平均の華々しい値に満足していてはいけないということである。これまで論じてきたように、そのような原理は、家庭内の女性の生き方を考えるとき、特に差し迫った重要性を持ってくる。女性は自分自身の権利において政治主体と見なされるのではなく、家族のような有機体の構成要素としか見なされていないため、女性の生活の基本的な良さはしばしば否定されてきた[9]。同様に、女性自身は目的と見なされるのではなく、むしろ子どもを産む者・世話をする者と見なされてきた。具体的に言えば、このことが意味しているのは、家庭内で資源や機会がどのように配分されてきたかという問いかけがほとんどなされてこなかったということである。バサンティやジャヤンマはともに、それぞれ目的として関心を向けられなかったために、それぞれ違った形で苦しんでいた。バサンティは夫の付属物として扱われ、快楽や虐待のためには存在しても、子どもを産むという重要な決定の場では必要とされなかった。ジャヤンマは家事を行う者として扱われ、家庭内で男と同等の権利や機会を持つ者とは見られなかった。両者にとって、個人の権利とエンタイトルメントを強調することは、愛とケアの機会を奪い去るどころか、もっと実り多く搾取の少ないケアの形を促進するために必要である。

女性を手段として男性中心的に評価するというやり方は驚くほど根強く残っていて、他の面では深い道徳的内省によって特徴づけられるような人においてさえ見られるものである。例えば、マハトマ・ガンディーの『自伝』を読んだ人は、植民地主義だけでなくヒンドゥー社会の秩序の基盤全体に疑問を投げかける彼の稀に見る道徳の深さや急進性と、彼の極度に伝統的で男性中心的な妻への態度という奇妙な組み合わせに驚くだろう。ガンディーは妻への個人的嫉妬や性的要求について後悔しているが、彼女もまた性的な要求を持つ人間であること、すなわち、彼の性的要求の間違いの一つは極度に自己中心的なものであるということを考えた徴候はほとんど見られない。そして、彼女に対して純粋で調和した関係を達成したと彼自身は思っていたときでさえ、彼女を行為主体として、また彼女自身を価値あるものとして尊敬するというのではなく、従順と敬意という伝統的な妻にふさわしい性質のために彼女を賞賛し続けている。道徳的に傑出した人物においてさえ、このような道徳的に非妥協的な態度があるのを見ると、他者の目的のための単なる付属物としてではなく、全ての人々を目的として扱うことを主張するアプローチをより一層信じるべきなのではなかろうか。

家族に対する経済学者の二つのアプローチを考えると、別の角度からこの原理の重要性が理解できる。

第1章でゲイリー・ベッカーのアプローチについて述べた。彼は記述的モデルを作るために、家族は利他主義によって互いに結びつけられている有機的単位であると仮定した。そこでは、世帯主は、家族構成員の利益と権利を考慮しながら家族全体の効用を最大化しようとする。第1章で示したように私の異議は、(ベッカーも今では認めているように)記述や予測のためでさえ、このアプローチは個人に十分に焦点を合わせていないのであり、規範的アプローチの基礎としては一層不十分だということである。資源や機会をめぐる対立は家族内においても至る所で見られる。この理由により経済学者はもっと個人に焦点を合わせた別の戦略に向かうようになり、家族を「交渉単位」としてモデルを組み立てている(10)。このアプローチでは、家族構成員が愛や協力という絆によってつながっていることは否定しない。家族構成員は共通の目的を追求するかもしれないし、お互いの福祉を最も大切な目的の一つと見なすかもしれない。しかし、家族構成員はそれぞれ別個の存在と見なされ、ある程度は希少資源を求めてお互いに競争しあう存在である。

このようなアプローチを記述的に使うと、どのような条件が家族構成員ひとりひとりの交渉力を高めるか示すことができ、どのような公的私的変化がどのようにしてその関係を変えていくかを予測する助けになる(私は以下でそのような応用について考えてみることにする)。そのような記述的予測的モデルに基づいた規範的アプローチは、各家族構成員の利益や権利が尊重される「公正な交渉モデル」となるだろう(適切に規範を組み込んだ契約的手続き主義は、ケイパビリティ・アプローチによって辿り着くのとほとんど同様の結論に導く可能性があること、ただし、いくつかの点で中心的ケイパビリティ・アプローチの方がより有益であるということを私は第2章で論じた)。私たちが必要とするのは、(ベッカーの解釈のように)ぼんやりとした愛の輝きの中に対立を覆い隠すアプローチではなく、対立をあるがままに見つめ、その適切な理解の基礎の上に私たちの規範を定義することのできるアプローチである。

基本的政治主体として各個人に焦点を当てたとしても、政治目標としての愛とケアの価値を軽んじることにはならない。しかし、フェミニストたちは、リベラルな個人中心的なアプローチに反対する別の議論を行ってきた。フェミニストたちは、契約や交渉モデルに基づくアプローチは道徳的能力や道徳的知覚の源泉としての女性の愛とケアの価値を無視していると論じてきた。そのようなアプローチは感情や想像力をその枠組みの中に組み込んでいないため、正しい政治過程を識別する源泉として政治領域におけるこれらの能力の価値をおそらく過小評価することになるだろう。

その批判はリベラルな伝統を単純化しすぎている。例えばミルやアダム・スミスのような自由主義思想家は、正しい政治の進路を描く上で想像力に対して非常に高い重要性を与えている。そして、賢明な第三者を理由づける際に感情が果たす役割についてのスミスの解釈は、感情の政治的役割についての解釈の中で最良のものであり続けている。一方、カント派の自由は、おそらくカント自身の感情についての非常に非認識的な構想に影響されているのであろうが、この批判が指摘する問題を持っている。ロールズもハーバマスもそれぞれの方法で強い感情に拠らない政治的選択の手続きをモデル化しようと試みている[11]。ただし、ロールズはいくつかの点で他の仕掛けによって道徳的感情の抽象的モデルを提示している。彼らが感情や想像力に対して抱く不信感は、必要善の複数性に焦点をおいた直観的な議論よりも、手続き主義を選好する動機の一つとなっている。ロールズは想像力を「自然な」基本善の一つであると書いているものの、想像力を発展させるための社会的基礎を重要な社会的基本善とは見なしていない[12]。そうでなければ人を動かさずにはおかないような彼の道徳的発展の解釈も、感情や想像力に対して公的役割を与える余地はほとんどないように思われる(13)。対照的に、本書が擁護しようとするケイパビリティ・アプローチでは、想像と感情に対してリストの中で重要な場が割り当てられるのに加え、方法論上、これらの能力に依存している。真に人間的な生活に必要な要素を想像すること、そしてそれらの中心的要素を想像するのに伴う喪失感や切望といった感情は、基本的政治原理を創造する上で一つの(適切な制約を受けた)役割を担う。そして、このアプローチは、資源が異なる生活ではいかに異なった形で機能するのかを想像するように常にその利用者を導く。それは、特定の生活や環境を豊かな文脈の上で想像し、一般的な目標がそれぞれの具体的な条件の下ではいかに異なった形で実現されるかを見ることを求める(14)。従って、ここで提唱しようとする考え方は、フェミニストがこの線に沿って自由主義思想家に対して行う説得力のある批判の重要な部分に答えようとするものである。

もしひとりひとりの個人にとって愛と想像力が社会的目標としても道徳的能力としても重要だとするならば、このことはすでに家族構造が何らかの形で改革されなければならないことを示している。なぜなら、女性は、(第1章で議論したように)選択したりや独立した計画を立てるといった、いわゆる男性的な能力を身につける必要があるだけではなく、男性も、伝統的に女性の仕事や女性の領域として結びつけられてきた技術の少なくともいくつかは身につける必要があると考えるからである。男性が特定の必要や用事に対して高慢な態度で無関心なまま、微妙な対応やケアは女性がすべてするような家庭で生活しながら、学校でそれらの技術を教えようとすることはもちろん可能である。しかし、そのような解決策は不安定なものになるだろう。男性は、女性的なものとして軽蔑することをすでに身につけているような仕事に関しては一所懸命に働こうとはしないだろうし、それらの技術を自分の父親が家庭で使うのを見ていなければ、彼らもそれを政治活動において用いるもののように真剣に考えないであろう。それとは対照的に、もし自分の父親がそのような仕事を自ら行い、自分たちもその仕事を手伝うように頼まれたなら、子どもたちはその技術を重要であると考え、外でもそれを発展させ使うことになるだろう。もし、私たちがそのような技術を政治的に重要と考えるなら、このことは、家族の一部ではなく家族の全員に関わらせながら家族がその技術をどう取り扱うかについて注意を払う根拠となる。

ひとりひとりのケイパビリティを重視するという原則はもっと顕著な論理的帰結を伴っている。それは、家族は政治構想の核心において何の道徳的資格も持たないということである。道徳的資格を持つのはあくまで個人である。私たちは、個人の成長、社交、表現、教育などの場所として家族に関心を寄せている。しかし、私たちは家族が有機的単位としては何の力も持っていないことを主張する。例えば宗教的グループの場合と同様に、もし特定のグループが特定の地位を享受することを政治が認めたなら、私のアプローチはこれを否定することはない。しかし、政治的選択の背景にある道徳的問いは常に「ひとりひとりを目的と考えるなら、これが人々にどのような影響を及ぼすのか」ということである。それゆえ、ひとりひとりのケイパビリティは、そのようなグループの利益よりも優先されるように強い手段を享受することになろう。宗教について言えば、アメリカの信仰の自由に関する法律の伝統に従って、道徳的主張の正当な担い手は、宗教団体ではなく、宗教的権利やケイパビリティの担い手である個人である。このことは、アーミッシュの両親が *Wisconsin v. Yoder* の裁判で主張しているように、私たちが存亡の危機にあるグループを支援することを妨げるようなことはないだろう。しかし、そのようなグループを支援する理由は、自分の選択に従って崇拝するという人々のケイパビリティのために必要だからであって、そのグループがそれ自体、何らかの資格を持っているからではない。

家族の場合も同様に、連帯する権利と自由の担い手として、また連帯するケイパビリティを享受しうる者として、ひとりひとりの個人に焦点を合わせる。この視点は、特定の政治構造においてどのグループが特別な保護に値するかを考える場合に私たちを導く指針となる。愛とケアのケイパビリティに関しても、公共政策の適切な目標は、もし人々がそのような関係を築くことを選択したならば、そうすることのできるケイパビリティである。そのように人々や人々の選択に焦点を合わせることは、結婚の同意、結婚の権利、児童結婚の廃止、子どものケアのための公共的支援、離婚後の生活費、その他の関連する課題など公共政策に対して明確な含意を持っている。私たちは、「人間のケイパビリティを最大限に伸ばし、ひとりひとりを目的として扱う方法は何か」と常に問い続けなければならない。

3　家族――「自然なもの」ではなく

家族への政治的アプローチは、リベラル・非リベラルともにしばしば一連の関連する欠点を示す。すなわち、（一）家族を「自然に」存在しているものとして扱い、家族制度を構築する際に慣習や社会が果たす役割を認識していないこと。（二）家族を公共の領域とは対照的な私的領域として扱っていて、制度としての家族を形作り、個人の特定の集まりを家族と名づけている法律や制度の役割を認識していないこと。（三）愛やケアを与える女性の性向を本性として扱い、その感情を形成する際に慣習や法律や制度が果たす役割を認識していないこと、である。このような間違いを犯しているアプローチは、政治原則がこの領域で何をなしてきたのか、あるいは何をもっとよくできたのかについて非常に限定された理解しか持たずに政治原理を形成しようとする。このような欠点はフェミニストの批判ではよく知られた主題であるが[15]、これらの批判は、常にリベラルな伝統に属する正義の理論家たちの関心を引いてきたわけではなかった。従って、これまで議論されてきた主要な論点をここで要約しておくことは有用であり、そのためにまず「家長制的家族は自然的である」という非常に一般的な主張への批判から始めよう。

家族と家族内の女性の地位は「自然なもの」であるとしばしば考えられてきた。一つの悪名高い例を引用すると、一八七一年に米国最高裁判所のブラッドリー裁判官がイリノイ州において女性が弁護士となるのを禁じた法律を支持して次のように書いている。

女性の自然で固有な内気さと思いやりのために、女性は市民生活における多くの職業に明らかに向いていない。神の定めと物事の本質に基づく家族組織の構造は、家庭の領域が本来、女性の領域と機能に属するものであることを示している。家族制度に属し、あるいは属すべき利益や意見の（一致とは言わないまでも）調和は、夫の職業とは別個の独立した職業に女性が就くという考え方とは両立しない。……女性にとって最高の運命かつ使命は、妻や母として気高く恵み深い役割を果たすことである。これは神の法である。そして、市民社会の規則は物事の一般的な構造と適合的でなければならない……[16]。

ブラッドリー裁判官は「家族内での女性の伝統的役割は神から与えられたものである」という主張と

「それは〝本性〟に由来する」というふたつの主張を行い、これらは、彼が自然秩序を目的論的宗教的用語で理解しているとすれば矛盾のない主張である。女性の「本性」についての同様の宗教的目的論的観点は、バサンティやジャヤンマの生活を形作っているヒンドゥー教にも見られる。マヌ法典やその他の聖典は、女性を生まれつき従属的で服従するように作られており、男に仕えるのが女性の主要な義務であるかのように描き、「聖典は愛のこのような従属を命ずる」(17)。イスラムの伝統は、女性と男性を同一の性質に帰しているものの、その後、慎み深さや従属という女性の義務を男性の義務とは極めて非対称的なものとして解釈してきた。

「本性」に訴えかけるというやり方は、「本性」という用語自体が一義的なものとはほど遠いため、つかみどころのない議論となってしまう。関係Rが「本性」として存在しているということは、次の四つのうちのひとつを意味している。

1　生物学…関係Rは生来の資質や傾向に基づいている。
2　伝統…関係Rは私たちが知っている唯一の方法であり、これまでずっとこの様な関係でやってきた。
3　必然…関係Rは唯一の可能な方法であり、他のいかなる関係もありえない。
4　規範…関係Rは正しく適切であり、あるべき姿である。

ジョン・ステュアート・ミルが彼の「自然論」というエッセイや『女性の解放』で指摘しているように、政治論争において「本性」に訴えかけるやり方は、これら四つの関係のひとつから他のものへ議論もしないで飛躍してしまう。たとえば、ある特定のやり方でずっとやってきたという事実から、それが生物学に基づいているとか、あるいは、これが唯一可能な姿であるとか、あるいは、それが正しく適切であるとあまりにも性急な推論がなされる。しかし、もちろんそのような推論の仕方は正しくない。慣習が生物学的基礎に拠っているとは言えないし、私たちが他のあり方を考えられないのは想像力や経験の無さから来るものであって、他のあり方が本来ありえないということではないかもしれない。明らかに、ある慣習が長く続いているということが、その慣習の正しさを示しているのではない。

同様に、ある関係が生物学的傾向に基づいているという事実から、不可避性についても正しさについても何も導かれないにもかかわらず、そのような関連がしばしば導き出される。私たちはしばしば私たちの生物学的傾向に抵抗するために、近視眼的な見方に対しては良い見方を与え、攻撃的な傾向を抑制することを教え、別個に正しいとされた道徳や社会規範に沿うように行動を型にはめようとする。もしブラッドリー裁判官のように生物学的傾向を宗教的あるいは規範的意味でそうあらねばならないと理解するならば、第一の関係Rから第四の関係Rに結びつけることになる。しかし、そのような本性の理解は、主要な宗教において論争の的となっており、政治的な「重なり合うコンセンサス」のための基礎とはなり得ない。

しかし、家族構造に関しては、このような精緻な議論をする必要はない。なぜなら、家族組織は固定した慣習的性質を持っていると主張することさえ、もっともらしくないからである。ブラッドリー裁判官は、彼自身が属している社会に存在する貧しい家族の生活はまるで何も知らないようである。マイラ・ブラッドウェルはイリノイにおいて家の外で働いた最初の女性では決してない。むしろ、アメリカの家族は、アメリカ人の民族や出身地の多様性を反映して、非常に多様な構造を持っていることがずっとその特徴となってきた。[18] 私たちの目的にとって、この多様性はバサンティとジャヤンマに焦点を合わせれば、名目上は単一の社会と宗教グループに属する二人の女性が慣習や法律によってどのように家族について非常に異なった考えを持つようになったかを見ることができる。

バサンティの生活は、持参金・族外婚・父方居住といった長く続いてきたヒンドゥーの慣習によって規定されてきた。彼女はまだ幼いときに結婚し、持参金を持って家を出て、夫の家に住むことになった。サレマ・カトゥンの悲劇と同じパターンである。バサンティは幸運だった。彼女の家族は彼女を虐待から救い、夫の家から去るのを助けた。しかし、このようなことは持参金が高額であるために稀である。なぜなら、家に戻ってきた娘は家族にとって一生養わなければならないか、あるいは二度目の持参金を準備しなければならない存在だからである。このような慣習は、母親にとって息子は老後の生活を支え面倒を見てくれることを期待できる宝であるという家族構造を作り出した。それとは対照的に、娘は大きな支出を伴ってどこか別のところにすぐに行ってしまうので、宝とは見られない。

このような慣習は、インドの多くの地方で一般的である。それは、女性の栄養不良、[19] 児童結婚、若くして夫を亡くした女性の困窮や、その他の慣習的な女性の生活に伴う苦難と強く結びついている。女の子の誕生は喜びをもって歓迎されることは稀であり、彼女の生涯は苦しみに満ちたものになるだろうということを幼いときから印象づける諺がある。「女の子が生まれれば、結婚するにせよ死ぬにせよ、すでに遠くに去ってしまっている」。[20] 彼女は「見知らぬ者に所有される宝物」であり、「他人のボートで旅をする」。[21] 夫の家で待ちうける苦しみについて若いうちから次のように教えられる。「義理の家の楽しいことよ。ほうきの殴打は三日おき」。[22] 彼女はすでに他人の家の家族と見なされているので、彼女の教育に投資するインセンティブはほとんどない。たとえそのようなインセンティブがあったとしても、早婚によって彼女の教育は早々に終わってしまう。

このような慣習は、少なくとも一九世紀初めから激しい抗議を受けてきた。例えば、ベンガルでは、慈善家ジョン・ドリンクウォーター・ベシューンとともに非宗教的な女子学校の最も古いものの一つを始めたイショルチョンドロ・ヴィダシャゴルは、女性教育の必要性について論じている。彼は、早婚は若い女性の心身の発達を阻害し、女性を「苦しみの海」に沈めると書いた[23]。多くの改革精神を持った人々は、このような慣習が女性にとって悪であるという彼の意識を共有した。このようにして慣習に変化が見られ始めた。しかし、一五〇年たっても族外婚という慣習は女児に対する多くの差別と強く結びつき、女児の存在そのものが、ひとりの人間のケイパビリティを発展させる機会ではなく、悲しみと損失[24]をもたらす原因と見られている。

このような考え方や慣習は広く浸透しているので、それを変えようとする努力は厳しい苦闘を強いられる。ビハール州北部のシタモリ郡を訪問したとき、私はその地域のNGOによって運営されていた教育プロジェクトで少女たちが持参金についての劇を演じているのを見た。男性役も女性役も自分たちで演じながら、結婚は持参金をもって行われるべきだという親からの圧力に花嫁と花婿はどのようにうまく抵抗したかという物語を演じた。花嫁と花婿は持参金による結婚は悪い慣習であると主張し、花婿は金を一銭も受け取らないで結婚するという許可をうまく勝ち取ることができた。村全体のために演じられたので、彼女らの劇は強力なインパクトがあった。しかし、ジープでたった一〇分ほどの隣村ではNGOの活動が全く無く、女性たちは持参金は悪いものだが変えられないと言っていた。現状はこのようなものである。慣習の根強さを考えると、バサンティの生涯は多くの点で並外れて運がよかった。彼女には夫の虐待に荷担する義理の親族はいなかったし、彼女の家族は(普通ではありえないことに)喜んで彼女を連れ戻した。もっとも父親の不動産の相続権が彼女に平等に与えられることはなかったが。

そのような慣習はしばしば運命のように見えるかもしれない。しかし、私たちはインドの別の地域を見さえすれば、自然の不可避性などというものがこのような家族生活を形成する上でいかに小さな役割しか担っていないかが分かる。少なくとも一一世紀以後のケララでは、男性労働者が季節的に移動するので母方居住と母系相続の伝統があり、時には女性が複数の男性と一時的に結婚するということも行われていた。しかし、このような慣習は、一七世紀のイエズズ会の宣教師の到来とともに非難を受けるようになる。彼らは、このような習慣は道徳に反すると教えた(同時に女性への教育を支援し、カーストも批判していた)。より最近では、ケララ以外のインドとの接触が増えるにつれてケララの中流家族の間でも持参金は一般的になってきている。非公式な慣習法上の結婚の数は減り、同様に女性の複婚も減少している。しかし、いまだに女性に優しい慣習は根強く残り、若い娘たちは他の地域とは異なった期待と役割を担っている。(25) 女の子の誕生は、インドの大部分の地域のように否定的にとられることはない。女の子は、将来、家を出てしまって、親の老後の面倒を見ないとは考えられていない。ジャヤンマの生涯が特殊だというわけではない。彼女は結婚したときも遠くへは行かなかったし、彼女の娘たちも彼女の元から去る必要はなかった。下位のカーストの男と結婚した娘は家を出たが、結局、戻ってきて彼女の家に住むようになった(喧嘩して台所に仕切りを作ってしまったが)。息子が年老いた母親の面倒を見るという他の地域の慣習的な考え方は国家政策にも反映され、そのためにジャヤンマは寡婦年金を受けられないでいる。しかし、ジャヤンマの息子たちはケララの慣習に従って母親に対して何もしない怠惰な態度をとり、母親の面倒は姉妹たちに任せきりにしている。ジャヤンマは一夫一婦の結婚はしたが、インドの多くの地方で浸透している女性のしとやかさや控えめという規範には比較的影響されていない。彼女は娘たちが夫以外の男性と性的関係を持つことに不満を抱いていたようだが、彼女の目は、性的な純潔さの問題よりも相手の男のカーストに向けられていた。そのような関係に対する社会一般の寛容さは、女性の独立性というケララの伝統を反映している。

このように、たとえインドのみを眺めたときでも、慣習という点からでさえ家族は単一の存在であるという考え方は愚かしいものである。このように極端に対称的なケースはたくさんある。しかし、そのような複雑な国を無理に一般化すれば、私たちはいくつかの点でインドの家族というものが欧米の家族とは異なると主張できるかもしれない。しかし、そのような対比は危険である。なぜなら、そのような対比は、両者を安易に過度に単純化してしまうからである。それにもかかわらず、その対比は粗雑なものであり、両方の側に大きな多様性が存在していることを心に留めておくならば、そのような対比も役に立つかもしれない。

アメリカのレトリックにおける「家族」という言葉が意味するのは、典型的には異性のカップルで（少なくとも少し前までは働く父親と主婦である母親が典型的であった）、比較的プライベートな場で子どもを育て、自分たちの家を持ち、その家は典型的には独立した住居である。このような家族の規範は近代プロテスタントの価値観が作り出したものである。それは、政治的レトリックとして、かつてアメリカに普遍的に存在した習慣として懐かしんで取り上げられるにもかかわらず、米国のどこにでもあったというようなものではなかった。[26] 実際のオジーとハリエットは、最近のテレビのホームコメディーに登場するようなオジーとハリエットではなかった。実際には二人とも勤勉な職業人であり、その生活は二人がテレビで演じたような中流階級の伝統的規範とはほとんど関係がなかった。にもかかわらず、そのようなパラダイムは規範として公に示されてきたし、少なくとも、ある人々はこれらの規範に従ってきた。しかし、インドではそのようなパターンは規範として示されることすらなかった。世帯という単位は、既婚カップルとその子どもたちに焦点を合わせて排他的に描かれるわけではない。典型的には、拡大家族または少なくともその一部が、家族の日常生活や子育てなどにおいて中心的役割を果たしている。子どもたちはしばらくの間、母親のそばで育てられるが、その時でさえ母親は、アメリカの子育てではよく見られるような子どもと二人だけの親密でロマンチックな時間を過ごすわけではない。母親は、より大きな集団である拡大家族や村に子どもを早く紹介する傾向がある。[27] アメリカの母親は、子どもの顔を見つめ、目と目を合わせ、表情をすばやく反応させて多くの時間を過ごしているのに対し、インドの様々な社会階層の母親は、腰の上に子どもを乗せて運び、より大きな社会的枠組みの中で子どもを連れて歩くので、子どもと目を合わせる頻度は少ない。そして、子どもは初めから広い世界で多くの大人たちに紹介される。

関連して家族の住居の建て方も違ってくる。五〜六人が一つの部屋を共有しているような貧しい家族には、アメリカの中流階級の意味における個人のプライバシーがないことは言うまでもない。貧しい人々は、しばしば排泄のために家からかなりの距離を歩いて一人になれる場所を探さなければならない。[28] 下層階級の住居は、雨風を完全に防げるわけではなく、ある家を訪れてみると人々がその家を通り抜けているのに気づくことがある。家族の住み方はアメリカの規範とはすべての社会階層で異なっている。すべての階層で家は人が入って来やすい場所である。中上流社会の家でさえ、訪問者は前もって知らせることなく立ち寄り、家には人が絶え間なく出入りし、前もって電話しておかなければ訪問すべきではないという感覚は（しばしば電話機自体とともに）欠如している。家庭はよそ者にも開かれていて、トカゲやヒキガエルのような動物も中流階級の屋内でよく見られるものである。これらの構造的な違いは、家族を微妙に異なるものにしている。

近代西洋（特にアメリカ）の家族の自己認識にとって中心的なのは、人生の意味はただ一人の人とのロマンチックな愛の関係に主に見出されるという考え方である。結婚を伝統的習慣であると非難するフェミニストでさえ、改良した結婚や非婚姻的異性関係あるいは同性関係に結婚を変形して、しばしばこのロマンチックな規範を持ち続けている。そのような目標は、西洋の女性と比べてインドの女性の間では全く一般的ではない。このことは生活の様式や選択を通して家族構造に影響を与えている。マーサ・チェンによるインド全国のヒンドゥーの寡婦に関する広範囲な研究は、ほとんどすべての寡婦が再婚する意思を示さず、多くの者が男との生活を終えて喜んでいることを示している。結婚そのものが賞賛されるときでさえ、その理由は普通、ロマンチックなものではない。親の取り決める結婚がいまだに規範となっている文化においてロマンチックな愛情はしばしば結婚の目標としてではなく、むしろ潜在的な脅威として理解されるのは驚くことではない。(29) ジャヤンマもバサンティもどちらも人生の目的として愛を語らないし、どちらもロマンチックな愛を求めているようには見えない。婚前に異性と関係のあったジャヤンマの娘たちでさえ、西洋の意味でのロマンチックな愛情よりはむしろ快楽と独立を求め続けているようである。インドの子育てについてのスタンレー・クルツの研究は、これらの違いのいくつかは母親と子どもの関係の違いから導かれると結論づけている。アメリカの中流の母親は子どもとの間に個人的に分かりあえる親密な関係を築くのに対し、典型的なインドの母親は、子どもとの関係をロマンチックなものと見るというよりも、彼女の世界の多くの人々や多くの仕事のひとつとして子どもの世話をするという傾向がある。(30)

実際に、西洋人(多くのフェミニストを含む)がロマンチックな関係を探求し育てるのに注ぐエネルギーを、インドの女性は、女性たちの相互支援のためのグループを創り維持することに使っているのをしばしば見ることができる。バサンティはデートするよりもむしろ、女友達コキラとの友情や彼女たちが設立した家庭内暴力の被害者のネットワークに取り組むことに満足している。彼女は、インドの女性は典型的には孤立していてバラバラだが、ＳＥＷＡのようなグループを通してメンバー同士やメンバーでない女性を助けることを学んだという事実を誇らしく語る。アンドラプラデシュの女性グループのメンバーは、その活動で得た自尊心と幸福について何度も熱く語った。それは、明らかに女性たちの主要な情緒的関係であり、その文脈で子育ての多くが行われている。明らかに南アジアの女性運動全般に同じような構造が見られる。典型的なのは、バングラデシュのＢＲＡＣによる女性に対する識字プロジェクトに参加していた若いバングラデシュの寡婦マリカがマーサ・チェンに対して語った次の言葉である。

女性グループは私たちを助け、私たちに多くのことを教えてくれました。私は人々と団結して生きる方法を学びました。以前は、金持ちが私たちをののしったり批判した場合、口答えすることができませんでした。しかし、今はもし誰かが何か悪いことを言ったとしたら、私たち、このグループの一七人のメンバーは一緒に出かけていってその人になぜそんなことを言うのか問い詰めます。これは私たちが得たもう一つの種類の支援です。以前、私たちは集まってお互いを助け合う方法を知りませんでした。私たちの誰もが自分の心配や悲しみで忙しく、常に子どもたちや自分の食物のことを考えていました。しかし今、私たち、このグループの一七人のメンバーはお互いにとても親しくなりました。(31)

「家族」について話す際に、このような組織も無視すべきではない。そのメンバーである女性にとって、それは子育ての場であり、情緒的な支えの主要な源泉である。

家族にはたった一つの形しかないという意味で自然発生的であるとは言えないことが明らかだとすると、特定の家族形態が必然で不可避だとは言えないことも明らかだろう。多様な家族形態が見られることから、西洋の核家族のみが生物学的傾向に基づく形態などとは言えそうにない。そのような生物学的傾向は時間とともに多くの異なった形で表れてくる。独立した規範的考察を行わずに、特定の家族形態が「女性らしさの領域や機能に属する」正しく適切な形態であるとする根拠はさらに薄弱である。

4　国家によって創られた家族

ここまで法律や国家の役割については何も述べてこなかった。これまで述べてきた様々な家族形態の起源は、宗教や文化的伝統にあり、国家の活動とは全く関係がない。しかし、実際には家族の形態や家族構成員の権利は多くの点で国家によって作り出されたものである。ヒンドゥーの法律が女性には男性よりも不利な財産権しか認めないとき、それがヒンドゥーの家族というものを形作るのであり、この点はそのような法律を変えるためにしばしば言及されてきた。[32]「夫婦の権利の原状回復」と呼ばれるものを保障することによって、去っていった妻を強制的に家庭に連れ戻すことを可能にするような法律は、望まない妊娠や家庭内暴力といった女性の脆弱性の顕著な原因となっている。政府が家庭内暴力にさらに影響を及ぼすのは、家族を警察が介入すべきでない私的な領域と見なし、家庭内暴力を防ぐ法律を施行しないときである。[33]政府が持参金の悪用を規制せずにいたり、持参金をめぐる暴力を防ぐ法律を施行せずにいるときも同様である。インドでは夫婦間のレイプは違法ではなく、この私的領域において法は助けにはならないと女性に伝えることによって、再び家族構造は形作られる。雇用における性差別や性的嫌がらせを規制する法律は、女性が家庭の外で仕事を探すときに女性が就くことのできる職業の幅を規定することにより、家族の形に影響を与える。児童労働を規制し教育義務を定めた法律は、児童の生活と、親が子どもをどう育てるかにも影響を与える。

このように見てくると、家族は、国家からは独立してはいるものの国家の法律によって規制されているその他の自発的な組織に似ているように見える。宗教的組織は、宗教が国境を超えたアイデンティティを持っているという点において国家の生み出した人工物ではない。ローマ・カトリック教会とは何かについては、ローマ・カトリック教会が存在するいかなる国家からも独立した精巧な定義がある。しかし、政府は、教会にどんな行動が許可され、どんな行動が禁止されるかを決めたり、慈善組織として税制上の優遇措置を与えるなどして教会を規制しようとする。これらの便益を得るための規則を定めたり、一般に適用される法律を通して教会に規制を加えることによって、国家はローマ・カトリック教会のあり方に影響を及ぼし、さらにその教会員の特権や権利にもある程度まで影響を及ぼす。だからといって、教会が国家によって創られたと見るのは間違いだろう。

大学も同様である。アメリカの初期の大学がそうであったように、大学は国家とは独立に設立された。ある大学の一員であることの定義は法律とは無関係であった。それでもひとたび大学が、ある国家の領域内にできれば、国家は様々な方法で大学を規制し制約して、大学に属する人たちの特権と権利を決めることになるだろう。

しかし、家族はこれらの自発的な組織よりももっと直接的な意味で国家の作り出したものである。国家が介入したり、しなかったりする「家族」などという実態は本当は存在しないからである。人々は実に多様な形で結びつき、一緒に生活し、愛し合い、子どもを作る。これらうちのどれに「家族」という名前が与えられるかは、法律と政治の問題であり、そこに生きる人たちが決めるものではない。国家は、どの集団を家族と見なすかを定義し、家族構成員に対する特権と権利を規定し、何が結婚であり何が離婚であるかを定義し、何が合法であり、何が親の義務であるかを規定することによって、法律を通して家族構造に法的な形式を与える。この差が違いを生み出す。国家は「家族」というものが成立したときから関わっていたのであり、この点は宗教組織や大学の場合にはそれほどはっきりしない。家族とは何かを決めるのは国家であり、誰がその構成員となるかを決めるのも国家なのである。(34)

このことをもっとはっきりと見るために、個人をある団体のメンバーとして規定する儀式について考えてみよう。大学では入学式(そして後の段階で学位授与式)があり、宗教団体では洗礼や改宗やその他の入信の儀式があり、家族では結婚がある。今や国家が大学の入学や卒業、宗教団体の洗礼や改宗と何らかの関係があるのは明らかである。これらの組織が免税措置を享受できるように決めたり、儀式の一部として残酷な行為や不法行為を禁止するなどによって、国家はこれらの儀式を外から取り締まっている。しかし、結婚は最初から国家が規制する公共の儀式である。結婚を規定する国家の法律があり、これらの法律はその特権的な領域への参入を規制する。国家は単に結婚を外から取り締まるだけではなく、人々を「結婚させる」のである。たとえ結婚についてのすべての民間の基準を満たし、さらに宗教の基準を満たしていたとしても、国家の基準を満たさない限り結婚とは見なされないのである(例えば、同性のカップルは、たとえある宗教団体によって二人の結婚式が挙げられたとしても、国家の承認が得られなければ結婚しているとは見なされない)。結婚はいつも国家の職務というわけではなく、そうである必然性もない。しかし、今の世の中ではそれが普通になっている。結婚や離婚はそれぞれの宗教の法体系の領域であるインドでさえ、これらの法体系が公共の領域の一部となっている。それらは、社会の法律と制度の基本構造によって形式を与えられ、人々は公の規則によってそこに組み込まれ、これらの規則から外れる形の結婚をいかに望もうともそれは認められていない。(35)

すべての人間の集団は、好き嫌いにかかわらず法律や制度によって様々な形に作り上げられる。家族は、その定義自体が法律的であり政治的であるという意味で、さらに徹底的に法律によって形作られるものである。人々は望むなら自分たちを家族と呼んでもよいが、法的基準を満たした場合のみ、社会的に認知されたという意味での家族になる。

5　ケアする者としての女性――「著しく人工的なもの」

家族というものの構造が歴史や慣習や法律によって形作られることに議論の余地がないとしても、家族の世話をするという女性の能力が様々な家族形態において女性の役割と見なされていることに関しては、そのように考えられることはなかった。様々な家族形態において、女性は圧倒的に子育てや家事を担い、男性の世話をし、支えることが期待され、しばしばそれは物的な見返りなしに行われる。この伝統的な機能は、すでに述べたような意味において「本性」であるとしばしば主張され、そこから、世話をすることの伝統的形態を揺るがすようないかなる試みも間違いであるという結論がしばしば導き出される。従って、私たちは、家族形態の問題とはある程度切り離して、この問題に取り組まなければならない。この問題に対する私たちの立場は、家族について私たちが言えること、言うべきことに影響を及ぼす。

私たちが愛とケアについて語るとき、私たちは感情や複雑な行動様式についても語っているのであり、それは習慣や社会的規範から影響を受けている。女性が子どもや家族の世話にエネルギーを注ぐという傾向は、生物学的起源を持っているのかもしれない。例えば、人類の有史前のある時期には、そのような役割分担は環境に適応するために重要だったのかもしれない。当時の人類に関する手がかりは少なく、自信を持って話すには不確定な要素が多すぎるが、少なくともそうであると考えられる理由が少しはある。しかし、そのような生物学的差異があったとしても、それは単に傾向における違いに過ぎず、それが女性に対しては伝統的役割を奨励し、男性に対してはその役割を奨励しない理由とはならないことに留意すべきだろう。このことは、たとえ攻撃的行動が男性と結びついていたとしても（それは、世界中の至る所で暴力犯罪に関する統計がはっきりと示していることである）、そのことが刑法の規定を緩めたり、男の攻撃性を寛大に見る理由とはならないのと同じである。男性も子どもを愛し世話をすることができるということ、女性が家の外の仕事でも成功できるということ（実際、貧しい女性は子どもの世話をし、家事のほとんどをこなしながら、そうしてきた）に関しては多くの証拠がある。このように傾向として多少の差が見られたとしても、それは、もし私たちが望むのであれば、その機能を分かち合うという社会的規範の確立を妨げるものではない。私たちは誰のようになりたいのか問うてみなければならない。どのような資質を持っているか知ることによって、何が全く不可能であるかを知ることができる。しかし、何が不可能であるかを知ることは、この場合、何が最善かという問いに答える上で私たちを遠くまで導いてくれることはない。平等に役割を分かち合うことは明らかに可能であり、そのことは例証されている。

さらに私たちにはミルが実際に正しかったという強力な証拠がある。私たちが今、知っているような「女性の本性は、明らかに人工的に作り出されたものであり、ある方向については強制的に押さえつけられ、他の方向については不自然に奨励された結果」[36]である。これは広範囲に亘る問題であるが、ここでは四つの議論に焦点を当てて簡単に論じることにする。

第一に、「概念的な議論」である。愛という感情や、ケアに関わる願望や行動パターンは、単に衝動として捉えたのでは適切に理解することができない。それは、多くの思考と解釈、特に評価を含むものと考えれば最もよく理解できるものである。[37]愛とは対象を特定の方法で見ることであり、対象に対しては多様な信念を含んでいる。それは明らかに対象が特別なものであること、大事な価値を持つものという信念を含む。ケアのパターンもまた、どんな物やどんな人々が重要で大切なものであるか、何が正しく適切であるかについての信念だけではなく、その他の多くの信念、多くの規範的な信念を含んでいる。これらは初めからそのような形で存在していたわけではなく、学びとったものである。しかし、このことは学びとるための生物学的根拠を持たないということを意味するわけではない。例えば、人間の言語能力を向上させるための訓練は、持って生まれた生物的素質を活性化する。言語の習得と同じことが次の点でも言える。すなわち、複雑な認識を適切に伝えるための訓練が果たす大きな役割は、社会的解釈や文化的多様性が作用する大きな余地を残すことになる。このことは、すべてのパターンの愛とケアは少なくとも部分的には文化的創造物として理解されるべきであり、それは、その拠り所となる信念を変えることによって少なくとも原則的には変わっていくことを意味している。(38)

バサンティとジャヤンマについて考えてみよう。すでに示したように、ロマンチックな愛は彼女たちの結婚では大きな役割を果たしていない。ジャヤンマの場合、彼女の子どもたちの結婚もそうであった。それは、愛を構成する信念が文化的に形成されることを示す確かな兆候である。二人の女性がケアについて語る内容が示しているのは、感情や行動パターンを特徴づける社会的規範を彼女たちは広範囲に内部化しているということである。バサンティのケースでは、虐待に耐えるのが妻の義務(あるいは運命)であるという信念(彼女は後にこの信念を否定することになる)や、妻から子どもを産む機会を利己的に奪った夫は尊重すべき権利を奪ったという信念、子どもは敵意に満ちた世の中で女性を守る主要な源泉となるという信念にそれが見られる。ジャヤンマの場合には、女性が一日中働き、夫は働かないときでさえ、すべての家事をしたり、子どもに家事を指図するのは妻の仕事であるという信念や、病気の夫を世話するのは妻の義務であるのに、病気の妻を世話するのは夫の義務ではないという信念や、夫の収入は夫ひとりのものであるのに対し、彼女の収入は家族全員のものであるという信念に見られる。このような信念は生来のものではなく、そのような信念を持たない女性も世界中にたくさんいる。これらの信念は、まさに特定の社会秩序が人工的に生み出したものである。そして、愛やケアとは何かを決めるのは、少なくとも部分的にはそのような信念のネットワークである。もしこれらの信念が変化すれば、感情や行動パターンも変化するだろう。バサンティが、虐待を耐え忍ぶのは彼女の運命であるという信念を捨てたとき[39]、そのような変化がはっきりと起こった。だから、愛とケアを本能的なものとして扱う人たちに対して、それは概念を正しく認識していないと主張することができる[40]。

第二に、「文化的影響の根強さ」に関わる議論がある。乳児を対象にした実験が示すところによると、たとえ実質的な性差がなくても、赤ちゃんの性別によって異なる扱いを受け、同じ赤ちゃんであっても異なるラベルが貼られる。女の子であればぎゅっと抱きしめられ、男の子であれば宙に投げ上げられたりするだろう。泣いている子が女の子だと分かれば何かをこわがっていると言われ、男の子だと分かれば怒っていると言われる。このように、子どもの性別は子どもの感情発達を規定する積極的要素となる[41]。もちろんこれはもっと一般的な現象のほんの一例に過ぎない。どのような領域においても、環境は人格の形成に寄与する。クローンについて研究している科学者たちは、遺伝子が同一であれば、質的にも同一の人間になるという悪夢のような考え方をはっきりと否定している[42]。特に性差は、小さいうちに文化的に形成されるという多くの証拠がある。しかし、そのような証拠だけで、愛やケアに関する性差の生物学的要因を除外することはできない。私たちはミルがかつて考えていたのと同じ段階にいる。すなわち、環境の影響は初期の頃から始まり、また根強いために、生物学的要素とは何かを知り得ないということである。

第三に、ここでも家族の場合と同様に、「文化的多様性からの議論」を使うことができる。感情や行動パターンはコミュニティ間で差があり、この差は、人間が単一の種であるにもかかわらず、歴史的文化的要素が作用していることを示す非常によい証拠である。そしてもちろん愛とケアの領域においてもそれぞれの文化が多様な形で性差を作り出しているのを見ることができる。また、そのような多様性が一つの国においてさえ存在することの例として、バサンティとジャヤンマの対照的な事例を用いることもできるだろう。これらの事例は、はっきりと異なる三つの文化的差異のタイプを示している。第一は、どのような行為が正しく適切なものと考えられているかについての差異である。バサンティは、女性たちを萎縮させ、家の外で働けなくしていた女性の慎み深さという規範を内面化し、従順で慎み深く振舞うことを学び、人の目を見ずに下を向いていた。しかし、ジャヤンマはそのような女性の従順さという意識を全く持っていない。そういう意識を欠いていた理由は、社会的階層の影響だけではなく、ケララの文化の影響でもある（同じ地域でも同様に顕著な文化的差異が見られる。例えば、ラジャスタンのヒンドゥー教徒の女性と部族民の女性の差異は、前者が従順さでバサンティの上を行くのに対し、後者は率直さや大胆さでジャヤンマに匹敵する）。第二は、どのような感情が良く、どのような感情が悪いと見なされるかは多様だということである。どちらの女性もロマンチックな愛情には無関心であり、そのことは西洋の女性には奇妙な印象を与える。ジャヤンマは元気がよくて、独立心が強く、非常に闘争的な性格を持っている一方、バサンティは穏やかで温和な規範を身につけている。彼女は、支援を受けるためなら男であれ女であれ自分よりも強い人に頼るのがよいと考えている。このような差異はある程度は個人差かもしれないが、それはまた文化的規範の影響も反映している。第三は、様々な感情が対象とするものは何かということである。ジャヤンマは娘の結婚について考えるとき、いつもカーストの問題にとらわれているのに対し、バサンティは女性活動における連帯を考えるとき、そのような意識を失っているように見える。ジャヤンマは、誰かから威嚇されて萎縮しているのはおかしいと考えている。バサンティは、かつては夫に怯えながら暮らすのは女の宿命であると考えていたが、今ではその考え方を否定している。このような相違は、二つの社会における伝統的な結婚制度の大きな差と同じように、社会の教えによってもうまく説明できる。ジャヤンマは常に家にいて家のことを取り仕切っていたのに対し、バサンティは家を出て見知らぬ環境で著しく脆弱な立場に置かれていた。

この二人の女性が、体や動作や声などで自分をどう表現しているか、自分自身を女性としてどう見せようとしているかについても考えてみよう。ここでも、この二人の女性の間には、カーストや地域がもたらす文化的差異が見られ、それは西洋の女性との差ほど大きい。バサンティの柔らかく丸みのある体、ゆっくりとした動作、伏し目がちの視線、柔らかい声、これらすべてはインドの中流階級の伝統で女性の魅力や女性にふさわしい行為と見なされるものである。礼儀正しさや女性としての魅力に関する規範は、年齢や階級の似通った典型的なアメリカ女性ほどとげとげしくしくもなく、移り気でもなく、やせているわけでもなく、筋肉質でもなく、真正面から人と対決するわけでもない女性のイメージを作り出している。バサンティはジムなどには行かないし、人前でランニングをしたり、レンガ工場で働いたりするような肉体を誇示するような行為や無作法や見苦しさには肝をつぶすだろう。SEWA運動に関わる多くの女性と同様、自分自身に注目を集めようとしたり、自分について語ったりするのは行儀の悪いことだと教えられてきた。SEWAの教育指導者は、女性が自主的に立ち上がり人前で自分の名前を言えるようになるまでに丸一日費やさなければならない(43)。バサンティの最近の経験は、彼女を変えた。しかし、その変化にもかかわらず、彼女が受けた躾の名残は今も見ることができる。これらの文化的条件が、バサンティにとって何が愛であり、何がケアであるかを規定することになる。

臆病でもなく、無口でもなく、他の人から激しい人と言われるジャヤンマの場合には、そうではない。彼女の声も身体も、「女性らしさ」に対する無関心も、全てがバサンティとは際立って対照的である。ジャヤンマは子どもの頃から肉体労働をするように育てられてきたし、生き延びていくために強くなければならなかった。貧しさのために、彼女には女性らしい優雅さを身につける余裕などなかった。しかし、文化的問題もまた含まれている。

インド国内におけるこのような差異は、インドとアメリカの間の規範の違いに関連している。インドでは今でも、筋肉質の精悍な肉体は肉体労働者かダンサーや売春婦のいずれかの特徴であると受け取られる。中流階級の女性は、そのように見られるのを避け、それを魅力的でないと考える。非労働者階級の活動家とともにビハール州の売春地区を訪問したとき、私はセックスワーカーたちから同じタイプの人間であると見なされているのに気づいた。それは、私の体型が丸くて運動不足のインドの中流階級の女性の体型ではなく、セックスワーカーの体型に近かったからであり、またアメリカ女性はみんな性的に乱れていると思われていたからである。

このように愛やケアや性差の規範が文化的に多様であると見ることは、私たちが望んだとしても、何事も簡単に変えられるということを意味するものではない。生物学的問題の方が文化的問題よりも是正しやすいこともある。一般に生物学的な起源を持つ問題よりも社会的起源を持つ問題の方が変えやすいというわけではなく、特定の社会慣行を変えようとすると大きな抵抗に出会うことになる。そのいい例が、インドやバングラデシュでダウリ(持参金)を廃止するときに見られた。両国とも持参金を渡したり受け取ったりすることが違法化されてすでにかなり時間がたっており、一九八〇年中ごろには持参金の強要に関連する家庭内暴力に対して厳重に取り締まるための新しい法律も導入された(44)。しかし、未だにサレマ・カトゥンのようなケースは、インドでもバングラデシュでも稀なケースというわけではない(45)。母系制であるケラにおいても持参金はますます一般的になってきている。ある慣行の文化的起源を特定するだけでは、改革が妨害なく進められるということにはならない。しかし、それは少なくとも、ジェンダーや家族の問題をしばしば取り巻いている不可避性という間違った意識を拭い去ることにはなるだろう。そして、私たちはどのような要素に立ち向かおうとしているかを明らかにすることで、その改革にどのように取り組んでいけばよいかを示してくれるだろう。

6 政治的リベラリズムと家族——ロールズのジレンマ

もう一度、要約しておこう。私たちは、家族が人間のケイパビリティを育みもするし、だめにもすることを見てきた。私たちの問いは、家族がケイパビリティをさらに育み、だめにすることを少なくするために法律や公共政策はどうあるべきかということである。私たちは、家族というものが唯一の形態を持った存在でもなく、自然に生まれてきたものでもないことを示すことから議論を始めた。家族とは、多様で複雑な社会構造である。その構造は、愛とケアの領域でジェンダーの役割に場を与え、さらに形作り、従って、それは多くの点で社会的に創り出されたものである。しかし、ここで私たちは立ち戻って、より一般的な形で家族の問題に向き合い、家族が愛とケアの私的領域であるとされることによって生じる緊張に公共政策はどう取り組むべきかを考えてみよう。一方で、宗教の場合と同様に、家族を政治的正義の理論の直接のテーマにすることによって個人の選択という重要な価値が犠牲になる可能性を真剣に考慮しなければならない。他方、家族は人間の成長に深い影響を与え、それは人生の初めから存在しているという明らかな事実も見失ってはならない。家族は社会の基本構造の一部であり、かつ正義の基本原理が最も直接的に働くように設計されるべき制度の一つであると見るべきである。

このジレンマがリベラルな政治思想をどのように引っ張っていくのかは、ジョン・ロールズの最近の論文がはっきりと示している。(46) フェミニストからの批判(47)に答えて、ロールズは二つの主張をしているが、それらが整合的であると見るのは難しい。(48) 第一に、彼は『正義論』の中で最初に行った古い主張を繰り返し、家族は社会の基本構造の一部であり、定義により正義の二原則が初めに適用されるべき制度の一つであると言う。(49) 第二に、彼は新しい主張を行い、正義の二原則は基本構造に直接適用できるが、「家庭内の生活には直接当てはまらない」としている。この点に関してロールズは、家族を「教会や大学、専門家や科学者の協会、企業や労働組合」のようなその他の多くの自発的団体と同じであるとする。正義の原則は、教会組織の統治にいくつかの本質的な制約を課すものの、教会組織の統治の原則が民主的であることを要求しないのと同様に、家族についてもいくつかの重要な制約は課すものの、家庭内をどう治めるかについては規制しない。従って、家族は、家庭内での資源や機会の分配に関してロールズの格差原理に従う必要はないし、基礎的な政治的自由や宗教的自由に関して自由を優先する必要もない。他方、家族のひとりひとりは社会の一部であり、そこではすべての人々の生活がこれら二つの原則に基づいて統治されるという事実は、様々な形で何が可能であり、何が可能でないかを規定することになる。

正義の二原則に関してロールズが抱いているのは次のようなアイデアである。たとえ社会全体が格差原則によって統治され、不平等は最も暮らし向きの悪い人々の生活水準を引き上げるときにのみ許容されるとしても、このことは家庭内の所得や富の分配がこのパターンに従うことまで要求するものではない。自由に関して言えば、ロールズの注意深い定式化が許す制約とはどのようなものであるかを知るのは難しい。というのも、家長が特定のタイプの宗教的行為や言論や政治活動を禁止することは、少なくとも成人女性を考えるときには、公共の自由の原則と即座に衝突してしまうからである。たぶんロールズは、夫婦のどちらか一方が、例えば「もしあなたがユダヤ教に改宗したら離婚する」とか「あなたがビル・クリントンに投票するなら一緒にいることはできない」というような事例を考えているのだろう。もし、公務員がこのような市民の自由を規制したら、それは明らかに違法だろう。夫婦の一方がそのような高圧的な態度をとることは、不愉快ではあるが、もし脅かされた側が去ることができるか、あるいは身体的に脅されない限り、基本的正義の侵害にはならない、とロールズは論じるだろう。

正義の原則は基本構造に対して適用されるのであって、その基本構造を構成する個々の要素にまで適用することを意味するものではないということを主張することはもちろん重要である。従って、正義の原則を基本構造の一部としての家族に適用することは何を意味するのか、そして、そのことは正義の原則を基本構造の一部である制度としての家族に適用するのと同じなのか、少しばかり理解に苦しむ。基本構造を構成する他の組織にはこのような問題は生じない。なぜなら、憲法や法律によって特定の組織形態を与えられない限り、その基本構造は正義の原則が適用できるような「内部」の生活を持たないからである。そのため私たちは次のような問い、すなわち、正義の原則を基本構造の部分としての組織に適用することは何を意味するのか、そして、それは正義の原則をその組織のひとりひとりに対して適用することと同じなのか、という問いに困惑する必要はない。従って、家族は家族特有の問題を持っていることになる。この問題に答えるロールズの戦略は、教会や大学といった他の組織に話をそらすことだったのである。

ロールズも気づいているように、家族と大学を対比して論じることが問題なのは、家族が基本構造の一部であるのに対し、教会や大学などはそうではないということである。(50) このことは、ロールズの概念を用いれば、家族は幅広くそして最初から人々の生活の機会を規定する組織の一つであると見なされてきたことを意味している。これに対して、大学は明らかにそのような特徴を持っていない。(51) ロールズは、明らかにふたつの考え、すなわち、家族は社会の再生産や人々の生活の機会にとって基礎的であるため家族は公正でなければならないという考えと、この家族という組織内部への介入を容認できないという考えの間で引き裂かれている。

ロールズの解決策は、外部からの規制を十分に強めることによって市民としての女性に真の平等を与えることである。彼は、「正義から免除される」私的領域のようなものの存在を否定し、法は市民としての女性と、将来の市民としての子どもの平等を守るために介入しなければならないと主張する。(52)「女性の平等な権利と将来の市民としての子どもの基本的権利は奪うことのできないものであり、どこにいても女性と子どもを守るものである。これらの権利と自由を制限するような性差別は排除される」(53)。少なくとも私たちが置かれた歴史的状況においてロールズが支持しているとみられる一つの具体的な提案は、(54) 法律は、妻の子育てを、離婚の時点で結婚している間に夫が稼いだ収入と増えた資産を等しく分ける権利を妻に与える仕事と見なすというものである。「夫が家族のもとから去ることによって家族の収入の機会を奪い、妻と子をそれまでよりも劣悪な状況に置いておくのは耐えられない不公平のように思われる」とロールズは結論する。一方、ロールズは、家族内での伝統的な労働の男女間の役割分担を、「全く自発的であり、かつ不公平からもたらされたり、不公平に導くのでなければ[55]」――尊重すべきではあるが現実には適用し難い言葉であるが――、認めるべきだと主張する。

ロールズのアプローチは、正義が求めていることを十分に達成できずに終わっているように思われる。家族は、たしかに基本構造の一部である[56]。子どもは長い年月、基本的な生存と福祉のすべてに関して家族に束縛される。女性はしばしば経済的非対称性のために家族に束縛される。子どもが家族内ですることは「完全に自発的[57]」と言えるかどうかを判断するのは難しい。もちろんこれは多くの女性にとってもそうであるし、物的な支えとなる自分自身の収入源を持たない女性にとっては特にそうである。家族の一員になるという子どもの選択も自発的とは言えず、それは大学や教会の一員になるということが家族の圧力という問題と無関係なのとは全く違う問題である。愛とケアの問題において個人に選択の余地を適切に残しながら、このジレンマにどう取り組むかについてもっと議論しなければならない。

このジレンマは、(しばしば密接な関係にある)宗教的なジレンマと似た形をしている。私たちの枠組みに戻ると、決定的な違いもあるが、このジレンマを理解するのに役立つ。宗教の場合と同様に、一方で「本質的価値の尊重」、すなわち、愛とケアのケイパビリティの尊重があり、他方で(少なくとも、時には)他のケイパビリティへの要求があり、それが家族やその主体を批判的に検討しなければならない理由である。私たちには二つの指針となる原理がある。宗教の場合と同様に家族の場合にも、「ひとりひとりのケイパビリティ」という原理がある。つまり、ただ単に愛が維持されているかを見るだけではなく、愛とケア(と、その他の中心的機能)の適切な関係を選択する「ひとりひとりのケイパビリティ」が守られているかを見なければならない。他者の感情的自由を犠牲にするような愛は公共的に保護するに値せず、それは他者の宗教的自由を抑圧することによって得られる宗教的自由と同じである。公共活動はそのような組織を保護すべきではない。それが保護すべきは、その構成員の感情と連帯のケイパビリティである。

もうひとつの原理は、「道徳的制約の原理」である。家族の中で起こる残酷なこと、不公平なことはいかなるものであっても、家族を評価し保護するときに価値あるものと見なすことはできない。それが私たちの規範リストに含まれる限り、虐待する者は、「家族」が正しく拠って立つ道徳共同体の外に置かれることになる。彼は自分自身を弁護するために家族という言葉を用いることは許されない。宗教の場合と同様に、この政治原則にはインフォーマルな社会版がある。すなわち、家族を正しく理解するならば、それは愛とケアを表しているというものである。そこで、私たちは、虐待行為が家族を守る行為と呼べるのかどうかを問わなければならない。バサンティやコキラの要請に従う警察官の方が、虐待的な夫や両親よりもよほど家族の守り手と呼ぶにふさわしい。

これらすべてを考慮すると、私たちの原則は次のようになるだろう。すなわち、国家はやむを得ない場合を除いて家族構成員の行為に介入すべきではないが、そのようなやむを得ない場合とは、愛とケアの関係を選択するという個人のケイパビリティを含む中心的ケイパビリティを保護する場合である。

しかし、ここで宗教との類似性が崩れ始める。なぜなら、すでに述べたように、大学と同様に、宗教にも国家が関与しない生活領域があるのに対し、家族はそうではないからである。家族は、大学や宗教組織よりも根本的な意味で社会的法的に作られたものであり[58]、従って、市民として人々と連帯する自由と他のケイパビリティの要求との間にジレンマが生じることになるだろう。私の主張は、国家がこのジレンマに関与するとき、国家は連帯や自己認識の自由を家族構成員に対して与えるべきであるが、それは中心的ケイパビリティを守るという制約内で行われるべきであり、それは可能な限り、家族に法的形式を与え、家族を規制する法体系の中に組み込まれるべきであるというものである。

ロールズとは違って私のアプローチは、この違いをはっきりと認識し、その違いを顕著なものと見なす。国家は、民間の大学を規制するのと同じやり方で、家族を外から規制できると主張することには意味がない。国家は結婚に直接関わり、家族は個人の機会や自由に対して強い影響力を持っているために、家族はまさに社会の基礎構造の一部分である。従って、ケイパビリティに基づく正義の原理は、その構造の一部分としての家族に直接、適用されるべきである。ただし、それも、他のケイパビリティ、特に人との連帯や個人の尊厳や選択に関わる個人の自由を守るという制約内でのことである。

私のアプローチは、ロールズのアプローチとはわずかに異なっている。ロールズは正義の届かない私的空間という考え方を雄弁に批判しようとするが、それにもかかわらず極めて伝統的な意味に理解された「家族」は基礎構造の一部分であり、社会の再生産において基本的役割を果たすという仮定から始める。一九九七年の彼の論文や『正義論』における道徳的発展の記述から判断すると、その単位を西洋型の異性夫婦の核家族として考えているように見える(もっとも後になって、彼は家族の他の形態(例えば、同性のカップル)をも許容する緩やかな定式化を行っている)。彼はこの単位の定義を曖昧にしたまま、それに高い中心性を与え、支持するものの、他の形態の個人の連帯でどのようなものが同じ理由で国家の支援に値するかについては考えていない。そのため、公私の区別に対する彼の攻撃にもかかわらず、そのような区別を支えてきた核家族という単位に分けられた社会の姿を彼は想定し続けている。ロールズは、家族を政治以前の形態と見なし、政治が家族を根本から作り上げるのではなく、外部からでも規制できると考えている。しかし、同時に彼は、生活領域は正義が免除される場ではないとも主張する。ロールズはまた国家の作為と不作為の違いについて、国家が伝統的な家族の領域に介入しなければ不作為であると見なし、家族の形を変えようとするならば作為であると見なしているようである。

ロールズとは対照的に私のアプローチは、ひとりひとりのケイパビリティと自由に焦点を合わせるところから始まるが、どのような形態の集団も人のケイパビリティの拡大にとって重要であり中心であるとは仮定しない。人は愛とケアを必要とし、繁殖を必要とし、性的表現を必要とする。子どもは、愛と支えと教育を必要とする。そして、人は様々な形で人と結びつく自由を享受する。しかし、ここで私のアプローチは、これらのケイパビリティを促進する上で様々な形態の集団がどういう役割を果たしているかを見よと主張する。SEWAのようなタイプの女性グループは、女性に愛と友情をもたらし、子どもの面倒を見、その他のケイパビリティを促進する上で貴重な役割を果たす。この点で、伝統的な形態の家族の方がしばしばそれよりも劣っている。女性グループが子どもを性的虐待から守ったり、虐待や児童結婚の危機にある子どもを公立学校を通して守ったりするということはよくあるが、そのような活動を通して女性グループは子どもにとって核家族よりもずっと本当の家族らしい場となったりする。ギリバラの子どもたちを孤立させ保護から遠ざけ、貪欲で堕落した父親のたくらみにされるがままにしているような核家族よりも、女性のサンガムの支援があれば子どもたちはもっと良く生きることができるだろう。ロールズは家族のプライバシーは国家が保護すべきだと考える一方で、その他の形態の集団に対してはそのように考えていないように見える。私のアプローチでは、その選択は文脈によるのであり、歴史や他の諸条件の下で公共政策がいかに人間のケイパビリティを最もよく促進することができるかが問われる。国家介入を阻止することができるのは、個人であり、人と連帯する自由などの個人の様々な自由と権利であり、不当な捜索や拘束を受けない権利などである。家族は、それがまるで家族ひとりひとりの上位に位置する神秘的な単位であるかのように国家の介入を阻止する力を持ってはいない(59)。

同様に私のアプローチでは、外部と内部の違いや作為や不作為の違いは本当に首尾一貫しているかが問われなければならない(60)。結婚・離婚・義務教育・相続に関する法律は、何よりもまず家族の内部に関わるものである。刑法制度は犯罪を定義し分類する際に家族の内と外の違いを認めるべきでない。どこで起ころうが、レイプはレイプであり、殴打は殴打であり、強制は強制である(61)。物事を以前のままの状態に放置しておくことはひとつ行動を選択したということであり、それは完全に中立的というわけではない。つまり、ひとりひとりの尊厳や身体的保全や福祉を護るという国家の使命は、表面上はどう見えようとも、家族のあり方に外部から制約を課すということにはならない。それは常に家族制度を正しく作り上げていくことにつながる。それは政治的正義に基づいて行われなければならない。

結局、ロールズの考え方は、特定の形態の集団を所与として受け入れ、その内部には介入せず、外部からの制約によって取り締まることを勧告することになってしまう。このアプローチでは、国家が家族をどう定義すべきかという問題や、国家がこの問題に答えようとするときに何を考慮すべきかという課題には答えられない。私は、国家が伝統的集団を所与として受け入れなければならない理由はないと論じてきた。国家はどのような集団を保護すべきか、そして、その根拠は何かについて、人間のケイパビリティの観点から考えるべきである。さらに私は、国家が特定の規範と整合的な家族の単位というものを作らざるを得ないと論じてきた。国家はその目標をしっかりと視野に入れ、十分に自覚してそうするしかないのである。

実際には、ひとりひとりのケイパビリティの促進を目指す私のアプローチも、正義の二原理によって家族の外から制約を加えようとするロールズのアプローチもしばしば同じ答えに導く。夫婦間のレイプを禁止する法律、結婚の同意を保護する法律、義務教育を実施する法律、児童結婚や児童労働を禁止する法律、家族に対する妻の経済的貢献を適切に物的に評価することを保障する法律、働く母親を支援するために子どもの保育の場を提供するための法律、女性の栄養と健康を増進するための法律――これらすべての法律は、現在と将来の人々のために国家が考慮すべきものとしてロールズも私と同じように支持するだろう。しかし、それらを支持する根拠には、ロールズと私の間にわずかな差が存在する。ロールズは、法律が大学や教会を制約するのと同じ方法で、形を持つものを外から規制すると考えているのに対し、私は、最も直接的な意味で社会の基礎構造の部分にある組織の形成に法律が貢献すると考えている。

さらにロールズと同様に私のアプローチも、宗教団体に一定の特権と保護が与えられるように、伝統的な家族に対しても一定の特権と保護が国家によって与えられることを認める。家族は子どもの養育やその他の必要を満たす上で役に立っているために、国家は多くの場合、保護や特権を与えるだろう。従って、(第3章での勧告と同様に)子どもに関わる選択については親の判断が一定の限られた範囲内で尊重されることになるだろう。そして、家族がひとりひとりのケイパビリティを促進する限り、家族に対する税の優遇措置も排除しない。国家がそのような政策を選択する理由は、宗教の場合と同様に、個人の中心的ケイパビリティを守ることである。家族の定義も政策の選択も、この目的を視野に入れてなされるべきである。

ロールズは「家族」をどう定義すべきかについて問題にしないし、家族がそのような特権を与えられる根拠を明らかにしない。もっとも、将来の市民に対する国家の関心はその根拠の一つとなっているようである。

最も重要なのは、ロールズは家族形態を所与と見なしているために、私のアプローチが問い続けていること、すなわち、伝統的な家族形態の他にどのような形態が公共の保護や支援に値するのかということを問おうとはしない。例えば、女性グループが、彼の言う社会の基礎構造としてどのような役割を果たしうるのか全く明らかではない。私のアプローチでは、それは文脈によって変わってくるが、そのようなグループの役割は最初から組み込まれている。なぜなら、私たちの目的は、伝統的な組織の形態を守ることではなく、人間のケイパビリティを促進するために、結社の自由やその他の自由の制約の下で、そのような組織形態を保護し育てることだからである。

ここで注意しておきたいのは、宗教の場合と同様に、伝統的な形態だけに排他的な特権を与えるべきではないということである。私はまず伝統的形態がどのようなケイパビリティを促進しているかを問い、実行可能ならば、それと同じケイパビリティを促進する類似の組織形態にも特権を拡大すべきだと考える。実際には、そのようなアプローチは、宗教の場合と同様に、家族というものを広い意味に定義し(62)、特定の文化的文脈において女性や子どもの福祉の増進に重要な役割を果たす他の形態の組織(例えば、そこには女性グループも含まれる)も支援されることになるだろう。

私のアプローチは、ロールズのアプローチと同様に、家族に対する特定の介入を許さないであろう。ロールズも私も、国家が家族に対し、家庭内での平等な分業や平等な意思決定まで義務づけるのは間違いであると考える。しかし、この同じ結論に至る理由は違っている。ロールズは国家とは独立に存在すると考えられる特定の組織の内部にまで介入することは間違いであるという判断に基づいているのに対し、私は単純に、どのような文脈においても常に保護されるべき個人の連帯の自由や言論の自由があるという判断に基づいている（ロールズは自由の優先順位の議論に基づいて同様の結論に辿りついたかもしれないが、彼はそのような議論を行っていない）。実際には、国家が人々の皿の洗い方まで指図するなどということは、許されない自由の侵害のように思われる。自発的にできた組織よりも家族の方が、疑わしい行為が保護を受けるという可能性は小さい。なぜなら、家族とは人の人生の初めから深く関わる非自発的組織（少なくとも子どもたちにとって）だからである。国家は、保護すべき将来の市民である子どもたちには正当な関心を持つのに対し、教会や大学に属することを選べる大人に対しては正当な関心を持たないものである。

私たちのアプローチは幅広い領域で様々な公共政策を支持することになるだろう。私のアプローチでは、人々の中心的ケイパビリティが常に政府を動かす関心事となる。例えば、持参金制度が女性のケイパビリティを阻害する主要な要因であることが明らかにされたならば、持参金制度を違法とすることができる。しかし、ロールズにはこの法律を正当化するのは難しい。なぜなら、彼は、家族を（少なくとも部分的には）政治に先だつものと考え、持参金を政治に先だってなされた選択と見なすからである。ロールズとは対照的に、私にとって、家族とは法律や制度によって作られたものであり、問われるべきは持参金が、国家が関わるべきものかどうかということである。持参金を黙認することは、自立的な民間組織に対する国家の中立的な不作為ではない。それは公共領域の一部を形成するもうひとつの方法となっている（宗教の場合と同様に、私のアプローチは損失や悲劇さえ起こる可能性を認める。もし持参金を与える自由が重要で保護すべき自由であると判断すべきなら、その慣行を奪うという選択は悲劇的な要素を伴うだろう。しかし、私はこのことは、非課税で子どもに財産を与えるのと同じくらい、保護すべき自由の核心部分ではないと考える)。

繰り返すが、私のアプローチの方がロールズのアプローチよりも、家族の伝統的な意思決定のパターンに介入することを正当化するのはずっとやさしい。アンドラプラデシュでのモヒラ・シャモッケヤ・プロジェクトを考えてみよう。このプロジェクトは中央政府の資金で運営され、女性に自信をつけさせ、自主性を養い、雇用主や役人や夫との関係で女性に力を与えることを目的としている。政府が社会の規範や認識を変えることにより家族を再構築しようとしていることに全く疑いの余地はない。いかなるコミュニティも個人も参加を強制されておらず、それが私の支持する条件である。それにもかかわらず、このプロジェクトは、ロールズが受け入れられる以上に、特定の形態の家族を奨励することになっているように思われる。その政策が想定する以上に、女性グループが女性の情緒的側面の拠り所となることによって家族の意味を大きく変えており、家族はもはや個人的なつながりの唯一の形態ではなくなっている。そのため、それは特定の善の形を他のものより支援することとなり、ロールズならそのような女性グループに対する政府の支援に反対するだろう。それは、彼が音楽や芸術に政府が支援することを反対するのと全く同じ理由である。しかし私は、女性たちのケイパビリティが阻害されてきたということ、さらにエンパワーメントのための事業が女性たちに物的政治的環境を自分たちでコントロールできる力を与えるという点で大きな成功をおさめたということは、政府がそのような事業を行う十分な理由となっていると考える。

ＳＥＷＡについて考えてみよう。ＳＥＷＡは政府の事業ではないが、仮に政府の事業であると仮定してみよう。女性に資金を与え、経済的に自立できるように支援し、自信と指導力を身につける教育を与えることは、ロールズにとって家族に対する政府の許しがたい介入に見えるだろう。「すべての女性の銀行」を政府が支援するというアイデアそのものが、ロールズにはひどく疑わしいものに見えるだろう。しかし私には、そのようなプログラムが強制的ではないならば、政府が、家族形態を規定している社会規範を変え、ケイパビリティを欠いている人々にケイパビリティを与えようとすることは全く正しいことのように思える。この問題の核心は、政府が社会の基礎構造の一要素である家族という制度の構築にすでに関わっているというところにある。政府はこの仕事に取りかかり、上手く行う方がよいのである。

財産の領域においても、ロールズのアプローチは不確かな指針しか与えられないのに対し、私のアプローチは明らかな指針を与えることができる。インドにおける財産権は伝統的に有機的統一体としての家族に属することになっている。それは男性によって運営され、女性は、家族単位や「相続財産共有」にはほとんど、あるいは全く関与することができない。女性が土地の権利を要求すれば、それは「家族を崩壊させる」という反論を浴びせかけられてきた(63)。確かに、この要求が受け入れられれば、家族内部の力関係を変えてしまうだろう。ロールズがそのような変化を、女性を対等な立場に置くために必要であると主張するかどうか分からない。しかし、そのような変化は家族内での女性の交渉力を男性と対等なものにするという事実は、そのこと自体、不十分ではあるが、そのような変化を支持する議論となっている。しかし、私のアプローチでは、それとは対照的に、もっと直接的に結論に導く。なぜなら、財産権を持つということは中心的ケイパビリティの一つであり、女性だからという理由で不平等に奪うことのできないものだからである。ロールズならせいぜい「このような家族の崩壊は、外的な正義によってもたらされた適切な制約である」としか言わないだろうが、私なら次のように言える。すなわち、「あなたは、あなたの周りに存在している家族に気づかず、財産法の伝統に従って特定の形の家族というものを作り上げてきた。さあ今、私たちは女性のケイパビリティが守られるような新しい形で家族を再構築しよう」と。

この二つのアプローチの最大の違いは、女の子の扱いにある。特にこの点において私のアプローチは、家族の一員であるということの根深さと非自発性を認識し、女の子が大人としての主要なケイパビリティを十分に発達させられるように、国家が人々の認識や行動に影響を与える幅白い自由を許容する。このことは、児童結婚や(現実的に実行可能ならば)児童労働を廃止するだけでなく、すべての子どもに初等及び中等教育を(現実的に実行可能なところでは)義務化することを意味している。ロールズもおそらくこのような変化を支持するだろう。それはまた、女性が様々な役割に適していて、政治的経済的分野においても女性は活動的なメンバーになりうるという認識を人々に持たせることになるだろう。それは、ロールズには明確な善の概念の行き過ぎた促進と見えるかもしれない。公教育は、女性の選択肢に関する情報や女性に対する不平等への抵抗についての情報も含めるべきである(今、インドが抱えている深刻な問題は、政府には新しい教科書を作る予算がないということであり、その結果、時代遅れの女性のイメージを教えたいなどと思う教師はほとんどいないにもかかわらず、いまだにそれが教え続けられている)。正規の学校教育に加えて、インド政府は児童結婚の恐れのある少女を家から離し、教育と職業訓練を受けさせるための特別な寄宿プログラムも支援している。しかし、ロールズなら、たとえ娘が家を出ていくことに母親が同意したとしても、これを家族への行き過ぎた国家介入と見なすだろう。結局、政府が言っているのは、

「もしあなたがこの危険な組織から逃げ出すなら、あなたを支援しよう」ということなのだが。私のアプローチでは、少女のケイパビリティを保護するという目的がこの介入主義的な手段を正当化する。

最後に、私のアプローチは、男性のケイパビリティを作り直そうとする政府の努力も支持する。ビハール州の農村部では、オディティというＮＧＯが男性教師に対して男女平等のための訓練を支援している。それは、男の子も女の子と同様に家庭内の分業の新しい形を求めるようにならない限り、家庭における男女の役割は変わらないと考えているからである。私が会った男性教師のグループは非常に理想主義的で楽観的だった。彼らは、村のどの家庭でも、男の子も子守りをし、掃除をし、料理をするのが見られると誇らしげに語った。彼らは、男の子たちにそのような仕事は男にとって恥ずかしいものではないと教え込んだのである。彼らが言うほどにうまくいったのかについては確かめる必要があるだろう。しかし、このような努力は私のアプローチが支持する類のものであり、それは政府の行動としても支持されるものである。家族内の分業のあり方を再考することは、ひとりの人間として女性の完全な平等を保障するために非常に重要である。

家族に対するロールズのアプローチと私のアプローチはとても似通っている。いずれも、個人を分配の基礎とし、人との関わり方や自己認識の自由が重要であると考え、愛とケアの本質的価値を認識している。しかし、ロールズは、家族は「社会の基礎構造」の一部であるという考え方と、家族と他の自発的組織との間の非対称性の認識についてはあまり乗り気でないように見える。私が示そうとしたのは、中心的ケイパビリティに注目するアプローチが、家族愛とその愛がもたらす洞察を評価しつつ、どのようにこの問題を捉えるのかということであった。

7 交渉アプローチと女性の選択肢

これまで私は、これらの問題に関する分析が有効であるためには、その文脈に沿ったものでなければならず、具体的な政治的歴史的状況の下でどのようにケイパビリティが実現されるかを理解しなければならないと論じてきた。従って、私はこの点に関してここでさらに詳細な提案をするつもりはない。その代わりに、問題が生じたときにそれに対処するひとつの方法を示そう。

国家の行動がどのように家族構造を作り上げていくのかという具体的現実的問題を考えるときに役立つのは、交渉アプローチである。このアプローチは、家族の他のメンバーや女性にとって制約的な社会規範に対して女性の交渉力がどのように変化するかを考える上で役に立つ。ケララ州政府は、学校で栄養のある給食を児童に与えることによって子どもの交渉力は増し、それが子どもの教育の普及と、児童労働の減少につながると正しく予想していた。インド連邦政府は、農村地域に女性グループを導入することによって夫に対する女性の交渉力を増し、その結果、家庭内暴力の減少と、女性の経済的貢献の増大につながると正しく予想していた。また連邦政府は、巡回保健師や教師や定期的な水の供給を要求する女性の積極的な姿勢は、地方や州政府の汚職を防ぐのに役立つだろうと予想していた(たぶん連邦政府は、特に汚職がひどく無法状態に陥っているアンドラプラデシュ州で起こったような抵抗は予想していなかっただろう。私を案内してくれた連邦政府職員の女性は、命が狙われていると言い、暗殺の企てがあることを予想していた。同様の問題は、法と秩序の崩壊によって一九九九年二月に国家の直接統治の下に置かれたビハール州でも見られた)。識字プログラムを始めたところでは、政府は、それによって得られる新しい経済的技能が、誰が家の外に出て働き、誰が家に留まるべきかに関する社会規範を決めていく上で女性の交渉力を高めるだろうと予想していた。[64] 交渉の構造は、様々なケイパビリティをよく理解し、それらのケイパビリティが相互にどのように支え合っているかを正しく理解した上で、複雑で柔軟なものとして記述されなければならない。そのように理解した上で初めて、中心的ケイパビリティを伸ばそうと努力している人々は交渉アプローチから有益な洞察を得ることができる。

最も一般的に、まず実践理性と人間の尊厳という考え方、すなわち、ひとりひとりが自分自身の人生の設計者であり、ひとりひとりが目的であって、他者の目的のための道具として扱われるべきでないという考え方によって導かれるべきである。このような考え方は、私のリストの他のケイパビリティとともに公共活動の目標となる。私たちは、積極的な人生の設計者として、そして尊厳を持った対等な者として、これらの力と機会を持った市民を創り出すことを目指している。

これらの目標を背景として、公共活動を導くべき一般原則をさらに展開することができる。

1　選択肢の重要性

交渉理論における最も明白な原則は、協力的交渉単位の各メンバーの「崩壊の位置」がその人の交渉力の重要な決定要因だということである。[65] これは、女性の平等を推進しようとする政策にとって特に重要な原則である。結婚に関して言えば、女性はしばしば離婚するという選択肢が非常に限られている。バサンティはまさしくこの理由から虐待を受けながらも長い間、結婚生活を続けた。彼女は、字も読めず、財産も持たず、お金を稼げるような技能も持っていなかった。しかし、彼女には支えてくれる人たちがおり、その点では他の女性より恵まれていた。そうでなければ、彼女は逃げ出すことなど全くできなかっただろう。しかし、彼女の「崩壊の位置」が劣悪であったために、夫が何を望もうとも、彼女はそれを我慢し続けなければならなかった。同じことが、搾取的な雇用主とジャヤンマの関係にも当てはまる。彼は、ジャヤンマには技能がなく、字も読めないために、もっとまともで賃金の高い仕事を見つけることはできないことを知っていた。だから、彼は彼女の昇進を拒み、彼女の健康を無視し、またそれ以外の方法でも彼女を搾取することができた。

女性のケイパビリティにとってこの考え方の帰結は重要である。このことは、女性の経済的選択肢を増すことが、家族の中だけでなく一般的にも、女性の福祉を増進する上で非常に強力な方法であることを示している。雇用や融資の機会、土地の権利、読み書きの能力は、そのこと自体、重要であるだけでなく、女性のケイパビリティ全般を強力に支えるものとしても重要である。バサンティのような女性が家庭内暴力を受けないためには、もちろんまず家庭内暴力を取り締まる法律を制定し、それを効果的に執行することであり、また虐待を受けた女性が避難する場所(インドには、ほとんど存在していない)を設けるなど、この問題に絞った直接的な対策をとることがとても重要である。しかし、女性がそこから逃げ出せるという選択肢を改善することによって間接的に作用する対策もそれと同様に重要である。もし読み書きができ、お金を借りることができ、頼れる自営の職業グループがあれば、女性たちは虐待に立ち向かえるようになるだろうし、そこから逃げ出すことにより虐待を終わらせることもできるだろう。

選択肢にはもっと一般的な重要性があり、結婚する前には結婚以外の選択肢を女性に与え、仕事が適していなかったり望ましくない場合には別の選択肢を与えることになる。このように経済的選択肢に注目することは、売春についてもそれを直接取り締まることに加え、売春問題の解決に向けた最善の方法であろう。犯罪者扱いにすることは普通、女性の運命を悪化させ、ひどい目にあった女性が警察に助けを求めるのを躊躇させてしまう(66)。ボンベイの the Annapurna Mahila Mandel が売春婦の女の子どもたちに職業訓練の機会を与えているのは、そうすることが子どもたちに売春ではない別の未来を与える最良の方法だと考えているからである。アンドラプラデシュ州では、同様の職業訓練によって児童結婚をなくそうとしている。同じように、児童労働をなくすためには、(ケララの学校給食プログラムのように)両親に経済的選択肢を与えることも必要である。

2　貢献を認められることの重要性

家族の中での女性の交渉力を決めるもう一つの要因は、家族の福祉に対する女性の貢献が正しく認識されることであり、それは現実の経済的感情的貢献と同じであるかもしれないし、そうではないかもしれない(67)。女性の家事労働は、子どもや夫の世話に費やす労働と同様に、しばしば過小評価される。家族の中の他の人たちは、女性がどれだけ貢献しているかという現実ではなく、どれだけ貢献しているかという認識に従って女性に機会や財を配分しようとするだろう。例えば、ジャヤンマの家族の場合には、彼女の貢献に対する認識と実際の貢献の間には大きな乖離があり、そのことは、夫が主な稼ぎ手でもなく、家事も全くしていないのに、夫の方が家族の所得の大部分を押さえていることに表れている。女性が家の外で働いていない場合には、この乖離はさらに大きくなるだろう。女の子の場合には、この問題はさらに複雑である。女の子の労働は男の子の労働ほどには価値がないという認識があるだけではなく、インドの大部分で(ギリバラが自分自信に向かって何度も繰り返した諺のように)女の子は「すでに去ってしまった」も同然であり、女の子は自分の家族ではなく他人の家族を助けるために出て行ってしまうという認識がある。さらに、そのとき女の子は持参金という大きな負担を家族に強いることになる。ジョショダラ・バグチの西ベンガルの少女についての研究が示したのは、女の子を学校に行かせない最も一般的な理由は、経済的文化的要因の組み合わせだということである。すなわち、家族は貧しく、少女の教育は家族にとって価値のないものと認識されている(しかし、少女の家事労働はしばしば必要であると見なされている)[68]。

公共政策は、女性の交渉力を強化するために何をすべきだろうか。ひとつは賃金差別を無くすことである。もしジャヤンマが男性労働者と同じ賃金を得ていたなら、彼女の仕事はもっと価値あるものと認識されていただろう。ロールズとオーキンがすでに指摘しているように、離婚法は、離婚調停の際に女性の家事労働を考慮することによって、女性の家事労働の価値に対する認識を変えることができる。第3章で示したように、これはインドの現実からはかなりかけ離れているが、追い求めるべき目標のひとつである。

一般に、女性を対象とするプログラムは、家庭内での女性の地位を向上させる。チェンは、ＢＲＡＣの識字プログラムが女性の実際の経済的選択肢を増加させただけでなく、それとは独立に家庭内での女性の価値が高く認識されるようになっていく様子を記述している。女性たちが学び、技能を身につけようとしているという事実によって、彼女たちは以前よりもずっと重要な存在として見られるようになった。アンドラプラデシュでも同様に、政府による女性のためのプロジェクトの開始からわずか六か月後に、夫たちは女性の貢献をもっと真剣に受け止めるようになったと女性たちは話している。彼女たちがグループを組織するのを見、地方政府に行政サービスを要求している姿を見、中央政府の役人が村の男性にではなく女性たちに会いにきたのを見ただけで、女性たちは実行力のある力強い人として見られるようになった(このような反応について私自身の経験を書かずにはいられない。女性たちと私が床に座って話をしていたとき、その周りで男性たちは少し離れたところから眺めていた。男性たちは、外国の教授が妻や娘にインタビューをするためにやって来たという事実を重く受け止めていた)。女性たちは、このようなことだけで男性の彼女たちに対する扱いが変わったと言っていた。初めのうちは、憤りや疑いの目で眺めていたが、その後、女性グループが村全体のために貢献しているという事実に肯定的に反応し始めた。女性たちが活発な交渉人となって村に利益をもたらすのを見て、男たちは家で女性たちを以前より尊敬し始めた。男たちは女性の意見をもっと頻繁に尋ねるようになり、家庭内の虐待はいくらか減少し、自分たちの衛生や体の外見を以前よりも気にするようになった。

3　自分自身の価値に対する意識の重要性

家庭内での女性の交渉力を強化するための重要な要素の三つめは、自分自身の価値や自分の仕事の価値を女性自身が認識することである。センが指摘したように、自分自身が何か重要なものに値するとは考えなかったり、他者は自分よりももっと価値のある目標を持っていると思ったりする人の交渉力は弱くなるだろう(69)。第2章で論じたように、これが家庭内での女性にとって重要な課題である。

このような「女性には価値がない」という意識はどのようにして有効に取り除くことができるだろうか。政府のプログラムもＮＧＯのプログラムも、女性に対して女性の権利について、つまり女性たちは政府に対して物事を要求する権利を持つ市民であるということについて、さらに自分たちの計画やプロジェクトの重要性について説明するために多くの時間を割いてきた。そしてもちろん、人々が彼女たちのことに気を配り大切に扱っている事実そのものが変化をもたらす重要な要素である。しかし、他にもっと具体的な方法がある。ここで教育は明らかに重要な役割を果たしており、それは価値と可能性のイメージを与えることであり、可能性を現実のものにする技能をもたらすことである。第2章で取り上げたようなSEWAのビデオ・プログラムもまた、女性たちに自分と同じような他の女性たちが何をやり遂げたかを見せることにより、女性たちに自信と向上心を持たせることを目的としている。そして最後に、他のグループの女性たちと出会うことは、自分たちの強さと有効な行為主体であるという意識を得るために最も重要である。アンドラプラデシュの女性たちは言った。「一人の声では届かない。だから一緒になって私たちは賃上げを要求し、交渉した」。バングラデシュの識字プログラムの女性はチェンにこう語った。「もし誰かが落ち込んでいても、集会に参加した後には、彼女たちの心は晴れているだろう」[70]。このような要素の重要性を過小評価すべきではない。それぞれの家庭の中で孤立している典型的な女性にとって、グループの連帯がもたらす力に気づくことは、自己認識を変化させる重要なきっかけとなる。家庭内の虐待に対抗する力は、虐待を行う男性に対して行動をとるグループが存在することにより明らかに強化される。しかし、それは女性がグループの中で得られる力や尊厳という意識によっても強化され、女性はそれまで耐えてきた虐待に我慢するようなことはなくなるだろう。

実際、現在のインドで政府が女性自身の価値や権利に対する意識を喚起する最も効果的な方法は、女性グループを発展させることである。モヒラ・シャモッケヤ・プロジェクトは、それほど金のかかるプロジェクトではない。それは、わずかなスタッフで行われ、地元で訓練を受けた人に大きく依存している。しかし、女性たちに自分の人生について考えさせるという点で、このプロジェクトの効果はすばらしい。一旦、そのような意識を持ち始めると、後戻りすることは難しい。同様に、そのようなグループが一旦作られると、すべてそれだけで変化させる力を得ることになる。これらの女性グループは平等な行為主体の共同体であって、決定的な点で女性は運命の前に受身であるとするような階級的な共同体ではない。さらに、このようなケアの新しい関係は、家族関係に肯定的な変化をもたらし、女性に対して家庭内暴力に対して戦う力を与え、女性は夫や息子から新たに尊敬を勝ち取ることになるだろう。アンドラプラデシュの男たちは、今では自分の妻にいい印象を与えたいために風呂に規則正しく入り始めたと女性たちは報告している。家族の外に広がるケアのネットワークと家族制度の積極的な再構成の間にはしばしば価値ある相乗効果が存在する。インドの女性運動ではどこでも聞かれる「マヒーラ　サミチ」という歌の歌詞のように、「すべての世帯に恐怖がある。その恐怖をなくそう。女性グループを作ろう」。

つまり、私たちは、ひとりひとりの個人が他人に無関心で孤独な人間として逃避し、根こそぎにされたような個人主義と、階級的で女性にとって不公平な伝統的共同体のどちらかを選ぶという必要はない。正義と友情が良き味方である。尊厳と自尊心を持つ女性たちは、少なくとも以前と同じ程度の、そしてしばしばそれ以上に愛情のこもったコミュニティを作っていくだろう。

8　国際フェミニズムの二つの論争

社会変化の方向を考える上でこの基本的フレームワークを用いることのできる具体的な領域はたくさん

あり、その例として、売春、家庭内暴力、児童結婚、結婚の合意、児童労働などについてはすでに述べてきた。

ここではその代わりにインドのフェミニストの開発政策の現場で最近持ち上がっていて、国際的な開発の場でも典型的に見られる二つ論争を判定するためにこのフレームワークを用いてみよう。その二つの論争をそれぞれ「性差対雇用」と「土地対教育」の論争と呼ぶことにしよう。

最初の論争は、フェミニズムの基本目標は何かに関してフェミニストの二つのグループの間で激しく行われたものである。その一つのグループ(Sタイプと呼ぼう)にとってフェミニズムの本質は性支配に対する批判であり、変化の本質は社会的に築き上げられた性的役割を変えることにある。もう一つのグループ(Tタイプと呼ぼう)にとってフェミニズムの本質は女性が経済的に依存していることに対する批判であり、最も望ましい変化は女性にもっと多くの経済的な選択肢を与えることである。Sタイプの人たちは、主要な悪として家庭内暴力、あらゆる種類の性的虐待、性的嫌がらせ、売春に注目し、もしあるプロジェクトが純粋に経済的な点のみに焦点を合わせるだけで、意識向上を主要な要素として含まないなら、不十分なフェミニスト政策として批判するだろう。例えば、モヒラ・シャモッケヤ・プロジェクトの指導者たちは、そのプログラムが経済的選択肢を通じたエンパワーメントに焦点を合わせているという理由でフェミニスト的要素を欠いていると他のフェミニストたちから批判されていると私に語ってくれた。対照的に、Tタイプの人たちは、村に入ったときに家庭内暴力や性的役割について話すことは逆効果であり、融資や土地の権利や雇用について語ることの方がもっと生産的であると判断するだろう。また、Sタイプの人たちに対しては、フェミニズムを脅迫であるかのように見せかけ、農村女性の心情と共鳴するところはほとんどないと批判するだろう。

ある点までは、これは戦略上の問題に過ぎないと考えるかもしれない。一方のグループは、経済的アプローチの方がそれほど脅威と受け止められることはなく、効果的であると考えるのに対し、他方のグループは、ジェンダーのヒエラルキーという基本問題に正面から立ち向かうことを避けるのは結局、逆効果であると考える。しかし、この二つのグループが戦略について常に意見が合わないというわけではない。Sタイプの人たちも、女性の不平等の真の原因はどこか別のところにあり、最終的にはそれに取り組まなければならないとしながらも、脅威とは受け止められない経済的問題に焦点を合わせることにより対話の道を開くことは戦略的に賢明であるということに合意するかもしれない。

しかし、実際には二つのグループの間の溝は深い。この二つのグループは、女性の従属の根本的原因について異なった直観的洞察を持っている。Sタイプの人たちは、従順な性的はけ口を望むところから従属が生まれ、経済的従属は事後的なものに過ぎないと考える。一方、Tタイプの人たちは、男性が収入と財産を支配しようとし、よく働く召使を望むところから従属が生まれ、女性の性的従属は事後的なものに過ぎないと考える。

この二つのグループの間には、本当の違いがいくつかある。例えば、Sタイプの人たちは、性的領域における男性の支配に抵抗することを望んでいる女性にとって同性愛は適切な選択肢のひとつであると考えている。一方、Tタイプの人たちは、女性の経済的自立のためには活動していても、同性愛は不道徳であると信じている宗教的で保守的な女性たちである(そのため経済的エンパワーメントを目指すいくつかの組織の指導者は性的志向に対し保守的な態度をとっている)。Tタイプの中でもさらに保守的な人たちは、男性の性には何か悪いところがあると言うことすら嫌がり、性について話すことを避けようとする。おそらく、二つのグループの間に存在する激しい憎悪にはもっと深い原因があるのだろう。男同士であれ女同士であれ同性愛に対して最も抑圧的な国では、Ｓタイプの同性愛のフェミニストはＴタイプの人たちからひどい扱いを受けている(アンドラプラデシュ州のモヒラ・シャモッケヤの指導者で、女性プログラムを続けるために腐敗した地方の公務員と戦い、常に自分自身の身を危険に晒している激しいフェミニストは、私になぜ米国で「性的倒錯」が広く見られるのかと尋ねた。それはＴタイプのフェミニストたちがよく示す態度だった)。

同性愛の問題は、より大きな問題である女性の従属という根本的問題から切り離して考えることはできない。Ｓタイプのフェミニストたちは、ジェンダーが男と女の二つに分かれており、異性愛を強制されていることが、女性の経済的抑圧の根本原因であると捉え、同性愛という選択肢を支持しないアプローチは結局、自滅すると考えている。彼女たちは次のように言うだろう。インドで同性愛に対する嫌悪感が強いことと、女性を家父長制的に取り扱うということは単なる偶然ではない。もし女性が女性同士で性的に満足してしまうと男性にとって性的はけ口がなくなってしまう。そういう事態に対する恐怖が、同性愛に対する嫌悪を掻き立てているのであり、従って同性愛に対する嫌悪感は、そのような大きな脅威に対する家父長制的反応であると言うだろう。これに対してＴタイプのフェミニストの中にはこのことを強く否定する者がいる。彼女たちは、異性の夫婦の家族における女性の平等の問題は同性愛の倫理観とは全く関係なく、同性愛をひどく嫌悪していても熱心なフェミニストであるということもありうると主張する。

因果関係について言えば、Ｓタイプのフェミニストの議論の方が正しいように思われる。世界中で見られるのと同様にインドでも、女性を男性の性的財産と見なす古い伝統があり、この伝統が崩壊するという恐怖が、同性愛に対して多くの人々が抱く恐怖や嫌悪の原因となっているのだろう。女性を性的財産と見なす異性愛の伝統と戦わずに、女性を財産としか見ない伝統と戦っていくことはできないだろう。ガンディーのような道徳的に思慮深く模範的な人物でさえ自分の妻を性的道具と見なし、妻を妻自身の権利として性的な行為主体であるとは見なさなかったとすると、そのような態度は非常に根深いものであるという結論を下さなくてはならないし、また同性愛という選択肢がいかに脅威となるかは想像に難くない。だからTタイプのフェミニストたちは、女性の不平等を理解する上で究極的絶対的に中心的な課題を議論するのを拒んでいるように見える。

伝統的な結婚生活で抑圧された二人の女性の同性愛関係を扱った映画『Ｆｉｒｅ』の適格審査に関して一九九八年一二月に始まった論争は、幸いにもこの問題全体の議論の火蓋を切るきっかけとなった。この映画の上映を阻もうとするヒンドゥー原理主義の暗殺者の企てに激しく抗議して、芸術家や学者やすべてのタイプのフェミニストたちは、映画製作者の言論の自由を守るためにデモを行った。抗議する者の間にも違いはあり、同性愛はヒンドゥー文化の伝統的特徴であると主張する者もいれば、この映画のフェミニスト的側面に焦点を合わせる者もいた。しかし、伝統的な性的関係における女性の従属と同性愛への関心との間には強い関係があることはもはや否定できない。そして、すべてのタイプのフェミニストたちの注目は、インド社会のすべての階層の同性愛者が受けている差別に対して向けられることになった。このテーマに関して公に議論することは、二つのタイプのフェミニストたちの間の溝を埋めていくことになるだろう。

それにもかかわらず、多くの点でこの議論は特殊である。なぜ女性の従属をただひとつの面に限らなければならないのだろうか。明らかに、それは性的な面と経済的な面を持っている。どちらも社会的に形成され、お互いに強化しあっている。男性は女性を性的財産と見なすと同時に、経済的な奴隷と見なしてきた。ギリバラの夫は彼女の肉体を求めるだけではなく、同時に彼女がレンズ豆も持って彼の数歩後を歩くのを望んだ。ある場合には、性的関係が支配関係の基本となるだろう。しかし、ギリバラやその他の多くの場合には、男性の関心と支配は経済関係に向けられる(夫の中には、他に性的はけ口を持っていて、そのために妻の性的機能には比較的無関心な者もいる)。つまり、どちらのタイプのヒエラルキーも基本的なものであり、それらは避けて通ることもできないし、またそうすべきでもない。実際、一方を理解するためには、他方をも理解する必要があろう。Tタイプのフェミニストたちは、ジェンダーと性的役割との間の違いについて考え直してみるべきである。一方、Sタイプのフェミニストたちも、経済的問題はしばしばそれだけで威力を発揮し、女性が受ける不平等のいくつかの面については説明要因となるということを否定すべきでない。

このように考えると、ケイパビリティ・アプローチや交渉アプローチは、私たちが見出したものの意味を理解するのに役に立つ。私たちは、(身体的保全、情緒的健全性、性的表現能力などの)雇用や性に関わるケイパビリティは、奪われてはならない基本的なケイパビリティであるという考えから始めた。交渉アプローチは、二つのケイパビリティがそれぞれお互いを補完するような様々な方法について考えるのを助けてくれる。夫婦間の性的虐待や搾取を避け、性的自律性を望む女性は、交渉力が強ければずっと簡単にそうすることができる。雇用機会や融資へのアクセス、土地の権利は、女性の交渉力を強化する重要な源泉である。同時に、女性は淫らで子どもっぽいという認識は、少なくともマヌ法典の時代からインドの伝統に広く浸透しており、そのことが女性の職探しを困難にし、職場での交渉力を弱めている。従って、そのような女性の性に対する認識を変えて行く努力は、女性の経済的平等を求める努力を補完するものとして重要である。このアプローチが示しているのは、どちらのケイパビリティも他方に従属させるべきではないということであり、両方の分野における公共活動は性の自由と経済の自由の両方を促進する正当な方法だということである。

実践的な戦略に関して言えば、Tタイプのフェミニストの主張にも重要な点が含まれており、それはSタイプのフェミニストも簡単に受け入れることのできるものである。村に入っていくときに、より良いサービスを提供し、融資や雇用の新しい機会を広げるために来たと言う方が、「私は性的役割を変えに来た」(実際、誰がこんなことを言うだろうか?)というよりも脅威に受け止められることが少ないのは明らかである。フェミニストのプログラムに対する反発を避けるためには経済問題に焦点を合わせる方がよく、性的な側面についてはやがて自分たちのやり方で自分自身の結論を導き出すのに任せておく方がいいだろう。しかし、このことは決して性的役割に関して沈黙するということを意味するわけではなく、特に家庭内暴力に関わる場合はそうである。家の外で働くことに戸惑いを感じる女性も、それによって家庭内暴力に対して自分の交渉力を高めることになると考えるようになれば、家の外で働くという選択肢が魅力的なものであることが分かるだろう。女性の選択肢についてもっと適切なイメージを示すために、これらの関連をもっと議論すべきである。バサンティは虐待された結婚生活から逃れるために融資と新しいミシンが欲しかった。この問題を覆い隠してしまうようなアプローチでは彼女の関心に答えることはできなかっただろう。家庭内暴力は、女性がもっとも関心を寄せる課題の一つである。アンドラプラデシュ州で字が読めない女性たちが自分たちの問題を絵に描いたとき、妻を殴ることや子どもに対する性的虐待が中心的な問題であった。従って、経済問題との関連性も指摘されるべきではあるが、戦略的観点だからといってこの問題を初めから脇に置いておくべきではないだろう。

要するに、様々なケイパビリティは相互に深く結びついた集合である。それはお互いに支え合うと同時に、あるケイパビリティにとって障害となるものは他のケイパビリティにとっても障害となる。同様の考察は、国際開発の分野において議論されてきたもうひとつの論争を考える上でも役に立つ。その論争とは、女性に対する識字教育を支援する者とその地方の規範を守ろうとする人たちとの間の論争であり、それは私の議論の中で初めから暗黙のうちに意識されてきたものである。前者の側にはアマルティア・センがおり、センはジャン・ドレイズなどの支持者とともに女性の交渉力を向上させるためには読み書きの能力が重要な役割を果たすということをずっと強調し続けてきた。後者の側には、その地方の規範を従うことを主張し、読み書きの能力を西洋に起源を持つ価値として非難する様々な思想家がいる。[71]センは、読み書きの能力は、女性が生活に関する情報にアクセスしたり、それまでは就けなかったタイプの職業に就くことと極めて強い相関関係があることを説得的に論じている。また彼は、女性に対する識字教育は人口増加を防ぐ最善の方法であるという実証的議論も行っている。この立場はすでに人口問題に関する国際的な議論の場で広く受け入れられているものである。[72]識字教育は、政府が多くのことをできる分野であり、政府活動のよい出発点である。この考えに対する反論は次のような形で行われる。すなわち、開発プロジェクトはしばしば「トップダウン型」のアプローチをとってきたために、経験から得られた自分自身の生活観を持つ人々に対して外の価値観を押し付けることになる。だから、もし人々が読み書きの能力を求めていないのなら、それを押し付けることは間違っている、というものである。

この論争は、前のものよりも表面的に見える。もし交渉力を考慮するならば、読み書きの能力は、女性がすでに追い求めている財を手に入れる機会を増やすという点でしばしば決定的に重要であることが分かるだろう。働く女性が、もっと大きな土地の権利や雇用の選択肢を求め、同じような立場にいる女性と連絡を取り合うための様々な方法を求めているということを否定する者はほとんどいないだろう。もしこのことを認めるなら、ただ実証的文献を見るだけで、読み書きの能力がこれらのことすべてに関連して極めて重要であることが分かるだろう。アガルワルは、読み書きの能力が土地の権利を得る能力と相関していることを示した。同様の議論は、融資やある種の職業に関しても言える。バングラデシュの識字プログラム導入に関する詳細な研究であるマーサ・チェンの『静かな革命』は、初めは識字教育に懐疑的であった女性たちでさえ、読み書きの能力が経済的保障や家庭内での地位向上といった彼女たちがすでに追い求めてきた生活への重要な道であることに気づいたと述べている。彼女たちはこのようにして心を開くことの喜びを学び、新しく見つけた読書の喜びやそれがもたらす精神的成長の喜びを表現した。最後に、彼女たちは、識字グループの女性たちの間に新しく生まれた連帯の喜びを表現し、それは以前なら考えられなかったような階級を超えたコミュニティを作ることを可能にした。この話を読んだ者は誰も、識字が外から押し付けられた価値であるなどとは言わないだろう。彼女たちは、自分自身の生活や交渉力に関連して識字の意味を理解するまで、識字の価値を信じていなかったのである。

従って、センの主張を支持する者は、識字教育を中心的な公共政策として推し進めるために、これまで多くの開発プログラムが地方の知恵を配慮してこなかったことを否定する必要はない。その主張は、たとえこのケイパビリティの本質的価値を受け入ない者でさえ、そしてその本質的価値を認める多くの者も、その他の広い範囲のケイパビリティを支える上で識字の戦略的重要性は非常に大きいということには同意できるというものである。ケイパビリティ・アプローチは、近代化と結びついた考えが伝統的価値を破壊してしまうというような悲劇的な「どちらか一方」を選択するものと見るべきではなく、むしろ、新しいケイパビリティが、それまで従属させられていた人たちが追い求めてきたものを達成する上で貢献するという意味で、「両方とも」達成できる関係にある。

この議論をバサンティとジャヤンマの話に戻って終えることにしたい。彼女たちはどのようにして家庭生活の中で愛とケアを見出していたのだろうか。彼女たちはどのようにして他のケイパビリティや新しい形の家族の繋がりを発展させることを通してケアの新しい機会を作り出したのだろうか。ジャヤンマの人生は、女性に典型的な「二重の生活」を送る人生であった。すなわち、一日の労働で肉体的に疲れ切った後に、子どもや夫の世話をするためにさらに時間とエネルギーを使い尽くすというものであり、遊びや喜びや想像力や惜しみない相互関係と結びついた中流階級的な愛のための時間はほとんど残されていなかった。むしろ、栄養や経済的保障や余暇といった他の領域のケイパビリティが奪われていたために、ジャヤンマの生活は愛を欠いたものとなり、温かさや寛大さをもって人に接することのできない人格を形成した。ある意味で彼女は猛烈な勝ち残りである。しかし、伝統的なケアの規範や家族構造は(ケララにおける比較的女性に優しい規範でさえ)彼女から余暇の機会や想像力を刺激する機会を奪い、彼女の生活を愛に欠けたものにした。この結果が示しているのは、問題は、伝統的な家族愛かケイパビリティの向上かの悲劇的な選択ではないということである。人々が最もよく愛することができるのは、他の面で花開いたときであり、疲れ果てていたり、生活のやりくりに追われていないときである。

バサンティはもっと恵まれた人生を送ることができた。まず何よりも、彼女が苦労しているときに彼女の実家の家族は伝統的なやり方とは別の方法で彼女を支え続け、そのことが彼女に安心感を与えた。それは彼女の優しく温かく寛大な性格から感じ取ることができる。彼女の置かれた文化的環境では再婚が稀であることを考えると、夫の世話をしたいという願望も子どもを欲しいという願望も恐らく実現しないであろう。しかし、彼女は女友達と接するとき、寛大であり、相互主義的であり、愛があり、彼女の機知に富む才能やユーモアや想像力は伝統的ではない境遇で非常に生き生きとしていて、それは彼女が若いときに受け続けてきた虐待の恐怖から逃れることができてから特にそうであることが分かる。彼女の話は、ある意味でジャヤンマの話と同じである。それは、愛は主要なケイパビリティの一つであるとしても、他のケイパビリティが愛の重要な支えとなることを私たちに教えている。

結　論

世界中で女性は女性であることによって損をしている。女性たちは付属物として、他者の目的に奉仕するものとして生きなければならず、女性の社交性は恐怖とヒエラルキーによって歪められてしまっているような社会で、女性の選択や社交性の能力はしばしば阻まれている。しかし、女性も人間としてのケイパビリティを持っており、機会を実現し、羽ばたく道徳的要求をする能力を備えている。人間の中心的な機能を実現できる高い水準のケイパビリティを女性が公平に達成することができないという現実は、従って正義の問題である。

人間のケイパビリティや機能に基づく政治学的アプローチは、これらの問題を考えるための基礎であり、国家が市民に保障すべきものは何かを示す基本的政治原理を構築する上で役に立つと私は本書で論じてきた。また、ケイパビリティ・アプローチは、生活の質の国際比較を行うときの良い基準となるとも論じてきた。この二つの分野でケイパビリティ・アプローチは、従来の効用や富裕（一人当たりＧＮＰ）といった指標よりもずっと優れた指針となる。また、このアプローチは、今日、国際開発の領域で最も困難な二つの課題、すなわち、宗教の法的政治的地位と家族の法的政治的地位について考える上でも役に立つ。

国際社会は女性問題に対してゆっくりとしか対応してこなかった。それは、男女間の不平等が緊急の政治的課題であるというコンセンサスがまだできていないからである。その他のヒエラルキーや不平等（例えば、アパルトヘイト）は世界の非道であると見なされ、国際社会を動かしてきた。しかし、多くの女性が毎日受けている非道（飢餓・家庭内暴力・児童に対する性的虐待・児童結婚・法の下の不平等・貧困・尊厳と自尊心の欠如）は、一様に言語道断であるとは見なされていないし、国際社会は、これらが人権侵害であるとはなかなか認めようとしなかった。しかし、最近になって、地方のグループから、地域のNGO、国のプログラム、さらに国際機関や人権プログラムまでの様々なレベルで国際的な女性社会が動き始めたために、女性のケイパビリティの欠如が国内および国際的な課題として取り上げられるようになった。政治的変化に関心のある人たちは哲学に対して懐疑的であった。そのような抽象的で現実離れした学問がどうして現実に苦しんでいる人々の役に立つのかと思われてきた。現実に多くのことをしなければならないときに、どうして概念的違いを明確にするために異常なまでに激論しなければならないのか。私の議論から明らかなひとつの答えは、抽象的な規範理論はすでに功利主義経済学に特徴的に見られる規範理論の形で現実に影響を及ぼしているということである。経済学者たちは規範的議論を行う訓練を受けていないし、政治哲学が長年に亘って解き明かしてきた政治規範の複雑な論争のことをよく知らない。それにもかかわらず、経済学者は規範的な問題に対して常に問題の多い判断を下してきた。その判断は、（例えば、「発展」や「開発」のような）核心的な概念について暗黙の仮定を置いてみたり、十分な議論もしないままにそれを特定化してみたりする。効用最大化を公共政策の規範的概念として用いるとき、そして（人々の生活を集計したり、人の生活の貴重な様々な側面を同一単位で測ろうとするような）疑わしい形で経済学が哲学的論争に関わることが政策形成の上で当然のことのように受け止められるとき、経済学者は規範的理論化を行っているのである。私は、功利主義経済学に特徴的な規範的アプローチは公共政策を導くものとしては不適切であると論じてきた。そのようなものがすでに現場で使われているのだから、私たちは「悪い理論」を追い出すために「良い理論」を必要としている。私たちが必要とする「良い理論」は哲学を必要としている。なぜなら、「良い理論」は、選好・選択・願望・ケイパビリティといった基本概念について確かな思想を持つ必要があり、それらの概念の詳しい記述は伝統的に社会科学が行ってこなかったものである。

しかし、私たちは開発経済学の哲学的仮定に対抗するためだけに哲学を必要としているのではない。私たちがそれを必要とするのは、私たち自身の様々な直観的アイデアを十分に吟味するためであり、それらを批判するためであり、そのうちのどれを採用すべきかを判断するためである。人は、何が人間にとっての良さであり正しさであるのか、何に価値があり、何に価値がないのか、何が選択なのか、何が正義であり慈悲であり侵害であり悲しみであるかを知らずに生きていくことはできない。人はこれらのことについて考えを持っており、それを使っている。それは政治的領域だけに限られるのではない。これらの考えは、慣習や宗教や社会科学から導かれた一般的な理論の中に埋め込まれている。公共政策が選択されるとき、それは多くの人々の直観と理論の産物であり、その中には吟味されたものも少しはあるが、その多くは吟味されていない。どの理論を選択すべきか、どの直観が私たちの道徳感覚に最も深く根ざしたものであるかを内省することは重要である。そのような公共の内省を欠いたところでは、最も権力があり、最も弁舌巧みな人たちの考え方が支配的になりがちである。このような議論の進め方は、それ自身、欠陥を持っており、自分の意見を表明する機会がほとんど与えられない権力を持たない人々のことを考えるとき、その欠陥は特に重大なものとなる。

哲学は、通常の「力の競争」ではなく、公共的内省を求める。私たちが選ぶべきは、最も特権的な人たちの見解ではなく、議論の試練に耐えた見解である。その支持者が最も大きな声で叫ぶ見解ではなく、細部が明確で首尾一貫した見解である。その良いところは、細々した概念は実用的だということである。細部に至るまで議論しつくされたとき、ある案が他の案よりも批判に耐え抜くことができるかどうかを知ることができる。時には長い検討の後に致命的な批判が出てくるかもしれない。このような細々した議論を考慮することは公共的内省のために意味のあることである。なぜなら、これが、私たちは何をなすべきかを考えるやり方であり、私たちは何のために戦うのかを理解するやり方だからである。

哲学はしばしばそれが実際に役に立つことを人々に印象づけられないでいる。それは哲学者の責任である。しかし、もし哲学が経験から学び、定期的に経験の場に自らを置くことによって、哲学は実践を導くガイド役を果たすことができると私は信じる。経験とは、単に理論化のための材料ではない。理論的枠組みを持たなければ、何も経験することができない。私たちが作り出してきた正義の理論も人間的善の理論も、それが経験に生かされることがなければ、政治思想は人々の生活から何も学ぶことはできないだろう。私たちの考察は、私たちが見出したことによって形作られる。不十分な経験しかなければ、どんな問いを立てればいいのかも分からない。哲学者は、その著作で実際の経験の物語を使うかもしれないし、使わないかもしれない。しかし、哲学者は、その研究が複雑な経験に対応していること、そしてそれはそのような複雑さに対する人間の成熟した感覚によって形作られてきたことを示すべきである。フェミニストたちが、女性の生活を扱った理論家に対して女性の従属と排除の歴史についてどう理解しているかを示すように求めるのは正しい。過去の哲学者が女性や性や家族について書いてきたことのほとんどが、そのような理解を示してこなかった。同様に、貧困について書いている哲学者に対して、貧困に関わる人たちの複雑な関係や、貧困な人たちの生活に課された制約をどう理解しているのかを示すように求めるのは正しい。ここでも、その多くが天真爛漫に、あるいは冷淡にこの問題を捉えてきたことが分かる。しかし、このような問題に対する答えは哲学を拒否することではないし、その伝統を否定することでもない。私たちはそこから学ぶべきであり、さらに情熱を込めて包括的に、正確に、健全な議論を行うよう前進すべきである。

しばしば政治哲学の論文は、極めて実践的なことを議論していながら、専門家以外の人の関心を引くような形では書かれていない。この問題は学問上の分業によって対処することができる。すなわち、理論家自身が二つの異なったタイプの論文を書くか、その理論を現実の問題と関連づけて書いてくれる著述家と理論家が協力するかである。本書は、専門家と非専門家の両方を対象に書かれた。専門の哲学者の関心を引くように私のアプローチの理論構造を十分に示したし、哲学的議論が国際開発政策に何をもたらすかに関心のある哲学者以外の人のために具体的な話や経験的な材料を多く用いた。(1) どのような代替案があり、その中でなぜケイパビリティ・アプローチが重要なのかを関心のある人々に示すことができたと思う。このアプローチは、エリートの専門家が何も知らない一般の人に対して行う提案として意図されたものではない。このアプローチは、どうすれば生活が良くなるのか、そのために政府は何をすべきかについて世界中の女性が考えていることを体系化し理論化することを意図しており、実際にそうなっていると私は信じる。

そんな気持ちを込めて、私は再びアンドラプラデシュ州の農村の女性グループの話に戻って本書を閉じたいと思う。四〇度の暑さの中で一時間におよぶ訪問を終えようとしていたとき、女性たちはグループで習った歌を私のために歌ってくれた。通訳の説明によると、そのひとつは、女性の一生は悲しみに満ちたものだということを表現した老女の歌であった。それは「女よ、なぜ泣くのか」という言葉で始まる。女は、彼女の人生の悲しい出来事をひとつひとつ挙げながら、その問いに答えていく。しかし、このグループの女性たちはこの歌を次のように書き換えた。「女よ、なぜ泣くのか。涙を希望に変えなさい」そして、その女性は彼女の生活を改善するために何ができるかを語り始める。

次に掲げるのは、女性グループの年報に記された女性たちの希望である。


「私たちの家の前に果物のなる木を植えたい」

「薬草療法の店を始めたい」

「自分たちの家を建てたい」

「不毛の土地を豊かにしたい」

「私たちのサンガムを登録して認められたい」

「旅行したい。ハイデラバードにある私たちのオフィスを見たい」

「学校をもっと良くしたい」

「サンガムがもっと大きくなってほしい。もっと多くの女性に参加してほしい」

「地域レベルの会議を開きたい」

「子どもたちには私たちよりも良い暮らしをしてほしい。子どもたちは新しいことを学んでほしい」

このリストに続いて、天蓋の下で結婚衣裳を身につけた子どもの絵が描かれており、それには赤で大きな×印がつけられている。そこにつけられた話は次のようなものだった。「ポトゥルボガダ村の一二歳のスワルパは夏期キャンプに参加した後、合宿所に入っていた。夏休みの間に彼女の両親は彼女を結婚させようとした。彼女はサンガムの助けを求め、彼女とサンガムは一緒になって両親を説得し、彼女に教育を続けさせることができた」。

ケイパビリティ・アプローチはこのような思いや希望を体系化し、理論化するものである。それは多元的である。なぜなら、女性たちが求めるものは、ひとつにまとめることのできない様々な要素から成り立っているからである。それは人々に特定の機能を達成することを押し付けるのではなく、女性たちが機会や選択の幅に注目するように、人々のケイパビリティやエンパワーメントに焦点を合わせる。それは、ケイパビリティのリストをその背後にある人間の尊厳という考え方に結びつけ、リストに加える候補となる項目をテストするのに役に立つ。それは、ケイパビリティと機能という観念が多様性と多元性に対する正当な配慮とどのように対応するのかを指し示す政治的アプローチに枠組みを与える。また、それはケイパビリティを基本的保障のための特定の政治原理に結びつける。最後に、それは他の有力な代替的アプローチとは両立しないということを示している。このように、私のアプローチはジェンダーの公正を実際に追求していくために特別の貢献をなすものと言うことができよう。

訳者あとがき

本書は、マーサ・ヌスバウム教授が一九九八年にケンブリッジ大学においてジョン・ロバート・シーリー講義として行った「フェミニストの国際主義」と題する講義をもとにケンブリッジ大学出版会から出版されたものである。本書は、副題にもあるように潜在能力(ケイパビリティ)アプローチの応用の本である。潜在能力アプローチは、日本ではアマルティア・センの著作によって広く知られるようになったが、その概念が形成される過程にヌスバウムは深く関わっている。ケイパビリティという概念は、本書の序章でも述べられているように、一九八六年に世界開発経済研究所(WIDER)で始まるヌスバウムとセンとの共同作業の中から生まれてきたものである。ヌスバウムは、「私たちは、私がアリストテレス研究で追究してきた概念と、センがそれまでの数年間、経済学の分野で追究してきた概念が著しく似ていることに気がついた」(本書序章)と述べている。センが経済学の限界を乗り越えようとして考え出したケイパビリティという概念は、ヌスバウムが研究していた概念と極めて近い概念であったということである。もちろん、同じ概念であっても、それをどう用いるかについては両者の間に差があり、その点は本書の序章で論じられている通りである。

ケイパビリティは一般に「潜在能力」と訳される。その訳語によって、この概念は広く知られるようになり、また多くの人々に受け入れられる一方、多くの誤解を招くことにもなった(この点に関しては、二〇〇四年にイタリアで開催された「人間開発とケイパビリティ」学会で報告し、その内容についてはwww.hd-ca.orgで見ることが出来る）。本書では潜在能力という言葉を使わずに、ケイパビリティを用いているのはその誤解を避けるためである。ケイパビリティは、「子供の潜在能力は無限だ」という使い方とも違うし、「経済を発展させるためには、人々の潜在能力を活用すべきだ」という使い方とも違う。潜在能力を「財を利用する能力」と解釈するものもあるが、これも間違った解釈である。

潜在能力とは何か。それに答えるために、まず「貧困とは何か」という問いを考えてみよう。普通なら、貧困とは低所得のことであり、ある人の所得を調べれば、その人が貧困かどうかが分かると考えるだろう。しかし、本当にそうなのか。ある人はハンディキャップを負っているために、普通の生活をするために他の人よりも多くの所得を必要とするかもしれない。ある人は、差別によって所得があっても最低限の生活さえ送ることができないかもしれない。人々の置かれた状況の多様性を考えると、貧困を測るために所得は極めて不確かな指標でしかない。同様に、どれだけの財を持っているかで豊かさを測ろうとするやり方も同じ欠点を持っている。それでは、効用はどうか。経済学では人々は効用を最大化するように行動すると考える。効用とは、満足感であり、幸福感である。しかし、満足していることや幸福であることが、その人が置かれた状況を正しく示すわけではない。抑圧された生活を送っていても、その状況を諦めて受け入れてしまえば、それでも幸福を感じるかもしれない。効用は状況に適用してしまうために、やはり不確かな指標でしかない。豊かさは所得でないと言えば、幸福であると思いがちであるが、ケイパビリティは幸福を指すものではなく、幸福を追求するものでもない。ケイパビリティは効用でもなく、所得でもなく、財でもない。ケイパビリティは所得と効用の間にあって、ある人が何をできるのかを表すものである。何ができるか（doing）、どんな状態になれるか（being）によってその人の生活の状況を評価しようとするものである。何ができるか、どんな状態になれるか、は選択肢の幅を示すだけであり、実際には、その中から選択が行われ、現実の生活の内容（実現された機能）が決まる。ケイパビリティは、前者を示すものであり、実際には選択されない選択肢を含む。だから「潜在的」なのである。同時に、それはある人がどんな生き方をすることができるかという自由をも表すことになる。自由を重視するなら、実現された結果（機能）を見るのではなく、ケイパビリティを見なければならない。この区別は、本書でも繰り返し強調されている。

何でも所得に換算して考えるというのは経済学の基本的態度であるが、その影響は他の学問領域だけではなく、私たちの生活の中にまで入り込んでいる。例えば、阪神タイガースの優勝の経済効果を計算したりする。しかし、経済効果が大きいから優勝すべきだと論じることは阪神ファンを冒瀆することになるだろうし、経済効果に見合ったコストをかけて有名選手をかき集めたとして、そんなチームを応援する気になるだろうか。ものごとの良し悪しの判断を、どれだけ所得が増えるかで行おうとするのは極めて歪んだ見方である。普通は、良し悪しの判断はもっと違うところで行われる。貧困が問題なのは所得が低いからではない。所得は手段に過ぎない。その手段がないために、何ができないことが問題なのか。所得統計だけを見て貧困を考えようとする人たちにはケイパビリティの意義が分からない。しかし、発展途上国に限らず、先進国においても貧困の現場で活動する人たちにはそれが分かっているからケイパビリティは受け入れられやすい。本書の日本語版への序文でも述べられているように「人間開発とケイパビリティ」学会（Human Development and Capability Association, HDCA）が二〇〇四年にイタリアのパヴィアで、八六か国から二〇〇人を越える研究者や活動家が参加して設立された。この学会に集まる人たちは、経済学者だけではなく、様々な分野から、また貧困層の支援のために活動している多くの人たちが参加している。それは、ケイパビリティという概念が、多元的に貧困や福祉を捉えることによって、共通の議論の場を提供しているからであると考えられる。

「人間開発とケイパビリティ」学会は前述のように二〇〇四年にイタリアで設立されていたが、この会議自体は二〇〇一年にイギリスのケンブリッジ大学で始まっている(当時、センはケンブリッジ大学にいた)。第一回のテーマは「ケイパビリティをどうオペレーショナルなものにするか」であった(セン自身は、オペレーショナルということに関し、「経済学者はオペレーショナルなものが好きだ」と皮肉っぽく語ったことがある)。第二回の会議も、ケンブリッジ大学で開催されたが、テーマは「ヌスバウムのケイパビリティ・アプローチ」であった。このとき、池本と田口さつきは首藤真紀(当時、東京大学大学院博士課程)とともに「タイの女性のケイパビリティ」に関して報告を行った(この報告論文についてもHDCAのウェブサイトで見ることができる)。そのとき、ヌスバウムは私たちの報告を聞き、コメントをしてくれた。ヌスバウムという人は、現実の世界に生きる女性がどういう生き方をしているのかに強い関心を抱き、そこから議論を積み上げていく人だと思われた。そのことは、本書でも多くの事例として語られていることからもうかがえる。そのアプローチは私たちのアプローチとも極めて近いものであった。本書には、私たちがフィールドで感じたり、考えたりしたのと同じことを、ヌスバウムも体験し、考えている事例がたくさん出てくる。それが、本書の翻訳を行ったひとつの理由である。もうひとつの理由は、本書にはケイパビリティのリストが示されているということである。ケイパビリティ・アプローチに対する批判は、その具体的内容が分からないというものである(このような批判は、貧困を所得という統計上の問題として捉えるのではなく、ケイパビリティの欠如として現実に実感している人には起こらないものだろう)。その批判に答えるためにも、ひとつの例としてリストを提示することは意義があろう。もちろん、ヌスバウムは単に一例を示そうとしたのではなく、政治的議論の基礎にしようという意図があり、一方、センはリスト化に批判的である。センは、それぞれの問題の文脈に合わせて論じるべきケイパビリティを選択すればよいという立場である。

当初、ケンブリッジで論文を発表した池本、田口、首藤の三人で本書の翻訳を行う予定であったが、事情により首藤に代わって坪井ひろみが加わることになった。坪井は、バングラデシュのグラミン銀行に関する研究で山口大学から博士号を受けたところであった。南アジアのことに詳しくない他の二人にとって、その知識は貴重であった。翻訳は、第1章を坪井が、第3章と第4章を田口が、その他を池本が担当し、最終的に池本がチェックする形をとった。

翻訳の目的は、その書物に書かれた内容を正確に伝えることにある。従って、文法を無視して意訳した箇所もある。例えば、原書のイタリックはそのまま日本語にしたのでは意味のないものも多く含まれるので、本書の強調点は、原書のイタリックとは必ずしも対応していない。また、日本語として読みやすいように強調点を加えたり、鉤カッコを加えたりしたところもある。もちろん、私たちの翻訳が完璧であるというつもりはない。誤りは指摘していただければ幸いである。

最後に、岩波書店の高橋弘氏と、細部にわたってコメントしていただいた校正者の方に感謝したい。高橋氏とは、センの『不平等の再検討』に次いで二冊目の翻訳の仕事になる。翻訳が決まってから計画していた以上に時間がかかってしまったが、ヌスバウムの来日に間に合わせることができたのは高橋氏のおかげである。改めて、お礼申し上げたい。また、翻訳原稿を読んでくれた、池本が主宰するヌスバウム研究会の神島裕子さん（日本学術振興会特別研究員）、片岡洋子さん（文京学院大学専任講師）、吉野馨子さん（東京大学研究生）、岡野麻里さん（東京大学大学院修士課程）、井出教子さん（慶應義塾大学大学院修士課程）にも感謝したい。

訳者を代表して
池本幸生

■岩波オンデマンドブックス■

女性と人間開発
——潜在能力アプローチ

マーサ・C. ヌスバウム

2005年10月26日　第1刷発行
2016年10月12日　オンデマンド版発行

訳　者　池本幸生《いけもとゆきお》　田口《たぐち》さつき　坪井《つぼい》ひろみ

発行者　岡本　厚

発行所　株式会社　岩波書店
〒101-8002　東京都千代田区一ツ橋2-5-5
電話案内　03-5210-4000
http://www.iwanami.co.jp/

印刷／製本・法令印刷

ISBN 978-4-00-730506-1　　Printed in Japan

人名索引

ま 行

ら 行

事項索引

欧 文

あ 行

か 行

さ 行

た 行

な 行

は 行

ま 行

や 行

ら 行

わ 行

注

日本語版への序文

1) 私のアプローチが対立やトレードオフをどのように扱うかについては，次を参照のこと．“The Costs of Tragedy: Some Moral Limits of Cost-Benefit Analysis,” *Journal of Legal Studies* 29(2000), 1005–1036. Reprinted in Matthew D. Adler and Eric A. Posner, eds., *Cost-Benefit Analysis: Legal, Economic and Philosophical Perspectives*(Chicago: University of Chicago Press, 2000), 169–200.
2) John Rawls, *A Theory of Justice*(Cambridge, MA: Harvard University Press, 1971); *Political Liberalism*(New York: Columbia University Press, expanded paper edition 1986).
3) Nussbaum, *Frontiers of Justice: Disability, Nationality, Species Membership*(Cambridge, MA: Harvard University Press, 2005).

序章

1) これらの不平等の例として，第3章および Paul Weithman, ed., *Religion and Contemporary Liberalism*(Notre Dame: University of Notre Dame Press, 1997), 93–137, また Nussbaum, *Sex and Social Justice*(New York: Oxford University Press, 1999)所収の私の “Religion and Women's Human Rights” を参照せよ．
2) *Human Development Report 1997*(『人間開発報告 1997年版』), United Nations Development Programme(Oxford and New York: Oxford University Press, 1997), 39 参照.
3) ジェンダー指標(GDI)で最下位にランクされる4つの国(シオラレオネ，ニジェール，ブルキナファソ，マリ)は，短い平均余命，教育の欠如，栄養不良，安全な水や保健サービスへのアクセスの欠如を含む複合的な指標である貧困指標(HPI, Human Poverty Index, 126–127)においても最下位にランクされる．逆に，HPIで最上位にランクされる4つの発展途上国のうちの3つ(コスタリカ，シンガポール，トリニダードトバゴ)はGDIについても最上位にランクされる．*Human Development Report 1997*(『人間開発報告 1997年版』), 39 参照.
4) インドについては，*India Abroad*, July 10, 1998 のレイプに関する特集記事を参照．最近の統計によると，インドでは54分間に1件の割合でレイプが行われ，1990年から97年にかけてレイプの被害は32% 増加している．たとえこの増加が届出数の増加によるものだとしても，それがすべてだとは思えない．なぜなら届出を思いとどまらせる多くの力が働いているからである．裁判所では，女性の

性的過去や社会階層が彼女を攻撃するために用いられ，医学的証拠は迅速に取り上げられることはめったになく，警察は告訴の処理を遅らせ，女性が有罪判決を勝ち取ることは極めて難しい．インドの法律ではいまだにペニスの挿入がレイプの要件となっており，従って，例えば，強制的なオーラルセックスはレイプとして罪に問われることはない．レイプの裁判を起こすにはお金がかかるのに，今のところレイプの被害者に対して無料の弁護士のような支援は行われていない．デリーにあるNGOのシャクシィSakshiが行った調査では，実際に裁判になった105件のうち，有罪判決を勝ち取ったのはたった17件に過ぎなかった．

5) サハラ以南アフリカを基準とするのは，先進国と途上国を比較するのは適当ではないと考えるからである．ヨーロッパや北米では女の男に対する比率はさらに高く，105対100である．サハラ以南アフリカは他の発展途上地域と比べるとこの比率が比較的高く，それは女性が生産活動で中心的役割を果たしており，そのために食糧不足のときでも食糧に対する権利を強く主張できるからであろう．この問題の古典的な研究として，Esther Boserup, *Women's Role in Economic Development*(New York: St. Martin's Press, 1970; second edition Aldershot: Gower Publishing, 1986)を見よ．ボースルプの著作に対する反応としては，*Persistent Inequality*, ed. Irene Tinker(New York: Oxford University Press, 1980)を見よ．

6) これらの数値は，Jean Drèze and Amartya Sen, *Hunger and Public Action*(Oxford: Clarendon Press, 1989)およびDrèze and Sen, *India: Economic Development and Social Opportunity*(Delhi: Oxford University Press, 1995), 第7章のものである．センは，「失われた女性」の総数は1億人に達すると推計している．*India* では別の推計値に基づいて論じている．

7) Dreze and Sen, *Hunger*, 52参照.

8) この点については，私の“Public Philosophy and International Feminism,” *Ethics* 108(1998), 770–804; “Why Practice Needs Ethical Theory: Particularism, Principle, and Bad Behavior,” in *The Path of the Law in the Twentieth Century*, ed. S. Burton, Cambridge University Press; “Still Worthy of Praise: A Response to Richard A. Posner, The Problematics of Moral and Legal Theory,” *Harvard Law Review* 111(1998), 1776–1795を見よ．

9) 「政治的リベラリズム」「重なり合うコンセンサス」「包括的構想」といった言葉は，ロールズの *Political Liberalism*(expanded paperback edition, New York: Columbia University Press, 1996)(以後，PLと略記)と同じ意味で用いる．

10) 教育については，Drèze and Sen, *India* 第6章，土地に対する権利については，Bina Agarwal, *A Field of One's Own: Gender and Land Rights in South Asia*(Cambridge: Cambridge University Press, 1994); セクシャルハラスメントについては，私の“The Modesty of Mrs. Bajaj: India's Problematic Route to Sexual Harassment Law” in *Directions in Sexual Harassment Law*, edited Catharine MacKinnon and Reva Siegel(Yale University Press, 2002)を参照のこと．

11) 憲法制定議会で独立前日の1947年8月14日にニューデリーで行われたスピーチより.

12) 私のリンドリー講義 “The Feminist Critique of Liberalism,”(The University of Kansas Press よりパンフレットとして出版, および Nussbaum, *Sex and Social Justice* に再録)を参照のこと.

13) 第3章では, 違う事例も取り上げる. バサンティは宗教にはほとんど関心がないようである. ジャヤンマは毎日規則正しくお祈りはするものの, 彼女の置かれた状況を作り出す上で, 宗教は主要な役割を果たしてはいない. 2人の生活で宗教法は比較的小さな役割しか果たしていない. さらに, 両者ともヒンドゥー教徒であるのに対し, 私の目的は, 男女の平等に関わるような宗教間の緊張関係を考察することにある. 宗教の問題は, 法律に焦点を合わせる必要があり, 従って, 裁判の事例を多く用いることにする.

14) Kamila Rose, *Where Women are Leaders: The SEWA Movement in India* (Delhi: Vistaar, 1992), 17, および1997年3月のイラ・バットとの会話に拠る. SEWA は「インフォーマル・セクター」という言葉よりも「自営業 self-employment」という言葉の方を好む. なぜなら, 「インフォーマル・セクター」と呼ばれたのでは経済活動の周縁に位置するように見られてしまうのに対し, 「自営業」という言葉は人間としての尊厳や積極的な地位を与えるからである. Rose によれば, アーメダバードの労働者の55%, カルカッタやボンベイの労働者の50%は自営業に従事している.

15) Rose, *Where Women are Leaders*, 172–174 に掲載された1988年5月のイラ・バットへのインタビューに拠る.

16) 私たちの会話で, グジャラートの習慣に従ってバサンティは自分自身のことをバサンティベンと呼び, またそう呼ばれていた.

17) その兆候としては, 名前や話し方の他に, 限定的ではあるが職業も含まれる. 経済的機会が変化するにつれて, これらの兆候は伝統的なカースト別の職業とは対応しなくなってきており, 高いカーストの男にとって何が正しい行為かという規範もかなり変わってきている(このことは, バサンティの父親や兄弟を見ればよく分かる). 礼儀について言えば, 女性の方がもっとカーストの規範に縛られている. ウマ・ナラヤンは(手紙の中で)次のように述べている. ナラヤンの母親の世代の高いカーストの女性はお金のために働くようなことはしなかった. もし経済的必要に迫られて働かざるをえないときには, そのことを親戚に知られないようにしなければならなかった. しかし, 今ではそのようなことはあまり問題にならなくなった.

18) コキラは低いカーストの出身で, 以前はヒンドゥー教徒とイスラム教徒が一緒に住む「統合された」地域に住んでいたが, 宗教対立がエスカレートすると, ヒンドゥー教徒だけが住む地域に引っ越していった.

19) 刑事訴訟法(第3章参照)によると, 困窮した女性に支払われる生活費は,

1986年の時点で月額180ルピーであった.

20) SEWAが行っている将来の組合や銀行のリーダーを育てるための教育プログラムの初日は,1人1人の女性がグループ・リーダーをまっすぐ見て,自分の名前を言うことから始まる.このプロセスはビデオに録画され,女性たちは自分自身を見つめることに慣れていく.困難を伴うものの,最後には,慎ましさや服従といった規範に打ち勝ち,自分の名前を皆の前で言えるようになっていく.

21) バサンティと違って,ジャヤンマのケースはこれまで開発経済学の研究の中で取り上げられてきた.Leela Gulati, *Profiles in Female Poverty: A Study of Five Poor Working Women in Kerala*(Delhi: Hindustan Publishing Company, 1981)の"Jayamma, the Brick Worker"という章,およびLeela Gulati and Mitu Gulati, "Female Labour in the Unorganized Sector: The Brick Worker Revisited," *Economic and Political Weekly*, May 3, 1997, 968–971,およびMartha Chen ed., *Widows and Social Responsibility*(Delhi: Sage, forthcoming)を見よ.私は,ジャヤンマと彼女の家族を紹介してもらったことと,通訳してくれたことについてLeela Gulatiに感謝している.

22) ケララにおける最大の宗教グループはヒンドゥー教とキリスト教である.ケララ(以前のトラバンコールおよびコーチン藩王国)には,かつてはインドで最大のユダヤ人のコミュニティがあったが,そのほとんどは移住していった.

23) このことは社会階層も最も低いということを意味しない.ジャヤンマは彼女の娘がプラヤ族の男性と結婚したとき,そのことによって政府からの支援を受けられるようになるとしても,彼女は激怒した.

24) このような期待の非対称性は法律の中にまで入り込んでいる.例えば,ケララでは寡婦に対する手当ては体の丈夫な娘のいる人に与えられ,体の丈夫な息子のいる人には与えられない.ケララでは多くのコミュニティが母系制であり,そのいくつかが母方居住であるが,インドのほとんどの地域で,娘は実際に実家に近いところに住もうとしている.(ケララの有名な歴史学者であるシャルダモニが私に語ったところでは,母系制や母方居住は11世紀まで遡ることができる.母方居住でないところでも,夫が妻とは一緒に住まないところもあり,夫の母系親族の近くに住む形態もある.Agarwal, *A Field of One's Own*, 141, 505参照).本文に述べた3つの理由によって,親の観点からすれば娘に対して不平等な教育しか受けさせないことが合理的に見えるかもしれないが,たとえその理由がそれほど明らかでないときでも不平等な教育機会という慣習は続いている.ケララの女性たちはしばしば自分の母親の面倒を見るのに対し,男はそうではない.にもかかわらず,ジャヤンマも伝統に従って男の子に教育を受けさせる.トリヴァンドラムにおけるLeela Gulatiの研究によると,ひとつだけ女の子に教育を受けさせていたケースは,娘が2人いて,息子は1人もいないケースであった.そして,もうひとつは,極端に家族のことを気遣い,働き者の夫のケースであった.その研究が行われていた頃(1981年),その娘たちは高校を卒業している.最近では,

政府はもっと強力な手段を採用し，小学校教育を女性たちに普及させるために無料の学校給食制度を行っている．今ではほとんどすべての若い男女が読み書きの能力を持っている．

25) 例えば，ケララのキリスト教会は家族計画に強力に反対しており，そのことは貧しい信者に深刻な影響を与えている．Gulati 著 *Profiles* のサラという名の魚売りの女性の話を参照．

26) 彼女の仕事の利点は，外に出かける必要もなく，男たちと関わる必要もなく，男たちの働いている場所にいる必要もなく，家でできるということである．

27) 厳密に言うならば，ある取り決めが経済的な意味で不合理であると結論づける前に，もう少し考えておかなければならない問題がある．例えば，男と女が利用できる他の雇用機会について多くのことを知っておく必要がある．さらに，その取り決めが今では不合理に見えたとしても，(例えば，他産業と男性労働力を奪い合う必要から)昔は合理的であって，それが慣習や男の力によって維持されてきたのかもしれない．

28) この意味で西洋の女性はインドの用語で言えば「男性的」である．Gulati はケララ州の貧しい女性たちの研究で，自分たちが食べた食事のコストを計算する上で女性の方が男よりもずっと正確であるということを示している．

29) この議論については，私の *Sex and Social Justice* の Introduction を参照のこと．ある下級裁判所が，この原状回復策はプライバシーの権利や平等な保護の面で憲法に反するという判決を出した．しかし，最高裁判所はその判決を覆し，原状回復策は(ヒンドゥーの法体系の中に)そのまま維持された．

30) 憲法に関する問題については第 3 章を参照のこと．

31) 私の “The Modesty of Mrs. Bajaj” を見よ．

32) 個人法に関するこのような法体系の発展については第 3 章を見よ．シーク教徒は，多くの人々が憤慨しているにもかかわらず，法的にはヒンドゥー教徒に分類される．ユダヤ教徒のように個別の法体系を持たない宗教を信仰する人は，世俗法が適用される．

33) 3 つの要素を集計する際には，1991 年の報告書で述べられているような複雑なウェイトづけの問題が生じる．

34) 1994 年のデータによる．

35) これらの統計については，J. Drèze and A. Sen, *India: Economic Development and Social Opportunity* を見よ．

36) オディティのヴィジィ・スリニヴァションとのインタビューによる．彼女は，北ビハールの彼女の組織のメンバーが明らかにした嬰児殺しの証拠について語ってくれた．北ビハールでは女の男に対する人口比率は 75 対 100 でしかない．

37) オディティのヴィジィ・スリニヴァションとのインタビューによる．その地域はネパールとの国境に近いシタマリ県で，オディティはそこで生まれたばかりの女の子が数多く殺されている証拠をつかんでいる．

38) *India Abroad*(July 10, 1998)31.

39) これらの数字はDrèze and Sen, *India*から引用した．1997年版のHDRでは，1994年のデータを用いて，インドでは女36.1%，男64.5%，中国では女70.9%，男89.6%という数字を示している．

40) V. K. Ramachandran, "Kerala's Development Achievements," in J. Drèze and A. Sen, *Indian Development: Selected Regional Perspectives*(Oxford and Delhi: Oxford University Press, 1996).

41) ラジャスタン州ジャイプールのSarda Jainへのインタビューによる．

42) Archana Mehendale, "Compulsory Primary Education in India: The Legal Framework," *From the Lawyers Collective* 13(April 1998)4–12を見よ．私はViji Srinivasan，Sarda Jain，Ginny Srivastavaがビハール州とラジャスタン州の非政府教育プログラムについて貴重な情報を提供してくれたことに感謝する．

43) この修正83は，憲法の基本的権利の部分に21a条として追加された．この修正の全文については*From the Lawyers Collective* 13(April 1998)10を見よ．

44) 児童結婚はラジャスタン州，マディヤプラデシュ州，ウッタルプラデシュ州の一部で広く見られる．この点については，John F. Burns, "Though Illegal, Child Marriage Is Popular in Part of India," *New York Times*, May 1998を見よ．Burnsはラジャスタンの児童労働を調べ，花嫁が4歳，花婿が12歳というカップルを取り上げている．法律上の結婚の最低年齢は，女が18歳，男が21歳である．

45) Sumeet Malik, "Marital Rape," *From the Lawyers Collective* 13(January 1998), 13–15を見よ．

46) 最近のいくつかのケースの概要については，Hutokshi Rustomfram and Sanjoy Ghose, "Rape: When Victim Is Seen as Villain," *India Abroad*, July 10, 1998; および"Torment over Terror: The Vithura Rape Case," *From the Lawyers Collective* 13(January 1998), 4–12を見よ．

47) "Growing Child Abuse a Worrying Social Phenomenon," *India Abroad*(July 10, 1998)32を見よ．

48) 1998年7月にインド中西部の都市プーナで開催されたIndian Association of Women's Studiesの集会で報告された統計による．

49) これは，Drèze and Sen, *India*の主要なテーマである．

50) シカゴ大学のある教授が学生に向かって話した言葉として法学部の学生のひとりが述べたもの．

第1章

1) 1914年，ベンガル語にて出版．Kalpana Bardhan訳, Bardhan ed., *Of Women, Outcastes, Peasants, and Rebels: A Selection of Bengali Short Stories*(Berkeley:

University of California Press, 1990), 96–109.

2) ケイパビリティに関する私のこれまでの考え方については，“Nature, Function, and Capability: Aristotle on Political Distribution,” *Oxford Studies in Ancient Philosophy*, Supplementary Volume I: 1988, 145–184(以降 NFC と略記する); “Aristotelian Social Democracy,” in *Liberalism and the Good*, ed. R. B. Douglass et al.(New York: Routledge, 1990), 203–252(以降 ASD と略記); “Non-Relative Virtues: An Aristotelian Approach,” in *The Quality of Life*, ed. M. Nussbaum and A. Sen(Oxford: Clarendon Press, 1993)(以降，論文を NRV と，本を QL と略記); “Aristotle on Human Nature and the Foundations of Ethics,” in *World, Mind and Ethics: Essays on the Ethical Philosophy of Bernard Williams*, ed. J. E. J. Altham and Ross Harrison(Cambridge: Cambridge University Press, 1995), 86–131(以降 HN と略記); “Human Functioning and Social Justice: In Defense of Aristotelian Essentialism,” *Political Theory* 20(1992), 202–246(以降 HF と略記); “Human Capabilities, Female Human Beings,” in *Women, Culture, and Development*, ed. M. Nussbaum and J. Glover(Oxford: Clarendon Press, 1995), 61–104(以降，論文を HC と，本を WCD と略記); “The Good as Discipline, the Good as Freedom,” in *Ethics of Consumption: The Good Life, Justice, and Global Stewardship*, ed. David A. Crocker and Toby Linden(Lanham, MD: Rowman and Littlefield, 1997), 312–411(以降 GDGF と略記); “Women and Cultural Universals,” Chapter 1 in Nussbaum, *Sex and Social Justice*(New York: Oxford University Press, 1999), 29–54(以降 WC と略記); “Capabilities and Human Rights,” *Fordham Law Review* 66(1997), 273–300(以降 CHR と略記)を参照のこと．

3) この見解のいくつかの側面については，Barnard Williams の *Making Sense of Humanity, Ethics and the Limits of Philosophy* などに示されている．私の議論については，*Ethics* 107(1997), 526–529，および “Why Practice Needs Ethical Theory: Particularism, Principle, and Bad Behavior,” in *The Path of the Law and its Influence: The Legacy of Oliver Wendell Holmes, Jr.*, ed. S. Burton(Cambridge: Cambridge University Press, 2000)を参照のこと．しかし，Williams は最近の著作で道徳理論と政治・法理論との区別をし，前者に価値がない時でさえ，後者には価値があるかもしれないとしている．この点で，哲学における Annette Baier や法学における Richard Posner のような極端な人々とは意見を異にしている．Baier に関しては “Why Practice” を，Posner に関しては “Still Worthy of Praise: Comments on Richard Posner's ‘The Problematics of Legal and Moral Theory,’” *Harvard Law Review* 111(1998), 1776–1795 を参照のこと．

4) インドのナショナリズムを支持した西洋の女性については，Kumari Jayawardena, *The White Woman's Other Burden: Western Women and South Asia during British Rule*(New York and London: Routledge, 1995)を参照のこと．この中で，彼女は，西洋の女性はインドの女性と多くの観点を共有しており，双方に多

様な物の見方があったことを明らかにしている．ベンガル・ルネサンスにおけるデイビッド・ヘアおよびドリンクウォーター・ベシューンの役割については，Kalpana Bardhan, *Of Women, Outcastes*, 43の“Introduction”を参照．ヘアは1800年に時計商人としてカルカッタに来て以来，1816年の初めには男子学校を，1817年にはヒンドゥー大学を設立した．それは1855年に有名なプレジデンシィ・カレッジとなった．彼がコレラで死亡した時，5000人のインド人が彼の棺を乗せた葬儀車の後に続いた．シュショボン・サルカルは，A. Gupta, ed., *Studies in the Bengal Renaissance*(Jadavpur, Calcutta: The National Council of Education, 1958), 28で，「プレジデンシィ・カレッジの芝生に立っている彼の像は，最も狂信的なナショナリストでさえ撤去しようなどとは夢にも思わなかった外国人の記念碑であった」と述べている．

5) こうした攻撃に対する優れた議論として“Contesting Cultures” in Uma Narayan, *Dislocating Cultures: Identities, Traditions, and Third World Feminism*(New York: Routledge, 1997)を参照のこと．

6) 例えば，Amartya Sen, “Human Right and Asian Values,” *The New Republic*(July 14/21, 1997), 33–41参照．

7) この点に関するふたつの優れた概説として，Barbara Metcalf, “Reading and Writing about Muslim Women in British India,” および Faisal Fatehali Devji, “Gender and the Politics of Space: The Movement for Women's Reform, 1857–1900,”(いずれも Zoya Hasan, ed., *Forging Identities: Gender, Communities and the State in India*, Delhi: Kali for Women, and Boulder, Co: Westview Press, 1994, 1–21および22–37)を参照のこと．さらに Imtiaz Ahmad, ed., *Modernization and Social Change among Muslims in India*(Delhi: Manohar, 1983)も参照のこと．ラムモフン・ローイの社会改革とブラーモ運動の影響を受けて，他の地域よりも早く進歩的な教育理念を発展させたベンガルの状況については，Bardhan, “Introduction,” 4–11と42，および Susobhan Sarkar, *On the Bengal Renaissance*(Calcutta: Papyrus, 1979)を参照のこと．東西ベンガルでは1850年ころには女子のための学校が設立され，1849年設立のベシューン大学は，1888年には女性に対して修士レベルの教育を行うインド初の大学となった．

8) 序章第4節を見よ．

9) Jawaharlal Nehru, *An Autobiography*(Delhi: Oxford University Press, 1936, centenary edition 1989), Appendix A, “Pledge Taken on Independence Day, January 26, 1930”:「自由を手にし，苦労の成果を享受し，生活に必要なものを得て，発展のための十分な機会をつかむことは，他のどのような人々とも同じように，インド国民にとっても奪うことのできない権利であると私たちは信じる」(612)参照．

10) 序章第4節を見よ．

11) このような仮定がアフリカの開発プログラムをダメにしている様子について

は，Nkiru Nzegwu, "Recovering Igbo Traditions: A Case for Indigenous Women's Organizations in Development," in WCD, 444–466 を見よ．

12) Martha Alter Chen, *A Quiet Revolution: Women in Transition in Rural Bangladesh* (Cambridge, MA: Schenkman, 1983) は，The Bangladesh Rural Advancement Committee (BRAC) により組織された女性グループについて述べている．さらに，Chen, "A Matter of Survival: Women's Right to Employment in India and Bangladesh," in WCD, 37–57 を見よ．このようなプロジェクトのもうひとつの例は，インド政府のモヒラ・シャモッケヤ・プロジェクトである．それは，インドの 4 つの地域で女性グループを作ることを目的とし，女性たちに，地方政府や雇用主から権利を獲得するためにどのように人々を動員するかを教えている．女性グループの連帯を強めるための同様の手法は，SEWA やその他の女性の職業グループやクレジット・グループによって用いられている(序章を見よ)．この点は第 4 章でさらに論じる．

13) "Cross-Cultural Connections, Border-Crossings, and 'Death by Culture,'" in Uma Narayan, *Dislocating Cultures: Identities, Traditions, and Third World Feminism* (New York and London: Routledge, 1997), 41–80 を参照．

14) 第 3 章を見よ．

15) 前者のケースは，上方に向かって移動可能なヒンドゥーのカーストによく見られることである．Martha A. Chen, "A Matter of Survival," in WCD を見よ．後者のケースは非常に広く見られ，バサンティの人生が典型的である．この点については，第 4 章でさらに論じる．

16) Narayan, 7.

17) こうした女性たちはパルダを一度も実践したことがなかったので，この場合の彼女たちの反応は，自分たちの地元の伝統を批判したものではなかった．しかし，地元の規範に対する同様の異議申し立ては一般的である．Chen, *A Quiet Revolution* を見よ．

18) 同様の話については，Chen, *A Quiet Revolution* を見よ．

19) ドラウパディには 5 人の夫がいる(その 5 人ともパーンダヴァ家の兄弟である)．彼女は，「象のいるサラスヴァティー川のように，5 人の勇ましい夫を持って最高に幸福である」と記述されている．この複雑な事件に関するさらなる議論については第 3 章注 1 を参照のこと．そこでは，ドラウパディは財産としてしか見られていないことの問題が問われていないことについて議論する．5 人の夫のなかで 1 人だけが，ドラウパディが受けた被害の根拠としてサイコロ賭博そのものの問題を問うている．

20) Rose, *Where Women Are Leaders*, 83–84 および 74–82 を見よ．そこでは，バットの全国労働組合からの追放と全国会議での彼女に対する屈辱的な扱いが述べられている．その対立は，ヒエラルキーに反対する女性の闘いと密接に関連するカースト問題に関して起こった．バットは，医学部における低位カースト者に対

する積極的格差是正措置に関するあらゆる妥協に抵抗した．なぜなら，高位カーストの医師が低位カーストの女性の治療に関心を示さないため，農村部の低位カーストの女性は医師の治療を受けられないでいたからである．ブラーマンである裁判官の娘で，自分より低いカーストの男性と結婚したバットは，自分自身をドラウパディの事件になぞらえて，「私はまるで，誰も私のために声を上げることもなく，私の最も尊敬する人々の前で裸にされているような感覚に囚われた」と述べている．興味深いことにSEWAの話では，ドラウパディはクリシュナに祈りを捧げることによって打ち勝とうとするが，もとの叙事詩では，彼女は法に訴えかけることによって打ち勝とうとする．おそらくバットは，法を頼っていたのでは成功しそうになかったために，より高次の力が自分の味方になってくれると判断したのかもしれない．

21) インドの法的フェミニズムにおける重要な課題は，フェミニストの目標に向けて闘うことである．その1つの例は性的虐待からの保護であり，性的虐待は，女性の進歩に反する謙虚さや純潔といった概念を用いて行われ，その概念はビクトリア朝のイギリスの立法の遺産である．私の“The Modesty of Mrs. Bajaj: India's Problematic Route to Sexual Harassment Law,” in *Direction in Sexual Harassment Law*, ed. Reva Siegel and Catharine MacKinnon(Yale University Press. 2003).

22) タゴール(1861–1941)にとって特に影響が大きかったのは，ベンガル・ルネサンスの思想家であり社会改革者でもあるラムモフン・ローイ(1772–1833)の思想である．ベンガル・ルネサンスについては，Kalpana Bardhan, “Introduction,” in *Of Women, Outcastes*, 4–8 および 42–44，Susobhan Sarkar, *On the Bengal Renaissance* を見よ．

23) Bardhan(42)は，サティ(妻の殉死)に反対する運動を宗教的聖典に基づいて行ったラムモフン・ローイや，経典の知識を用いて児童結婚や一夫多妻制に反対し，夫を亡くした女性の再婚を支持する運動を行ったイショルチョンドロ・ヴィダシャゴル(1820–92)について論じている．

24) “Letter from a Wife,” trans. Kalpana Bardhan, in *Of Women, Outcastes*, 109.

25) Rokeya Sakhaat Hossain, *Sultana's Dream and Selections from The Secluded Ones*, ed. and trans. by Roushan Jahan(New York: Feminist Press of the City University of New York, 1988).

26) このことは，もちろん，伝統が全体として男女平等であることを意味しない．イスラム法の伝統には，財産権や離婚権やその他の重要な権利に関して強い不平等が深く根を下ろしている．本書第3章および Agarwal, *A Field of One's Own*, 第5章を見よ．

27) 宗教的伝統における国内の論争に関するさらなる議論については，第3章を見よ．

28) この会議は，1995年8月に北京で開催された大規模な「世界女性会議」のこ

とではなく，1995年6月にフォード財団の後援により開催された小さな学術会議のことである．

29) Elizabeth A. Mann, "Education, Money, and the Role of Women in Maintaining Minority Identity," および Huma Ahmed-Ghosh, "Preserving Identity: A Case Study of Palitpur," in Hasan, ed., *Forging*, 130–167 および 169–187 を見よ．

30) Nehru, *Autobiography*, 449.

31) "The Graves of Academe," in *Our Feet Walk the Sky*.

32) Narayan, 26.

33) この点に関する興味深い例と，共同体主義者が抱く文化的平和と同質性の空想に対する一般的な批判については，Fred Kniss, *Disquiet in the Land: Cultural Conflict in American Mennonite Communities*(New Brunswick: Rutgers University Press, 1997)を見よ．

34) この点に関する一般的な議論と数多くの参考文献については，M. Nussbaum and Amartya Sen, "Internal Criticism and Indian Rationalist Traditions," in *Relativism: Interpretation and Confrontation*, ed. Michael Krausz(Notre Dame: University of Notre Dame Press, 1989), 299–325 を参照．

35) アマルティア・センが，1998年4月にシカゴ大学で開催された「現代民主主義の挑戦」という会議で引用した言葉．

36) Aristotle, *Politics*, 1269a3–4.

37) こうした誤りは方法論的な誤りに源を発している．というのは，しばしば人類学者は「地元の情報提供者」を1人だけ選び，その話に基づいて文化像を描きあげていたからである．

38) Nehru, *Autobiography*, 534.

39) *The Subjection of Women*, ed. S. M. Okin(Indianapolis: Hackett, 1988)を見よ．ここでは，妻に対する強姦や婚姻に関わる不平等な法的条件などを告発してこなかったことに抗議している．また，David Dyzenhaus, "John Stuart Mill and the Harm of Pornography," in *Mill's* On Liberty: *Critical Essays*, ed. Gerald Dworkin (Lanham: Rowman and Littlefield, 1997), 31–54 も見よ．ここでは，ポルノの法的規制を支持するミル流の強力な議論があると論じている．

40) 厳密に言えば，これらの地域は「半乾燥」地域と呼ばれ，ラジャスタン州の特定の地域のみが「砂漠」と呼ばれる．しかし，私の個人的な経験からすると，これらの地域はアメリカのカリフォルニアやネバダの「砂漠」と呼ばれる地域と区別がつかない．

41) 最近，インドの強姦に関する法律は，警察で拘留中に受けた強姦の告訴に伴う立証責任を被告人の側に移行させ，もし被告人が公務員であるならば犯罪行為の推定根拠があると見なすようになった．序章第5節を見よ．この変更の目的は，警察官と女性の囚人を2人きりにすることなく，警察官の行為について証言する「証人」を確保することによって警察官の不正な行為を防ぐことにある．

42) 強姦の届出の増加と有罪判決を得るのが非常に困難な状況については，*India Abroad* 誌(Friday, July 10, 1998)のトップ記事 “Rape: When Victim Is Seen as Villain,”(強姦：被害者が悪者にされるとき)(1 および 30–34)の記事を見よ.

43) 最高裁判所のガイドラインやその他の法的発展に関する議論については，私の “The Modesty of Mrs. Bajaj” を見よ.

44) 前掲の *India Abroad* 34 の注 42 にある国連人口基金の報告から引用．デリーを本拠地とする NGO であるシャクシィが最近行った調査によると，調査した裁判官の 68% が性的暴行は「挑発的な」衣服によって引き起こされると考え，55% が性的暴行は女性のモラルの問題であると考えている.

45) いくつかの例については，私の “The Feminist Critique of Liberalism,” *Sex and Social Justice*, 55–80 を見よ.

46) このような個人主義の解釈については，“The Feminist Critique of Liberalism” を見よ.

47) Veena Das and Ralph Nicholas, “‘Welfare’ and ‘Well-Being’ in South Asian Societies,” ACLS-SSRC Joint Committee on South Asia(New York: Social Science Research Council, 1981)．この論文はパンフレットとして配布されているが，ダスは出版していない．反対の見解については，Agarwal, *A Field of One's Own*, 422–438，および “‘Bargaining’ and Gender Relations: Within and Beyond the Household,” *Feminist Economics* 3(1997), 1–51 を見よ.

48) Kalpana Bardhan, ed., *Of Women, Outcastes*, 155.

49) 集計に関する仏教と功利主義の近い関係については，Damien Keown, *The Nature of Buddhist Ethics*(New York: St. Martin's Press, 1992)，第 7 章 “Buddhism and Utilitarianism” を見よ．苦しみの軽減という概念は，仏教の政治対話の中で中心的な役割を果たす．しかし，それは個人の苦しみを世界の一要素として扱う厳密な形而上学的形態においてではない．それは急進的な政治的意味を持ち，ヘルスケアに関する公共サービスのような政策をほとんどの仏教徒は支持するだろう.

50) 国際的な人権運動の規範は暴君的であるという非難については，Wendy Brown, *States of Injury: Power and Freedom in Late Modernity*(Princeton: Princeton University Press, 1995)を見よ．第 6 節で明らかにするように，私はこのような主張に反対である.

51) *Human Development Report 1997*(Oxford and New York: Oxford University Press, 1997).

52) たとえ中流および上流階級の人々が高等教育の制度に満足していないとしても，依然としてこのことは正しいだろう.

53) このことに注意を引き付ける議論として，Drèze and Sen, *India*, の地域間比較と，その地域比較研究の姉妹編を参照.

54) Rawls, *A Theory of Justice*(Cambridge, MA: Harvard University Press,

1971), (以降 TJ と略記), 156–173. そこでは, 平均効用とその問題点について議論している.

55) Becker, *A Treatise on the Family*(Cambridge, MA: Harvard University Press, 1981, second edition 1991).

56) "The Economic Way of Looking at Behavior," Nobel address, 1992, in *The Essence of Becker*, ed. Ramón Febrero and Pedro S. Schwartz(Stanford: Hoover Institution, 1995), 648. 「私を含む多くの経済学者は, 家族のひとりひとりの利害を結びつけるために利他主義に頼りすぎている」とし, 罪悪感・愛情・義務・怒り・身体的虐待の恐怖を考慮すべき要素として挙げている.

57) A. Sen, "Gender and Cooperative Conflicts," in I. Tinker, ed., *Persistent Inequalities*(New York: Oxford University Press, 1990), 123–149, および Partha Dasgupta, *An Inquiry into Well-Being and Destitution*(Oxford: Clarendon Press, 1993), 第 11 章を見よ. その他, バーゲニング・アプローチの例として, Agarwal, *A Field of One's Own* と "Bargaining", Shelly Lundberg and Robert A. Pollak, "Bargaining and Distribution in Marriage," *Journal of Economic Perspectives* 10(1996), 139–158, および L. Chen, E. Huq, and S. D'Souza, "Sex Bias in the Family Allocation of Food and Health Care in Rural Bangladesh," *Population and Development Review* 7(1981), 55–70 を見よ.

58) Rawls, TJ, 62–65, 90–95, 396–397. その後, ロールズは, 基本財をあらゆる目的にかなう手段と見るのではなく, 「道徳的力」の発展と表現に関連して, 政治的見地から人々が必要とするものと見るべきであると考えを修正した. 彼は(人生計画を立て, それを改定する)道徳的力という概念は, それ自体, 善の政治理論の重要な部分であると強調した. Rawls, PL, 178–190 参照.

59) さらに最近になって, ロールズは, 移動の自由や職業選択の自由を加えた. PL, 181.

60) Rawls, TJ, 396 および 440.

61) Rawls, TJ, 97. 「所得や富のレベルでこれらの人々を特定しようとするとき, これらの基本的社会財は, 権力や権威と十分な相関があり, 指標の問題を回避していると仮定する. ……概して, この仮定は私たちの目的にとって十分に妥当のように思われる」. ロールズの考える対象が, ベッカー流に世帯を代表して交渉する世帯主だとすると, 問題はさらに大きくなる. しかも, 世帯の所得や富と女性の権力や機会の関係は, かなり不確かである. 自尊心と他の基本財との関係も不確かである. 例えば, ヨーロッパのユダヤ人は多くの場合, 所得や富については十分に成功していたにもかかわらず, 自尊心の社会的基礎は持てないでいた. 後にロールズはこの問題を認め, 「自由や富のようなもののみによって期待を定義しようとした初期の試みは暫定的なものである. その他の様々な基本財を含める必要があり, こうしたことはより深い問題を提起する」と述べている(396–397). しかし, 私たちはその問題の解決方法をまだ聞いてはいない.

62) Rawls, PL, 4–11, および“The Law of Peoples,” in *On Human Rights: The Oxford Amnesty Lectures 1993*, ed. Stephen Shute and Susan Hurley(New York: Basic Books, 1993), 41–72 中 50–59. 後者で，ロールズは女性の平等を異文化間で認められるべきひとつの価値と見なしている.

63) 1997年3月のSEWAのミライ・チャタルジー，レナナ・ジャヴァラ，イラ・バットとの会話による．また，Rose, *Where Women*, 32を見よ．ローズは，その依存関係は双方向的であると述べている．すなわち，「ガンディー自身，彼が自由のための闘争で用いた戦術のヒントを，彼の妻や母が自分たちに対する搾取に抵抗するために家庭で用いていた戦術から得たと認めている」.

64) *The Subjection of Women*(1869), ed. S. M. Okin(Indianapolis: Hackett, 1998), (以降SWと略記), 特に16–18. 私の“The Feminist Critique of Liberalism.”も参照.

65) この見解は，Sen, “Equality of What?” in S. McMurrin, ed., *Tanner Lectures on Human Values* 1(Cambridge: Cambridge University Press, 1980)に最初に発表され，それはSen, *Choice, Welfare, and Measurement*(Oxford and Cambridge, MA: Basil Blackwell and MIT Press, 1982), (以降CWMと略記)に再録されている．また，*Resources, Values, and Development*(Oxford and Cambridge, MA: Basil Blackwell and MIT Press, 1984)(以降RVDと略記); *Commodities and Capabilities*(Amsterdam: North-Holland, 1985); *Well-being, Agency, and Freedom: The Dewey Lectures 1984, The Journal of Philosophy* 82(1985); “Capability and Well-Being,” in QL, 30–53; “Gender Inequality and Theories of Justice,” in WCD, 153–198; *Inequality Reexamined*(Oxford and Cambridge, MA: Clarendon Press and Harvard University Press, 1992)における彼の様々な論文も見よ.

66) *Human Development Reports: 1993, 1994, 1995, 1996, 1997*(New York: United Nations Development Programme).

67) NFC, HNを見よ.

68) 私とセンの違いに関する議論については，David Crocker, “Functioning and Capability: The Foundations of Sen's and Nussbaum's Development Ethic, Part I,” *Political Theory* 20(1992), 584–612, および“Functioning and Capability: The Foundations of Sen's and Nussbaum's Development Ethic, Part II,” in WCD, 153–198を見よ.

69) この考えをさらに展開したものとして，HNを見よ．人間の経験や選択の様々な領域に対応させてケイパビリティや機能を個別化する方法についてはNRVを見よ.

70) センの次の言葉と比較せよ．「経済的ニーズの理解において政治的権利が重要なのは，究極的に人間を，受動的に存在し世話を受けなければならない“ストック”や“集団人口”の一部分として見るのではなく，行使しうる権利を持つ人間として見ているからである」(Amartya Sen, “Freedoms and Needs,” *The New Re-*

public, January 10/17, 1994, 38)．現代の論争への含意とともにマルクスのこの思想を見事に論じているものとして，Daniel Brudney, "Community and Completion" in *Reclaiming the History of Ethics: Essays for John Rawls*(Cambridge: Cambridge University Press, 1997), 388–415がある．ただしBrudneyは，政治的リベラリズムではなく包括的リベラリズムの基礎としてマルクスの見解を擁護している．

71) このような人の尊厳を自然の崇高さに喩えたものとして，Seneca, *Moral Epistle*, 41を見よ．この部分は，恐らくカントの*Critique of Practical Reason*(実践理性批判)の有名な結論に影響を与えている．

72) その考え方をさらに精緻化したものとして，私の"Victims and Agents," *The Boston Review* 23(1998), 21–24，および"Political Animals: Luck, Love, and Dignity," *Metaphilosophy* 29(1998), 273–287参照．

73) 第7節で，これらのケイパビリティを実現するために国際機関や国際人権法の役割を構想する．しかし，説明責任の点からは，国民国家が依然として基本的単位である．

74) その機能をもっと役に立つものにするためには，最小限のレベルについて現在のものよりももっと明確にしなければならないだろう．私はこの問題の本節の後ろの方と第3章，第4章で論じる．

75) そのような問題として，個人の財産と公共の財産の役割，世代間の公正に関する考え方，市民的不服従の役割，そして(第7節で簡単に触れるが)国家間の再分配的公正がある．

76) Rawls, PL, 133–172参照．

77) Rawls, PL, 144–145参照．

78) しかし，全てのユダヤ教徒というわけではない．私の"Judaism and the Love of Reason," in Marya Bower and Ruth Groenhout, eds., *Among Sophia's Daughters Philosophy, Feminism, and Faith*(Indiana University Press, 2003)を見よ．

79) HN参照．

80) この言葉はロールズのTJから借用したものである．ここでは「正義」を「生活の良さ」に置き換えて，「基本財」のアナロジーを述べている．

81) 私のリストの項目のいくつかは明らかにいつの時代にも通用するものである．識字能力は，現代社会における一般的なケイパビリティを特定するのに必要な項目であるが，他の時代や場所であれば識字能力がなくても，そのようなケイパビリティは実現できたものであったかもしれない．人間の生活には歴史を通して不変的な本質があるなどと私は主張しないし，またする必要もないが，大きな一般的項目はいつの時代にも通用するようなものかもしれない．

82) 現在のリストは，インドの人々との議論を通してもたらされた変化を反映したものである．主な変化は，身体的保全と自分自身の(財産権や雇用機会を含む)環境を自分で管理することについて以前よりも強調するようになったこと，尊厳

を持ち屈辱を受けないことを新たに強調するようになった点である．奇妙にも，このような人間の「自足性」や個人の尊厳性といった概念は，「男性的」「西洋的」であるとして西洋のフェミニストたちがしばしば批判してきたものであり，そのことが以前のリストではこれらの項目については控えめにしか扱ってこなかった理由である．私の“The Feminist Critique of Liberalism.”を参照のこと．

83) 1994年の国際人口・開発会議(ICPD：International Conference on Population and Development)で採択されたリプロダクティブ・ヘルスの定義は，私のリストを導いている「真に人間的な機能」に関する直観的な理解と十分に適合的である．すなわち，「リプロダクティブ・ヘルスとは，生殖とそのプロセスに関わる全ての事項において，単に病気でないだけではなく，身体的，精神的，社会的に完全に良い状態のことを指す．従って，リプロダクティブ・ヘルスは，人々が安全で満足のいく性生活を営むこと，子どもを産む能力を持つこと，子どもを産むかどうか，いつ産むのか，何人産むのかを決める自由を持つことを意味している」．この定義はさらに，人々が選択する家族計画の情報やそれへのアクセスも含んでいる．学術研究会議によって設立された人口委員会のリプロダクティブ・ヘルス部会によって採択されたICPDの勧告の要約には，リプロダクティブ・ヘルスに関する3つの要件を明記している．すなわち，「1. 全ての性行為に強制や感染がないこと，2. 全ての妊娠は意図されたものであること，3. 全ての出産は健康的であること」である．Amy O. Tsui, Judith N. Wasserheit, and John G. Haaga, eds., *Reproductive Health in Developing Countries*(Washington, D.C.: National Academy Press, 1997), 13–14を見よ．

84) この条項はインド国憲法第15条に基づいており，そこでは(私も同じ意見であるが)，これが女性や指定部族・カーストに対する差別の歴史を修正するための法案を政府が制定することを妨げるように用いられてはならないと付け加えられている．性的傾向によって差別を受けないということは，インド国憲法では保障されておらず，また，私の以前のリストにも含まれていなかった．なぜなら，この点に関して，特にインドでは，ほとんど合意が形成されておらず，それを含めることは時期尚早と判断したからである．しかし，同時に，私は，このことは性に基づく差別を受けない権利に含まれていると強調しておいた．なぜなら，性的傾向に対する差別は，性的差別に含意されるふたつの性の分割を支える手段であると私は考えるからである．私の*Sex and Social Justice*を参照のこと．しかし，インドのフェミニストの映画『Fire』をめぐる論争は，インドのメディアが性的傾向について多く取り上げられるきっかけとなり，フェミニストやその他のリベラルな人たちがこうした問題と女性の完全な平等との間の重要な関連性を広く認識するようになった．従って，私は，重なり合うコンセンサスが期待できる異文化間のリストにこの項目を加えることはもはや時期尚早ではないと考える．この問題については，第4章でさらに論じる．

85) 異文化間の発展に関して，これはリストの中で最も論争的な項目である．さ

らなる議論については，第２章を参照のこと．政府はこのケイパビリティに関して，絶滅寸前の種，動物の健康と暮らし，そして生態系に関する政策を通してきわめて多くのことができる．例えば，ノルウェーはこのケイパビリティに格別に力を入れている．オスロでは，海岸から５マイル以内の地域しか建物は建てられず，この「森林線」を越える内陸山岳地帯には住居はなく，森の中で孤独を楽しみたい人のための空間として保護されている．これは，ノルウェー人が特定するような形のこのケイパビリティの中心的側面である．

86）　ASD では，財産権は，人間の機能を達成するための手段であって目的ではないという意味で，言論の権利などとは異なると論じた．現在のリストでは，より多くの財産を持つということ自体が良いということを意味しているとは主張しないが，財産権と自己認識との本質的な関係を考えて，財産権の役割は拡大している．さらなる議論は第２章を参照のこと．最も明らかなのは，今でもインドの個人法体系に見られるように，財産権は性別に基づいて配分されるべきではないということである．しかし，その他の様々な人間の機能を支えるものとして，その絶対的な価値を考えることもまた重要である．従って，全ての人々は本人名義の不動産あるいは動産を持つべきである．必要量はその経済的状況に照らして，それぞれの国によって適切に判断されるであろう．土地はしばしば，自己認識，交渉力，経済的維持のための価値ある源泉である．従って，貧しい人に自分の所有と呼べるものを与えるために，富裕者の余剰の土地を割り当てるような土地改革を正当化するためにこのリストを使用することもできる．例えば，西ベンガルの改革は，この目的のために富裕な土地所有者の別荘を接収した．CHR も見よ．

87）　もし１人当たり GNP によって生活の質を測るというようなことが開発政策の分野で支配的でなかったならば，「シンガポールのサクセスストーリー（成功物語）」というような言葉が話題になるようなことはなかっただろう．

88）　HN, ASD を見よ．

89）　人間への変容と人間からの変容の神話におけるこの考え方の役割については，HN を見よ．

90）　マルクスの見解については，先に引用した Brudney を見よ．

91）　これもまたアリストテレスの見解であるという私の議論を含めて，HN を見よ．

92）　*dunamis* のレベルを特徴づけるアリストテレスの方法については，NFC を見よ．

93）　アリストテレスの同様の区別については NFC を参照のこと．基礎的なケイパビリティについては HC を参照のこと．センはこのような３つのレベルを明示的には用いていないが，実際には彼の言葉の端々に似たような区別が多く現れている．

94）　初期の論文ではこれを「外的ケイパビリティ」と呼んでいた（NFC 参照）．しかし，デイビッド・クロッカーは，これは内的適合性よりもむしろ外的条件に焦

点を合わせていると誤って受け止められるかもしれないと私を説得した．私は，「内的」と「外的」の双方の適切な結合を意図していた．

95) Martha A. Chen, *Widows in India: Social Neglect and Public Action*(SAGE Publicaions, 1998)および“A Matter of Survival: Women's Right to Employment in India and Bangladesh,” WCD, 37–57 を見よ．

96) もし抑圧が十分に厳しく長期に亘って続けば，そのような表現のための内的ケイパビリティも，損なわれていくかもしれない．以下に続く議論を見よ．

97) Rawls, TJ, 204–205, 72–75 を見よ．

98) しかし，ケイパビリティの平等は必ずしも資源の平等を意味しないということに注意する必要がある．一旦，最低水準を越えたなら，すべては資源がケイパビリティにどう影響するかにかかっている．アリストテレスは，ある“限界”を越えると，富は非生産的になり，大事なものから注意を逸らし，マイナスの収益点に到達していると考えた．

99) HN およびそのマルクスの議論を見よ．

100) 私の“Double Moral Standards?”(a reply to Yael Tamir's “Hands Off Clitoridectomy”), *The Boston Review*(Oct.-Nov. 1996)，そしてそれを展開したものとして *Sex and Social Justice*, 第4章，および“Religion and Women's Human Rights.”を見よ．

101) TJ, 62.

102) ロールズは，「それらの達成は基本構造に影響されるものの，直接的にコントロールできるようなものではない」(62)と述べている．このことは，健康についてはもちろん正しい．しかし，健康の社会的基礎について考えるならば正しくない．これらの項目を政治的リストに載せることは，「自尊心の社会的基礎」の場合と同程度に有望であるように私には思われる．“The Priority of Right”では，ロールズは健康をリストに加えることを示唆している．

103) シャダ・ジョインとの個人的やりとりと，インド・ラジャスタン州の農村におけるこのようなプロジェクトの観察に基づく．

104) 私のところにいた大学院生の1人は，信仰心を失ったため，規則に縛られた宗教的生活を捨てて大学院に来た．しかし，大学院での哲学研究はあまりにも権威を欠いていて，ただ教育を行うだけだと分かると，今度は海軍に入隊し，今では高い地位に就いている．

105) ユダヤ人大虐殺(ホロコースト)における一般兵士の役割については，Christopher Browning, *Ordinary Men*(New York: HarperCollins, 1992)を見よ．

106) 1992年のウエスト・ポイント米国陸軍士官学校，1998年のアナポリス米国海軍兵学校における教官との会話による．アナポリスの倫理プログラムは最近，創られたもので，哲学者ナンシー・シャーマンの指導の下に創られた．創設の理由は，Tailhook のセクシャルハラスメントのスキャンダルと不正の蔓延である．

107) この問題は，将来世代のケイパビリティのために信託を受けている者という

困難な問題を提起する．ここではこの問題については論じない．環境問題の他の側面については第2章で論じる．

108）　Amartya Sen, "Fertility and Coercion," *The University of Chicago Law Review* 63(1996), 1035–1062 参照.

109）　これは，ルールのない殴り合いであり，身体のあらゆる個所を強打することが許されている．これは，米国のいくつかの州では合法であるが，大多数の州では違法である．

110）　John Finnis, *Natural Law and Natural Rights*(Oxford: Clarendon, 1980)および Robert P. George, *Making Men Moral: Civil Liberties and Public Morality*(Oxford: Clarendon Press, 1992)を見よ．（フィニスのリストにはない）喜びに専念した生活は，たとえ彼のリストにある全ての機能のためのケイパビリティを備えていたとしても，この意味で標準以下の生活と見なされる．リストにある項目を無視することはさらに複雑である．なぜなら，フィニスは，人生は全てを追求するにはあまりに短すぎると考えているからである．そして彼は，もし人がその項目の客観的良さを認めるなら，その人生がいくつかの項目を無視したとしても，完全に価値あるものとなるかもしれないことを認めている．「学問，友情，身体的武勇，神聖さに能力を欠き，全く'興味'を持たないことと，あたかもこれらは善の真の類型ではないように考え，話し，行動することとは，全く別のことであり，愚かで恣意的である」．私の構想では，人々に適切なケイパビリティの良さについて支持することを求めるが，それは政治目的のためのみである．人々は自由に，意味のある機能の良さについて好きなように話したり考えたりすることができ，またケイパビリティの形而上学的根拠についても自由に違った意見を持つことができる．そして，もちろん，言論の自由を与えられて，ケイパビリティのリストに反対しながら，基本原理の哲学的基礎に自由に異議を唱えることができる．

111）　ASD を見よ．

112）　HN を見よ．

113）　Sen, "Freedoms and Needs," *The New Republic*(January 10/17, 1994), 31–38 の 38 参照．Rawls, PL, 187–188 と比較せよ．そこでは自由と必要を関連させて結びつけている．

114）　Sen, *Poverty and Famines: An Essay on Entitlement and Deprivation*(Oxford: Clarendon Press, 1981)．センは，自由な報道と開かれた政治討議は，食料不足が飢饉を引き起こすことを防ぐ上で決定的に重要であると論じている．

115）　本節の議論は，CHR においてさらに展開されている．

116）　Bernard Williams, "The Standard of Living: Interests and Capabilities," in *The Standard of Living*, ed. G. Hawthorne(Cambridge: Cambridge University Press, 1987), 100.

117）　中国については，Tu Wei-ming, "A Confucian Perspective of Human Rights,"

および Joshua Cohen, "Comments on Tu Wei-ming," (*Humanity and Self-Cultivtion: Essays in Confucain Thought*, eds. by Tu Wei-ming, 1999)を見よ．インドと中国の双方については，Sen, "Human Rights and Asian Values," *The New Republic*(July 14/21, 1997), 33–41 を見よ．

118) Sen, "Human Rights and Asian Values" を見よ．タゴールについては，Sen, *New York Review of Books*(June 1997); K. Bardhan, Introduction to *Of Women, Outcastes* を見よ．インド独立闘争における権利の用語については，Nehru, *Autobiography*, 612 を見よ．

119) Rawls, TJ, 20–22, 46–53, および PL, 28, 45, 381 注 16 を参照.

120) Rawls, PL, 348 注 16 を参照.「この均衡は十分に間主観的である．すなわち，ひとりひとりが他の全ての人々の理論と議論を考慮するということである」.

121) 最後の点の 1 つの事例として，最近の議会で行われたラジャスタン・ジャグディシュ・チャンドラボース・ホステルでの強姦についての論争について考えてみよう．このケースでは，27 歳の女性が輪姦され，その間，男たちは笑いはやしたてていた．多くの議会議員，とりわけラジャスタン出身の議員は，その女性の道徳性を攻撃する一方，適当な時点で被疑者を逮捕しなかったこと，被害者に対して必要な医学的検査を行わなかったことについて警察を擁護した．"Another traumatized victim in rape-prone Rajasthan," *India Abroad*(July 10, 1998), 31 を見よ．

122) このことに関して私は，Thomas Pogge, *Realizing Rawls*(Ithaca, NY: Cornell University Press, 1989)に同意する．

123) インドにおける女性のための避難所の数は，極端に少なく，実際にはゼロに近い．

124) Drèze and Sen, *India*, および Drèze and Sen, eds. の Ramachandran の論文を見よ．

第2章

1) Bardhan, *Of Women, Outcastes*, 99.

2) Rose, *Where Women Are Leaders*, 158.

3) Cristina Hoff Sommers, *Who Stole Feminism?*(New York: Simon and Scheuster, 1994)を見よ．この点は，私の *Sex and Social Justice* の第 5 章，および *Cultivating Humanity: A Classical Defense of Reform in Higher Education*(Cambridge, MA: Harvard University Press, 1997)の第 6 章で論じている．

4) これらの人々の著作は第 4 節で詳しく論じる．

5) Cass R. Sunstein, *The Partial Constitution*(Cambridge, MA: Harvard University Press, 1993), 第 5 章, 162–166 を見よ．

6) そのような功利主義者の見方については，Amartya Sen, "Plural Utility," *Pro-*

ceedings of the Aristotelian Society 81(1980/81)193–215 を見よ.

7) この立場はプラトン自身の立場であるかもしれないし，そうでないかもしれない．プラトン自身は，価値の説明において経験を積んだ選択に一定の役割を与えているが，その役割が何なのかは明らかではない．（もしそれが教育的な役割であって，正当化のための役割でないならば，プラトンは私の意味において依然としてプラトン主義者である．）

8) 例えば，Milton Friedman, “The Methodology of Positive Economics,” in Daniel M. Hausman, ed., *The Philosophy of Economics*(Cambridge: Cambridge University Press, 1984), 210–224; もっと最近では Robert Bork, *The Tempting of America: The Political Seduction of the Law*(New York: 1990), 251–259 にそのような考え方を見ることができる．*Who Stole Feminism?* を書いた Sommers もそのような見方をしているようである．

9) これらの用語については Thomas Scanlon, “Value, Desire, and Quality of Life,” in QL, 201–207 参照．スキャンロンは，「本質的リスト」という用語を用いているが，同時にその用語が無関連な項目の詳細なリストに過ぎず，首尾一貫した見方を示していないという印象を与える点で危険なものであることを認めている．

10) *A Mind of One's Own: Feminist Essays on Reason and Objectivity*, ed. Louise M. Antony and Charlotte Witt(Boulder: Westview Press, 1993), 227–256.

11) このアプローチは，心理学における行動主義と深く結びついている．（初めはそれを支持せず，後に支持することになる）ジョン・ヒックスは，このアプローチは人間を「ただ市場行動に関する特定のパターンしか持たない存在」としてしか見ておらず，「その頭の中で考えていることを覗いてみることを不可能にしている」と述べている．*A Revision of Demand Theory*(Oxford: Clarendon Press, 1956), 6. 唯心論的アプローチよりも行動主義的アプローチの方が科学的にずっと優れているとする考え方については，Sen, “Internal Consistency of Choice,” *Econometrica* 61(1993), 495–521 を見よ．

12) 認知心理学における行動主義の終焉に関する議論については，Richard Lazarus, *Emotion and Adaptation*(New York: Oxford University Press, 1991)を見よ．

13) Amartya Sen, “Internal Consistency of Choice,” およびそのもととなった “Choice Functions and Revealed Preference,” *Review of Economic Studies* 38(1971), 307–317(CWM に再録)，および “Behaviour and the Concept of a Preference,” *Economica* 40(August 1973), 241–259(CWM, 54–73 に再録)を見よ．

14) Sen, “Internal Consistency.”

15) 特に Martin Seligman, *Helplessness*(New York: W. H. Freeman, 1975)を見よ．哲学の分野では Charles Taylor, *The Explanation of Behaviour*(London: Routledge, 1964)を見よ．

16) 私の “Flawed Foundations: The Philosophical Critique of(a Certain Type of)

Economics," *University of Chicago Law Review* 64(1997), 1197–1214 を見よ.

17) 例えば, G. H. von Wright, *The Varieties of Goodness*(London: Routledge, 1963)や Donald Davidson, *Essays on Action and Events*(Oxford: Clarendon, 1980)を見よ.

18) Michael E. Bratman, *Intentions, Plans, and Practical Reason*(Cambridge, MA: Harvard University Press, 1987)を見よ. また, G. E. M. Anscombe, *Intention* (Ithaca: Cornell University Press, second edition 1969)も見よ.

19) 次の文献を参照のこと. Harry Frankfurt, "Freedom of the Will and the Concept of a Person," *Journal of Philosophy* 67(1971), 5–20; G. Dworkin, *The Theory and Practice of Autonomy*(Cambridge: Cambridge University Press, 1988), 14–20; Gary Watson, "Free Agency," *Journal of Philosophy* 72(1975), 205–220; Jean Hampton, "The Failure of Expected Utility Theory as a Theory of Reason," *Economics and Philosophy* 10(1994), 195–242.

20) 次の文献を参照のこと. Sen, "Rational Fools: A Critique of the Behavioural Foundations of Economic Theory," CWM, 84–108; J. Elster, *Ulysses and the Sirens*(Cambridge: Cambridge University Press, 1979); G. Dworkin, *The Theory and Practice*, 14–15.

21) この点については, Warren Quinn, "Rationality and the Human Good," in *Morality and Action*(Cambridge: Cambridge University Poress, 1993), 210–227 を見よ. この点は, 古典的なものである. アリストテレスは, 本能的欲望ですら「明らかな善」をその目的としていると考え, 少なくとも時には倫理的社会的訓練に影響されると考えている. ヘレニズム時代の哲学者であるエピクロス学派とストア学派は, この問題をもっと洗練された形で論争してきた. 例えば, 食糧に対するニーズと食糧に対する一般的な願望のあるものは生来のものであり, 取り除くことのできないものであるが, 社会的訓練によって人々が望ましいと考える食糧の内容を形作ることができると論じた. エピクロス学派は, 肉に対する願望は完全に社会的教育の結果であると論じた.

22) Friedman, "The Methodology of Positive Economics," 210.

23) Bork, *The Tempting of America*, 252, 258, および "Neutral Principles and Some First Amendment Problems," *Indiana Law Journal* 47(1971), 1, 6(ここでは,「価値選択法廷」なるものは, 民主的手続きと整合的ではないと論じている.)

24) Hume, *A Treatise of Human Nature*, book 2, part 3, section 3 は有名な見解をもって終えている. すなわち,「私の指にかき傷をつけるよりも全世界が破壊されることの方を望むとしても, それは理性には反しない」.

25) Christopher Bliss, "Lifestyle and the Standard of Living," in QL, 415–436 のうちの 418–419.

26) Bliss, 419.

27) John C. Harsanyi, "Morality and the Theory of Rational Behavior," in *Utilitarianism and Beyond*, ed. Amartya Sen and Bernard Williams (Cambridge: Cambridge University Press, 1982), 39–62.

28) Harsanyi, 55.

29) *Ibid.*

30) *Ibid.*

31) *Ibid.*

32) Harsanyi, 40–41.

33) Gary Becker, "The Economic Way of Looking at Behavior," in *The Essence of Becker*, ed. Ramón Febrero and Pedro S. Schwarts (Stanford, CA: Hoover Institution Press, 1995), 633–658 のうちの 634.

34) これが歪められた選好によるものか，あるいは女性が本当に望んでいるものとは反対の選択を強いられているからなのかは明らかではない(なぜなら，ベッカーは，サミュエルソンのような「顕示選好学派」とは違って，選好と選択の間の概念的な違いを区別しているからである)．多分，ふたつのレベルで一般性を区別すべきだろう．より一般的なレベルでは，豊かな人生に対する女性自身の選好は歪められていないものの，意図に反した選択を行っていることに不満を抱いているというものである．しかし，もっと具体的なレベルでは，教育は女性にとって豊かな人生を得るための最善の方法であると思いながらも十分な教育を受けないことの方を選んでしまうのは，彼女の偽りの信念によって選好が歪められてしまっているというものである．

35) "Why the Third World Should Stress the Three R's" および "Let's Defuse the Population Bomb—with Free Markets," reprinted in Gary S. Becker and Guity Nashat Becker, *The Economics of Life* (New York: McGraw Hill, 1996), 67–68, 287–289 を見よ．

36) そうなるのは，検討すべき規範的理論があるとすれば，それは快楽主義か，あるいは G. E. ムーアの理想的心理状態理論のふたつしかなく，そのいずれも適当でないと彼は信じているからである．

37) Harsanyi, 56. そこでは，J. J. C. Smart の規範的効用理論を論じている．

38) *Ibid.*

39) Harsanyi, 39–40. 彼は功利主義者に負うところが「もっとも大きい」としているものの，カントやスミスにもかなりの力点が置かれている．彼は，カントから「得るところがあった」と述べているが，同時に R. M. Hare の現代のカント理論にも言及している．ハーサニーが，カント学派と功利主義者を敵対するものとしてではなく，同盟関係にあるものとして捉える傾向にあるのは Hare の影響であろう．

40) Richard B. Brandt, *A Theory of the Good and the Right* (Oxford: Clarendon Press, 1979).

41) 234から245にかけてのロールズの理論に関する議論を見よ.
42) ここでの議論は2つの段階からなっている. 第1段階では, 心理療法のよって得られた願望が人々にとっての善を定義するために用いられ, 道徳上, 正しいことは何かを定義するために用いられる. このふたつの議論をつなぐ鍵は, 個々人の効用や善によって道徳性を評価しようとするブラントの仮定にある(184).
43) *Ibid.*, 113.
44) Agarwal, *A Field of One's Own*, 422–438参照. そこでは, 南アジアの女性による日々の抵抗や, J. C. Scott, *Weapons of the Weak: Everyday Forms of Peasant Resistance*(New Haven: Yale University Press, 1976)に示されたマレーシアの事例が論じられている.
45) Brandt, 115–126.
46) 私はここで, 第2のカテゴリーと第3のカテゴリーの順番を入れ替えている. というのは, ブラントの元々の第3のカテゴリーはすぐに導かれるのに対し, 元々の第2のカテゴリーは非常に問題を含んでいるように思えるからである.
47) Brandt, 122–126.
48) *Ibid.*, 123. 食べるものが十分に与えられなかったねずみは, 食べるものが豊富な間に大量に貯蔵しようとする.
49) R. B. Brandt, "The Morality and Rationality of Suicide," in James Rachels, ed., *Moral Problems*(N. Y.: Harper and Row, 1975), 363–387.
50) Kenneth Arrow, *Social Choice and Individual Values*(New York: Wiley, 1951; 2nd ed. 1963). アローのパラドックスとそれが引き起こした広範囲の不可能性についてのさらなる議論に関しては, Amartya Sen, "Social Choice Theory: A Re-Examination," in Sen, CWM, 158–200(*Econometrica* 45(1977), 58–89の論文に基づく)を見よ. 本書は, センの1963年の定式化に基づく. パレート派リベラルのパラドックスについては, "The Impossibility of a Paretian Liberal, *Journal of Political Economy* 78(1970), 152–157(Sen, CWM, 258–290に再録), "Liberty, Unanimity and Rights," *Economica* 43(1976), 271–245(CWM, 291–326に再録)を見よ. センのパラドックスに関するセン自身のレビューについては, CWM, Introduction 25–28を見よ.
51) 例えば, *The Economics of Justice*(Cambridge, MA: Harvard University Press, 1981)を見よ. そこで彼は, 最高裁判所のプライバシーに関する法解釈をこのような方法で批判し, 主要判例を「本末転倒の世界」と呼んでいる(329–347). しかし, ポズナーはその後, プライバシーに関して全く違った考えを持つようになっており, プライバシーの権利を認識するようになっている. *Sex and Reason*(Cambridge, MA: Harvard University Press, 1991)を見よ.
52) ここに引用したすべては, Richard A. Posner, *Overcoming Law*(Cambridge, MA: Harvard University Press, 1995), 23からである.
53) 関連文献として, Thomas E. Hill, Jr., "Servility and Self-Respect" と "Self-Respect

Reconsidered," in *Autonomy and Self-Respect*(Cambridge: Cambridge University Press, 1991), 4–24 を見よ.

54) Gerald Dworkin, "The Nature of Autonomy," in Dworkin, *The Theory and Practice of Autonomy*, 3–20; Jon Elster, "Sour Grapes," in Sen and Williams, 219–238, および同名の著書を見よ. 以下の議論はこの論文に基づく.

55) ここで, エルスターは, 願望を経験的事実に還元できないような概念として用いており, 願望には意図的な要素が含まれておらず, 願望と認識ははっきりと分けられているわけではない. もし彼が願望と感情について間違えているなら(私はそう考えるが), この区別は維持することは困難である.

56) しかし, 空を飛ぶことを合理的な願望の一例として用いている Derek Parfit, *Reasons and Persons*(Oxford: Oxford University Press, 1984)と対照せよ.「これは望む価値のあるものである. 鳥を羨むことは合理的なことである」(122). そのような願望を諦めるのは必ずしも悪いことではなく, 私がここで主張しようとしている点をはっきりさせるために鳥を羨ましく思うことが合理的であるということまで否定する必要はない.

57) 228–229 を見よ.「我々は, 他の方法で行う自由を要求することによって, 少なくともひとつの非自律的願望, すなわち適応型選好を操作的に排除することができる. もし私は x を行いたいと思い, x を行う自由があれば, 私の願望は必要性によって形作られているわけではない. ……従って, 我々は次のように結論づけることができる. すなわち, 他の条件が等しければ, 人の自由は, (1)人がやりたいと思い, (2)やりたいことをする自由があり, (3)やらない自由があることの数と重要性によって決まってくる」.

58) これとは対照的に, エルスター(228)は, 人の自律性は, 欲しながらも, それをする自由がないことの数によって測ることができると主張する. そのような非現実的な願望は, その選好が「一般的に適応型選好によって形成されたものではないことを示している」からである.

59) 例えば, "Gender Inequality and Theories of Justice," in WCD, 259–273; "Rights and Capability," in RVD, 307–324 を見よ. その他にも, 多くの論文でこのような現象をセンは論じている. 寡婦の置かれた困窮状態については, Martha Chen, *Permanent Moving: Widowhood in Rural India*(Delhi and Philadelphia: Oxford University Press and University of Pennsylvania Press, 1999)を見よ.

60) マグシー・ボーグスは, 身長が 163 センチメートルしかなかったが, そのジャンプ力, スピード, 機敏さにより, プロバスケットボールチームのシャーロット・ホーンズのスター選手となり, チームの勝利に貢献した.

61) Mill, SW, 15–16.

62) 私の "Rage and Reason," *The New Republic*, August 11 and 18, 1997, 36–42, および *Sex and Social Justice* の第 9 章を見よ.

63) SW, 86.

64)　John Stuart Mill, *On Liberty*(1859)(Indianapolis: Bobbs Merrill, 1956), 76, 72.

65)　*Ibid.*, 71, 75.

66)　John Rawls, PL, 269.

67)　Sunstein, *The Partial Constitution*, 第6章:"Democracy, Aspirations, Preferences"; および "Preferences and Politics," *Philosophy and Public Affairs* 20(1991), 3–34. その改訂版は *Free Markets and Social Justice*(New York: Oxford University Press, 1997), 13–31.

68)　Sunstein, *Partial Constitution*, 168. サンスティンは，既存の選好に対する同様の批判を行ったもうひとりの思想家としてジョン・デューイを取り上げ，「社会条件は，人々の個性の発展を制約し，歪め，妨げる」と主張している．デューイは，「法的・政治的・経済的に好ましい制度を積極的に作り出すこと」を呼びかけている．(Sunstein, *Partial Constitution*, 176. "The Future of Liberalism" を引用．)

69)　Sunstein, *Partial Constitution*, 177.

70)　Sen, "Family and Food: Sex Bias in Poverty," in RVD, 346–365 の 363.

71)　Hilary Putnam, "Pragmatism and Moral Objectivity," in WCD, 199–224 を見よ．また，H. Putnam, *Pragmatism: An Open Question*(Oxford and Cambridge, MA: Blackwell, 1995), 57–75 も見よ．

72)　注9および Scanlon, *What We Owe to Each Other*(Cambridge, MA: Harvard University Press, 1999), 41–49 を見よ．

73)　Thomas Scanlon, "Preference and Urgency," *The Journal of Philosophy* 72(1975), 655–669.

74)　この論文を QL の論文と統合してみようとするとき，生じる問題は，このふたつの論文における基本概念はかなり異なったものだということである．前者では，有効な対比は「主観的要因」と「客観的要因」にあったが，後者では，対比は「十分な情報に基づく願望」アプローチと「本質的善」のアプローチとにある．

75)「高い客観的価値が与えられるべきは，人々が自分の選好や関心を正しく発展させるための条件を提供することであり，それらが社会政策の決定に反映されるために必要な条件を提供することである．……しかし，客観主義者の立場にとって中心的なのは，その関心の重要性の客観的評価であって，単に主観的選好の強さではないということである」(658).

76)　私自身の感情・本能的欲望・願望の解釈については，*Upheavals of Thought: The Intelligence of Emotions*(The Gifford Lectures for 1993, Cambridge University Press, 2001)を見よ．実際，その議論はすでに述べたようにもっと豊かな道徳心理学 moral psychology を必要とし，これらの3つを区別する必要がある．私が好む願望の解釈については，Warren Quinn, "Rationality and the Human Good" および "Putting Rationality in Its Place," in Quinn, *Morality and Action*(Cambridge: Cambridge University Press, 1993), 210–255 を見よ．

77) 1995年4月15日にUCLAで開催されたウォレン・クイン記念会議で報告された "Putting Desire and Irrationality in Their Places" を見よ．後者の論文で，スキャンロンはクインに同意し，願望の「評価」的要素を無視する主観主義者的解釈は内容が乏しいと論じ，そのような議論で用いられる「願望」という言葉は捉えどころがなく，あいまいであると結論づけている．願望といっても，あるものは比較的実践理性から独立しており，またあるものはそうではない．「願望充足」モデルはそのような区別を無視し，危険に晒している．

78) 第1章第4節およびCHRを見よ．

79) 基本的自由，機会，人間の尊厳と平等はすべて基本的ケイパビリティに含まれる．

80) このリストは，結合的ケイパビリティに関わるものであって，単に内的ケイパビリティだけではないことに注意せよ（第1章参照）．従って，関連する原理は，特定の目的を遂行するために単に人々の内的ケイパビリティを調整するものではなく，実際に人々の持っている選択肢にも注目する．この点については，Joseph Raz, *The Morality of Freedom*（Oxford: Clarendon Press, 1986）373–375を見よ．

81) Nehru, *Autobiography*, 417.

82) *Ibid*., 612.

83) 人権に関するユルゲン・ハーバーマスの最近の議論はこの違いを特に簡潔なものにしている．彼は，様々な虐待から自由であるという女性の権利は政治参加のために必要な前提条件として正当化されなければならないと考えている．私自身は，それはあまりにも間接的であり，頼りにならないものであり，ものごとの順序を間違えていると考える．例えば，"On the Internal Relation between the Rule of Law and Democracy," *European Journal of Philosophy* 3（1995），12–20を見よ．ハーバーマスは，この答えは，伝統的な市民的権利には妥当するが，その他の権利に関してはそれほど適当ではないと認めている．そして，彼は，他の権利も「本質的な価値を持っており，少なくとも民主的な意思形成のための手段的価値に還元することのできないものである」（17）ということを認識している．しかし，この洞察が，ハーバーマス流の手続き主義から逸脱することなく究極的に捉えうるものであるかどうかは明らかではない．

84) この収斂については，James Griffin, *Well-Being: Its Meaning, Measurement and Moral Importance*（Oxford: Clarendon, 1986），33を見よ．

85) Hampton, "The Failure of Expected-Utility Theory."

86) Mill, SW, 53. 彼はこの言葉の前に次のように述べている．「家庭生活において女性を従属の位置に置き続けるために，他の場所で女性の無能さがつきまとうことになると私は信じている」．

87) Bardhan 訳，*Of Women, Outcastes*, 84–96.

第3章

1) *The Mahābhārata*, II. 62, trans. J. A. B. van Buitenen, vol. 2(Chicago: University of Chicago Press, 1975), 148. ドラウパディは，さいころ賭博にふける夫ユディシュティラによって多くの品物と一緒に賭けの対象にされる．この話で未解決の問題は，彼がそのように彼女を賭けの対象にする権利があったのかどうかということである．(さいころ賭博は，息子であるドゥルヨーダナの願いによってドゥリタラーシュトラ王がしぶしぶながら認めたものである)相争う者たちの賢明な叔父であるヴィドゥラは，ユディシュティラがこのような賭けをするのを見て，すでにまともな精神状態にはないと説き伏せようとする．パーンドゥとドゥリタラーシュトラの叔父である(従って，相争う者たちの大叔父にあたる)年老いたビーシュマは，妻は夫の持ち物であると主張する(60)．それにもかかわらず，財産を持たない者は他人の財産を賭けることができない．ユディシュティラはすでに自分の財産をすべて失っていたからである．ドラウパディはすでにパーンダヴァの5人の兄弟たちのものとなっていた．そこで，彼は「はっきりとした法的な解決策はない」と言う．ドラウパディは，当然のことながら，この答えには満足しない．彼女の2番目に年長の夫であるビーマは，売春婦でさえギャンブルの対象にはならないと激しく抗議する(61)．彼は，ユディシュティラにはドラウパディを賭けに使う権利はないと考えていた．それは，彼女を所有したいと思ったからではなく，ドラウパディの置かれた状況に同情してのことであった．彼は，アルジュナが彼を制止するまで彼の兄弟を非難し続けた．しかし，妻が夫の所有物であるという考え方をはっきりと拒否するようなことはなかった．

2) Nawaz, "Towards Uniformity"(a defense of a uniform civil code)in Indira Jaising, ed., *Justice for Women: Personal Law, Women's Rights and Law Reform*(Mapusa, Goa: The Other India Press, 1996).

3) 第14条で，すべての人は法によって等しく守られることを保障し，第15条で宗教・人種・カースト・性別・出生地で差別することを禁じ，第16条で雇用に関してすべての人が平等であることを保障し，宗教・人種・カースト・性別・家系・出生地・住居で雇用を差別することを禁じ，第17条で不可触民を廃止し，「いかなる形においても不可触民の慣習を禁ずる」としている．第19条では，すべての人々に演説・表現・集会・結社・移動・住居の選択の権利を保障し，(夫婦間のレイプや婚姻の原状回復のようなケースでプライバシーの法理学の基礎となる)第21条では，適切な法的過程を経ることなしに「何人も命や個人の自由を奪われることはない」と述べている．第25条では，すべての市民は「等しく良心の自由を持ち，自由に宗教を信仰し，実践し，宣伝する権利を持つ」と述べている．ただし，このことは政府がカースト制度を廃止し，「公的性質を持つヒンドゥーの制度をヒンドゥーのすべての階層とすべての党派に開かれたものにするために」政府が介入することを妨げるものではないという条件がつく．第26条

は，宗派に対して，公共の秩序と道徳と安寧に従って自分たちのことを管理し，資産を得る権利を与える．第28条は，宗教学校に通う自由を保障し，国家の資金のみによって運営される組織では宗教的な教育は行わないこと，政府の資金援助を受けている学校に通う生徒は宗教儀礼を強制されないということを述べている．最後に，第13条は，基本的権利に反するような「実施されている法律」を無効にし，基本的権利を奪うことになるような新しい法律を制定すること禁止している(しかし，後の裁判における判断では，「実施されている法律には宗教的な個人法体系を含まない」とされた．*State of Bombay v. Narasu Appa Mali*, 1952を見よ)．関連する憲法上の議論については，私の "Religion and Women's Human Rights," in *Religion and Comtemporary Liberalism*, ed. Paul Weithman (Notre Dame: University of Notre Dame Press, 1997), 93–137，およびその改訂版として，私の *Sex and Social Justice*(New York: Oxford University Press, 1999)を見よ．

4) *Mrs. Mary Roy v. State of Kerala and Others*, AIR 1986 SC 1011.(メアリー・ロイは，ブッカー賞を受賞した作家 Arundhari Roy の母親である)．この裁判の詳細については，Bina Agarwal, *A Field of One's Own: Gender and Land Rights in South Asia*(Cambridge: Cambridge University Press, 1994)224–226, および Archana Parashar, *Women and Family Law Reform in India: Uniform Civil Code and Gender Equality*(Delhi: Sage, 1992), 190–192を見よ．個人法体系の一般的な記述については以下の議論を見よ．

5) 法案の作成者である P. J. Kurien の演説より．

6) *Indian Express*, 1986年6月20日を見よ．

7) E. D. Devadasan, *Christian Law in India*(Delhi: DSI Publications, 1974)を見よ．

8) この論争と，関連する多くの文献については，Shahida Lateef, "Defining Women through Legislation," in Zoya Hasan, ed., *Forging Identities: Gender, Communities, and the State in India*(Boulder: Westview, 1994), 38–58を見よ．この問題は，すでに1929年の児童結婚規制法 Child Marriage Restraint Act で扱われており，これはインドの女性運動が勝ち取った法律上の大きな成果の最初のものである．これは，新しい共和国の諸改革の包括的なパッケージの中に組み込まれている．

9) 1937年にシャリーア法の成立によって，すべての財産を男の相続人に残すという慣習は廃止され，イスラム教徒は慣習法からシャリーアの法規に戻ることになった(ただし，このことによって，女性が男性と完全に対等の配分を受けることになったわけではない)．この法案は，男女の平等を理由にジンナーによって支持された．彼は次のように述べている．「女性の経済的地位は，男性と対等であるという認識の基礎であり，最も完全な形で男の生活を共有するための基礎である」．しかし，この法案は農地を除外していたために，多くの不平等は手がつけられなかった．Parashar, 145–150, Agarwal, *A Field of One's Own*, 98–99, 227

–237, Agarwal, “Women and Legal Rights in Agricultural Land,” *Economic and Political Weekly*, March 25, 1995 を見よ.

10) ラジャスタンで行われた7歳の子どもを含む大勢の人たちの結婚式と，その地域の多数の人々がそれを支持している様子について，“Children Are Still Married off in Indian State,” Agence-France Press, May 26, 1997 を見よ．また，John, F. Burns, “Though Illegal, Child Marriage Is Popular in Part of India,” *New York Times*, May 1998, A1, 8 も見よ．警察は，誰も訴えないならば，誰も捕まえることはできないと語っている．児童結婚は，必ずしも床入りを意味するものではなく，思春期まで待つのが普通である．しかし，子どもは実家を離れ，夫の家にもらわれていく．そして，この時点で彼女の教育の機会は閉ざされてしまう．

11) Indira Jaising, “Towards an Egalitarian Civil Code,” in Jaising, ed., *Justice*, 24 を見よ．そこでは，ボンベイの上流階級で起こった改宗と再婚について書かれている．このケースでは，6か月後に裁判所がこの再婚は無効であるとの判決を下し，この男は重婚の罪で起訴されるべきであると述べている．

12) 今，その要件は，伝統的なバラモンの宗教儀式のすべての段階を終えた者となっている．多くのカップルは，その段階のひとつやふたつは省略しており，中には女性の従属に反対する意思を表明するためにそうしている人たちもいる．他の人たちは，個別の地域の形式を採用している者もあり，単に届けを出す前に結婚しているというケースもある．これらのすべてのケースで結婚は無効であるという判決が下された．これらの議論については，Saumya, “Bigamous Marriage by Hindu Men: Myths and Realities,” in Jaising, *Justice*, 27–33 を見よ．ときには最初の結婚が無効とされ，ときには2番目の結婚が無効とされた．このように結婚が無効とされる恐れがあることが，最初の妻による訴えを思いとどまらせているし，重婚の証拠を集めるという作業を非常に困難なものにしている．

13) 第125項に前妻を含めること自体が論争の的となった．この修正案が下院で審議されたとき，イスラム連盟の議員たちは，宗教の自由に反するという理由で反対した．最初，政府は，これは宗教的な問題ではなく，この修正案の目的は単に人道主義的なものであると主張した．しかし，後になって政府はその立場を変え，新しい修正案の対象からイスラム教徒の離婚した女性を排除するという修正案を付け加えた．しかし，イスラム教徒の女性たちは裁判所に請願を続けた．そして，最高裁判所は，ふたつのすばらしい判決の中で，彼女たちにはその権利があるという判断をはっきりと下した．すなわち，この法律の目的は困窮した女性たちを助けることにあり，その文言はこの社会的目的に沿って解釈されるべきであるとした．*Bai Tahira v. Ali Hussain*, 1979(2) Supreme Court Reporter, 75 および AIR 1980 Supreme Court 1930 を見よ．このように，最高裁判所とイスラム教指導者との間の対立は長く続いた．

14) その見解とは次のようなものである．「このアピールは，憲法上の重要性を問うようなことは何も含んでいないが，それは何も重要な問いを含んではいないと

いうことを意味するものではない．通常の民法や刑法の下で生じる問題の中には，これまで伝統的に不公平な扱いを受けて生きてきた多くの人々にとって極めて重要なものがある．女性も，そのような人々に含まれる．*Na stree swatantramarhati* は法の制定者であるマヌに"女性は独立に値しないものである．"と言った．これに対して，"イスラムにおける致命的な点は，女性の地位を貶めたことである．"(脚注で，イギリス人 Edward Lane によるコーランの注釈に言及している)とされた．次の言葉は，(間違ってと期待したいが)預言者のものであるとされている．すなわち，"女性は曲がった肋骨から作られた．だから，もしそれをまっすぐに伸ばそうとすれば壊れてしまう．だから女性はやさしく扱わなければならない．"

このアピールは，刑事訴訟法の第 125 項によって生活費の支払いを求める 1 人の離婚されたイスラム教徒の女性の訴えから始まり，それに直接関わる問題を提起している．それはイスラム教徒の女性だけでなく，女性一般だけでもなく，男女ともに平等な社会を作ろうと志し，人類はその方向に向かってかなりの前進を遂げたと信じるようになったすべての人々にとって共通の関心事である」．

この言葉からは，この見解を特徴づけている進歩的な勇気と(イギリス人によるイスラム教解釈に言及するというような)政治的鈍感さが奇妙に組み合わさっているという印象を受ける．

15) *Mohammed Amed Khan v. Shah Bano Begum & Others* SCR(1985)．この有名なケースは多くの場所で議論されてきた．その中心的なものは，Asghar Ali Engineer, ed., *The Shah Bano Controversy*(Delhi: Ajanta Publishers, 1987)に集められている．また，次の文献も参照のこと．Veena Das, *Critical Events*(Delhi: Oxford University Press, 1992)，第 4 章，Kavita R. Khory, "The Shah Bano Case: Some Political Implications," in Robert Baird, ed., *Religion and Law in Independent India*, (Delhi: Manohar, 1993), 121–137，Amartya Sen, "Secularism and Its Discontents," in *Unravelling the Nation*, ed. Kaushik Basu and Sanjay Subrahmanyam, 1995，Parashar, 173–189(イスラム社会における様々な態度を極めて包括的に論じている)，Zoya Hasan, "Minority Identity, State Policy and the Political Process," in Hasan, ed., *Forging*, 59–73，Danial Latifi, "After Shah Bano," in Jaising, ed., *Justice*, 213–215，および "Women, Family Law, and Social Changes," 216–222(最高裁の判決に反対するイスラム教徒を批判)．インドの法体系とその歴史に関する一般的な問題については，John H. Mansfield, "The Personal Laws or a Uniform Civil Code?" in Baird, ed., *Religion and Law*，Tahir Mahmood, *Muslim Personal Law, Role of the State in the Indian Subcontinet*(Nagpur, second edition 1983)を見よ．

16) 世俗的人道主義的フェミニズムは，フェミニストの中でも広く見られるものである．アメリカの哲学では多分，最も広く見られる立場である．今日の世俗的哲学者は，バートランド・ラッセルのように宗教を表立って攻撃するようなこと

はせず，全く無視しようとする．だから，哲学の分野で世俗的人道主義者が宗教について書くことはほとんどない．フェミニスト政治哲学の分野における多くの著作は宗教について何も触れていない．ふたつだけ例を挙げておこう．Alison Jaggar, *Feminist Politics and Human Nature*(Totowa, N. J.: Rowman and Littlefield, 1988)および Catharine MacKinnon, *Toward a Feminist Theory of the State*(Cambridge, MA: Harvard University Press, 1989)．次に挙げる最近の2つの最も優れたフェミニスト社会政治思想の論文集は，環境主義や菜食主義のようなフェミニズムに付随する多くのトピックについて論じるものの，宗教に関して全くスペースを割いていない．Alison Jaggar, *Living With Contradictions: Controversies in Feminist Social Ethics*(Boulder: Westview, 1994)および Diana Meyer, *Feminist Social Thought: A Reader*(New York: Routledge, 1997)．法律の分野では，宗教が題材の一部となっているために，フェミニストたちも宗教についてもっと頻繁に取り上げている．世俗的人道主義の立場を代表するものとして私の印象に残っているのは，Mary Becker, "The Politics of Women's Wrongs and the Bill of 'Rights': A Bicentennial Perspective," *The University of Chicago Law Review* 59(1992), 453–517 というすばらしい論文である．私はこの論文を私が批判しようとする立場の中心的な例として用いることにする．それは，部分的には私がその論文を賞賛しているからである．しかし，それは完璧な例ではない．なぜなら，この論文はその議論が示唆するほどには過激でない変化を現在の政治に提案するだけで終わっているからであり，それは部分的には実際的な政治的理由によるものと思われる．

ベッカーの視点と非常に近いのが Susan Okin, "Is Multi-culturalism Bad for Women?" であり，初出は *The Boston Review*, October/November 1997, 25–28 で，*Is Multiculturalisn Bad for Women?* ed. J. Cohen, M. Howard, and M. Nussbaum (Princeton University Press, 1999), 7–26 に再録されている．同書における私のコメント "A Plea for Difficulty," 105–114 も参照のこと．オーキンの立場はベッカーよりももっと微妙である．彼女が，女性のケイパビリティに対する本当にひどい侵害に焦点を合わせているとき，私たちの実際的な結論にそれほど大きな違いはない．

17) ベッカーは，「すべての人々は政府以外にも権威の源泉を必要としている」(486)とし，それが宗教の"口を塞いでしまわない"理由であると考えている．しかし，宗教に対する彼女の言葉は極めて否定的である．「宗教は女性の服従を強化し，永続化させる．宗教の自由は改革を妨害する」(459)．「宗教は，宗教内のヒエラルキーの中だけでなく，より広い文化の中においても女性を服従させることに貢献する」(460)．「アメリカにおける宗教的伝統の主流は，女性の生殖能力という驚異を，男の神による創造という物語によって置き換えてきた」(461)．「宗教は，女性が平等を求めることによって現状を不安定化させるよりも，現状を受け入れて生きることを奨励している」．オーキンはもっと微妙な位置に立っ

ていて，様々な主要な宗教の「進歩的，改革的な解釈」を「正統的で原理主義的な解釈」と対比させている．しかし，ここでも多くの問題を棚上げにしている．改革派ユダヤ教徒は，ユダヤ教の核心を，バイブルや法的文書では不完全にしか捉えられない永遠の道徳概念であると考えている．従って，彼らは，自分たちを「正統」であると呼ぶ人たちが自分たちを正統である考えている以上に，自分たちの解釈が「正統的」であると考えている．彼らは「改革」という言葉を，ユダヤ教の原点からの「改革」を意味するために用いているのではなく，欠点の多い歴史的な実践を完全なユダヤ教の実践に向かって改革していくことを意味するために用いている．もちろん，ローマ・カトリックや主流のプロテスタントも，「原理主義者」の解釈の方が原点に近く，本物であるとは認めるわけではないし，彼らの立場が本物の原点からの「改革」であるとは認めない．

18） Joseph Raz の *The Morality of Freedom*（Oxford: Clarendon Press, 1986）における包括的リベラリズムは，同様の結論に至っている．すなわち，宗教的自由は，社会が共有する自律性に関する包括的概念の範囲内で認められるということである．しかし，ミルとは違って Raz は本当に簡単に宗教について論じ（251–252），信仰の自由を提唱しているだけである．オーキンはこの問題について，*Is Multiculturalism Bad for Women?*, 129–130 で論じている．

19） この立場を代表する例として，Stephen A. and Frédérique Marglin, eds., *Dominating Knowledge: Development, Culture, and Resistance*（Oxford: Clarendon Press, 1988），特に，Marglin 夫妻と A. Nandy の論文が挙げられる．アメリカの文脈では，Christina Sommers, *Who Stole Feminism?*（New York: Simon and Schuster, 1994），Elizabeth Fox-Genovese, "Feminism Is Not the Story of My Life"（New York: Doubleday, 1996）．

20） 例えば，Marglin 夫妻と Ashis Nandy．このグループは，寺院での子どもの売春でさえノスタルジーとして扱うことで知られている．F. Marglin, *Wives of the God-King: The Rituals of the Devadasis of Puri*（Delhi: Oxford University Press, 1985）．妻の殉死の肯定的な価値についての曖昧な記述については，Ashis Nandy, article on the Roop Kanwar Sati in *Mainstream*, February 1988（M. R. Anand, ed., *Sati*, Delhi: B. R. Publishing Corporation, 1989）に再録．デーヴァダースィーについての別の見方として，Gail Omvedt, "*Devadasi* Custom and the Fight Against It," *Manushi* 4（nov.-Dec. 1983），16–19．ナンディによるサティー（妻の殉職）の解釈に対する批判として，Sanjukta Gupta and Richard Gombrich, "Another View of Widow-Burning and Womanliness in Indian Public Culture," *Journal of Commonwealth and Comparative Politics* 22（1984），262–274，および Imrana Qadeer and Zoya Hasan, "Deadly Politics of the State and Its Apologists," *Economic and Political Weekly* 22（1987），1946–1949．妻の殉死を賞賛することを禁じる法律については，私の "Religion and Women's Human Rights"（note 3）を見よ．

21) これは，本質的に，Judith C. Miles, “Beyond *Bob Jones*: Toward the Elimination of Governmental Subsidy of Discrimination by Religious Institutions,” *Harvard Women's Law Journal* 8(1985), 31–58. マイルズは，男女の平等を根拠にして，差別的実践を行っている宗教団体だけではなく，宗教団体一般に対して税制上の優遇措置やその他の恩恵(郵便料金の割引など)を与えるのを止めることに賛成している．ベッカーはこのアプローチに共感を示すものの，最終的には賛成しない．彼女は，税の免除や郵便の優遇措置については，女性がリーダーの地位に就く機会を閉ざしているような宗教団体に対してのみ禁止すべきであると考えている．

22) しかし，この裁判長は完全な世俗的人道主義者ではなかった．彼は宗教裁判所を廃止することを提唱したが，宗教に対する憲法上の保護まで廃止せよとは言わなかった．

23) 例えば，Kalima Rose, *Where Women are Leaders*, 83–84 では，イラ・バットの人生のエピソードを生き生きと描くために，ドラウパディのクリシュナに対する祈りが用いられている．バットは私に対して次のように語っている．彼女のお父さんが亡くなったとき，彼女の家族は(彼女のカーストでは普通ありえないことだが)彼女の願いを受け入れて彼女が死の宗教的儀式を行うことを認めた．それは伝統的に男が行うものであった．

24) このことがバランス・テストを擁護する上でもたらす困難については後に第4節でコメントする．

25) Maritain, “Truth and Human Fellowship,” in *On the Uses of Philosophy: Three Essays* (Princeton: Princeton University Press, 1961), 24.

26) ベッカーは次のように述べている．「ユダヤ教の結婚と離婚の法律は女性を男性と対等のものとして扱っていない」(464)．「ミニヤンでは，女性はまったく数に含まれない」(464)．しかし，これらのことは19世紀初めから問題提起されてきたということを彼女は無視しており，アメリカにおける多くの集会で否定されてきた慣習である．同様に，ベッカーは，男が女に生まれなくてよかったということを神に感謝するという祈りをユダヤ教全体に帰している(464)が，これも19世紀初めには多くの人々によって拒否され，今では稀にしか見られないものである．さらに，彼女は「ユダヤ教の信仰は女性を他人に仕える者の地位に貶めており，女性を重要な精神生活を持った生き物としては認めていない」(464)と主張しているが，これも不正確な表現であり，アメリカの4つの主要な分派のうち，3つまでもが典礼においても，政治面においても，精神的な面においても対等なものとして女性を扱っている．4つ目(正統派)も，女性は男性とは違った形で重要な精神生活を送ることができると主張することによって，確かにこのような考え方を拒否するだろう．(ベッカーの議論はときどきフォローするのが困難になる．なぜなら，「正統派」という言葉と「ユダヤ教」や「ユダヤ人の信仰」という言葉を交互に使っていて，両者を明確に区別していないからである．同様にベッカ

ーは次のような一方的な主張を行っている．すなわち，「キリスト教が受難を評価することによって，女性に虐待を受け入れるように奨励している」(465)．「女性であることに対するキリスト教の評価は常に否定的なものである」(466–467)．オーキンは内的多様性を強調しているが，ユダヤ教における平等主義的な解釈が，「改革派」の解釈であって，正統派のものではないと理解しており，この点は極めて議論の余地のある(私には間違っているように見える)主張である．

27) 前注のベッカーに対するコメントを見よ．オーキンはそれほど論争的ではなく，ただキリスト教にせよ，ユダヤ教にせよ，イスラム教にせよ，神はすべて男だったと主張しているだけである．しかし，この主張も，(リベラルな人たちだけでなく)これらすべての伝統における多くの信者たちから否定されるだろう．彼らは，超越的な存在である神は性別を超越した存在であり，神話において神を男に擬人化することは宗教的概念の核心ではないと主張するだろう．

28) このことは，主流の文化とは切り離されて，しばしば同質性と調和の場として描かれてきた小規模の文化においても当てはまることである．そのような宗教的伝統内部の多様性と対立について述べたものとして，Fred Kniss, *Disquiet in the Land: Cultural Conflict in American Mennonite Communities*(New Brunswick: Rutgers University Press, 1997)を見よ．

29) 私の"Judaism and the Love of Reason," in Ruth E. Groenhout and Marya Bower, eds., *Philosophy, Feminism, Faith*(Bloomington: University of Indiana Press, 2003), 9–39. を見よ．

30) このような意見に対して，正統派ユダヤ教は非正統派のことをユダヤ教とはみなしていないので，彼らの考え方を誤っていると言うとき，私はこの論争の一方の立場に立っていると言う人がいるかもしれない．しかし，それに対して私はふたつの反論をしたい．第一に，非正統派のグループをキリスト教のように全く別個の宗教であると見なそうが，ユダヤ教として認めようが，ユダヤ教が歴史的に進化してきたという現実を無視することは不誠実だということである．イスラエルの状況で問題なのは，どちらの形も認められてこなかったということであり，ユダヤ教改革派や再建主義者よりもキリスト教徒の方が多くの権利を認められているということである．第二に，正統派ユダヤ教徒が改革派や保守派を認めることができないというのは正しくない．正統派ユダヤ教徒や正統派ラビの中に，そのような判断を示すものはほとんどいない．正統派ラビによって私はユダヤ教に改宗したが，彼は私の実践が正統派的でないことを知っていた．彼は私に正統派の実践を尊重しなければならない理由を説明してくれた．しかし，彼は私がそれに反対する理由についても尊重して耳を傾けてくれた．そして，私たちは，考えの違いは残るものの，核心的な部分については共通しているということで意見が一致した．彼は改宗の儀式を行い，私の婚約者の祖母に向かって，この改宗の儀式によって私はユダヤ教徒になったと力強く宣言した．これが広く見られる立場である．非正統派ユダヤ教徒のユダヤ性を尊重することは，正統派ユダヤ教のみ

がユダヤ教の正しい姿であると個人的に信じることとも完全に両立可能である．実際，アメリカで広く見られる立場は，異なった包括的信条を持つ人々が　ロールズ的な政治的リベラリズムの枠組み内で形成していると考えられる政治的コンセンサスの類に似ている．例えば，シカゴ大学ヒレル財団の理事長であるデイビッド・ローゼンバーグは正統派のラビであり，ラビとしては彼自身の信じるタイプのユダヤ教が最善であると信じている．しかし，ヒレル財団の理事としては，同性愛のユダヤ教徒の学生を含め，すべてのタイプのユダヤ教徒の個人やグループを受け入れ，尊重し，共に働くことに献身している．彼はかつてこの政治的スタンスについて述べたことがあり，それは単に生きるための方便を越えたものを含んでいるのは明らかである．ユダヤ教の伝統におけるフェミニズムの貴重な議論としては，Judith Plaskow, *Standing Again at Sinai: Judaism from a Feminist Perspective*(San Francisco: Harper San Francisco, 1990); Rachel Adler, *Engendering Judaism: An Inclusive Theology and Ethics*(Philadelphia and Jerusalem: The Jewish Publication Society, 1998)を見よ．

31)　キリスト教フェミニズムの明確で，バランスのとれていて，よく論じられたものとして，Lisa Cahill, *Sex, Gender, and Christian Ethics*(Cambridge: Cambridge University Press, 1996)を見よ．

宗教のダイナミズムを示す最近のいい例は，シカゴ司教であるフランク・トレーシー・グリズウォルドが監督教会派の統轄司祭に選ばれたことである(グリズウォルドは，女性の役割が重視されるようになるずっと以前から女性の役割について積極的に擁護してきた人物である．彼がブリンマーにあるリディーマー教会の若い assistant minister だった頃，少女だった私はその教会に通っていた)．彼は女性が司祭職に就くことを支持する多くの署名を集めて選挙活動を行うと同時に，もっと注意深くではあるが，ゲイの聖職者が任職することを支持すると表明した．彼の対立候補だったアフリカ系アメリカ人は，これらの問題について保守的な立場をとっていた．そしてグリズウォルドは勝った．これが，投票者の多数が望む教会の進むべき方向であると決まったのである．彼の対立候補は，今，彼のことを"異端者"と呼んでいる．"The Bishop Moves Up a Rank," *Chicago Tribune*, December 30, 1997, section 5, 1 および 10 を見よ．しかし，将来，歴史は彼らの方こそ異端者であったと判断するであろう(それは，第2回バチカン公会議で導入された現地語によるミサやその他の変化を拒み続けるローマ・カトリック教徒たちに今，起こっていることである)．

32)　この点で，歴史的虚偽性はさらに明らかである．なぜなら，ヒンドゥー教には異端などという発想はなく，地域的に多様な実践が緩く組織されていただけだからである．これはヒンドゥーの法体系についても言えることである．それが国全体で体系化されるのはイギリス植民地支配の下においてである．現代のヒンドゥー原理主義は最近の社会的構築物なのであって，それがヒンドゥー教全体を代表していないのは，パット・ロバートソンの考え方がキリスト教全体を代表して

いないのと同様である．

33) （オーキンのイスラムの扱いを批判して）解釈や変化についてのイスラムの立場を一般的な形で提示したものとして，Azizah Y. al-Hibri, "Is Western Patriarchal Feminism Bad for Third World/Minority Women?" in *Is Multiculturalism Bad for Women?*, 41–46 がある．男女とも同じ性質を共有しているという考えがイスラムの女性運動において果たす役割については，Barbara Metcalf, "Reading and Writing about Muslim Women in British India," in Hasan, ed., *Forging*, 1–21 を見よ．まるで古くからあったかのように装っているものの，伝統の複雑さを正確には表してはいない「偽りの伝統」が作られていくことについては，Hannah Papanek, "Afterword: Caging the Lion, a Fable for Our Time," in Rokeya Sakhwat Hossain, *Sultana's Dream*, ed., Roushan Jahan (New York: The Feminist Press at the City University of New York, 1988), 58–85 を見よ．61 では，パルダというイスラムの慣習について幅広く論じている．インドにおけるシーア派イスラムの形成における力強い女性の創造的な役割については，Juan R. I. Cole, "Shi'ite Noblewomen and Religious Innovation in Awadh," in Violette Graf, ed., *Lucknow: Memories of a City* (Delhi: Oxford University Press, 1997), 83–90 を見よ．コールは，女性たちが宗教指導者の考え方の中に女性の生殖の役割を入れ込むことに成功したので，男の指導者たちは女性の役割をモデル化した新しい儀式を作らなければならなかったと述べている．1820 年代のひとつの例は，創造的女性宗教指導者であった Badshah Begum の息子の話である．「イマームたちが生まれるとき，彼は産褥にいる女性のように振る舞い，出産の苦しみに耐えている振りをした．……選ばれた侍者たちは産褥にいる女性たちが使った料理を用意し，それを王に差し出した」．

34) それは全く同じではないかもしれない．ユダヤ教・ヒンドゥー教・イスラム教・キリスト教を含め，いくつかの宗教では，以前の慣行の方が後のものよりもずっと家長的でないことがある．ドラウパディは，マヌ法典には知られていない地位を享受していたし，デボラは最近までユダヤ教徒の女性の間でも知られていなかった預言者の役割を担っていたし，パウロ以後のキリスト教徒のコミュニティよりもそれ以前の方がずっと平等主義的であった．同様に，多くのイスラムのフェミニストたちは，ほとんどとまでは言わないにしても多くの抑圧的な家長的要素は解釈学的伝統によって導入されたものであり，コーランやハディースの中に確固とした基礎を持っているわけではないと信じている．

35) ここでも「もっとも古い」とか「もっとも正統派的な」と言うべきではない．なぜなら，これは「伝統とは何か」に関するすべての種類の疑問を棚上げにしてしまうからである．例えば，人民党（BJP: Bharatiya Janata Party）の解釈は極めて新しいものである．多くのリベラルな宗教思想家たちは，「最も古い段階の宗教が最も重要であり，かつ最も本質的である」という考えを否定している．

36) この意味で，F. マーグリンは，デーヴァダースィー（寺院の踊り子の売春）

の生活に入ろうとする少女たちに降りかかってくる制約やその生活の物的条件にほとんど注意を払っていないように見える．彼女の本は，伝統的な踊りや象徴性や儀式には非常なノスタルジーを示すのに，人々の身体的保全や健康などを問うことはしない．マーグリンは，彼女自身，インドの古典舞踊を習うことによってデーヴァダースィーの研究を始めるようになったと述べている．彼女は寺院における売春の生活をひとつの美的活動と捉え，それを売春のひとつの形態として非難することを，西洋的価値によって扇動されたものとして攻撃する．しかし，この慣習はインドの女性運動においても強く非難されていることに注意すべきである．例えば，連邦政府のモヒラ・シャモッケヤ・プログラムは，娘たちをこのような職に売り飛ばそうとする圧力に抵抗する農村の貧しい女性たちを支持し，記録に残している．そして，部分的ではあるが，そのような危険に晒されている少女たちに無料の寄宿学校を提供している(アンドラプラデシュ州のモヒラ・シャモッケヤの事務所の Yedla Padmavathi との会話による)．似たようなプログラムはインド国中にたくさんある．1997年3月にインドのアンドラプラデシュ州の極めて貧しい荒れた農村地帯を訪れたとき，読み書きのできない女性たちが，自分の望んでいることを絵に描くように言われて描いたのは，デーヴァダースィーの服を着た少女で，その絵の上には赤で大きく×印が書かれていた．

37) このタイプの議論は *Wisconsin v. Yoder* の中によく出てくるものである．第7節を見よ．そこで議論されているのは，子どもたちが16歳まで学校に通うように義務づけると，コミュニティそのものの将来を危うくすることによって，大人たちの自由まで損ねてしまうということである．

38) アリストテレスは *Politics* 1261b16–27 においてすでに「すべて」という言葉の持つ団体としての意味と個々人の意味を区別していた．すなわち，プラトンの理想都市においては都市を全体として捉えたときの「すべて」の人は「私のもの mine」「私のものではないもの not mine」という言葉を同じように用いるが，それは「そのひとりひとり」がこれらの用語を使うのとは同じ意味ではないとアリストテレスは述べている．

39) 同様のケースは，イスラムが養子縁組を認めていないという理由で，インドで法的な養子縁組に対して抵抗していることである．詳しくは，“Religion and Women's Human Rights” を見よ．

40) *Wisconsin v. Yoder* 参照．これについては後に論ずる．

41) *U.S. vs. Seeger* および *Thomas v. Review Board* 参照．脚注73で論じる．

42) *Bob Jones University v. United States* 461 U.S. 574, 103 S. Ct. 2017(1983)において，裁判所は，宗教に基礎を置く大学が人種差別的な入学手続きを採用してきたことを理由に税制上の優遇措置を認めなかった国税庁の判断を支持した．どのような特定の宗派にも属してはいなかったが，その学校の目的は，「キリスト教と，聖書に示された倫理を特に強調して教育を行うこと」(2922)であった．この学校の主たる関心は，人種間の交際を防ぐことにあった．1973年までこの学校

は黒人の学生を受け入れることを完全に拒んできた．1971年から1975年にかけては，大学のスタッフとして長期で働いている少数の例外を除いて，「同一人種同士で結婚した」黒人学生のみを受け入れた．1975年以降は結婚していない黒人学生も入学を認められたが，規則では人種間の交際や結婚が禁止され，もしそれを破れば退学処分にすると述べられていた．裁判所は，政府の基本的で最優先の関心事は教育における人種差別の撤廃にあり，それは，税制上の優遇措置が否定されたことに伴う負担が申立人の宗教的信条の遂行にとってどのようなものになろうと，はるかに重要なものである．「申立人の主張する利益は，政府の重要な関心とは適合しないし，政府の目的を達成するために，それ以下の緩い措置はない」．裁判所の意見は，人種差別的組織は国税庁の基準では「慈善的組織」ではないと結論づけている．同時に，税制上の優遇措置が拒否されることによって宗教的行為に負担がかかることは否定しない(従って，このことは私の言う「道徳的核心の原理」を正確には反映していない)が，そのような負担は，人種差別撤廃という政府の大きな目的によって正当化されるとしている．McConnell, in "Free Exercise Revisionism and the *Smith* Decision," *University of Chicago Law Review* 57(1990), (1109–1153)では，このケースを政府が調停すべきケースであると論じている．もし害が同宗教信者でない者に及ぶとすると，それはその組織による攻撃的な演説を通してであり，その演説は憲法修正第1条の言論の自由によって守られなければならない．それを禁止することの「直接的効果」は，「純粋にその宗教グループ内に留まる」．この議論を主張することの困難は，問題となるような「宗教グループ」が明確には存在しないことである．なぜなら，その学校は特定の宗派に属していないからである．もうひとつの困難は，影響を受けるグループの多くが少数派であり，ボブジョーンズ大学に入らないことを選んだり，その慣行がいやだからといってそこから抜け出せない人たちがいるということから生じる(多分，黒人の両親は経済的地理的理由でそういう学校を選ぶかもしれない．その理由には，親がそういう学校で雇用されているということも含まれる．そして，子どもたちは，もし教育を受け続けたいと思うのであれば，そのことに関しては何も言わないだろう)．マコーネルは，これらの慣行が外部のものに及ぼす害は，もし税制上の優遇措置が認められるならば，憲法修正第1条の言論の自由の条項で保護された演説の一形態であると論じる．しかし，これは極めて疑わしいものである．問題となるのは組織の演説ではない．明らかに，その表現の行動を違法であるとするような問題はない．そうではなくて，問題なのは，そういった組織に対して政府が優遇措置を与えるという行動である．連邦政府が差別的な組織に対して免税措置を認めることによって優遇するならば，連邦政府は人種差別を支持するか，あるいは少なくとも是認していることになる．

43)　従って，妻の殉死は，たとえ完全にひとつの宗教内の慣行であったとしても，常に疑わしい．なぜなら，その自発性が一般的に疑わしいからである．たとえ完全に合意の上であったとしても，第1章で採用した原理により違法であるとする

ことができる．なぜなら，国家には，特別の場合を除き，人々が自分の生命を失ったり，(特定の方法で)健康を害したりするのを防ぐ正当な理由があるからである．同様に問題なのは，女性が慎ましさを規範として選択しているわけでもないのに，経済的依存や脅迫などの理由により外で仕事を見つけることを拒まれているならば，それも同様に問題がある．同じ宗教の信者に対する害とそうでない者に対する害との違いについての興味深い議論については，McConnell, "Free Exercise Revisionism," (1145)を見よ．この論文は，政府に対して，ある宗教の信者を「その宗教的選択の結果から」守るようなことまですべきではないと主張している．そして，最低賃金法や労働時間の上限を規制する法を，神の栄光のために無給で働くことを信者に求める宗派に対して免除することを擁護している(*Alamo Foundation v. Secretary of Labor*, 471 US 290, 1985)．この慣行が信者でない者に害を及ぼさないかどうかは，よく考えなければならない問題である．この点については，William P. Marshall, "In Defense of *Smith* and Free Exercise Revisionism," *The University of Chicago Law Review* 58(1991), 308–328を見よ．そこでは，この財団が低い労働コストを享受することによって，その競争相手が不当に不利益を被っていると論じている．しかし，私たちは，この慣行の自発性についても問うべきである．この財団に従属する人たちや女性メンバーたちが，無給で働くことを強制されていないか，そのメンバーは自由にこの財団から離れることができるか，と．私には，そのような慣行が力のない者を搾取する可能性が高く，従って，そのような免除措置は与えられるべきではないと考えたい．優遇措置が認められるべき宗教内の慣行としてマコーネルが挙げるもうひとつの中心的な例は，ボブジョーンズ大学のケースであるが，これについては後ほど取り上げる．繰り返しておくが，私は彼の結論には同意できない．

44) イスラムに関しては，Abdullahi An-Na'imがコーランの2つの時期を区別している．彼の *Toward an Islamic Reformation: Civil Liberties, Human Rights and International Law* (Syracuse: Syracuse University Press, 1990)を見よ．Azizah Al'Hibriは，無批判的に受け入れるべきコーランそのものと，後の時代の解釈とを区別している．女性を幕で隔離する習慣の起源をコーランに求める議論については，Huma Ahmed-Gosh, "Preserving Identity: A Case Study of Palitpur," in Hasan, *Forging*, (169–187)を見よ．そこでは，この習慣に関連して(稀にしか言及されることはないが)，それとは一対の規範として純潔とつましさを男性に求めていることが述べられている．この1節については，注49で引用する．

45) このような例や判断しなければならない例については，K. Greenawalt, "Five Questions about Religion Judges Are Afraid to Ask," in Nancy Rosenblum, ed., *Law and Religion: Obligations of Citizenship and Demands of Faith* (Princeton: Princeton University Press, 1999)を見よ．また，Michael McConnell, "Free Exercise Revisionism"も見よ．

46) Edict XII.

47)　*The Viking Portable Lincoln*(New York: Viking, 1992), 321 のリンカーンの言葉.

48)　リンカーンの「私たちは裁かれないなどと判断してはいけない」という言葉は，弁明の言葉というよりも慈悲の言葉である．リンカーンが意図していたのは，「これは間違っていたなどと言うな」ということではなく，人々をあまりにも簡単に鼓舞してしまう刑罰と復讐の態度を抑えることであった．この解釈は，その演説の最後に述べた有名な言葉「誰にも恨みを抱かず，すべての人に慈悲を」に表れた敵意を拒否し，正しいことをしっかりと守ろうとする姿勢に裏づけられている．リンカーンが主張したかったのは，「正しいことをしっかりと守る」ことによって，「国家の傷口に包帯を巻く」ために結集する能力を損なう復讐心に流されないようにすることであった．

49)　女性がベールをかぶることを擁護するためにしばしば引用されるのはコーラン 24.31 の次の言葉である．「そして，女性の信者には次のように言いなさい．視線を低くし，慎み深さを護りなさい．自分の美しさと必要なもの以外の装飾品は見せないようにしなさい，と」．しかし，その直前の 24.30 では次のように述べている．「信者の男には次のように言いなさい．視線を下げて，謙虚さを護りなさい．それは男たちの純潔を増すことになるでしょう．神は彼らが何をしているかすべてよくご存知です」．注 44 で引用した Ahmed-Gosh の論文を見よ．

50)　Rokeya, *Sultana's Dream and Selections from The Secluded Ones*, ed. Roushan Jahan(New York: Feminist Press of the City University of New York, 1988)を見よ．特に，*The Secluded Ones* においてロケヤは婦人を幕で隔離する習慣の道徳的な害に焦点を当て，男に見られてはならないという規範が伝統を通して極端なものになっていくことによってもたらされる女性の健康や人生へのダメージを指摘している．

51)　この教会は，神の目的は歴史を通して次第に明らかにされるという「継続的啓示」という教義を持っている．この教義はアフリカ系市民が司祭職に就けるように 1978 年 6 月 9 日に修正されたものである．

52)　374 U.S. 398(1963)．

53)　スミスの判決に反対する者も批判する者もともに一致するのは，信仰の自由の権利の行使にとって負担とはなっていないとか，政府の関心事の方がもっと重要であるという理由で「実際には，裁判所は，いかに信仰の自由を求める原告の主張が強力なものであったとしても，まれにしか原告の側につかない」(McConnell, "Free Exercise Revisionism," 1110)ということである(McConnell, 1110, 1127–1128; Marshall, "Free Exercise Revisionism," 310–311)．実際には，現実の場での判断は，「重大な関心事」の通常の理解よりずっと弱いものであり，普通でない異常な状況においてのみ宗教的要求を退けてきた．高めの基準が採用されてきたが，何が適切な基準であるかについてはっきり示されたことはない．明らかに，その文化で支配的な宗教的伝統と深く結びついた宗教の方が，奇怪な宗教

よりも認められやすい.「従って，土曜日に働くことを禁じられているというシャーバート夫人の主張は正当であると認められる可能性が高い．しかし，裁判所に行くときは鶏のような格好をしなければならないというホッジス氏の主張はそうではない」とウィリアム・マーシャルは言う(311, *State v. Hodges*, 695 SW2d 171(Tenn. 1985)から引用)．後者のケースでは，法廷を侮辱した罪に問われた被告人は，法廷で鶏のような格好をすることが「彼の精神的な正装であり，宗教的信条である」と主張した．RFRA 以前の宗教の保護の弱さについては，C. Eisgruber and L. Sager, "Why the Religious Freedom Restoration Act Is Unconstitutional," *N.Y.U. Law Review* 69(1994), 437–452 を見よ.

54)　110 S. Ct. 1595(1990).

55)　このことは，裁判所の驚くべき政治的陣容を見ればよく分かる．スカリヤ判事などの普通なら宗教に同情的な保守的な裁判官は，確立した前例を覆して(すでに述べたように，常に行われていたわけではないが)，信仰の自由を狭める方向に転換した．3人のリベラルな裁判官(マーシャル，ブレナン，ブラックマン)は，伝統的なリバタリアン的方針を支持した(中道主義者のオコーナーは，伝統的な信仰の自由を重視する法理論から乖離することについては遺憾に思っていたという点では反対者と同じ意見であったが，この個別のケースにおける判決については同意した)．しかし，スカリヤの議論は，もし彼の法理論の中心的テーマのひとつである組織的能力や司法の自由裁量の限定に焦点を合わせるならば，それほど驚くべきものではない.

56)　この訴訟については，McConnell, "Free Exercise Revisionism," 1111–1114 を見よ．原告は，薬物治療を行う診療所で働いたが，アメリカ先住民の教会の儀式で聖礼としてペヨーテを使用したことを理由に解雇された後，失業手当を申請していた．オレゴンの最高裁判所は，ペヨーテを儀式に用いることの違法性は，失業手当の決定とは関係ないと繰り返し主張していた．もし動機が宗教的なものなら，その行為は憲法修正第1条の下では労働に関わる「非行」として扱われない，ということである．そうすると，この法律の合憲性の問題がそもそも最高裁判所で議論されること自体，いささか驚くべきことである.

57)　さらに，23の州では，ペヨーテの宗教的な使用については薬物法から除外されているし，連邦政府もペヨーテの使用を免除しているだけでなく，その製造や輸入についても認めている．しかし，オレゴン州については州の法律を実施していない.

58)　スカリヤは，そのような要件は「一般に適用される法を無視する私的権利」を生み出し，「憲法的変則」を作ると書いている．3人のリベラルな裁判官は，憲法修正第1条の確立された解釈から乖離するほどの説得的な理由は示されていないとして反対した．多数派の前例の議論は全く説得力に欠け，あらゆる方面から非難を浴びた．マコーネルはそれを「人を苦しめるものであり，ほとんどお話にならないもの」と呼んだ(1120．詳しい分析は 1120–1127)．マーシャルは，多

数派の「前例の使い方はほとんど作り話である」と言った(309).

59) 多数派の意見もこの危険性については認めていて,「これらの広く行われていない宗教的行為を相対的に不利な立場に置く」ことについて述べている.

60) この件に関する資料としては, McConnell, "Institutions and Interpretation: A Critique of *City of Boerne v. Flores*," *Harvard Law Review* 111(1997), 153–195 の 159 を見よ.

61) RFRA の成立が本当に内省の上のものなのか,それとも利益団体がうまくやっただけなのかに関して,法案の成立に先立って為された議論の分析がかなり行われているが,この問題は私の提案とは関係がないので,ここでは取り上げない.

62) *City of Boerne v. Flores*, 117S. Ct. 2157(1997). その投票結果は 6 対 3 であり,多数派の意見はケネディ裁判官によって書かれた.このケースは,ミサを一度に行えるような全体集会ができるように既存の建物を拡張したいカトリック教会と,建物の前面が歴史的地域に面しているような建物に変更を加えることを禁じた歴史的建造物保存法との争いであった(この教会の計画は,古いスペイン風のスタイルの構造には手をつけないで,後ろ側から拡張するというものであったが,市は,歴史的地域の外であれ中であれ,この教会の建物の一部でも破壊するような拡張計画を認めなかった). 1997 年 8 月に, 850 席の集会所を既存の建物の後ろに部分的に隠れるように建て,その修繕と保存の費用のほとんどを教会が負担することで,教会と市は合意に達した.

63) 私は,そのような中心的ケイパビリティ以外のものは重大な関心事とはならないと主張しているのではない.それは,それぞれの法的な伝統によって作り出されるものである.アメリカでは, RFRA が廃止されるまで,その解釈は進化していた.例えば, *Mack v. O'Leary*(80 F. 3d 1175), 1996 は,「相当の負担」について寛大な定義を与え,刑務所における秩序の維持は国家の重大な関心事であるとしている. *Sasnett v. Sullivan*(91 F. 3d 1018), 1996 は,刑務所内で宗教的な宝石類を身につけるのを規制することは,いかなる国家の重大な関心事によっても正当化されるものではなく, RFRA に反していると主張している.

64) *Goldman v. Weinberger*, 475 US 503(1986)と対比せよ.

65) 注 63 を見よ.

66) *Hunafa v. Murphy*, 907 F 2d 67(7th Cir. 1990)は,豚肉で汚されていない食べ物を食べるというイスラム教徒の囚人の権利を支持し,政府の利害を調査するよう差し戻した.裁判所は,差し戻し審でスミス氏の裁判の判決を取り上げ,その結論を変えることについても言及している.スミス氏以前の関連するケースについては McConnell, "Free Exercise Revisionism," 1142 n.143 を見よ.

67) このケースの議論と,マコーネルの便宜に関する議論については,注 42 を見よ.

68) Becker, "Women's Wrongs," 484–486 は,宗教に対するボブジョーンズ大学のケースのようなアプローチの仕方(優遇措置を認めないこと)は人種の場合にお

いても憲法的に(単に認められるだけではなく)従わせるべきものであり，性別による差別についても当てはまるものである．ベッカーは，女性が指導的地位に就く可能性を閉ざしているような宗教組織に対して免税措置や郵便に対する補助や政府契約を禁止することを支持している．しかし，彼女はこれらの補助金をまったく廃止してしまうことには賛成ではなく，性差別を取り除くために国家が宗教に規制をかけることにも賛成ではない．後で明らかになるように，私は教育機関に関する限りベッカーに賛成であるが，宗教的機能の付与に関してはそうではない．

69)　この議論は McConnell が “Free Exercise Revisionism” において行ったものである．

70)　Marshall, “Free Exercise Revisionism” を見よ．マーシャルは，スミスの判決の議論を擁護しているのではなく，その結果だけを擁護している．

71)　*Thomas v. Review Board*, 450 US 707, 713(1981).

72)　Marshall, 320. マコーネルは，この特定の議論を受け入れているわけではないが，2つの条項のバランス効果に注目し，宗教は国教樹立禁止の面で不利な立場に置かれているので，信仰の自由の面で優遇されたとしても不公正ではないと論じている．彼の “A Response to Professor Marshall,” *The University of Chicago Law Review* 58(1991), 329–332 を見よ．マコーネルは，国教樹立禁止条項の下で宗教が受けている不利な扱いを緩和することを模索してきた．彼の *Rosenberger v. Rector and Visitors of the University of Virginia*, 115 S. Ct. 2510(1995) における弁論趣意書を見よ．

73)　*United States v. Seeger*, 380 US163(1965). 裁判所は明らかに「宗教的な訓練と信念」と「本質的に政治学的・社会学的・哲学的観点」を区別していた．そこで提案されたテストは，「誠実で意味のある信念が，その人の生活において，免除の対象となる正統派の神の信仰と同じような位置を占めているかどうか」であった．シーガーの信念が本当にそのような役割を果たしているかどうかを確かめるために，裁判所はシーガーの「善や徳に対する信念や献身ぶりと，純粋に倫理的な信条に対する宗教的信仰」に注目した．注目したのは，彼の信念の体系立った特徴(および，シーガー自身のプラトンやアリストテレスやスピノザへの言及)であり，彼の無神論的道徳信条とヒンドゥー教や仏教やパウル・ティリヒのキリスト教神学との類似性であった．裁判所は，ある信条の体系がここで提案したテストに合格すれば，それは，良心的な異議申し立ての正当な根拠としてすでに否定された意味で「単に個人の道徳的決まり」ではないという結論を出した．*Thomas v. Review Board*, 450 U.S. 707(1981)は，「裁判所は，信者が自分の立場について苦しんでいるという理由で，また洗練された人たちのようにはっきりと正確に自分の信条を表現できないという理由で，宗教的信条を切り裂いてはならない」と述べている．

74)　「表現の利益」と表現の自由に関する法哲学のひとつの立場については，

Joshua Cohen, "Freedom of Expression," *Philosophy and Public Affairs* 22 (1993), 207–263 を見よ．この見解に私はほぼ同意する．

75) この歴史と法体系の後の変化についての包括的な説明は，Archana Parashar に見られる．また，Barbara D. Metcalf, "Reading and Writing about Muslim Women in British India," in Hasan, ed., 1–21; Kirti Singh, "The Constitution and Muslim Personal Law," in Hasan, 96–107; Maitrayee Mukhopadhyay, "Between Community and State: The Question of Women's Rights and Personal Laws," 108–129; Indira Jaising, ed., *Justice* も見よ．

76) インドではかつて多くのユダヤ教徒が住んでいた．特に，コーチンやトラバンコールといった藩王国に多く住んでいた．そのほとんどが今ではイスラエルに移住し，ひとつのユダヤ教会堂全体をコーチンから移し，エルサレムのイスラエル博物館に展示されている．Orpa Slapak ed., *The Jews of India*(Jerusalem: Israel Museum Publications, 1995)を見よ．

77) シャー・バーノーのケースとヒンドゥー原理主義が起こる以前の時期の統一法を支持するイスラム側の強力な議論については，Mohammed A. Qureshi, *Marriage and Matrimonial Remedies: A Uniform Civil Code for India*(Delhi: Concept Publishing Company, 1978)．

78) 現代の多くの法体系について，包括的に詳述し，法律上の問題を多く論じた最良の記述として，Jaising, ed., *Justice* を参照せよ．その著者たちは，バンガロール・ロースクールに属する公益グループである法律家協会のメンバーである．Jaising はその長であり，インド最高裁判所の上級弁護士であり，インド各地の男女平等に関する重要な裁判で弁護を行っている．

79) Jaising, *Justice*, 24–26 を見よ．

80) ヒンドゥー教から他の宗教への改宗によってすべてのカーストは失われる．カーストは，「指定カースト」に対する積極的差別是正措置がとられてはいるものの，法的には依然として大きな意味を持っている．ヒンドゥー教から仏教へと改宗しながら，その便宜を受けようとするケースを論じたものとして，Marc Galanter, *Law and Society in Modern India*(Oxford: Oxford University Press, 1989), part 4 を見よ．積極的差別是正措置についての包括的な説明については，Galanter, *Competing Equalities: Law and the Backward Castes in India*(Delhi: Oxford University Press, 1984, paperback edition 1991)を見よ．

81) ケララでは，1976 年に合同家族資産が廃止された．カルナタカ，タミールナードゥ，アンドラプラデシュ，マハラシュトラではヒンドゥー相続法を修正し，女性も男性と対等の「相続財産共有者」となることが認められた．南インドの多くで，1937 年のイスラム・シャリーア法が改訂され，農地もその対象に含まれることになった(これらの情報はビナ・アガルワルに拠っている)．

82) 別個の法体系を持つことに対してイスラム側から挙げられる妥当な理由は，世俗裁判所での裁判は極度に遅く，非効率的だというものである．Danial Latifi,

"Women, Family Law and Social Change," in Jaising, *Justice*, 216–222を見よ.

83) 私の "The Modestry of Mrs. Bajaj" を見よ.

84) *Bob Jones v. U.S.*, この件に関し, すでに述べたところも見よ.

85) Agarwal, *A Field of One's Own* を見よ.

86) もし宗教からすぐに抜け出すことができるなら, 宗教が離婚を認める必要はない. しかし, もし宗教が男性に対して離婚を認めるならば, 同様に女性にも認めるべきである. これまでの議論を参照せよ.

87) 1944–45年の全インド女性会議の出版物やShahida Lateef, "Definig Women through Legislation," in Hasan, 49およびParasharの第3章を見よ.

88) より大きな問題は, 極端に広い「ヒンドゥー」の定義である. それは, ジャイナ教徒, 仏教徒, シーク教徒を含むものの, それらの意見は取り入れようとなしない. これらの少数派の宗教は, 強硬な改革がイスラム教徒やキリスト教徒やパールシー教徒やユダヤ教徒には適用されず, 自分たちは差別されていると感じている.

89) 1951年9月22日.

90) *The Statesman*, 1951年9月21日.

91) AIR(1983)A. P. 356. サリータのケースについては*Sex and Social Justice*の序章と第3章でさらに論じている. サリータは夫のもとを去ってから, 有名な映画女優になった. 夫の動機は明らかに金銭的なものであった. この法律の下では, 罰金を支払うことにより強制的に連れ戻されることは避けられるのであり, サリータに身体的危険はなく, 結局, 彼女は裁判に負けてしまった. 貧しい女性たちは実際に連れ戻されかねない弱い立場にいる.

92) *Nelly Zaman v. Ghiyasuddin*, 34 D. L. R. 221(1982). "Religion and Women's Human Rights"(*Sex and Social Justice*の第3章に改訂版が載っている)の議論と引用を見よ.

93) HasanにあるMukhopadhyayのケーススタディを見よ.

94) Hasan in Hasan, ed., 62.

95) 例えば, 1986年の*Susheela Gopalan and Other v. Union of India*, Writ Petition No. 1055を見よ.

96) Hasanの*Forging*に示された証拠を見よ.

97) Hasan, 68. また, 保守的なイスラム法学者の論法に対する批判として, Danial Latifi, "After Shah Bano," in Jaising, ed., *Justice*, 213–215および "Women, Family Law and Social Changes," 216–222を見よ.

98) この2つのインタビューはマイトレイイー・ムコパディヤイによるものである. "Between Community and State: The Question of Women's Rights and Personal Laws," in Hasan, ed., 108–129を見よ. 実際には, 一夫多妻の割合はイスラムの男性(5.7%)と同じくらいヒンドゥーの男性(5.8%)も高いと, ムコパディヤイは書いている.

99) “Religion and Women’s Human Rights” を見よ.

100) 序章を見よ.

101) これまでに述べた例を参照せよ.

102) 注 98 を見よ.

103) 268 U.S. 510(1925).

104) この最高裁の議論には分かりにくいところがある. 最高裁は, 憲法修正第 1 条の信仰の自由に基づいてではなく, 憲法修正第 14 条の適正な手続きに基づいて無効としている.

105) John Rawls, PL, 199 参照.

106) 例えば, 男と女は形而上学的な意味で等しいと考えて, 男女は平等であるとする政治的構想を教えるかもしれない. あるいは, 究極的には男と女は形而上学的な意味においても等しくはないと考えているかもしれないが, 特定の政治目的のためには男女は平等であると見なすことに合意するかもしれない. 多くの主要な宗教は, 男性には認めている特権や機会を女性には認めてはいないが, 本当に男と女が「等しくない」と考えているのかどうかは明らかではない.

107) 406 U.S. 205(1972).

108) これに関連する議論として, Richard Arneson and Ian Shapiro, “Democratic Autonomy and Religious Freedom: A Critique *of Wisconsin v. Yoder*,” in Ian Shapiro, *Democracy’s Place*(Ithaca: Cornell University Press, 1996), 137–174 を見よ. そこでは, 義務教育の最後の 2 年間は市民としての能力, 特に権威に対して疑問を呈するという能力を養う上で決定的に重要であると論じている.

109) 321 U.S. 158(1944).

110) 裁判所は, この問題はすでに州裁判所の労働の定義によって解決済みであり, それを再解釈する立場にはないとしている.

111) Papanek, “Afterword,” in Rokeya Hossain, *Sultana’s Dream*, 72–76. パパネクはハミダ・カーラのことをその以前から知っていて, 1970 年代の終わりに彼女は自分の人生について何日もかけて話している.

112) Papanek, 77 では, イスラム教徒の家庭で働く労働者が, 自分の製品を売ってもらう仲介業者と取引するために自分の子どもを代理として使いに出す様子を描いている. また, Cornelia Sorabji, *India Calling*(London: Nisbet and Co., 1934)は, インド初の女性法律家(そして, オックスフォード大学初の法学士)としての苦闘を描いている. 例えば, パルダの状態にある女性が親戚の男に騙され, 法律家は男なので法律家にも会えない女性を助ける話が出てくる. Sorabji の人生は, この問題の大きさを示している.

113) “Shah Bano’s Open Letter to Muslims,” in *Inquilab*, November 3, 1985. 英語訳は, A. Karim Shaikh による. Engineer, ed., 211–212 に再録. シャー・バーノーは 1992 年にインドールで死亡した. 89 歳だった.

第4章

1) Bardhanによるベンガル語からの翻訳. Bardhan, *Of Women, Outcastes*, 274.
2) 38 D.L.R.(*Dhaka Law Reports*)(1986). このケースはバングラデシュのものであるが, これはダウリを無理やり取ろうとする典型的なケースであり, インドでも広く見られるものである. このようにダウリを乱用する風潮を食い止めるための法的努力はどちらの国でも行われてきた. このケースには奇妙な歴史的対応物が存在する. すなわち, リュシアスの『反エラトステネス』における三十人僭主が陸軍指揮官の妻に対して行った暴行と似ている. ここでも女性は中庭に引きずり出され, 暴行する者は彼女の耳から金のイヤリングをひったくる. このことに暴行者たちの極端な貪欲さが表れているとリュシアスは記している.
3) この話は結婚生活のもっと後になってからの部分とも関わっている. 夫は娘を自分自身の財としか見ず, 娘のうちの2人を売春宿に売り飛ばしてしまう. 一家の家計を支え続けたギリバラは彼が3人目の娘を売り飛ばす前に彼のもとを去る.「ギリバラはなぜもっと早くそうしなかったのかと後悔するばかりだった. もしもっと早く去っていたならば, ベリもポリも失うことはなかっただろう. もしもっと早く彼女にそんな勇気が出せたなら, 2人の娘は救われたかもしれない. そんな思いが彼女の頭の中でしつこく付きまとい, 熱い涙が溢れ出し, 目の前はかすんでいった. しかし, 彼女は涙を拭うために立ち止まりはしなかった. 彼女はただ歩き続けた」.
4) Mill, SW, 87.
5) 家族をロマンチックに描こうとする現代の理論家たちに対する適切な批判を含め, この点の優れた記述については, Susan M. Okin, *Justice, Gender, and the Family*(New York: Basic Books, 1989)参照.
6) 私の “The Feminist Critique of Liberalism”(*Sex and Social Justice*)を見よ.
7) Rawls, “Kantian Constructivism in Moral Theory,” the Dewey Lectures 1980, *The Journal of Philosophy* 77(1980), 530–532. ショーペンハウエルと, 善意や知識よりも原初状態や無知のベールの方が望ましいという点に関してはTJ, 147–149を見よ. ロールズのモデルについての鋭い議論として, そしてフェミニストの批判のいくつかに答えるものとして, Susan Okin , “Reason and Feeling in Thinking About Justice,” in *Feminism and Political Theory*, ed. Cass R. Sunstein(Chicago: University of Chicago Press, 1990), 15–35, 初出は*Ethics* 99(1989). また, 私の “Rawls and Feminism” *The Cambridge Companion to Rawls*, ed. Samuel Freeman(New York: Cambridge University Press, 近刊)を見よ.
8) TJ, Part 3, 第8章を見よ. また, いくつかの貴重な批判についてはOkin, “Reason and Feeling” を見よ.
9) この全体の議論の拡張したものとして, “The Feminist Critique of Liberalism” を見よ.

10) 次の文献を見よ．Sen, "Gender and Cooperative Conflicts," in I. Tinker, ed., *Persistent Inequalities*(New York: Oxford University Press, 1991), 123–149; Bina Agarwal, "'Bargaining' and Gender Relations: Within and Beyond the Household," *Feminist Economics* 3(1997), 1–51; Shelly Lundberg and Robert A. Pollak, "Bargaining and Distribution in Marriage," *Journal of Economic Perspectives* 10(1996), 139–158. アガルワルは，標準的な交渉モデルに対して説得的な批判を行い，多元的価値を持つ質的に豊かな内容を持つ「交渉アプローチ」を論じている．

11) 関連する議論と批判についてはOkin, "Reason and Feeling"を見よ．ロールズの強い感情を伴わない「内省の上での判断」の定義については，TJ, 47を見よ．

12) Rawls, TJ, 62.

13) Okin, "Reason and Feeling"を見よ．

14) ここで私は，別のところで擁護した考え方，すなわち，感情は認識的次元を持っていて，社会選択のプロセスで貴重なガイドとなるという考え方に基づいている．*Poetic Justice: The Literary Imagination and Public Life*(Boston: Beacon Press, 1997)および*Upheavals of Thought: The Intelligence of Emotions*(The Gifford Lectures for 1993, Cambridge University Press, 2001)を見よ．

15) 後に見るように，これら3つの間違いに対する批判はミルによるものである．女性の役割の自然主義的理解に対する他の貴重な批判については次の文献を見よ．Susan Moller Okin, *Women in Western Political Thought*(Princeton: Princeton University Press, 1979), および*Justice, Gender, and the Family*; Catharine MacKinnon, *Toward a Feminist Theory of the State*(Cambridge, MA: Harvard University Press, 1989). 家族については特に次の文献を見よ．Frances Olsen, "The Family and the Market: A Study of Ideology and Legal Reform," *Harvard Law Review* 96(1983), 1497–1577および"The Myth of State Intervention in the Family," *University of Michigan Journal of Law Reform* 18(1985), 835–864: およびMartha Minow, "All in the Family and in All Families: Membership, Loving, and Owing," in D. Estlund and M. Nussbaum, eds., *Sex, Preference, and Family: Essays on Law and Nature*(New York: Oxford University Press, 1977), 249–276. 女性が暴力から保護されない言い訳としての「私的領域」という神話に対する最近の優れた批判については，Reva B. Siegel, "'The Rule of Love': Wife Beating as Prerogative and Privacy," *The Yale Law Journal* 105(1996), 2117–2207を見よ．ケアする者としての女性の役割とその正義との関係については，Virginia Held, ed., *Justice and Care*(Boulder, CO: Westview Press, 1995)の優れた論文集およびDiemut Bubeck, *Care, Gender, and Justice*(Oxford: Clarendon Press, 1995)を見よ．

16) *Bradwell v. Illinois*, 83 U.S.(16 Wall.) 130(1873).

17) Roop Rekha Verma, "Femininity, Equality, and Personhood," in *Women, Culture, and Development*, ed. Nussbaum and Glover, 433–443で引用された*Vyas*

Samhita sl. 19, 20 を参照．多くの関連した例も挙げられている．

18) この点に関する優れた議論については Minow, “All in the Family” を見よ．

19) 次の文献を見よ．Amartya Sen and Sunil Sengupta, “Malnutrition of Rural Children and the Sex Bias,” *Economic and Political Weekly* 18(1983); Sen, “Family and Food: Sex Bias in Poverty,” in Sen, *Resources, Values, and Development*(Oxford: Blackwell, 1984)(RVD と略記), 346–368; Pranab Bardhan, “On Life and Death Problems,” *Economic and Political Weekly* 32–34(August 1974), 1293–1308; Kumudini Dandekar, “Why Has the Proportion of Women in India's Population Been Declining?” *Economic and Political Weekly* 9(October 18, 1975), 1663–1687.

20) *Together We Forge a Path*, Mahila Samakhya Project, Andhra Pradesh の出版物より引用．

21) ベンガル語の諺は，Jasodhara Bagchi et al., *Loved and Unloved: The Girl Child in the Family*(Calcutta: Stree, 1997), 17 から引用．バグチは，ベンガル人改革者であるラムモフン・ローイやイショルチョンドロ・ヴィダシャゴルの著作や女性自身によって書かれた女性についての小説を取り上げ，このような見方に対する批判の歴史を論じている．

22) Bagchi, 17–18.

23) Bagchi, 前掲書 7–8 より引用．ここでバグチは，*Eksathe* の特別号(1992年4月)にベンガル語で出版された彼女自身のヴィダシャゴル研究 *Vidyasagar o kanyashishu*(Vidyasagar and the girl child)から引用している．

24) Bagchi, 8–9 を見よ．

25) 以下の部分は，ケララの優れた歴史家であるサルダモニとの議論に基づいている．その学術的著作のほとんどは地元の言語で書かれている．

26) Minow を見よ．

27) インドにおける子育てについては，Stanley J. Kurtz, *All the Mothers Are One: Hindu India and the Cultural Reshaping of Psychoanalysis*(New York: Columbia University Press, 1992)を見よ．

28) Gulati, *Profiles of Female Poverty* を見よ．

29) Bardhan のアンソロジーに出てくる話はこのことを繰り返し述べている．時にはタゴールの「ハイマンティ」に出てくるように(第2章参照)，例外的な運命が示される．ロマンチックな愛に対する中流ヒンドゥー文化の懐疑を生き生きと描いたものとして Vikram Seth の *A Suitable Boy* も見よ．

30) Kurtz, *All the Mothers* を見よ．

31) Chen, *A Quiet Revolution*, 216.

32) Bina Agarwal, “Bargaining” と，変化に対する抗議については *A Field of One's Own* を見よ．

33) Siegel, “‘The Rule of Love.’” を見よ．

34) Minow, "All in the Family" は，米国移民帰化局が移民を規制するために「家族」の定義をどのように利用しているかについての多くの事例を取り上げている．Olsen, "The Family and the Market" および "The Myth of State Intervention" も見よ．

35) 宗教儀式における麻薬の使用に関わるジレンマについて第3章を見よ．

36) Mill, SW, 22.

37) この点に関するさらなる議論については，M. Nussbaum, *Upheavals of Thought: The Intelligence of Emotions*（The Gifford Lectures for 1993, Cambridge University Press, 2001）を見よ．

38) *Upheavals* 第3章を見よ．

39) Devi の「ギリバラ」の話の中で，夫が娘たちを売春婦として売るとき，彼は行き過ぎており，同様の変化が見られる．

40) この議論をさらに論じたものとして，Nussbaum, "Constructing Love, Desire, and Care," in Estlund and Nussbaum, 17–43 および，それを書き直した Nussbaum, *Sex and Social Justice* を見よ．

41) この実験結果の詳しい内容については，Anne Fausto Sterling, *Myths of Gender*（New York: Basic Books, second edition 1985）を見よ．

42) Nussbaum and Sunstein, eds., *Clones and Clones: Facts and Fantasies about Human Cloning*（New York: Norton, 1998）における R. Dawkins や S. J. Gould の論文，および R. Epstein の論文の参考文献を見よ．

43) 1997年3月，SEWA の教育担当者との個人的な会話による．

44) インドでは，「ダウリ禁止法」が議会を通過した1961年から持参金は違法であり，バングラデシュでは1980年から違法となっている．両国ともにさらなる罰則を追加した．1983年には，インドで持参金に関連する夫や夫の親族による虐待に刑罰を導入した．1984年には，ダウリ禁止法の改正によってさらに厳重な罰則が導入され，1986年にインド刑法は持参金暴力の問題に取り組むため改正された．死に至るまでの期間に虐待や嫌がらせを受けた証拠があり，結婚して7年以内に焼死や負傷による死が疑われる場合には，「ダウリによる死」と見なされ，夫や親族が死を招いたとされるようになった．このように立証責任を加害者側に移したことにより有罪判決を得やすくなった．

45) 最近の研究では，Roushan Jahan, "Hidden Wounds, Visible Scars: Violence against Women in Bangladesh," in Bina Agarwal, ed., *Structures of Patriarchy: State, Community, and Household in Modernising Asia*（New Delhi: Kali for Women, 1988）199–227 を見よ．Indira Jaising, "Violence Against Women: The Indian Perspective," in Julie Peters and Andrea Wolper, eds., *Women's Rights, Human Rights*（New York and London: Routledge, 1995）51–56 も見よ．

46) "The Idea of Public Reason Revisited," *University of Chicago Law Review* 64（1997）765–807.

47) 特に，ロールズはSusan Okinの*Justice, Gendar, and the Family*に答えている．

48) “On the Family as Part of the Basic Structure,”の第5節787–794を見よ．ロールズの見方に対する私の議論の詳細については，“Rawls and Feminism,” *The Cambridge Companion to Rawls*, ed. Samuel Freeman(Cambridge University Press, 2003)を見よ．

49) 788を見よ．「家族は，その基本構造の一部である．なぜなら，その主要な役割の1つは，世代から世代へ社会とその文化の秩序ある生産と再生産の基礎となる場だからである」．

50) ロールズは，教会や大学が基本構造の一部であるなどとはどこにも述べていないし，彼はおそらくそのような考えに強く反対するだろう．基本構造の一部を構成する組織は国家から補助金を受けることができるのに対し，彼は教会や大学への補助金には反対するだろう．この問題全体の優れた議論は，G. A. Cohen, “Where the Action Is: On the Site of Distributive Justice,” *Philosophy and Public Affairs* 26(1997), 3–30を見よ．コーエンは，広く見られる組織の2つの例として家族と市場を取り上げ，それらは人々が参加せざるをえず，人々の生活の機会に初めから深く影響を与えているが，ロールズはそれを制度的枠組みの外に置き，正義の原則は直接関与しないと論じた．

51) 教会の場合には，もし子どもが教会で生まれたとしたら，その特徴を持っているかもしれず，その意味で教会は中間形態である．しかし，その場合でもやはり家族とは異なる．なぜなら，生まれた子どもは何年もの間，生存や福祉に関わる基本的な事柄をすべて家族に頼らなければならないからである．

52) “Public Reason,” 791.「いわゆる領域domain，あるいは生活領域sphere of lifeは，政治的な正義の構想から独立して存在するものではない．領域domainとは，単に空間や場所というようなものではなく，基礎構造に対しては直接的に，その構成員に対しては間接的に政治的正義の原理が適用された結果である．平等な市民の基本的自由と機会を規定する原理は，すべての領域domainを通して常に適用される．女性の平等な権利と子どもの基本的権利は奪うことのできないものであり，どこにいても女性と子どもを守るものである．これらの権利と自由を制限するような性差別は排除される．…もし，いわゆる私的領域sphereでは正義が免除されると主張する人がいるならば，そのようなものは存在しないと言っておく」．

53) *Ibid.*

54) “Public Reason,” 793. この提案は，Susan M. Okinの*Justice, Gendar, and the Family*でなされた．

55) “Public Reason,” 792.

56) ロールズが「基本構造だけが正義論の基本的主体であったとしても，正義の原理は家族や他の団体にも本質的な制約を課す」(791)と書くとき，彼この問題に

迷っているように見える.

57) 792の注68でロールズは, 自発性という概念を宗教に適用した場合, それがいかにあてにならないものであるかについて書いている. そして, 主観的条件ではなく「客観的条件」という視点からのみ宗教的選択を自発的であるとすると述べている. しかし, 客観的に見ても, 子どもは自発的に家族の一員になったわけではない.

58) 第5節, Minow, "All in the Family"; Olsen, "The Family and the Market" における議論を見よ.

59) (すべての点ではなく)この点に関して私のアプローチは, リチャード・エプスタインの同性結婚や代理母についての考え方に近い. Richard Epstein, "Caste and the Civil Rights Laws: From Jim Crow to Same-Sex Marriages," *Michigan Law Review* 92(1994), 2456–2478, "Surrogacy: The Case for Full Contractual Enforcement," *Virginia Law Review* 81(1995), 2305–2341 を見よ.

60) Cass R. Sunstein, *The Partial Constitution*(Cambridge, MA: Harvard University Press, 1993)を見よ.

61) このことは, 関係者間の関係が刑事裁判では証拠として妥当ではないということを主張するものではない. 例えば, O.J. シンプソンが被害者とは別居中の夫であったという事実は, 殺人の動機の証拠として妥当性を持ちうる.

62) Minow, "All in the Family,"の提案を見よ. Minow は, 家族の狭い定義は現実の社会を反映しているというよりは, むしろしばしば移民を制限するための手段として使われていると述べている.

63) Bina Agarwal, "'Bargaining' and Gender Relations: Within and beyond the Household," 3に引用されている農業大臣の言葉を見よ.

64) Chen, *A Quiet Revolution*; Agarwal, "Bargaining" を見よ. Agarwal は, 視野を狭く限定してしまうような交渉モデルを説得的に批判し, もっと柔軟な「交渉アプローチ」をとることを主張している.

65) Sen, "Gender and Cooperative Conflicts," 135 を見よ. この原則を「break down well-being response」と呼んでいる.

66) Nussbaum, "'Whether from Reason or Prejudice': Taking Money for Bodily Services," in *Sex and Social Justice* を見よ. この点について, Human Rights Watch の Asia Watch Women's Rights Project の出版物である *A Modern Form of Slavery: Trafficking of Burmese Women and Girls into Brothels in Thailand* (New York: Human Rights Watch, 1993)が生々しい姿を描いている. このレポートによると, (売春を強制された場合でも免除されない)タイの法律の下で売春婦を罪人扱いすることが, 家政婦のような仕事があるという話に騙されてタイの売春宿に連れてこられたビルマ女性たちにとって大きな障害になっている.

67) Sen, "perceived contribution response," 136–137 を見よ.

68) Bagchi, 87–121 を見よ. Bagchi は少女の生活を悪化させる他の諸問題も取り

上げ，特に地元に図書館がほとんどないことについて論じ，もしそれがあれば，少女が家で本を読み，学校を止めた後も読書を続けられるとしている．

69) Sen, "perceived interest response," 136 を見よ．詳しい議論とその例については Agarwal, "Bargaining" を見よ．

70) *A Quiet Revolution*, 155.

71) 地元の伝統を重視する立場については，*Dominating Knowledge: Development, Culture, and Resistance*, ed. F. A. Marglin and S. A. Marglin (Oxford: Clarendon Press, 1990) の論文を見よ．このような議論は，識字教育を公共政策の中心目標に据えることに反対するために多くの場所で使われている．ある活動家たちは，一般の人々の考えの中にまだ表れていないような価値は，その人たちに勧められないと主張する．政府の人々はしばしばこの考え方を用いる．例えば，ラジブ・ガンディーが 1980 年代後半にハーバードで行った講演で，なぜ彼の政府は女性の読み書きの能力を向上させるためにほとんど何もやっていないのかと質問されて，彼は，読み書きのできない人々も読み書きのできる人々とは形は違うが決してそれに劣らない知恵を持っていると答えた．

72) Sen, "Fertility and Coercion," *University of Chicago Law Review* 63 (1996), 1035–1061; "Population: Delusion and Reality," *The New York Review of Books*, 1994 年 9 月 22 日を見よ．

結論

1) 「序文」で述べたように，本書での提案をもっと専門的な著作として書くことを計画している．